OS MAIS BELOS SERMÕES DO PADRE ANTÔNIO VIEIRA

OS MAIS BELOS SERMÕES

VOLUME 2 ◆ organização **ALEXEI BUENO**

petra

PADRE ANTÔNIO VIEIRA

Direitos de edição da obra em língua portuguesa no Brasil adquiridos pela PETRA EDITORIAL LTDA. Todos os direitos reservados. Nenhuma parte desta obra pode ser apropriada e estocada em sistema de banco de dados ou processo similar, em qualquer forma ou meio, seja eletrônico, de fotocópia, gravação etc., sem a permissão do detentor do copirraite.

PETRA EDITORA
Rua Candelária, 60 — 7.º andar — Centro — 20091-020
Rio de Janeiro — RJ — Brasil
Tel.: (21) 3882-8200

Imagem de capa: *Vera effigies celeberrimi P. Antonii Vieyra*
Arnold van Westerhout (1651-1725)
National Library of Portugal
c.1700–1721

Dados Internacionais de Catalogação na Publicação (CIP)

V658m   Vieira, Pe. Antônio
           Os mais belos sermões do Pe. Antônio Vieira /
       Pe. Antônio Vieira – Rio de Janeiro: Petra, 2021.
       352 p.; 15,5 x 23 cm

       Seleção e introdução por Alexei Bueno
       ISBN: 978-65-8844-435-1

       1. Cristianismo. I. Título.

                                     CDD: 230
                                     CDU: 27

André Queiroz – CRB-4/2242

SUMÁRIO

VOLUME II

Sermão do Bom Ladrão (1655) | 7

Sermão do Nascimento da Virgem Maria (1657) | 33

Sermão do Espírito Santo (1657) | 53

Sermão da Sexta Sexta-feira da Quaresma (1662) | 78

Sermão da Epifania (1662) | 97

Sermão Histórico e Panegírico nos Anos da
Rainha D. Maria Francisca Isabel de Saboia (1668) | 137

Sermão do Santíssimo Sacramento (1669) | 169

Sermão de Santo Inácio (1669) | 185

Sermão das Lágrimas de S. Pedro (1669) | 208

Sermão da Terceira Quarta-feira da Quaresma (1669) | 226

Sermão de Quinta Quarta-feira da Quaresma
("Sermão do Cego", 1669) | 245

Sermão de Quarta-Feira de Cinza (1672) | 269

Sermão das Cadeias de S. Pedro (1674) | 286

Sermão da Rainha Santa Isabel (1674) | 306

Sermão de Ação de Graças (1688) | 325

Bibliografia | 351

SERMÃO DO BOM LADRÃO

PREGADO NA IGREJA DA MISERICÓRDIA DE LISBOA, NO ANO DE 1655

Domine, memento mei, cum veneris in Regnum tuum:
Hodie mecum eris in Paradiso.[i]

I

Este sermão, que hoje se prega na Misericórdia de Lisboa, e não se prega na Capela Real, parecia-me a mim que lá se havia de pregar e não aqui. Daquela pauta havia de ser e não desta. E por quê? Porque o Texto em que se funda o mesmo sermão, todo pertence à majestade daquele lugar, e nada à piedade deste. Uma das coisas que diz o Texto é que foram sentenciados em Jerusalém dois ladrões, e ambos condenados, ambos executados, ambos crucificados e mortos, sem lhes valer procurador, nem embargos. Permite isto a Misericórdia de Lisboa? Não. A primeira diligência que faz, é eleger por procurador das cadeias um irmão de grande autoridade, poder e indústria; e o primeiro timbre deste procurador é fazer honra de que nenhum malfeitor seja justiçado em seu tempo. Logo esta parte da história não pertence à Misericórdia de Lisboa. A outra parte (que é a que tomei por tema) toda pertence ao Paço e à Capela Real. Nela se fala com o rei: *Domine*: nela se trata do seu reino: *cum veneris in Regnum tuum:*[ii] nela se lhe presentam memoriais: *memento mei*: e nela os despacha o mesmo rei logo, e sem remissão a outros tribunais: *hodie mecum eris in Paradiso*. O que me podia retrair de pregar sobre esta matéria era não dizer a doutrina com o lugar. Mas deste escrúpulo, em que muitos pregadores não reparam, me livrou a pregação de Jonas. Não pregou Jonas no Paço, senão pelas ruas de Nínive, cidade de mais longes que esta nossa; e diz o Texto sagrado que logo a sua pregação chegou aos ouvidos do rei: *Pervenit verbum ad Regem*.[iii] Bem quisera eu que o que hoje determino pregar, chegara a todos os reis, e mais ainda aos estrangeiros que aos nossos. Todos devem imitar ao Rei dos Reis; e todos têm muito que aprender nesta última ação de sua vida. Pediu o bom ladrão a Cristo, que se lembrasse dele no seu Reino: *Domine, memento mei, cum veneris in Regnum tuum*. E a lem-

---

[i] *Luc.*, XXIII.
[ii] Ibid., 42 e 43.
[iii] *João*, III, 6.

brança que o Senhor teve dele, foi que ambos se vissem juntos no Paraíso: *Hodie mecum eris in Paradiso*. Esta é a lembrança que devem ter todos os reis, e a que eu quisera lhes persuadissem os que são ouvidos de mais perto. Que se lembrem não só de levar os ladrões ao Paraíso, senão de os levar consigo: *Mecum*. Nem os reis podem ir ao Paraíso sem levar consigo os ladrões, nem os ladrões podem ir ao Inferno sem levar consigo os reis. Isto é o que hei de pregar. *Ave Maria*.

II

Levarem os reis consigo ao Paraíso ladrões, não só não é companhia indecente, mas ação tão gloriosa e verdadeiramente real, que com ela coroou e provou o mesmo Cristo a verdade do seu reinado, tanto que admitiu na cruz o título de rei. Mas o que vemos praticar em todos os reinos do mundo é tanto pelo contrário, que em vez de os reis levarem consigo os ladrões ao Paraíso, os ladrões são os que levam consigo os reis ao Inferno. E se isto é assim, como logo mostrarei com evidência, ninguém me pode estranhar a clareza, ou publicidade com que falo, e falarei em matéria que envolve tão soberanos respeitos; antes admirar o silêncio e condenar a desatenção com que os pregadores dissimulam uma tão necessária doutrina, sendo a que devera ser mais ouvida e declamada nos púlpitos. Seja, pois, novo hoje o assunto, que devera ser muito antigo e muito frequente, o qual eu prosseguirei tanto com maior esperança de produzir algum fruto, quanto vejo enobrecido o auditório presente com a autoridade de tantos ministros de todos os maiores tribunais, sobre cujo conselho e consciência se costumam descarregar as dos reis.

III

E para que um discurso tão importante e tão grave vá assentado sobre fundamentos sólidos e irrefragáveis, suponho, primeiramente, que sem restituição do alheio não pode haver salvação. Assim o resolvem com S. Tomás todos os teólogos: e assim está definido no capítulo *Si res aliena*, com palavras tiradas de Santo Agostinho, que são estas: *Si res aliena propter quam peccatum est, reddi potest, et non redditur, poenitentia non agitur, sed simulatur. Si autem veraciter agitur non remittitur peccatum nisi restituatur ablatum, si, ut dixi restitui potest.* Quer dizer: se o alheio que se tomou ou retém, se pode restituir e não se restitui, a penitência deste e dos outros pecados não é verdadeira penitência, senão simulada e fingida, porque se não perdoa o pecado sem se restituir o roubado, quando quem o roubou tem possibilidade de o restituir. Esta única exceção da regra foi a felicidade do bom ladrão, e esta a razão por que ele se salvou, e também o mau se pudera salvar sem restituírem. Como ambos saíram do naufrágio desta vida despidos, e pegados a um pau, só esta sua extrema pobreza os podia absolver dos latrocínios que tinham cometido, porque, impossibilitados à restituição, ficavam desobrigados dela. Porém se o bom ladrão tivera bens com que restituir, ou em todo, ou em parte o que roubou, toda a sua fé e toda a sua penitência tão celebrada dos Santos, não bastara para salvá-lo, se não restituísse. Duas coisas lhe faltavam a este venturoso homem para se salvar, uma como bom ladrão que tinha sido, outra como cristão que começava a ser. Como ladrão que tinha sido, faltava-lhe com que restituir: como cristão que começava a ser, faltava-lhe o batismo, mas assim como o sangue que derramou na cruz, lhe supriu o batismo, assim a sua desnudez, e a sua impossibilidade, lhe supriu a restituição, e por isso se salvou. Vejam agora, de caminho, os que roubaram na vida; e nem na vida, nem na morte restituíram, antes na morte testaram de muitos bens, e deixaram grossas heranças a seus sucessores; vejam onde irão, ou terão ido suas almas, e se se podiam salvar.

Era tão rigoroso este preceito da restituição na Lei velha, que se o que furtou não tinha com que restituir, mandava Deus que fosse vendido, e restituísse com o preço de si mesmo: *Si non habuerit quod pro furto reddat, ipse venundabitur*.[i] De modo que enquanto um homem era seu, e possuidor da sua liberdade, posto que não tivesse outra coisa, até que não vendesse a própria pessoa, e restituísse o que podia com o preço de si mesmo, não o julgava a Lei por impossibilitado à restituição, nem o desobrigava dela. Que uma tal Lei fosse justa, não se pode duvidar, porque era lei de Deus, posto que o mesmo Deus na lei da graça derrogou esta circunstância de rigor, que era de direito positivo; porém na lei natural, que é indispensável, e manda restituir a quem pode, e tem com que, tão fora esteve de variar ou moderar causa alguma, que nem o mesmo Cristo na cruz prometeria o Paraíso ao ladrão, em tal caso, sem que primeiro restituísse. Ponhamos outro ladrão à vista deste, e vejamos admiravelmente no juízo do mesmo Cristo a diferença de um caso a outro.

Assim como Cristo, Senhor nosso, disse a Dimas: *Hodie mecum eris in Paradiso*: Hoje serás comigo no Paraíso, assim disse a Zaqueu: *Hodie salus domui huic facta est*;[ii] hoje entrou a salvação nesta tua casa. Mas o que muito se deve notar, é que a Dimas prometeu-lhe o Senhor a salvação logo, e a Zaqueu não logo, senão muito depois. E por que, se ambos eram ladrões, e ambos

---

[i] *Êxod.*, XXIII, 3.
[ii] *Luc.*, XIX, 9.

convertidos? Porque Dimas era ladrão pobre e não tinha com que restituir o que roubara; Zaqueu era ladrão rico e tinha muito com que restituir: *Zacchaeus princeps erat publicanorum et ipse dives*,[i] diz o Evangelista. E ainda que ele o não dissera, o estado de um e outro ladrão o declarava assaz. Por quê? Porque Dimas era ladrão condenado e se ele fora rico, claro está que não havia de chegar à forca; porém Zaqueu era ladrão tolerado, e a sua mesma riqueza era a imunidade que tinha para roubar sem castigo, e ainda sem culpa. E como Dimas era ladrão pobre e não tinha com que restituir, também não tinha impedimento a sua salvação, e por isso Cristo lha concedeu no mesmo momento. Pelo contrário: Zaqueu, como era ladrão rico e tinha muito com que restituir, não lhe podia Cristo segurar a salvação antes que restituísse, e por isso lhe dilatou a promessa. A mesma narração do Evangelho é a melhor prova desta diferença.

Conhecia Zaqueu a Cristo só por fama e desejava muito vê-lo. Passou o Senhor pela terra, e como era pequeno de estatura, e o concurso muito, sem reparar na autoridade da pessoa e do ofício: *Princeps publicanorum*, subiu-se a uma árvore para o ver, e não só viu, mas foi visto, e muito bem-visto. Pôs nele o Senhor aqueles divinos olhos, chamou-o pelo seu nome e disse-lhe que se descesse logo da árvore, porque lhe importava ser seu hóspede naquele dia: *Zacchaee festinans descende, quia hodie in domo tua oportet me manere.*[ii] Entrou, pois, o Salvador em casa de Zaqueu, e aqui parece que cabia bem o dizer-lhe que então entrara a salvação em sua casa; mas nem isto, nem outra palavra disse o Senhor. Recebeu-o Zaqueu e festejou a sua vinda com todas as demonstrações de alegria: *Excepit illum gaudens*; e guardou o Senhor o mesmo silêncio. Assentou-se à mesa abundante de iguarias, e muito mais de boa vontade, que é o melhor prato para Cristo, e prosseguiu na mesma suspensão. Sobre tudo disse Zaqueu, que ele dava aos pobres a metade de todos seus bens: *Ecce dimidium bonorum meorum do pauperibus.* E sendo o Senhor aquele que no dia do Juízo só aos merecimentos da esmola há de premiar com o reino do Céu; quem não havia de cuidar que a este grande ato de liberalidade com os pobres responderia logo a promessa da salvação? Mas nem aqui mereceu ouvir Zaqueu o que depois lhe disse Cristo. Pois, Senhor, se vossa piedade e verdade tem dito tantas vezes, que o que se faz aos pobres se faz a vós mesmo, e este homem na vossa pessoa vos está servindo com tantos obséquios, e na dos pobres com tantos empenhos: se vos convidastes a ser seu hóspede para o salvar, e a sua salvação é a importância que vos trouxe a sua casa: se o chamastes, e acudiu com tanta diligência: se lhe dissestes que se apressasse: *Festinans descende*, e ele se não deteve

---

[i] Ibid., XIX, 2.
[ii] *Luc.*, V, 6 e 8.

um momento; por que lhe dilatais tanto a mesma graça, que lhe desejais fazer, por que o não acabais de absolver, por que lhe não segurais a salvação? Porque este mesmo Zaqueu, como cabeça de publicanos: *Princeps publicanorum,* tinha roubado a muitos; e como rico que era: *Et ipse dives,* tinha com que restituir o que roubara; e enquanto estava devedor e não restituía o alheio, por mais boas obras que fizesse, nem o mesmo Cristo o podia absolver; e por mais fazenda que despendesse piamente, nem o mesmo Cristo o podia salvar. Todas as outras obras que depois daquela venturosa vista fazia Zaqueu, eram muito louváveis; mas enquanto não chegava a fazer a da restituição, não estava capaz da salvação. Restitua e logo será salvo; e assim foi. Acrescentou Zaqueu que tudo o que tinha mal adquirido restituía em quatro dobros: *Et si quid aliquem defraudavi, reddo quadruplum.*[i] E no mesmo ponto o Senhor, que até ali tinha calado, desfechou os tesouros de sua graça e lhe anunciou a salvação: *Hodie salus domui huic facta est.* De sorte que ainda que entrou o Salvador em casa de Zaqueu, a salvação ficou de fora; porque enquanto não saiu da mesma casa a restituição, não podia entrar nela a salvação. A salvação não pode entrar sem se perdoar o pecado, e o pecado não se pode perdoar sem se restituir o roubado: *Non dimittitur peccatum, nisi restituatur ablatum.*

IV

Suposta esta primeira verdade, certa e infalível: a segunda coisa que suponho com a mesma certeza, é que a restituição do alheio, sob pena da salvação, não só obriga aos súditos e particulares, senão também aos cetros e às coroas. Cuidam, ou devem cuidar alguns príncipes, que assim como são superiores a todos, assim são senhores de tudo, e é engano. A lei da restituição é lei natural e lei divina. Enquanto lei natural, obriga aos reis, porque a natureza fez iguais a todos; e enquanto lei divina, também os obriga, porque Deus, que os fez maiores que os outros, é maior que eles. Esta verdade só tem contra si a prática e o uso. Mas por parte deste mesmo uso argumenta assim S. Tomás, o qual é hoje o meu doutor, e nestas matérias o de maior autoridade: *Terrarum principes multa a suis subditis violenter extorquent: quod videtur ad rationem rapinae pertinere: grave autem videtur dicere, quod in hoc peccant: quia sic fere omnes principes damnarentur. Ergo rapina in aliquo casu est licita.*[ii] Quer dizer: a rapina, ou roubo, é tomar o alheio violentamente contra a vontade de seu dono: os prín-

---

[i] *Luc.*, XIX, 8.
[ii] Divus Thom.

cipes tomam muitas coisas a seus vassalos violentamente, e contra sua vontade; logo parece, que o roubo é lícito em alguns casos; porque se dissermos que os príncipes pecam nisto, todos eles, ou quase todos se condenariam: *Fere omnes principes damnarentur.* Oh, que terrível e temerosa consequência; e quão digna de que a considerem profundamente os príncipes, e os que têm parte em suas resoluções e conselhos! Responde ao seu argumento o mesmo Doutor Angélico; e posto que não costumo molestar os ouvintes com latins largos, hei de referir as suas próprias palavras: *Dicendum, quod si principes a subditis exigunt quod eis secundum justitiam debetur propter bonum commune conservandum, etiam si violentia adhibeatur, non est rapina. Si vero aliquid principes indebite extorqueant, rapina est, sicut et latrocinium. Unde ad restitutionem tenentur, sicut et latrones. Et tanto gravius peccant quam latrones, quanto periculosius, et communius contra publicam justitiam agunt, cujus custodes sunt positi.* Respondo (diz S. Tomás) que se os príncipes tiram dos súditos o que segundo justiça lhes é devido para conservação do bem comum, ainda que o executem: com violência, não é rapina, ou roubo. Porém se os príncipes tomarem por violência o que se lhes não deve, é rapina e latrocínio. Donde se segue, que estão obrigados à restituição como os ladrões; e que pecam tanto mais gravemente que os mesmos ladrões, quanto é mais perigoso e mais comum o dano, com que ofendem a justiça pública, de que eles estão postos por defensores.

Até aqui acerca dos príncipes o príncipe dos teólogos. E porque a palavra rapina e latrocínio aplicada a sujeitos da suprema esfera é tão alheia das lisonjas, que estão acostumados a ouvir, que parece conter alguma dissonância, escusa tacitamente o seu modo de falar, e prova a sua doutrina o santo doutor com dois textos alheios, um divino, do profeta Ezequiel, e outro pouco menos que divino, de Santo Agostinho. O texto de Ezequiel é parte do relatório das culpas, porque Deus castigou tão severamente os dois reinos de Israel e Judá, um com o cativeiro dos Assírios, e outro com o dos Babilônios; e a causa que dá e muito pondera, é que os seus príncipes em vez de guardarem os povos como pastores, os roubavam como lobos: *Principes ejus in medio illius, quasi lupi rapientes praedam.*[i] Só dois reis elegeu Deus por si mesmo, que foram Saul e Davi; e a ambos os tirou de pastores, para que pela experiência dos rebanhos que guardavam, soubessem como haviam de tratar os vassalos; mas seus sucessores por ambição e cobiça degeneraram tanto deste amor e deste cuidado, que, em vez de os guardar e apascentar como ovelhas, os roubavam e comiam como lobos: *Quasi lupi rapientes praedam.*

---

[i] *Ezequ.*, XXII, 27.

O texto de Santo Agostinho fala geralmente de todos os reinos em que são ordinárias semelhantes opressões e injustiças, e diz: que entre os tais reinos e as covas dos ladrões (a que o santo chama latrocínios) só há uma diferença. E qual é? Que os reinos são latrocínios ou ladroeiras grandes, e os latrocínios ou ladroeiras são reinos pequenos: *Sublata justitia, quid sunt regna, nisi magna latrocinia? Quia et latrocinia quid sunt, nisi parva regna?* É o que disse o outro pirata a Alexandre Magno. Navegava Alexandre em uma poderosa armada pelo mar Eritreu a conquistar a Índia; e como fosse trazido à sua presença um pirata, que por ali andava roubando os pescadores, repreendeu-o muito Alexandre de andar em tão mau ofício; porém ele, que não era medroso nem lerdo, respondeu assim: "Basta, Senhor, que eu, porque roubo em uma barca sou ladrão, e vós, porque roubais em uma armada, sois imperador?" Assim é. O roubar pouco é culpa, o roubar muito é grandeza: o roubar com pouco poder faz os piratas, o roubar com muito, os Alexandres. Mas Sêneca, que sabia bem distinguir as qualidades e interpretar as significações, a uns e outros, definiu com o mesmo nome: *Eodem loco pone latronem, et piratam, quo regem animum latronis, et piratae habentem.* Se o rei de Macedônia, ou qualquer outro, fizer o que faz o ladrão e o pirata; o ladrão, o pirata e o rei, todos têm o mesmo lugar e merecem o mesmo nome.

Quando li isto em Sêneca, não me admirei tanto de que um filósofo estoico se atrevesse a escrever uma tal sentença em Roma, reinando nela Nero; o que mais me admirou, e quase envergonhou, foi que os nossos oradores evangélicos em tempo de príncipes católicos e timoratos, ou para a emenda, ou para a cautela, não preguem a mesma doutrina. Saibam estes eloquentes mudos que mais ofendem os reis com o que calam que com o que disserem; porque a confiança, com que isto se diz, é sinal de que lhes não toca, e que se não podem ofender; e a cautela com que se cala, é argumento de que se ofenderão, porque lhes pode tocar. Mas passemos brevemente à terceira e última suposição, que todas três são necessárias para chegarmos ao ponto.

V

Suponho, finalmente, que os ladrões de que falo não são aqueles miseráveis a quem a pobreza e vileza de sua fortuna condenou a este gênero de vida, porque a mesma sua miséria ou escusa ou alivia o seu pecado, como diz Salomão: *Non grandis est culpa, cum quis furatus fuerit: furatur enim ut esurientem impleat animam.*[i] O ladrão que furta para comer não vai nem leva ao Inferno: os que

---

[i] *Prov.*, VI, 30.

não só vão, mas levam, de que eu trato, são os ladrões de maior calibre e de mais alta esfera, os quais debaixo do mesmo nome e do mesmo predicamento distingue muito bem S. Basílio Magno: *Non est intelligendum fures esse solum bursarum incisores, vel latrocinantes in balneis; sed et qui duces legionum statuti, vel qui commisso sibi regimine civitatum, aut gentium, hoc quidem furtim tollunt, hoc vero vi, et publice exigunt.* Não são só ladrões, diz o Santo, os que cortam bolsas, ou espreitam os que se vão banhar, para lhes colher a roupa; os ladrões que mais própria e dignamente merecem este título são aqueles a quem os reis encomendam os exércitos e legiões, ou o governo das províncias, ou a administração das cidades, os quais já com manha, já com força, roubam e despojam os povos. Os outros ladrões roubam um homem, estes roubam cidades e reinos: os outros furtam debaixo do seu risco, estes sem temor, nem perigo: os outros, se furtam, são enforcados, estes furtam e enforcam. Diógenes, que tudo via com mais aguda vista que os outros homens, viu que uma grande tropa de varas e ministros de justiça levavam a enforcar uns ladrões e começou a bradar: "Lá vão os ladrões grandes enforcar os pequenos." Ditosa Grécia, que tinha tal pregador! E mais ditosas as outras nações, se nelas não padecera a justiça as mesmas afrontas. Quantas vezes se viu em Roma ir a enforcar um ladrão por ter furtado um carneiro, e no mesmo dia ser levado em triunfo um cônsul, ou ditador por ter roubado uma província! E quantos ladrões teriam enforcado estes mesmos ladrões triunfantes? De um chamado Seronato disse com discreta contraposição Sidônio Apolinar: *Non cessat simul furta, vel punire, vel facere.* Seronato está sempre ocupado em duas coisas: em castigar furtos e em os fazer. Isto não era zelo de justiça, senão inveja. Queria tirar os ladrões do mundo, para roubar ele só.

VI

Declarado assim por palavras não minhas, senão de muito bons Autores, quão honrados e autorizados sejam os ladrões de que falo, estes são os que disse, e digo que levam consigo os reis ao Inferno. Que eles fossem lá sós, e o Diabo os levasse a eles, seja muito na má hora, pois assim o querem; mas que hajam de levar consigo os reis, é uma dor, que se não pode sofrer, e por isso nem calar. Mas se os reis tão fora estão de tomar o alheio, que antes eles são os roubados, e os mais roubados de todos, como levam ao Inferno consigo estes maus ladrões a estes bons reis? Não por um só, senão por muitos modos, os quais parecem insensíveis e ocultos, e são muito claros e manifestos. O primeiro, porque os reis lhes dão os ofícios e poderes com que roubam: o segundo, porque os reis os conservam neles: o terceiro, porque os reis os adiantam e promovem a outros maiores: e finalmente porque sendo os reis obrigados, sob pena de salvação, a restituir todos estes danos, nem na vida, nem na morte os restituem. E quem diz isto? Já se sabe que há de ser S. Tomás. Faz questão S. Tomás, se a pessoa que não furtou, nem recebeu, ou possui coisa alguma do furto, pode ter obrigação de o restituir? E não só resolve que sim, mas para maior expressão do que vou dizendo, põe o exemplo nos reis. Vai o texto: *Tenetur ille restituere, qui non obstat, cum obstare teneatur. Sicut principes, qui tenentur custodire justitiam in Terra, si per corum defectum latrones increscant, ad restitutionem tenentur: quia redditus, quos habent, sunt quasi stipendia ad hoc instituta, ut justitiam conservent in Terra.* Aquele que tem obrigação de impedir que se não furte, se o não impediu, fica obrigado a restituir o que se furtou. E até os príncipes, que por sua culpa deixarem crescer os ladrões, são obrigados à restituição; porquanto as rendas com que os povos os servem e assistem, são como estipêndios instituídos e consignados por eles, para que os príncipes os guardem e mantenham em justiça. É tão natural e tão clara esta teologia, que até Agamênon, rei gentio, a conheceu, quando disse: *Qui non vetat peccare, cum possit, jubet.*

E se nesta obrigação de restituir incorrem os príncipes, pelos furtos que cometem os ladrões casuais e involuntários; que será pelos que eles mesmos, e por própria eleição, armaram de jurisdições e poderes com que roubam os mesmos povos? A tenção dos príncipes não é nem pode ser essa; mas basta que esses oficiais, ou de guerra, ou de fazenda, ou de justiça, que cometem os roubos, sejam eleições e feituras suas, para que os príncipes hajam de pagar o que eles fizerem. Ponhamos o exemplo da culpa onde a não pode haver. Pôs Deus a Adão no Paraíso com jurisdição e poder sobre todos os viventes, e com senhorio absoluto de todas as coisas criadas, exceto somente uma árvore. Faltavam-lhe poucas letras a Adão para ladrão, e ao fruto para o furto não lhe faltava nenhuma. Enfim, ele e sua mulher (que muitas vezes são as terceiras) aquela só coisa que havia no mundo que não fosse sua, essa roubaram. Já temos a Adão eleito, já o temos com ofício, já o temos ladrão. E quem foi que pagou o furto? Caso sobre todos admirável! Pagou o furto quem elegeu e quem deu o ofício ao ladrão. Quem elegeu e deu o ofício a Adão foi Deus; e Deus foi o que pagou o furto tanto à sua custa, como sabemos. O mesmo Deus o disse assim, referindo o muito que lhe custara a satisfação do furto e dos danos dele: *Quae non rapui, tunc exolvebam.*[i] Vistes o corpo humano de que me vesti, sendo Deus; vistes o muito que padeci; vistes o sangue que derramei; vistes a morte a que fui condenado entre ladrões; pois então, e com tudo isso, pagava o que não furtei: Adão

---

[i] *Sal.*, LXVIII, 5.

foi o que furtou e eu o que paguei: *Quae non rapui, tunc exolvebam.* Pois, Senhor meu, que culpa teve Vossa Divina Majestade no furto de Adão? Nenhuma culpa tive, nem a tivera, ainda que não fora Deus. Porque na eleição daquele homem e no ofício que lhe dei, em tudo procedi com a circunspecção, prudência e providência, com que o devera e deve fazer o príncipe mais atento a suas obrigações, mais considerado e mais justo. Primeiramente quando o fiz, não foi com império despótico, como as outras criaturas, senão com maduro conselho, e por consulta de pessoas não humanas, senão divinas: *Faciamus hominem ad imaginem, et similitudinem nostram, et praesit.*[i] As partes e qualidades que concorriam no eleito, eram as mais adequadas ao ofício que se podiam desejar, nem imaginar; porque era o mais sábio de todos os homens, justo sem vício, reto sem injustiça, e senhor de todas suas paixões, as quais tinha sujeitas e obedientes à razão. Só lhe faltava a experiência, nem houve concurso de outros sujeitos na sua eleição; mas ambas estas coisas não as podia então haver, porque era o primeiro homem e o único. Pois se a vossa eleição, Senhor, foi tão justa e tão justificada, que bastava ser vossa para o ser; por que haveis vós de pagar o furto que ele fez, sendo toda a culpa sua? Porque quero dar este exemplo e documento aos príncipes; e porque não convém que fique no mundo uma tão má e perniciosa consequência, como seria, se os príncipes se persuadissem, em algum caso, de que não eram obrigados a pagar e satisfazer o que seus ministros roubassem.

VII

Mas estou vendo que com este exemplo de Deus se desculpam, ou podem desculpar os reis. Porque se a Deus lhe sucedeu tão mal com Adão, conhecendo muito bem Deus o que ele havia de ser, que muito é que suceda o mesmo aos reis com os homens que elegem para os ofícios, se eles não sabem, nem podem saber o que depois farão? A desculpa é aparente, mas tão falsa como mal fundada; porque Deus não faz eleição dos homens pelo que sabe que hão de ser, senão pelo que de presente são. Bem sabia Cristo que Judas havia de ser ladrão, mas quando o elegeu para o ofício, em que o foi, não só não era ladrão, mas muito digno de se lhe fiar o cuidado de guardar e distribuir as esmolas dos pobres. Elejam assim os reis as pessoas, e provejam assim os ofícios, e Deus os desobrigará nesta parte da restituição. Porém as eleições e provimentos que se usam não se fazem assim. Querem saber os reis se os que provêm nos ofícios são ladrões ou não? Observem a regra de Cristo: *Qui non intrat per ostium, fur est,*

---

[i] *Gênes.*, I, 26.

et latro.[i] A porta por onde legitimamente se entra ao ofício é só o merecimento; e todo o que não entra pela porta, não só diz Cristo que é ladrão, senão ladrão e ladrão: *Fur est, et latro*. E por que é duas vezes ladrão? Uma vez porque furta o ofício, e outra vez pelo que há de furtar com ele. O que entra pela porta poderá vir a ser ladrão, mas os que não entram por ela já o são. Uns entram pelo parentesco, outros pela amizade, outros pela valia, outros pelo suborno, e todos pela negociação. E quem negocia não há mister outra prova; já se sabe que não vai a perder. Agora será ladrão oculto, mas depois ladrão descoberto, que essa é, como diz S. Jerônimo, a diferença de *fur* a *latro*.

Coisa é certo maravilhosa ver a alguns tão introduzidos e tão entrados não entrando pela porta, nem podendo entrar por ela. Se entram pelas janelas, como aqueles ladrões de que faz menção Joel: *Per fenestras intrabunt quasi fur*,[ii] grande desgraça é que, sendo as janelas feitas para entrar a luz e o ar, entrem por elas as trevas e os desares. Se entraram minando a casa do pai de famílias, como o clarão da parábola de Cristo: *Si sciret pater familias, qua hora fur veniret, non sineret perfodi domum suam*,[iii] ainda seria maior desgraça que o sono ou letargo do dono da casa fosse tão pesado, que minando-se-lhe as paredes, não o espertassem os golpes. Mas o que excede toda a admiração é que haja quem, achando a porta fechada, empreenda entrar por cima dos telhados, e o consiga; e mais sem ter pés nem mãos, quanto mais asas. Estava Cristo Senhor nosso curando milagrosamente os enfermos dentro de uma casa, e era tanto o concurso, que, não podendo os que levavam um paralítico entrar pela porta, subiram-se com ele ao telhado, e por cima do telhado o introduziram. Ainda é mais admirável a consideração do sujeito que o modo e o lugar da introdução. Um homem que entrasse por cima dos telhados, quem não havia de julgar que era caído do céu: *Tertius e caelo cecidit Cato?* E o tal homem era um paralítico, que não tinha pés, nem mãos, nem sentido, nem movimento; mas teve com que pagar a quatro homens, que o tomaram às costas, e o subiram tão alto. E como os que trazem às costas semelhantes sujeitos, estão tão pagos deles, que muito é que digam e informem (posto que sejam tão incapazes) que lhe sobejam merecimentos por cima dos telhados. Como não podem alegar façanhas de quem não tem mãos, dizem virtudes e bondades. Dizem, que com os seus procedimentos, cativa a todos; e como os não havia de cativar se os comprou? Dizem, que, fazendo sua obrigação, todos lhe ficam devendo dinheiro; e como lhe não hão de dever, se lho tomaram? Deixo os que sobem aos postos pelos cabelos, e não com as forças

---

[i] *João*, X, 1.
[ii] *Joel*, II, 9.
[iii] *Luc.*, XII, 39.

de Sansão, senão com os favores de Dalila. Deixo os que com voz conhecida de Jacó levam a bênção de Esaú, e não com as luvas calçadas, senão dadas ou prometidas. Deixo os que, sendo mais leprosos que Naamão Siro, se limparam da lepra, e não com as águas do Jordão, senão com as do rio da Prata. É isto, e o mais que se podia dizer, entrar pela porta? Claro está que não. Pois se nada disto se faz: *Sicut fur in nocte*,[i] senão na face do Sol, e na luz do meio-dia, como se pode escusar quem ao menos firma os provimentos de que não conhecia serem ladrões os que por estes meios foram providos? Finalmente, ou os conhecia, ou não: se os não conhecia, como os proveu sem os conhecer? E se os conhecia, como os proveu conhecendo-os? Mas vamos aos providos com expresso conhecimento de suas qualidades.

VIII

Dom Fulano (diz a piedade bem-intencionada) é um fidalgo pobre, dê-se-lhe um governo. E quantas impiedades, ou advertidas ou não, se contêm nesta piedade? Se é pobre, deem-lhe uma esmola honestada com o nome de tença, e tenha com que viver. Mas porque é pobre, um governo, para que vá desempobrecer à custa dos que governar; e para que vá fazer muitos pobres à conta de tornar muito rico!? Isto quer quem o elege por este motivo. Vamos aos do prêmio, e também aos do castigo. Certo capitão mais antigo tem muitos anos de serviço: deem-lhe uma fortaleza nas Conquistas. Mas se esses anos de serviço assentam sobre um sujeito, que os primeiros despojos que tomava na guerra eram a farda e a ração dos seus próprios soldados, despidos e mortos de fome; que há de fazer em Sofala ou em Mascate? Tal graduado em Leis leu com grande aplauso no Paço; porém em duas Judicaturas, e uma Correição, não deu boa conta de si; pois vá degredado para a Índia com uma beca. E se na Beira e no Alentejo, onde não há diamantes, nem rubis, se lhe pegavam as mãos a este doutor, que será na relação de Goa?

Encomendou el-rei D. João o Terceiro a S. Francisco Xavier o informasse do estado da Índia por via de seu companheiro, que era mestre do príncipe: e o que o Santo escreveu de lá, sem nomear ofícios, nem pessoas, foi que o verbo *rapio* na Índia se conjugava por todos os modos. A frase parece jocosa em negócio tão sério; mas falou o servo de Deus, como fala Deus, que em uma palavra diz tudo. Nicolau de Lira, sobre aquelas palavras de Daniel: *Nabucodonosor rex*

---

[i] *Tessal.*, V, 5.

misit ad congregandos Satrapas, Magistratus et Judices,[i] declarando a etimologia de sátrapas, que eram os governadores das províncias, diz que este nome foi composto de *sat* e de *rapio*. *Dicuntur Satrapae quasi satis rapientes, quia solent bona inferiorum rapere*. Chamam-se sátrapas, porque costumam roubar assaz. E este assaz é o que especificou melhor S. Francisco Xavier, dizendo que conjugam o verbo *rapio* por todos os modos. O que eu posso acrescentar, pela experiência que tenho, é que não só do cabo da Boa Esperança para lá, mas também das partes daquém, se usa igualmente a mesma conjugação. Conjugam por todos os modos o verbo *rapio;* porque furtam por todos os modos da arte, não falando em outros novos e esquisitos, que não conheceu Donato, nem Despautério. Tanto que lá chegam, começam a furtar pelo modo indicativo, porque a primeira informação que pedem aos práticos é que lhe apontem e mostrem os caminhos por onde podem abarcar tudo. Furtam pelo modo imperativo, porque como têm o mero e misto império, todo ele aplicam despoticamente às execuções da rapina. Furtam pelo modo mandativo, porque aceitam quanto lhes mandam; e para que mandem todos, os que não mandam não são aceitos. Furtam pelo modo optativo, porque desejam quanto lhes parece bem; e gabando as coisas desejadas aos donos delas, por cortesia sem vontade as fazem suas. Furtam pelo modo conjuntivo, porque ajuntam o seu pouco cabedal com o daqueles que manejam muito; e basta só que ajuntem a sua graça, para serem, quando menos, meeiros na ganância. Furtam pelo modo potencial, porque sem pretexto, nem cerimônia, usam de potência. Furtam pelo modo permissivo, porque permitem que outros furtem, e estes compram as permissões. Furtam pelo modo infinitivo, porque não tem fim o furtar com o fim do governo, e sempre lá deixam raízes, em que se vão continuando os furtos. Estes mesmos modos conjugam por todas as pessoas; porque a primeira pessoa do verbo é a sua, as segundas os seus criados e as terceiras, quantas para isso têm indústria e consciência. Furtam juntamente por todos os tempos, porque o presente (que é o seu tempo) colhem quanto dá de si o triênio; e para incluírem no presente o pretérito e futuro, do pretérito desenterram crimes, de que vendem os perdões e dívidas esquecidas, de que se pagam inteiramente; e do futuro empenham as rendas, e antecipam os contratos, com que tudo o caído, e não caído lhes vêm a cair nas mãos. Finalmente, nos mesmos tempos não lhes escapam os imperfeitos, perfeitos, *plusquam* perfeitos, e quaisquer outros, porque furtam, furtaram, furtavam, furtariam e haveriam de furtar mais, se mais houvesse. Em suma que o resumo de toda esta rapante conjugação vem a ser o supino do mesmo verbo: a furtar para furtar. E quando eles têm conjugado assim toda a voz ativa,

---

[i] *Dan.*, III, 2.

e as miseráveis províncias suportado toda a passiva, eles, como se tiveram feito grandes serviços, tornam carregados de despojos e ricos; e elas ficam roubadas e consumidas.

É certo que os reis não querem isto, antes mandam em seus regimentos tudo o contrário; mas como as patentes se dão aos gramáticos destas conjugações tão peritos, ou tão cadimos nelas; que outros efeitos se podem esperar dos seus governos? Cada patente destas em própria significação vem a ser uma licença geral *in scriptis,* ou um passaporte para furtar. Em Holanda, onde há armadores de corsários, repartem-se as costas da África, da Ásia e da América com tempo limitado, e nenhum pode sair a roubar sem passaporte, a que chamam carta da marca. Isto mesmo valem as provisões, quando se dão aos que eram mais dignos da marca, que da carta. Por mar padecem os moradores das Conquistas a pirataria dos corsários estrangeiros, que é contingente; na terra suportam a dos naturais, que é certa e infalível. E se alguém duvida qual seja maior, note a diferença de uns a outros. O pirata do mar não rouba aos da sua república; os da terra roubam os vassalos do mesmo rei, em cujas mãos juraram homenagem: do corsário do mar posso-me defender; aos da terra não posso resistir: do corsário do mar posso fugir; dos da terra não me posso esconder: o corsário do mar depende dos ventos; os da terra sempre têm por si a monção: enfim o corsário do mar pode o que pode, os da terra podem o que querem, e por isso nenhuma presa lhes escapa. Se houvesse um ladrão onipotente, que vos parece que faria a cobiça junta com a onipotência? Pois é o que fazem estes corsários.

IX

Dos que obram o contrário com singular inteireza de justiça e limpeza de interesse, alguns exemplos temos, posto que poucos. Mas folgara eu saber quantos exemplos há, não digo já dos que fossem justiçados como tão insignes ladrões, mas dos que fossem privados de governo por estes roubos? Pois se eles furtam com os ofícios, e os consentem e conservam nos mesmos ofícios, como não hão de levar consigo ao Inferno os que os consentem? O meu S. Tomás o diz, e alega com o texto de S. Paulo: *Digni sunt morte, non solum qui faciunt sed etiam qui consentiunt facientibus.*[i] E porque o rigor deste texto se entende não de qualquer consentidor, senão daqueles que por razão de seu ofício, ou estado, têm obrigação de impedir, faz logo a mesma limitação o santo doutor e põe o exemplo nomeadamente nos príncipes: *Sed solum quando incumbit alicui ex*

---

[i] *Rom.*, I, 32.

officio sicut principibus Terrae. Verdadeiramente não sei como não reparam muito os príncipes em matéria de tanta importância, e como os não fazem reparar os que no foro exterior, ou no da alma, têm cargo de descarregar suas consciências. Vejam, uns e outros, como a todos ensinou Cristo, que o ladrão que furta com o ofício, nem um momento se há de consentir ou conservar nele.

Havia um senhor rico, diz o divino Mestre, o qual tinha um criado, que, com ofício de ecônomo ou administrador, governava as suas herdades. (Tal é o nome no original grego, que responde ao vílico da Vulgata.) Infamado pois o dito administrador de que se aproveitava da administração, e roubava, tanto que chegou a primeira notícia ao senhor, mandou-o logo vir diante de si, e disse-lhe, que desse contas, porque já não havia de exercitar o ofício. Ainda a resolução foi mais apertada; porque não só disse, que não havia, senão que não podia: *Jam enim non poteris villicare.*[i] Não tem palavra esta parábola, que não esteja cheia de notáveis doutrinas a nosso propósito. Primeiramente diz que este senhor era um homem rico: *Homo quidam erat dives.* Porque não será homem quem não tiver resolução; nem será rico, por mais herdades que tenha, quem não tiver cuidado, e grande cuidado, de não consentir que lhas governem ladrões. Diz mais, que para privar a este ladrão do ofício, bastou somente a fama sem outras inquirições: *Et hic diffamatus est apud illum.* Porque se em tais casos se houverem de mandar buscar informações à Índia, ou ao Brasil, primeiro que elas cheguem, e se lhe ponha remédio, não haverá Brasil, nem Índia. Não se diz, porém, nem se sabe quem fossem os autores, ou delatores desta fama; porque a estes há-lhes de guardar segredo o senhor inviolavelmente, sob pena de não haver quem se atreva a o avisar, temendo justamente a ira dos poderosos. Diz mais, que mandou vir o delatado diante de si: *Et vocavit eum,* porque semelhantes averiguações se se cometem a outros e não as faz o mesmo senhor por sua própria pessoa, com dar o ladrão parte do que roubou, prova que está inocente. Finalmente desengana-o e notifica-lhe, que não há de exercitar jamais o ofício, nem pode: *Jam enim non poteris villicare*; porque nem o ladrão conhecido deve continuar o ofício, em que foi ladrão, nem o senhor, ainda que quisesse, o pode consentir e conservar nele, se não se quer condenar.

Com tudo isto ser assim, eu ainda tenho uns embargos que alegar por parte deste ladrão diante do senhor e autor da mesma parábola, que é Cristo. Provará, que nem o furto por sua quantidade, nem a pessoa por seu talento parecem merecedores de privação do ofício para sempre. Este homem, senhor, posto que cometesse este erro, é um sujeito de grande talento, de grande indústria, de grande entendimento e prudência, como vós mesmo confessastes, e

---

[i] *Luc.,* XVI, 1 e 2.

ainda louvastes, que é mais: *Laudavit dominus villicum iniquitatis, quia prudenter fecisset*:[i] Pois se é homem de tanto préstimo, e tem capacidade e talentos para vos tornardes a servir dele, por que o haveis de privar para sempre do vosso serviço: *Jam enim non poteris villicare?* Suspendei-o agora por alguns meses como se usa, e depois o tornareis a restituir, para que nem vós o percais, nem ele fique perdido. Não, diz Cristo. Uma vez que é ladrão conhecido, não só há de ser suspenso ou privado do ofício *ad tempus*, senão para sempre, e para nunca jamais entrar ou poder entrar: *Jam enim non poteris;* porque o uso ou abuso dessas restituições, ainda que pareça piedade, é manifesta injustiça. De maneira que, em vez de o ladrão restituir o que furtou no ofício, restitui-se o ladrão ao ofício, para que furte ainda mais! Não são essas as restituições pelas quais se perdoa o pecado, senão aquelas porque se condenam os restituídos, e também quem os restitui. Perca-se embora um homem já perdido, e não se percam os muitos que se podem perder, e perdem na confiança de semelhantes exemplos.

Suposto que este primeiro artigo dos meus embargos não pegou, passemos a outro. Os furtos deste homem foram tão leves, a quantidade tão limitada que o mesmo Texto lhe não dá nome de furtos absolutamente, senão de quase furtos: *Quasi dissipasset bona ipsius*.[ii] Pois em um mundo, Senhor, e em um tempo em que se veem tolerados nos ofícios tantos ladrões, e premiados, que é mais, os *plusquam* ladrões, será bem que seja privado do seu ofício, e privado para sempre, um homem que só chega a ser quase ladrão? Sim, torna a dizer Cristo, para emenda dos mesmos tempos, e para que conheça o mesmo mundo quão errado vai. Assim como nas matérias do sexto mandamento teologicamente não há mínimos, assim os deve não haver politicamente nas matérias do sétimo; porque quem furtou e se desonrou no pouco, muito mais facilmente, o fará no muito. E senão vede-os nesse mesmo quase ladrão. Tanto que se viu notificado para não servir o ofício, ainda teve traça para se servir dele e furtar mais do que tinha furtado. Manda chamar muito à pressa os rendeiros, rompe os escritos das dívidas, faz outros de novo com antedatas, a uns diminui metade, a outros a quinta parte, e por este modo roubando ao tempo os dias, às escrituras a verdade, e ao amo o dinheiro, aquele que só tinha sido quase ladrão, enquanto encartado no ofício, com a opinião que só tinha de o ter, foi mais que ladrão depois. Aqui acabei de entender a ênfase com que disse a Pastora dos Cantares: *Tulerunt pallium meum mihi*:[iii] tomaram-me a minha capa a mim: porque se pode roubar a capa a um homem, tomando-a, não a ele, senão a outrem. Assim o fez a

---

[i] *Luc.*, XVI, 8.
[ii] *Luc.*, XXI, 1.
[iii] *Cant.*, V, 7.

astúcia deste ladrão, que roubou o dinheiro a seu amo, tomando-o, não a ele, senão aos que lhe deviam. De sorte que o que dantes era um ladrão, depois, foi muitos ladrões, não se contentando de o ser ele só, senão de fazer a outros. Mas vá ele muito embora ao Inferno, e vão os outros com ele; e os príncipes imitem ao senhor, que se livrou de ir também, com o privar do ofício tão prontamente.

X

Esta doutrina em geral, pois é de Cristo, nenhum entendimento cristão haverá que a não venere. Haverá, porém, algum político tão especulativo que a queira limitar a certo gênero de sujeitos, e que funde as exceções no mesmo Texto. O sujeito, em que se faz esta execução, chama-lhe o Texto vílico; logo em pessoas vis, ou de inferior condição, será bem que se executem estes e semelhantes rigores, e não em outras de diferente suposição, com as quais por sua qualidade, e outras dependências, é lícito e conveniente que os reis dissimulem. Oh, como está o Inferno cheio dos que com estas, e outras interpretações, por adularem os grandes e os supremos, não reparam em os condenar! Mas para que não creiam a aduladores, creiam a Deus e ouçam. Revelou Deus a Josué que se tinha cometido um furto nos despojos de Jericó, depois de lho ter bem custosamente significado com o infeliz sucesso do seu exército; e mandou-lhe, que descoberto o ladrão, fosse queimado. Fez-se diligência exata e achou-se que um chamado Acá tinha furtado uma capa de grã, uma regra de ouro e algumas moedas de prata, que tudo não valia cem cruzados. Mas quem era este Acá? Era porventura algum homem vil, ou algum soldadinho da fortuna, desconhecido, e nascido das ervas? Não era menos que do sangue real de Judá, e por linha masculina quarto neto seu. Pois uma pessoa de tão alta qualidade, que ninguém era ilustre em todo Israel, senão pelo parentesco que tinha com ele, há de morrer queimado por ladrão? E por um furto que hoje seria venial, há de ficar afrontada para sempre uma casa tão ilustre? Vós direis, que era bem se dissimulasse; mas Deus, que o entende melhor que vós, julgou que não. Em matéria de furtar não há exceção de pessoas, e quem se abateu a tais vilezas, perdeu todos os foros. Executou-se com efeito a lei, foi justiçado e queimado Acá, ficou o povo ensinado com o exemplo, e ele foi venturoso no mesmo castigo, porque, como notam graves autores, comutou-lhe Deus aquele fogo temporal pelo que havia de padecer no Inferno: felicidade que impedem aos ladrões os que dissimulam com eles.

E quanto à dissimulação, que se diz devem ter os reis com pessoas de grande suposição, de quem talvez depende a conservação do bem público, e são muito necessárias a seu serviço, respondo com distinção. Quando o delito é digno de morte, pode-se dissimular o castigo, e conceder-se às tais pessoas a vida; mas quando o caso é de furto, não se lhes pode dissimular a ocasião, mas logo devem ser privadas do posto. Ambas estas circunstâncias concorreram no crime de Adão. Pôs-lhe Deus preceito que não comesse da árvore vedada sob pena de que morreria no mesmo dia: *In quocumque die comederis, morte morieris*.[i] Não guardou Adão o preceito, roubou o fruto e ficou sujeito, *ipso facto*, à pena de morte. Mas que fez Deus neste caso? Lançou-o logo do Paraíso e concedeu-lhe a vida por muitos anos. Pois se Deus o lançou do Paraíso pelo furto que tinha cometido, por que não executou também nele a pena de morte, a que ficou sujeito? Porque da vida de Adão dependia a conservação e propagação do mundo; e quando as pessoas são de tanta importância, e tão necessárias ao bem público, justo é que, ainda que mereçam a morte, se lhes permita e conceda a vida. Porém se juntamente são ladrões, de nenhum modo se pode consentir, nem dissimular que continuem no posto e lugar onde o foram, para que não continuem a o ser. Assim o fez Deus, e assim o disse. Pôs um querubim com uma espada de fogo à porta do Paraíso, com ordem que de nenhum modo deixasse entrar a Adão. E por quê? Porque assim como tinha furtado da árvore da ciência, não furtasse também da árvore da vida: *Ne forte mittat manum suam, et sumat etiam de ligno vitae*.[ii] Quem foi mau uma vez, presume o direito que o será outras, e que o será sempre. Saia, pois, Adão do lugar onde furtou e não torne a entrar nele, para que não tenha ocasião de fazer outros furtos, como fez o primeiro. E notai que Adão, depois de ser privado do Paraíso, viveu novecentos e trinta anos. Pois a um homem castigado e arrependido, não lhe bastarão cem anos de privação do posto, não lhe bastarão duzentos ou trezentos? Não. Ainda que haja de viver novecentos anos, e houvesse de viver nove mil, uma vez que roubou, e é conhecido por ladrão, nunca mais deve ser restituído, nem há de entrar no mesmo posto.

XI

Assim o fez Deus com o primeiro homem do mundo, e assim o devem executar com todos os que estão em lugar de Deus. Mas que seria se não só víssemos os ladrões conservados nos lugares, onde roubam, senão depois de roubarem promovidos a outros maiores? Acabaram-se aqui as Escrituras, porque não há nelas exemplo semelhante. De reis que mandassem conquistar ini-

---

[i] *Gênes.*, II, 17.
[ii] *Gênes.*, III, 22.

migos, sim; mas de reis que mandassem governar vassalos, não se lê tal coisa. Os Assueros, os Nabucos, os Ciros, que dilatavam por armas os seus impérios, desta maneira premiavam os capitães, acrescentando em postos os que mais se sinalavam em destruir cidades e acumular despojos, e daqui se faziam os Nabuzardões, Holofornes e outros flagelos do mundo. Porém os reis que tratam os vassalos como seus, e os estados, posto que distantes, como fazenda própria e não alheia, lede o Evangelho e vereis quais são os sujeitos, e quão úteis, a quem encomendam o governo deles.

Um rei, diz Cristo, Senhor nosso, fazendo ausência do seu reino à conquista de outro, encomendou a administração da sua fazenda a três criados. O primeiro acrescentou-a dez vezes mais do que era; e o rei depois de o louvar o promoveu ao governo de dez cidades: *Euge bone serve, quia in modico fuisti fidelis, eris potestatem habens super decem civitates.*[i] O segundo também acrescentou a parte que lhe coube cinco vezes mais; e com a mesma proporção o fez o rei, governador de cinco cidades: *Et tu esto super quinque civitates.*[ii] De sorte que os que o rei acrescenta e deve acrescentar nos governos, segundo a doutrina de Cristo, são os que acrescentam a fazenda do mesmo rei, e não a sua. Mas vamos ao terceiro criado. Este tornou a entregar quanto o rei lhe tinha encomendado, sem diminuição alguma, mas também sem melhoramento; e no mesmo ponto sem mais réplica foi privado da administração: *Auferte ab illo manam.*[iii] Oh, que ditosos foram os nossos tempos, se as culpas por que este criado foi privado do ofício, foram os serviços e merecimentos por que os de agora são acrescentados! Se o que não tomou um real para si, e deixou as coisas no estado em que lhas entregaram, merece privação do cargo, os que as deixam destruídas e perdidas, e tão diminuídas e desbaratadas, que já não têm semelhança do que foram, que merecem? Merecem que os despachem, que os acrescentem e que lhes encarreguem outras maiores, para que também as consumam, e tudo se acabe. Eu cuidava que assim como Cristo introduziu na sua parábola dois criados, que acrescentaram a fazenda do rei, e um que a não acrescentou, assim havia de introduzir outro que a roubasse, com que ficava a divisão inteira. Mas não introduziu o divino Mestre tal criado; porque falava de um rei prudente e justo; e os que têm estas qualidades (como devem ter, sob pena de não serem reis) nem admitem em seu serviço, nem fiam a sua fazenda a sujeitos que lha possam roubar: a algum que não lha acrescente, poderá ser, mas um só; porém a quem lhe roube, ou a sua, ou a dos vassalos (que não deve distinguir da sua) não é justo, nem rei, quem tal consente.

---

[i] *Luc.*, XIX, 7.
[ii] Ibid., 19.
[iii] Ibid., XIX, 20.

E que seria se estes, depois de roubarem uma cidade, fossem promovidos ao governo de cinco; e depois de roubarem cinco, ao governo de dez?

Que mais havia de fazer um príncipe cristão, se fora como aqueles príncipes infiéis, de quem diz Isaías: *Principes tui infideles socii furum.*[i] Os príncipes de Jerusalém não são fiéis, senão infiéis, porque são companheiros dos ladrões. Pois saiba o profeta que há príncipes fiéis e cristãos, que ainda são mais miseráveis e mais infelizes que estes. Porque um príncipe, que entrasse em companhia com os ladrões: *Socii furum*, havia de ter também a sua parte no que se roubasse; mas estes estão tão fora de ter parte no que se rouba, que eles são os primeiros e os mais roubados. Pois se são os roubados estes príncipes, como são ou podem ser companheiros dos mesmos ladrões: *Principes tui socii furum?* Será porventura por que talvez os que acompanham e assistem aos príncipes são ladrões? Se assim fosse, não seria coisa nova. Antigamente os que assistiam ao lado dos príncipes chamavam-se *laterones*. E depois, corrompendo-se este vocábulo, como afirma Marco Varro, chamaram-se *latrones*. E que seria se, assim como se corrompeu o vocábulo, se corrompessem também os que o mesmo vocábulo significa? Mas eu nem digo, nem cuido tal coisa. O que só digo e sei, por teologia certa, é que em qualquer parte do mundo se pode verificar o que Isaías diz dos príncipes de Jerusalém: *Principes tui socii furum:* os teus príncipes são companheiros dos ladrões. E por quê? São companheiros dos ladrões, porque os dissimulam; são companheiros dos ladrões, porque os consentem; são companheiros dos ladrões, porque lhes dão os postos e os poderes; são companheiros dos ladrões, porque talvez os defendam; e são finalmente seus companheiros, porque os acompanham e hão de acompanhar ao Inferno, onde os mesmos ladrões os levam consigo.

Ouvi a ameaça e sentença de Deus contra estes tais: *Si videbas furem, currebas cum eo*:[ii] o hebreu lê *concurrebas*; e tudo é porque há príncipes que correm com os ladrões e concorrem com eles. Correm com eles, porque os admitem à sua familiaridade e graça; e concorrem com eles, porque dando-lhe autoridade e jurisdições, concorrem para o que eles furtam. E a maior circunstância desta gravíssima culpa consiste no *Si videbas*. Se estes ladrões foram ocultos, e o que corre e concorre com eles não os conhecera, alguma desculpa tinha; mas se eles são ladrões públicos e conhecidos, se roubam sem rebuço e a cara descoberta, se todos os veem roubar, e o mesmo que os consente e apoia o está vendo: *Si videbas furem*, que desculpa pode ter diante de Deus e do mundo?

---

[i] *Isaías*, I, 23.
[ii] *Sal.*, XI, 18.

Existimasti inique quod ero tui similis.[i] Cuidas tu, ó injusto, diz Deus, que hei de ser semelhante a ti, e que assim como tu dissimulas com esses ladrões, hei eu de dissimular contigo? Enganas-te: *Arguam te, et statuam contra faciem tuam.* Dessas mesmas ladroíces, que tu vês e consentes, hei de fazer um espelho em que te vejas; e quando vires que és tão réu de todos esses furtos como os mesmos ladrões, porque os não impedes; e mais que os mesmos ladrões, porque tens obrigação jurada de os impedir, então conhecerás que tanto e mais justamente que a eles te condeno ao Inferno. Assim o declara com última e temerosa sentença a paráfrase caldaica do mesmo Texto: *Arguam te in hoc saeculo, et ordinabo judicium Gehennae in futuro coram te.* Neste mundo arguirei a tua consciência, como agora a estou arguindo; e no outro mundo condenarei a tua alma ao Inferno, como se verá no dia do Juízo.

XII

Grande lástima será naquele dia, senhores, ver como os ladrões levam consigo muitos reis ao Inferno: e para que esta sorte se troque em uns e outros, vejamos agora como os mesmos reis, se quiserem, podem levar consigo os ladrões ao Paraíso. Parecerá a alguém, pelo que fica dito, que será coisa muito dificultosa, e que se não pode conseguir sem grandes despesas; mas eu vos afirmo e mostrarei brevemente que é coisa muito fácil, e que sem nenhuma despesa de sua fazenda, antes com muitos aumentos dela, o podem fazer os reis. E de que modo? Com uma palavra; mas palavra de rei. Mandando que os mesmos ladrões, os quais não costumam restituir, restituam efetivamente tudo o que roubaram. Executando-o assim, salvar-se-ão os ladrões, e salvar-se-ão os reis. Os ladrões salvar-se-ão, porque restituirão o que têm roubado; e os reis salvar-se-ão também, porque restituindo os ladrões não terão eles obrigação de restituir. Pode haver ação mais justa, mais útil e mais necessária a todos? Só quem não tiver fé, nem consciência, nem juízo, o pode negar.

E por que os mesmos ladrões se não sintam de haverem de perder por este modo o fruto das suas indústrias, considerem que, ainda que sejam tão maus como o mau ladrão, não só deviam abraçar e desejar esta execução, mas pedi-la aos mesmos reis. O bom ladrão pediu a Cristo, como a rei, que se lembrasse dele no seu reino; e o mau ladrão, que lhe pediu? *Si tu es Christus, salvum fac temetipsum, et nos.*[ii] Se sois o rei prometido, como crê meu companheiro,

---

[i] Ibid., XLIX, 21.
[ii] *Luc.*, XXIII, 39.

salvai-vos a vós e a nós. Isto pediu o mau ladrão a Cristo, e o mesmo devem pedir todos os ladrões a seu rei, posto que sejam tão maus como o mau ladrão. Nem Vossa Majestade, Senhor, se pode salvar, nem nós nos podemos salvar sem restituir: nós não temos ânimo, nem valor para fazer a restituição, como nenhum a faz, nem na vida nem na morte: mande-a pois fazer executivamente Vossa Majestade, e por este modo, posto que para nós seja violento, salvar-se-á Vossa Majestade a si e mais a nós: *Salvum fac temetipsum, et nos.* Creio que nenhuma consciência haverá cristã que não aprove este meio. E para que não fique em generalidade, que é o mesmo que no ar, desçamos à prática dele e vejamos como se há de fazer. Queira Deus que se faça!

O que costumam furtar nestes ofícios e governos os ladrões, de que falamos, ou é a fazenda real, ou a dos particulares: e uma e outra têm obrigação de restituir depois de roubada, não só os ladrões que a roubaram, senão também os reis: ou seja porque dissimularam e consentiram os furtos, quando se faziam, ou somente (que isso basta) por serem sabedores deles depois de feitos. E aqui se deve advertir uma notável diferença (em que se não repara) entre a fazenda dos reis e a dos particulares. Os particulares, se lhes roubam a sua fazenda, não só não são obrigados à restituição, antes terão nisso grande merecimento se o levarem com paciência, e podem perdoar o furto a quem os roubou. Os reis são de muito pior condição nesta parte, porque depois de roubados têm eles obrigação de restituir a própria fazenda roubada, nem a podem dimitir, ou perdoar aos que a roubaram. A razão da diferença é porque a fazenda do particular é sua, a do rei não é sua, senão da república. E assim como o depositário, ou tutor não pode alienar a fazenda que lhe está encomendada, e teria obrigação de a restituir, assim tem a mesma obrigação o rei que é tutor, e como depositário dos bens e erário da república, a qual seria obrigado a gravar com novos tributos, se deixasse alienar, ou perder as suas rendas ordinárias.

O modo, pois, com que as restituições da fazenda real se podem fazer facilmente, ensinou aos reis um monge, o qual assim como soube furtar, soube também restituir. Refere o caso Mayolo, Crantzio e outros. Chamava-se o monge Frei Teodorico; e porque era homem de grande inteligência e indústria, cometeu-lhe o imperador Carlos IV algumas negociações de importância, em que ele se aproveitou de maneira que competia em riquezas com os grandes senhores. Advertido o imperador, mandou-o chamar à sua presença e disse-lhe que se aparelhasse para dar contas. Que faria o pobre, ou rico monge? Respondeu sem se assustar, que já estava aparelhado, que naquele mesmo ponto as daria, e disse assim: "Eu, César, entrei no serviço de Vossa Majestade com este hábito e dez ou doze tostões na bolsa, da esmola das minhas Missas; deixe-me Vossa Majestade o meu hábito, e os meus tostões; e tudo o mais que possuo, mande-o

Vossa Majestade receber, que é seu, e tenho dado contas." Com tanta facilidade como isto fez a sua restituição o monge; e ele ficou guardando os seus votos, e o imperador a sua fazenda. Reis e príncipes mal servidos, se quereis salvar a alma, e recuperar a fazenda, introduzi sem exceção de pessoas as restituições de Frei Teodorico. Saiba-se com que entrou cada um, o demais torne para onde saiu, e salvem-se todos.

XIII

A restituição que igualmente se deve fazer aos particulares parece que não pode ser pronta, nem tão exata, porque se tomou a fazenda a muitos e a províncias inteiras. Mas como estes pescadores do alto usaram de redes varredouras, use-se também com eles das mesmas. Se trazem muito, como ordinariamente trazem, já se sabe que foi adquirido contra a lei de Deus, ou contra as leis, e regimentos reais, e por qualquer destas cabeças, ou por ambas, injustamente. Assim se tiram da Índia quinhentos mil cruzados, de Angola duzentos, do Brasil trezentos, e até do pobre Maranhão, mais do que vale todo ele. E que se há de fazer desta fazenda? Aplicá-la o rei à sua alma e às dos que a roubaram, para que umas e outras se salvem. Dos governadores que mandava a diversas províncias o imperador Maximino, se dizia, com galante e bem apropriada semelhança, que eram esponjas. A traça ou astúcia com que usava destes instrumentos era toda encaminhada a fartar a sede da sua cobiça. Porque eles, como esponjas, chupavam das províncias que governavam tudo quanto podiam; e o imperador, quando tornavam, espremia as esponjas e tomava para o fisco real quanto tinham roubado, com que ele ficava rico e eles castigados. Uma coisa fazia mal este imperador, outra bem, e faltava-lhe a melhor. Em mandar governadores às províncias, homens que fossem esponjas, fazia mal: em espremer as esponjas quando tornavam, e ele confiscar o que traziam, fazia bem e justamente; mas faltava-lhe a melhor como injusto e tirano que era, porque tudo o que espremia das esponjas não o havia de tomar para si, senão restituí-lo às mesmas províncias donde se tinha roubado. Isto é o que são obrigados a fazer em consciência os reis que se desejam salvar, e não cuidar que satisfazem ao zelo e obrigação da justiça com mandar prender em um castelo o que roubou a cidade, a província, o estado. Que importa que, por alguns dias, ou meses, se lhe dê esta sombra de castigo, se passados eles se vai lograr do que trouxe roubado, e os que padeceram os danos não são restituídos?

Há nesta, que parece justiça, um engano gravíssimo, com que nem o castigado nem o que castiga se livram da condenação eterna: e para que se entenda, ou queira entender este engano, é necessário que se declare. Quem tomou o alheio fica sujeito a duas satisfações: à pena da lei e à restituição do que tomou. Na pena pode dispensar o rei como legislador; na restituição não pode, porque é indispensável. E obra-se tanto pelo contrário, ainda quando se faz, ou se cuida que se faz justiça, que só se executa a pena, ou alguma parte da pena, e a restituição não lembra, nem se faz dela caso. Acabemos com S. Tomás. Põe o Santo Doutor em questão: *Utrum sufficiat restituere simplum, quod injuste ablatum est?* Se para satisfazer à restituição basta restituir outro tanto quanto foi o que se tomou? E depois de resolver que basta, porque a restituição é ato de justiça, e a justiça consiste em igualdade, argumenta contra a mesma resolução com a lei do capítulo vinte e dois do *Êxodo*, em que Deus mandava que quem furtasse um boi restituísse cinco: logo, ou não basta restituir tanto por tanto, senão muito mais do que se furtou; ou se basta, como está resoluto, de que modo se há de entender esta lei? Há-se de entender, diz o Santo, distinguindo na mesma lei duas partes; uma enquanto lei natural, pelo que pertence à restituição, e outra enquanto lei positiva, pelo que pertence à pena. A lei natural para guardar a igualdade do dano só manda que se restitua tanto por tanto: a lei positiva para castigar o crime do furto acrescentou em pena mais quatro tantos, e por isso manda pagar cinco por um. Há-se porém de advertir, acrescenta o santo doutor, que entre a restituição e a pena há uma grande diferença; porque à satisfação da pena não está obrigado o criminoso, antes da sentença; porém à restituição do que roubou, ainda que o não sentenciem, nem obriguem, sempre está obrigado. Daqui se vê claramente o manifesto engano ainda dessa pouca justiça, que poucas vezes se usa. Prende-se o que roubou e mete-se em livramento. Mas que se segue daí? O preso tanto que se livrou da pena do crime fica muito contente: o rei cuida que satisfaz à obrigação da justiça, e ainda se não tem feito nada, porque ambos ficam obrigados à restituição dos mesmos roubos, sob pena de se não poderem salvar; o réu porque não restitui, e o rei porque o não faz restituir. Tire, pois, o rei executivamente a fazenda a todos os que a roubaram, e faça as restituições por si mesmo, pois eles a não fazem, nem hão de fazer, e deste modo (que não há, nem pode haver outro) em vez de os ladrões levarem os reis para o Inferno, como fazem, os reis levarão os ladrões ao Paraíso, como fez Cristo: *Hodie mecum eris in Paradiso.*

XIV

Tenho acabado, senhores, o meu discurso, e parece-me que demonstrado o que prometi, de que não estou arrependido. Se a alguém pareceu que me atrevi a dizer o que fora mais reverência calar, respondo com Santo Hilário:

Quae loqui non audemus, silere non possumus. O que se não pode calar com boa consciência, ainda que seja com repugnância, é força que se diga. Ouvinte coroado era aquele a quem o Batista disse: *Non licet tibi:*[i] e coroado também, posto que não ouvinte, aquele a quem Cristo mandou dizer: *Dicite vulpi illi.*[ii] Assim o fez animosamente Jeremias, porque era mandado por pregador, *Regibus Juda, et Principibus ejus.*[iii] E se Isaías o tivera feito assim, não se arrependera depois, quando disse: *Vae mihi quia tacui.*[iv] Os médicos dos reis com tanta e maior liberdade lhes devem receitar a eles o que importa à sua saúde e vida, como aos que curam nos hospitais. Nos particulares cura-se um homem, nos reis, toda a república.

Resumindo, pois, o que tenho dito, nem os reis, nem os ladrões, nem os roubados, se podem molestar da doutrina que preguei, porque a todos está bem. Está bem aos roubados, porque ficarão restituídos do que tinham perdido; está bem aos reis, porque sem perda, antes com aumento da sua fazenda, desencarregarão suas almas. E finalmente, os mesmos ladrões, que parecem os mais prejudicados, são os que mais interessam. Ou roubaram com tenção de restituir ou não: se com tenção de restituir, isso é o que eu lhes digo, e que o façam a tempo. Se o fizerem sem essa tenção, fizeram logo conta de ir ao Inferno e não podem estar tão cegos, que não tenham por melhor ir ao Paraíso. Só lhes pode fazer medo haverem de ser despojados do que despojaram aos outros; mas assim como estes tiveram paciência por força, tenham-na eles com merecimento. Se os esmoleres compram o Céu com o próprio, por que se não contentarão os ladrões de o comprar com o alheio? A fazenda alheia e a própria toda se alija ao mar sem dor, no tempo da tempestade. E quem há que, salvando-se do naufrágio a nado e despido, não mande pintar a sua boa fortuna, e a dedique aos altares com ação de graças? Toda a sua fazenda dará o homem de boa vontade, por salvar a vida, diz o Espírito Santo; e quanto de melhor vontade deve dar a fazenda que não é sua, por salvar, não a vida temporal, senão a eterna? O que está sentenciado à morte e à fogueira não se teria por muito venturoso, se lhe aceitassem por partido a confiscação só dos bens? Considere-se cada um na hora da morte, e com o fogo do Inferno à vista, e verá se é bom partido o que lhe persuado. Se as vossas mãos e os vossos pés são causa de vossa condenação, cortai-os; e se os vossos olhos, arrancai-os, diz Cristo, porque melhor vos está ir ao Paraíso manco, aleijado e cego que com todos os membros inteiros ao Inferno.

---

[i] *Marc.*, VI, 18.
[ii] *Luc.*, XIII, 32.
[iii] *Jerem.*, I, 18.
[iv] *Isaías*, VI, 5.

É isto verdade, ou não? Acabemos de ter fé, acabemos de crer que há Inferno, acabemos de entender que sem restituir ninguém se pode salvar. Vede, vede ainda humanamente o que perdeis, e por quê? Nesta restituição, ou forçosa, ou forçada, que não quereis fazer, que é o que dais, e o que deixais? O que dais, é o que não tínheis; o que deixais, o que não podeis levar convosco, e por isso vos perdeis. Nu entrei neste mundo, e nu hei de sair dele, dizia Jó; e assim saíram o bom e o mau ladrão. Pois se assim há de ser, queirais ou não queirais, despido por despido, não é melhor ir com o bom ladrão ao Paraíso que com o mau ao Inferno?

Rei dos reis, e Senhor dos senhores, que morrestes entre ladrões para pagar o furto do primeiro ladrão — e o primeiro a quem prometestes o Paraíso, foi outro ladrão —, para que os ladrões e os reis se salvem, ensinai com vosso exemplo, e inspirai com vossa graça a todos os reis, que não elegendo, nem dissimulando, nem consentindo, nem aumentando ladrões, de tal maneira impeçam os furtos futuros e façam restituir os passados, que em lugar de os ladrões os levarem consigo, como levam, ao Inferno, levem eles consigo os ladrões ao Paraíso, como vós fizestes hoje: *Hodie mecum eris in Paradiso.*

SERMÃO DO NASCIMENTO DA VIRGEM MARIA

DEBAIXO DA INVOCAÇÃO DE NOSSA SENHORA DA LUZ, TÍTULO DA IGREJA E COLÉGIO DA COMPANHIA DE JESUS, NA CIDADE DE S. LUÍS DO MARANHÃO. ANO DE 1657

De qua natus est Jesus.[i]

I

Celebramos hoje o nascimento; mas que nascimento celebramos? Se o perguntarmos à Igreja, responde que o nascimento de Maria; se consultarmos o Evangelho, lemos nele o nascimento de Jesus: *De qua natus est Jesus*. Assim temos encontrados nas mesmas palavras que propus, o Texto como mistério, o tema com o sermão, e um nascimento com outro. Se a Igreja celebrara neste dia o nascimento glorioso de Cristo, muito acomodado Evangelho nos mandava ler; mas o dia e o nascimento que festejamos não é o do Filho, é o da Mãe. Pois se ainda hoje nasce a Mãe, como nos mostra já a Igreja e o Evangelho não a Mãe, senão o Filho nascido: *De qua natus est Jesus?* Só no dia de Nossa Senhora da Luz se pudera responder cabalmente a esta dúvida. O Sol, se bem advertirdes, tem dois nascimentos: um nascimento com que nasce quando nasce, e outro nascimento com que nasce antes de nascer. Aquela primeira luz da manhã que apaga ou acende as sombras da noite, cuja luz é? É luz do Sol. E esse Sol então está já nascido? Não e sim: Não, porque ainda não está nascido em si mesmo. Sim, porque já está nascido na sua luz. De sorte que naturalmente veem os nossos olhos ao Sol duas vezes nascido: nascido quando nasce, e nascido antes de nascer.

Grande prova temos desta filosofia na mesma história evangélica, e é um dos mais aparentes encontros que se acham em toda ela. Partiram as Marias ao sepulcro na manhã do terceiro dia, e referindo o evangelista S. Marcos a hora a que chegaram, diz assim: *Valde mane una subbatorum veniunt ad monumentum orto Jam Sole*: Ao domingo muito de madrugada chegaram ao sepulcro sendo já o Sol nascido.[ii] Notável dizer! Se era já o Sol nascido: *Orto Jam Sole*, como era muito de madrugada: *Valde mane?* E se era muito de madrugada; *Valde*

---

[i] *Mat.*, I.16.
[ii] *Marc.*, XVI, 2.

mane, como era já o Sol nascido: *Orto Jam Sole?* Tudo era e tudo podia ser, diz Santo Agostinho, porque era o Sol nascido antes de nascer.[i] Ora vede. O tempo em que vieram as Marias ao sepulcro era muito de madrugada: *Valde mane*, diz S. Marcos; *Valdediluculo*, diz S. Lucas.[ii] Era muito de madrugada: *Valde mane?* Logo já havia alguma luz que isso quer dizer *diluculo*. Havia luz? Logo, já o Sol estava nascido: *Orto Jam Sole*. Provo a consequência, porque o Sol, como dizíamos, tem dois nascimentos: um nascimento quando vem arraiando aquela primeira luz da manhã a que chamamos aurora; outro nascimento quando o Sol descobre, ou acaba de desaparecer em si mesmo. E como o Sol não só nasce quando nasce em si mesmo, senão também quando nasce na sua luz, por isso disse o evangelista com toda a verdade, que era de madrugada e que era o Sol nascido. Nenhuma destas palavras é minha; todas são da glosa de Lirano, seguindo a Santo Agostinho: *Valde mane, orto Jam Sole: Solen impotest oriri dupliciter: uno modo perfecte, quando primo egreditur et apparet super Terram; alio modo, quando lux ejus incipit apparere, scilicet in aurora, et sic accipitur hic ortus Solis.*[iii] Não o podia dizer mais em português. De maneira que àquela primeira luz com que se rompem as trevas da noite, chamou S. Marcos nascimento do Sol, porque em todo o rigor da verdade evangélica, não só nasce o Sol quando nasce em si mesmo, senão quando nasce na sua luz. Um nascimento do Sol é quando nasce em si mesmo e aparece sobre a terra: *Quando primo egreditur et apparet super Terram*; o outro nascimento é antes de nascer em si mesmo, quando nasce e aparece a sua luz: *Quando lux ejus incipit apparere*. É o que estamos vendo neste dia, e o que nos está pregando a Igreja neste Evangelho. O dia mostra-nos nascida a luz, o Evangelho mostra-nos nascido o Sol, e tudo é. Não é o dia em que o Sol apareceu nascido sobre a terra: *Quando primo egreditur et apparet super Terram*, mas é o dia em que aparece nascido na luz da sua aurora: *Quando lux ejus incipit apparere, scilicet in aurora*: porque, se o Sol não está ainda nascido em si mesmo, já está nascido na luz de que há de nascer: *De qua natus est Jesus*.

Estava dito; mas porque parecerá novidade dar dois nascimentos e dois dias de nascimentos a Cristo, saibam os curiosos que não é novidade nova senão mui antiga, e uma das mais bem retratadas verdades que o Criador do mundo nos pintou no princípio dele. No primeiro dia do mundo criou Deus a luz, no quarto dia criou o Sol. Sobre estes dois dias e estas duas criações há grande batalha

---

[i] *Aug. Lib.* III de cons. *Evang.* c. 24.
[ii] *Luc.*, XXIV, 2.
[iii] Porque o Sol pode nascer de duplo modo: de modo perfeito, quando nasce e aparece sobre a terra, e de outro modo, quando sua luz começa a aparecer com a aurora, e neste sentido é aqui tomado o nascimento do Sol.

entre os doutores, porque se o Sol é a fonte da luz, que luz é esta que foi criada antes do Sol? Ou é a mesma luz do Sol, ou é outra luz diferente? Se é a mesma, por que não foi criada no mesmo dia? E se é diferente, que luz é, ou que luz pode haver diferente da luz do Sol? Santo Tomás, e com ele o sentido mais comum dos teólogos, resolve que a luz que Deus criou no primeiro dia foi a mesma luz de que formou o Sol ao dia quarto. De modo que em ambos estes dias e em ambas estas criações foi criado o Sol. No primeiro dia foi criado o Sol informe; no quarto dia foi criado o Sol formado. São os termos de que usa Santo Tomás. No primeiro dia foi criado o Sol informe, porque foi criado em forma de luz; no quarto dia foi criado o Sol formado, porque foi criado em forma de Sol.[i] Em conclusão, que entre todas as criaturas só o Sol teve dois dias de nascimento: o primeiro dia e o quarto dia. O quarto dia em que nasceu em si mesmo, e o primeiro em que nasceu na sua luz. O quarto dia em que nasceu Sol formado, e o primeiro em que nasceu na luz de que se formou. Pode haver propriedade mais própria? Agora pergunto eu, se alguém me não entendeu ainda: quem é este Sol duas vezes nascido? E quem é esta luz de que se formou este Sol? O Sol é Jesus, a luz é Maria, diz Alberto Magno. E não era necessário que ele o dissesse. Assim como o Sol nasceu duas vezes, e teve dois dias de nascimento; assim como o Sol nasceu uma vez quando nascido e outra antes de nascer; assim como o Sol uma vez nasceu em si mesmo, e outra na sua luz; assim, nem mais nem menos, o Sol Divino, Cristo, nasceu duas vezes e teve dois dias de nascimento. Um dia em que nasceu em Belém, outro em que nasceu em Nazaré. Um dia em que nasceu quando nascido, que foi em vinte e cinco de dezembro, e outro dia em que nasceu antes de nascer, que foi neste venturoso dia. Um dia em que nasceu de sua Mãe, outro dia em que nasceu com ela. Um dia em que nasceu em si mesmo, outro dia em que nasceu naquela de quem nasceu: *De qua natus est Jesus*.

Temos introduzido e concordado o Evangelho, que não é a menor dificuldade deste dia. Para satisfazermos à segunda obrigação, que não é senão a primeira, peçamos à Senhora da Luz nos comunique um raio da sua. *Ave Maria*.

II

De qua natus est Jesus. Suposto que temos neste *natus* do Evangelho dois nascidos, e nesse nascimento dois nascimentos: o nascimento da luz, Maria, nascida em si mesma, e o nascimento do Sol, Cristo, nascido na sua luz, qual

---

[i] *D. Thom.* q. 67 art. 4 et q. 70 art. 2 ad 3 sequutus Dion. Areop. c. 4 de Div. Nom. Suar. de Op. sex Dier. L. 2 c. 8 *et alii*.

destes nascimentos faz mais alegre este dia? E por qual deles o devemos mais festejar? Por dia do nascimento da luz, ou por dia do nascimento do Sol? Com licença do mesmo Sol, ou com lisonja sua, digo que por dia do nascimento da luz. E por quê? Não por uma razão, nem por duas, senão por muitas. Só quatro apontarei, porque desejo ser breve. Primeira razão: porque a luz é mais privilegiada que o Sol. Segunda: porque é mais benigna. Terceira: porque é mais universal. Quarta: porque é mais apressada para nosso bem. Por todos estes títulos é mais para festejar este dia por dia do nascimento da luz, que por dia, ou por véspera, do nascimento do Sol.

Mas porque este Sol e esta luz, entre os quais havemos de fazer a comparação, parecem extremos incomparáveis, como verdadeiramente é incomparável Cristo sobre todas as puras criaturas, entrando também neste número sua mesma Mãe, antes que eu comece a me desempenhar deste grande assunto, ou a empenhar-me nele, declaro que em tudo o que disser, procede a comparação entre Cristo como Sol de Justiça, e a Senhora da Luz, como Mãe de misericórdia, e que assim como os efeitos da luz se referem à primeira fonte dela, que é o Sol, assim todos os que obra a Senhora em nosso favor, são nascidos e derivados do mesmo Cristo, cuja bondade e providência ordenou que todos passassem e se nos comunicassem por meio de sua Mãe, como advogada e medianeira nossa, e dispensadora universal de suas graças. Assim o supõe com S. Bernardo a mais pia e bem recebida teologia: *Nihil Deus nos habere voluit, quod per manus Mariae non transisset*.[i] Isto posto:

III

Começando pelo primeiro título, de ser a luz mais privilegiada, digo que é mais privilegiada a luz que o Sol, porque o dia, que é a vida e a formosura do mundo, não o faz o nascimento do Sol, senão o nascimento da luz. É advertência de Santo Ambrósio, e advertência que quis o grande doutor que soubéssemos que era sua: *Advertimus quod lucis ortus, antequam Solis, diem videatur aperire*: Tenho advertido (diz Santo Ambrósio) que o que primeiro abre e faz o dia, é o nascimento da luz, e não o do Sol.[ii] Está esta grande máquina e variedade do universo coberta de trevas, está o mundo todo fechado no cárcere da noite, e qual é a chave que abre as portas ao dia? O Sol? Não, senão a luz, porque ao aparecer do Sol, já o mundo está patente e descoberto: *Diem Sol clarificat,*

---

[i] *Bernar. Serm. 4 in vig. Nat.*
[ii] Amb. in *Hexam. Lib.*, I, e IX.

lux facit: O Sol faz o dia mais claro, mas a luz é a que faz o dia. E se não, vede, diz o santo: *Frequenter coelum nubibus texitur, ut Sol tegatur, Nec ullus radius ejus appareat; lux tamen diem demonstrat*. Quantas vezes acontece forrar-se o céu de nuvens espessas, com que não aparece o Sol, nem o menor de seus raios, e, contudo, ainda que não vemos o Sol, vemos o dia. Por quê? Porque no-lo mostra a luz. Bem se segue logo que o dia, tão necessário e tão proveitoso ao mundo, é filho da luz, e não filho do Sol.

Parece que tem alguma coisa de sofístico este discurso de Santo Ambrósio, porque sendo a luz efeito do Sol, quem faz a luz faz o dia. Assim parece, mas não é assim. E quero dar uma prova valente a uma razão que parece fraca. Noutras ocasiões declaramos a Escritura com o santo; agora declararemos o santo com a Escritura. Diz Santo Ambrósio que o dia é filho da luz, e não do Sol. Provo e pergunto: O Sol, em que dia o criou Deus? Diz a Sagrada Escritura que criou Deus o Sol ao dia quarto: *Luminare majus, ut praeesset diei; et factum est dies quartus*.[i] Deus criou o Sol ao dia quarto? Logo, antes de haver Sol já havia dias. Antes de haver Sol já havia dias? Logo o dia não é filho do Sol. Pois de quem é filho? É filho da luz. O mesmo texto sagrado: *In principio creavit Deus caelum et terram*:[ii] No princípio, antes de haver dia nem noite, nem tempo, criou Deus o céu e a terra. *Et tenebrae erant super faciem abyssi*: E o mundo todo estava sepultado em um abismo de trevas. *Dixitque Deus, fiat lux, et facta est lux*: Disse Deus, faça-se a luz, e foi feita a luz. *Appellavitque lucem diem, et tenebras noctem. Et factus est dies unus*: E chamou Deus à luz dia, e às trevas noite, deste modo se fez o primeiro dia que houve no mundo.[iii] De maneira, como bem dizia Santo Ambrósio, que o dia é filho da luz e não do Sol; ao nascimento da luz e não ao do Sol deve o mundo o benefício do dia. O tempo ditosíssimo da Lei da Graça em que estamos é o dia do mundo; o tempo da Lei da natureza e da Lei escrita, que já passou, foi a noite. Assim o diz S. Paulo: *Nox praecessit, dies auteum appropinquavit*.[iv] E quem foi a aurora que amanheceu ao mundo este dia tão alegre, tão salutífero e tão vital, senão aquela luz divina? O Sol fez o dia mais claro, mas a luz, a que rompeu as trevas, a luz foi a que venceu e despojou a noite, a luz foi a que fez o dia: *Diem Sol clarificat, lux facit*. Grande privilégio da luz sobre o Sol, que ela e não ele, ou ao menos que ela primeiro que ele, seja a autora do dia.

---

[i] *Gên.*, I, 16, 19.
[ii] Ibid., I, U.
[iii] Ibid.,I, II, III, V.
[iv] *Rom.*,XIII, 12.

Mas eu, sem me sair do mesmo passo, ainda hei de dizer outro privilégio maior da mesma luz. Criou Deus a luz três dias antes de criar o Sol. Tanto que houve Sol no mundo, logo houve também olhos que o vissem e que gozassem de seus resplendores, porque o Sol foi criado ao quarto dia, e as aves e os peixes ao quinto; os animais da terra e os homens ao sexto. De sorte (como notou S. Basílio) que todos os três dias em que a luz esteve criada antes da criação do Sol, não havia olhos no mundo.[i] Pois se não havia olhos no mundo, para que criou Deus a luz? Que crie Deus o Sol ao quarto dia, bem está; porque no quinto e no sexto dia havia de criar os olhos de todos os viventes; mas se no segundo, no terceiro e no quarto dia não houve nem havia de haver olhos, por que cria Deus a luz no primeiro? Porque o Sol criou-o Deus para os olhos dos homens e dos animais; a luz criou-a Deus para os seus olhos. E assim foi: *Fiat lux; et facta est lux, et vidit Deus lucem quod esset bona:*[ii] Disse Deus: Faça-se a luz, e fez-se a luz; e no mesmo ponto que nasceu e apareceu a luz, logo foi o emprego e suspensão dos olhos de Deus: *Vidit Deus lucem.* Digo emprego e suspensão porque quando Deus criou a luz, já estava criado o céu, a terra, os elementos, os anjos, e nada disto levou após si os olhos de Deus, senão a luz. Ela encheu os olhos de Deus de maneira que sendo os olhos de Deus imensos, parece que não deixou neles lugar para os pôr noutra coisa. Assim era a luz criada para os olhos de Deus, como o Sol para os dos homens e dos animais.

Não cuideis que digo injúrias ao Sol Encarnado, que assim quis Ele que fosse. Aparece no mundo o Sol Encarnado, Cristo, e que olhos o viram nascido? Olhos de homens e olhos de animais. Para o verem nascido olhos de animais, ele mesmo foi buscar os animais a um presépio, e para o verem nascido olhos de homens, ele os mandou buscar por uma estrela entre os reis, e por um anjo entre os pastores. Os homens, pelo pecado, estavam convertidos em animais: *Homo cum in honore esset non intellexit; comparatus est jumentis.*[iii] Por isso se mostra o Sol nascido aos olhos dos homens e dos animais, porque nascia para fazer de animais homens. Porém a luz, como nascia para Mãe de Deus, oculta-se a todos os olhos criados, e só nasce manifesta aos divinos: *Vidit Deus lucem.* Os olhos de Deus foram os que festejaram o nascimento desta soberana luz, e festejaram-na aqueles três dias em que não houve Sol, nem outros olhos, porque tomou cada pessoa da Santíssima Trindade um dia da festa por sua conta: *Ipse est enfim lux, quae primam distinxit dierum nostrorum Trinitatem,*

---

[i] D. Basil. in *Hexameron.*
[ii] *Gên.*, I, 4.
[iii] *Sal.* XLVIII, 13.

disse S. Dionísio Areopagita.[i] Os olhos do Pai festejaram o nascimento da luz o primeiro dia: *Et vidit Deus lucem, quod esset bona*: E viu Deus Pai que a luz era boa para Filha. Os olhos do Filho festejaram o nascimento da luz o segundo dia: *Et vidit Deus lucem, quod esset bona*: E viu Deus Filho que a luz era boa para Mãe. Os olhos do Espírito Santo festejaram o nascimento da luz o terceiro dia: *Et vidit Deus lucem quod esset bona*: E viu Deus Espírito Santo que a luz era boa para Esposa. Assim festejou toda a Santíssima Trindade o nascimento daquela soberana luz, e assim o devemos festejar nós. Ponde os olhos, cristãos, naquela luz, e pedi-lhe que os ponha em vós e vereis como é boa para tudo: *Vidit lucem quod esset bona*. Boa para a consolação, se estiveres aflito; boa para o remédio, se estiveres necessitado; boa para a saúde, se estiveres enfermo; boa para a vitória, se estiveres tentado; e se estiveres caído e fora da graça de Deus, boa, e só ela boa, para vos conciliar com Ele. Tão cheia de privilégios de Deus nasce hoje esta luz de quem Ele há de nascer! *De qua natus est Jesus.*

IV

O segundo título por que se deve mais festejar o dia deste nascimento é por ser a luz mais benigna. É a luz mais benigna que o Sol, porque o Sol alumia, mas abrasa; a luz alumia e não ofende. Quereis ver a diferença da luz ao Sol? Olhai para o mesmo Sol e para a mesma luz de que ele nasce, a aurora. A aurora é o riso do céu, a alegria dos campos, a respiração das flores, a harmonia das aves, a vida e alento do mundo. Começa a sair e a crescer o Sol, eis o gesto agradável do mundo e a composição da mesma natureza toda mudada. O céu acende-se, os campos secam-se, as flores murcham-se, as aves emudecem, os animais buscam as covas, os homens as sombras. E se Deus não cortara a carreira ao Sol, com a interposição da noite, fervera e abrasara-se a terra, arderam as plantas, secaram-se os rios, sumiram-se as fontes, e foram verdadeiros e não fabulosos os incêndios de Fáeton. A razão natural desta diferença é porque o Sol, como dizem os filósofos, ou verdadeiramente é fogo, ou de natureza mui semelhante ao fogo, elemento terrível, bravo, indômito, abrasador, executivo, e consumidor de tudo. Pelo contrário, a luz em sua pureza, é uma qualidade branda, suave, amiga, enfim, criada para companheira e instrumento da vista, sem ofensa dos olhos, que são em toda a organização do corpo humano a parte mais humana, mais delicada e mais mimosa. Filósofos houve que pela sutileza e facilidade da luz, chegaram a cuidar que era espírito e não corpo. Mas porque a

---

[i] *D. Dionys. Areopag. de D. nomim.* Cap. 4.

filosofia humana ainda não tem alcançado perfeitamente a diferença da luz ao Sol, valhamo-nos da ciência dos anjos.

Aquele anjo visível que guiava os filhos de Israel pelo deserto, diz o texto, que marchava com duas colunas de prodigiosa grandeza, uma de nuvem de dia, e outra de fogo de noite: *Per diem in columna nubis, per noctem in columna ignis*.[i] E por que e para que levava o anjo estas duas colunas de nuvem e fogo? A de nuvem, para reparo do Sol, a de fogo, para continuação da luz. Tanto que anoitecia, acendia o anjo a coluna de fogo sobre os arraiais, para que tivessem sempre luz. E tanto que amanhecia, atravessava o anjo a coluna de nuvem, para que ficassem reparados e defendidos do Sol. De maneira que todo o cuidado do anjo sobre os seus encomendados consistia em dois pontos: o primeiro, que nunca lhes tocasse o Sol; o segundo, que nunca lhes faltasse a luz. Tão benignas qualidades reconhecia o anjo na luz, e tão rigorosas no Sol.

Estas são as propriedades rigorosas e benignas do Sol e da luz natural. E as mesmas, se bem o considerarmos, acharemos no Sol e na Luz divina. Cristo é Sol, mas Sol de justiça, como lhe chamou o profeta: *Sol Justitiae*.[ii] E que muito que no Sol haja raios e na justiça rigores? Todos os rigores que tem obrado no mundo o Sol natural, tantas secas, tantas esterilidades, tantas sedes, tantas fomes, tantas doenças, tantas pestes, tantas mortandades, tudo foram execuções do Sol de Justiça, o qual as fez ainda maiores. O Sol material nunca queimou cidades, e o Sol de Justiça queimou e abrasou em um dia as cinco cidades de Pentápolis inteiras, sem deixar homem à vida, nem dos mesmos edifícios e pedras mais que as cinzas. Tais são os rigores daquele Sol divino. Mas a benignidade da luz que hoje nasce, e de que ele nasceu, como a poderei eu explicar? Muitas e grandes coisas pudera dizer desta soberana benignidade, mas direi só uma que vale por todas. É tão benigna aquela divina luz, que sendo tão rigorosos e tão terríveis os raios do divino Sol, ela só basta para os abrandar e fazer também benignos.

Por que vos parece que nasce a Virgem Maria em tal dia como hoje? Se o dia do nascimento de Cristo foi misterioso, e misterioso o dia do nascimento do Batista, por ser o precursor de Cristo, quanto mais o dia da Mãe de Cristo? Pois que mistério tem nascer a Senhora neste dia? Muito grande mistério. O mistério do dia do nascimento de Cristo, como notou Santo Agostinho, foi porque naquele tempo volta o Sol para nós, e começam os dias a crescer. O mistério do dia do nascimento do Batista foi porque naquele tempo se aparta o Sol de nós, e começam os dias a diminuir. E o mistério do dia do nascimento

---

[i] *Êxod.*, XIII, 21.
[ii] *Mal.*, IV, 2.

da Senhora é porque neste tempo passa o Sol do signo do Leão para o signo da Virgem, e começa o mesmo Sol a abrandar. O caminho do Sol é pelos doze signos celestes, em que tem diferentes efeitos, conforme a constelação e qualidades de cada um. Quando o Sol anda no signo de Leão, como se tomara a natureza daquele animal colérico e assanhado, tais são os seus efeitos: calores, securas, enfermidades malignas, tresvarios, sangue, mortes. Porém tanto que o Sol passa do signo do Leão ao signo de Virgem, já o Leão começa a abrandar, já vai manso, já vai pacífico, já vai cordeiro. O mesmo sucedeu aos rigores do nosso Sol. Lede o Testamento Velho, e achareis que Deus antigamente afogava exércitos, queimava cidades, alagava mundos, despovoava paraísos. E hoje, sendo os pecados dignos de maior castigo pela circunstância do tempo, da fé e dos benefícios, não se veem em Deus semelhantes rigores. Pois por que, se Deus é o mesmo, e a sua justiça a mesma? Porque então estava o Sol no signo do Leão; agora está no signo de Virgem. Como o Sol entrou no signo de Virgem, logo aquela benigna luz lhe amansou os rigores, lhe embargou as execuções, e lhe temperou de tal maneira os raios que, ao mesmo fogo abrasador de que eram compostos, lhe tirou as atividades com que queimava e só lhe deixou os resplendores com que luzia. Grande caso, mas provado!

Vê Moisés no deserto uma sarça que ardia em fogo, e não se queimava.[i] Pasma da visão, parte a vê-la de mais perto, e quanto mais caminha e vê, tanto mais pasma. Ser fogo, o que estou vendo, não há dúvida; aquela luz intensa, aquelas chamas vivas, aquelas labaredas ardentes, de fogo são; mas a sarça não se consome, a sarça está inteira, a sarça está verde. Que maravilha é esta? Grande maravilha para quem não conhecia o fogo nem a sarça, mas para quem sabe que o fogo era Deus, e a sarça Maria, ainda era maravilha maior, ou não era maravilha. O fogo era Deus que vinha libertar o povo. Assim diz o Texto. A sarça era Maria, em quem Deus tomou forma visível, quando veio libertar o gênero humano. Assim o diz S. Jerônimo, Santo Atanásio, S. Basílio, e a mesma Igreja.[ii] Como o fogo estava na sarça, como Deus estava em Maria, já o seu fogo não tinha atividades para queimar. Luzir sim, resplender sim, que são efeitos de luz; mas queimar, abrasar, consumir, que são efeitos de fogo, isso não, que já lhes tirou Maria. Já Maria despontou os raios do Sol; por isso luzem, e não ferem, ardem e não queimam, resplandecem e não abrasam. Parece-vos maravilha que assim abrandasse aquela benigna luz os rigores do Sol? Parece-vos grande maravilha que assim lhe apagasse o fogoso e abrasado, e lhe deixasse só o resplandecente e luminoso? Pois ainda fez mais.

---

[i] *Êxod.*,III, 3.
[ii] *Hiero. Athan. Basil.*

Não só abrandou, ou apagou no Sol os rigores do fogo, senão também os rigores da luz. O Sol não é só rigoroso e terrível no fogo com que abrasa, senão também na luz com que alumia. Em aparecendo no Oriente os primeiros raios do Sol, como se foram arqueiros da guarda do grande rei dos planetas, vereis como vão diante fazendo praça, e como em um momento limpam o campo do céu, sem guardar respeito nem perdoar a coisa luzente. O vulgo das estrelas, que andavam como espalhadas na confiança da noite, as pequeninas somem-se, as maiores retiram-se, todas fogem, todas se escondem, sem haver nenhuma, por maior luzeiro que seja, que se atreva a parar nem a aparecer diante do Sol descoberto. Vedes esta majestade severa? Vedes este rigor da luz do Sol, com que nada lhe para, com que tudo escurece em sua presença? Ora, deixai-o vir ao signo de Virgem, e vereis como essa mesma luz fica benigna e tratável.

Viu S. João no Apocalipse um novo signo celeste: *Signumm agnum apparuit in Caelo*.[i] Era uma mulher vestida do Sol, calçada da lua e coroada de estrelas: *Mulier amicta Sole, luna sub pedibus ejus, et in capite ejus corona Stellarum duodecim*.[ii] Não reparo no Sol e na lua; no Sol e nas estrelas reparo. Calçada da lua, e vestida de Sol, bem pode ser, porque diante do Sol também aparece a lua. Mas vestida de Sol, e coroada de estrelas? Sol e estrelas juntamente? Não é possível, como acabamos de ver. Pois se na presença do Sol fogem e desaparecem as estrelas, e o Sol estava presente, e tão presente no vestido da mesma mulher, como apareciam nem podiam aparecer as estrelas da coroa? Aí vereis quão mudado está o Sol depois que vestiu uma mulher, ou depois que uma mulher o vestiu a ele!ureus [iii] Este signo em que o Sol apareceu a S. João, era o signo de Virgem: *Signum agnum apparuit in Caelo: Mulier amicta Sole*. E depois que o Sol entrou no signo de Virgem, depois que o Sol se humanou nas entranhas da Virgem Maria, logo os seus raios não foram temerosos, logo a sua majestade não foi terrível, logo a grandeza de soberania da sua mesma luz foi tão benigna que já não fogem nem se escondem dela as estrelas, antes lhes consente que possam luzir e brilhar em sua presença. Assim amansou aquela luz divina o Sol, noutro tempo tão severo, assim humanou a intolerável grandeza de sua luz, assim temperou e quebrou a força de seus raios. Para que vejamos quanto se deve alegrar neste dia, e quanto deve festejar o nascimento desta benigna luz o gênero humano todo, e mais aqueles que mais têm ofendido o Sol. Quantas vezes havia de ter o Sol de justiça abrasado o mundo? Quantas havia de ter fulminado com os seus raios as rebeldias de nossas ingratidões, e as abominações

---

[i] *Apoc.*,XII, 1.
[ii] Ibid.
[iii] Bern. *Vestis eum, et vestirisabeo.*

de nossos vícios, se não fora pela benignidade daquela luz? Para isso nasceu e para isso nasce hoje: para o fazer humano antes de nascer, e para lhe atar as mãos e os braços depois de nascido: *De qua natus est Jesus*.

V

O terceiro título, por que se deve mais festejar o dia deste nascimento, é por ser a luz mais universal. É a luz mais universal que o Sol porque o Sol nunca alumia mais que meio mundo e meio tempo; a luz alumia em todo o tempo e a todo o mundo. O Sol nunca alumia mais que meio mundo, porque quando amanhece para nós, anoitece para os nossos antípodas, e quando amanhece aos antípodas, anoitece para nós. E nunca alumia mais que meio tempo, porque das vinte e quatro horas do dia natural as doze assiste em um hemisfério, e as doze no outro. Não assim a luz. A luz não tem limitação de tempo nem de lugar: sempre alumia, e sempre em toda parte, e sempre a todos. Onde está o Sol, alumia com o Sol, onde está a lua, alumia com a lua, e onde não há Sol nem lua, alumia com as estrelas, mas sempre alumia. De sorte que não há parte do mundo, nem movimento de tempo, ou seja dia, ou seja noite, em que, maior ou menor, não haja sempre luz. Tal foi a disposição de Deus no princípio do mundo. Ao Sol limitou-lhe Deus a jurisdição no tempo e no lugar; à luz não lhe deu jurisdição limitada, senão absoluta para todo o lugar e para todo o tempo. Ao Sol limitou-lhe Deus tempo, porque mandou que alumiasse o dia: *Luminare majus ut praeesset diei*;[i] e limitou-lhe lugar, porque só quis que andasse dentro dos trópicos de Câncer e Capricórnio, e que deles não saísse. Porém à luz, não lhe limitou tempo, porque mandou que alumiasse de dia por meio do Sol, e de noite por meio da lua e das estrelas: *Luminare majus ut praeesset diei; luminare minus ut praeesset nocti, et stellas.*[ii] E não lhe pôs limitação de lugar, porque quis que alumiasse não só dentro dos trópicos, senão fora deles, como faz a luz, que dentro dos trópicos alumia por meio do Sol e da lua, e fora dos trópicos por meio das estrelas, para que por este modo, de dia e de noite, no claro e no escuro, na presença e na ausência do Sol, sempre houvesse luz como há.

Esta mesma diferença se acha na verdadeira luz e no verdadeiro Sol, Cristo e sua Mãe. Cristo é Sol do mundo, mas Sol que tem certo hemisfério, Sol que tem seus antípodas, Sol que quando nasce, nasce para alguns e não para todos. Assim o disse Deus por boca do profeta Malaquias: *Orietur vobis timentibus*

---

[i] *Gên.*, I, 16.
[ii] Ibid.

nomem meum Sol Justitiae:[i] Nascerá o Sol de Justiça para vós, os que temeis o meu nome. Fala o profeta não da graça da redenção, ou suficiente, que é universal para todos, senão da santificante e eficaz, de que muitos, por sua culpa, são excluídos, e por isso diz que o Sol de Justiça não nasce para todos, senão só para aqueles que o temem. Todo este mundo, tomado nesta consideração, se divide em dois hemisférios: um hemisfério dos que temem a Deus, outro hemisfério dos que O não temem. No hemisfério dos que temem a Deus, só nasce o Sol da Justiça, e só para eles há dia; só eles são alumiados. No hemisfério dos que não temem a Deus, nunca jamais amanhece o Sol; sempre há perpétua noite, todos estão em trevas e às escuras. Neste sentido chamou o profeta a este Sol, Sol de Justiça: *Sol Justitiae*. O Sol material, se bem se considera, é Sol sem justiça, porque trata a todos pela mesma forma, e tanto amanhece para os bons como para os maus: *Qui Solem suum oriri facit super bonos et malos*.[ii] É possível que tanto Sol há de haver para o bom, como para o mau? Para o cristão, como para o infiel? Para o que adora a Deus, como para o que adora o ídolo? Tanto há de amanhecer o Sol para o diligente, como para o preguiçoso? Tanto para o que lhe abre a janela, como para o que lha fecha? Tanto para o lavrador que o espera, como para o ladrão que o aborrece? Notável injustiça do Sol material! Não assim o Sol da Justiça. É Sol da Justiça porque trata a cada um conforme o que merece. Só para os bons amanhece, e para os maus esconde-se; só alumia aos que o temem, e aos que o não temem sempre os tem às escuras.

Parece coisa dificultosa que no mesmo hemisfério, na mesma cidade, e talvez na mesma casa estejam uns alumiados e outros às escuras; mas assim passa, e já isto se viu com os olhos no mundo algum dia. Uma das pragas do Egito foram as trevas. E descrevendo-as, o texto diz assim: *Factae sunt tenebrae horribiles in universa terra Aegypti. Nemo vidit fratrem suum, Nec movit se de loco in quo erat; ubicumque autem habitabant filii Israel, lux erat*:[iii] Houve em toda a terra do Egito umas trevas tão horríveis, que nenhum egípcio via ao outro, e nenhum se podia mover do lugar onde estava; mas onde habitavam os hebreus, no mesmo tempo havia luz. Brava maravilha! Em toda a terra do Egito havia umas casas que só eram habitadas de egípcios, outras que eram habitadas de hebreus e de egípcios juntamente. Nas que eram habitadas de egípcios, todos estavam em trevas; nas que eram habitadas de hebreus, todos estavam em luz; nas que eram habitadas de hebreus e de egípcios juntamente, os hebreus estavam alumiados, e os egípcios às escuras. Isto que fez no Egito a vara de Moisés, faz em todo mundo

---

[i] *Mal.*, IV, 2.
[ii] *Mat.*, V, 45.
[iii] *Êxod.*, X, 22-23 s.

a vara do Sol de Justiça. Muitas casas há no mundo em que todos são pecadores; algumas casas haverá em que todos sejam justos; outras há, e é o mais ordinário, em que uns são justos e outros pecadores. E com toda esta diversidade de casas e de homens, executa a vara do Sol de Justiça o que a de Moisés no Egito. Na casa onde todos são justos, todos estão em luz; na casa onde todos são pecadores, todos estão em trevas; na casa onde há pecadores e justos, os justos estão alumiados e os pecadores às escuras. De sorte que o Sol de Justiça, nesta consideração em que falamos, é Sol tão particular e tão parcial, que não só no mundo tem diferentes hemisférios, mas até na mesma casa tem antípodas.

Não assim aquela luz que hoje nasce, que para todos e para todo o tempo, e para todo lugar é sempre luz. Viram os anjos nascer hoje aquela formosa luz, e admirados de sua beleza disseram assim: *Quae est ista, quae progreditur quasi aurora consurgens, pulchra ut Luna, electa ut Sol?* Quem é esta que nasce e aparece no mundo, diligente como a aurora, formosa como a lua, escolhida como o Sol?[i] A aurora, à lua e ao Sol comparam os anjos esta Senhora, e parece que dizem menos em três comparações do que diriam em uma. Se disseram só que era semelhante ao Sol, diriam mais, porque de Sol à lua é minguar, de Sol à aurora é descer. Pois por que razão, que não podia ser sem grande razão, uns espíritos tão bem entendidos como os anjos, ajustam umas semelhanças tão desiguais, e comparam a Senhora quando nasce à aurora, à lua, e ao Sol juntamente? Deu no mistério advertidamente o Papa Inocêncio III. Comparam os anjos a Maria quando nasce, juntamente ao Sol, à lua e à aurora, para mostrar que aquela Senhora é luz de todos os tempos. Todos os tempos ou são dia ou são noite, ou são aquela hora de luz duvidosa que há entre a noite e o dia. Ao dia alumia o Sol, à noite alumia a lua, à hora entre noite e dia, alumia a aurora. Pois por isso chamam os anjos juntamente à Senhora aurora, lua e Sol, para mostrarem que é luz que alumia em todos os tempos. Luz que alumia de dia, como Sol; luz que alumia de noite, como lua; luz que alumia quando não é noite nem dia, como aurora. E que são ou que significam estes três tempos? Ouvi agora a Inocêncio: *Luna lucet in nocte, aurora in diluculo, Sol in die. Nox autem est culpa, diluculum poenitentia, dies gratia*: A lua alumia de noite, e a noite é a culpa; a aurora alumia de madrugada, e a madrugada é a penitência; o Sol alumia de dia, e o dia é a graça. E para todos estes tempos, e para todos estes estados é Maria luz universal. Luz para os justos que estão em graça, luz para os pecadores que estão na culpa, e luz para os penitentes que querem passar da culpa à graça: *Qui ergo jacet in nocte culpae, respiciat lanam, deprecetur Mariam: Qui surgit ad diluculum poenitentiae, respiciat auroram, deprecetur Mariam. Qui vivit in*

---

[i] *Cânt.*, VI, 9.

die gratiae, respiciat Solem, deprecetur Mariam: Pelo que (conclui exortando o grande pontífice) se sois pecador, se estais na noite do pecado, olhai para a lua, fazei oração a Maria para que vos alumie e vos tire da noite do pecado, para a madrugada da penitência. Se sois penitente, estais na madrugada do arrependimento, ponde os olhos na aurora, fazei oração a Maria, para que vos alumie e vos passe da madrugada da penitência ao dia da graça. Se sois justo, se estais no dia da graça, ponde os olhos no Sol, fazei oração a Maria, para que vos sustente e vos aumente nesse dia, porque desse dia ditoso não há para onde passar. Assim alumia aquela soberana luz universalmente a todos, sem exceção de tempo nem de estado, o Sol de Justiça alumia só aos que o temem: *Timentibus nomen meum*; mas a Luz de Misericórdia alumia aos que o temem, porque o temem, e aos que o não temem, para que o temam, e a todos alumia. O Sol de justiça nasce só para os justos, mas a luz de misericórdia nasce para os justos e mais para os pecadores. E por este modo é mais universal para todos a luz que hoje nasce, do que o mesmo Sol que dela nasceu: *De qua natus est Jesus*.

VI

O quarto e último título por que se deve mais festejar este dia, é por ser a luz mais apressada para nosso bem. Ser mais apressada a luz que o Sol, é verdade que veem os olhos. Parte o Sol do oriente e chega ao ocidente em doze horas. Aparece no oriente a luz, e em um instante fere o ocidente oposto, e se dilata e se estende por todos os horizontes, alumiando em um momento o mundo. O Sol, como dizem os astrólogos, corre em cada hora trezentas e oitenta mil léguas. Grande correr! Mas toda esta pressa e ligeireza do Sol, em comparação da luz, são vagares. O Sol faz seu curso em horas, em dias, em anos, em séculos; a luz sempre em um instante. O Sol, no inverno, parece que anda mais tarde no amanhecer, e no verão mais diligente, mas nunca se levanta tão cedo o Sol, que não madrugue a luz muito diante dele. Ó luz divina, como vos pareceis nesta diligência à luz natural!

Foram convidados a umas bodas a Luz e o Sol: Cristo e Maria. Faltou no meio do convite aquele licor que noutra mesa, depois de o Sol posto e antes de o Sol se pôr, deu matéria a tão grandes mistérios. Quis a piedosa Mãe acudir à falta, falou ao Filho, mas respondeu o senhor tão secamente como se negara sê-lo: *Quid mihi et tibi est mulier? Nondum venit hora mea*:[i] Que há de mim para ti, mulher? Ainda não chegou a minha hora. Aqui reparo: esta hora

---

[i] *Jó*, II, 4.

não era de fazer bem? Não era de encobrir e acudir a uma falta? Não era de remediar uma necessidade? Pois como responde Cristo que não era chegada a sua hora? *Nondum venit hora mea?* E se não era chegada a sua hora, como trata a Senhora do remédio? Era chegada a hora de Maria, e não era chegada a hora de Cristo? Sim, que Maria é Luz, e Cristo é Sol, e a hora do Sol sempre vem depois da hora da luz: *Nondum venit hora mea.* Ainda não era vinda a hora do Sol, e a hora da Luz já tinha chegado. Por isso disse Cristo à sua mãe com grande energia: *Quid mihi et tibi?* Como se dissera: Reparai, Senhora, na diferença que há de mim a vós na matéria de socorrer aos homens, como agora quereis que eu faça. Vós os socorreis, e eu os socorro; vós lhes acudis, e eu lhes acudo; vós os remediais, e eu os remedeio, mas vós primeiro, e eu depois; vós logo, e eu mais devagar; vós na vossa hora, que é antes da minha, e eu na minha, que é depois da vossa: *Nondum venit hora mea.* É aquela gloriosa diferença que Santo Anselmo se atreveu a dizer uma vez, e todos depois dele a repetiram tantas: *Velocior nonnunquam salus memorato nomine Mariae quam invocato nomine Jesu.* Que algumas vezes é mais apressado o remédio, nomeado o nome de Maria que invocado o de Jesus. Algumas vezes, disse o santo, e quisera eu que dissera sempre, ou quase sempre. Vede se tenho razão.

Todos os caminhos de Cristo e os de Maria foram para remédio do homem; mas tenho eu notado que são mui diferentes as carroças que este Rei e Rainha do céu escolheram para correr à posta em nosso remédio. Cristo escolheu por carroça o Sol, e Maria escolheu a luz. O primeiro viu-o Davi: *In Sole posuit tabernaculum suum.* O segundo viu-o S. João: *Et luna sub pedibus ejus.*[i] Cá nas cortes da Terra vemos o rei e a rainha, quando saem, passearem juntos na mesma carroça; o Rei e a Rainha do céu, por que o não fariam assim? Por que razão não aparece a Rainha do céu na mesma carroça do Sol, como seu Filho? Por que divide carroça e escolheu para si a da lua? Eu o direi. A lua é muito mais ligeira que o Sol em correr o mundo. O Sol corre o mundo pelos signos do zodíaco em um ano; a lua em menos de trinta dias. O Sol corre o mundo em um ano, uma só vez; a lua doze vezes, e ainda lhe sobejam dias e horas. E como as manchadas pias que rodam a carroça da lua são muito mais ligeiras que os cavalos fogosos que tiram pelo carro do Sol, por isso Cristo aparece no carro do Sol, e Maria no da lua. Não é consideração minha, senão verdade profética, confirmada com o testemunho de uma e outra visão, e com os efeitos de ambas. Tomou Cristo para si o carro do Sol, e que se seguiu? *Exultavit ut gigas ad currendam viam*, diz Davi:[ii] Largou o Sol as rédeas ao carro, e correu Cristo com passos de gigante.

---

[i] *Sl.* XVIII, 6.; *Apoc.* XII, 1.
[ii] *Sl.*, XVIII, 6.

Tomou Maria para si a carroça da lua, e que se seguiu? *Datae sunt mulieri alae duae aquilae magnae, ut volaret*, diz S. João:[i] Estando com a lua debaixo dos pés, deram-se a Maria duas asas de águia, para que voasse. De sorte que Cristo no carro do Sol corre com passos de gigante, e Maria na carroça da lua voa com asas de águia. E quanto vai das águias aos gigantes, e das asas aos pés, e do voar ao correr, tanto excede a ligeireza velocíssima com que nos socorre Maria à presteza, posto que grande, com que nos socorre Cristo. Não vos acode primeiro nas vossas causas o advogado que o juiz? Pois Cristo é o Juiz, e Maria a Advogada.

Mas não deixemos passar sem ponderação aquela advertência do evangelista: *Aquilae magnae*. Que as asas com que viu a Senhora, não só eram de águia, senão de águia grande. De maneira que Cristo, para correr em nosso remédio com passos mais que de homem, tomou pés de gigante: *Exultavit ut gigas*; e a Senhora, para correr em nosso remédio com passos mais que de gigante tomou asas de águia: *Datae sunt mulieri alae duae aquilae*. Mas essas asas não foram de qualquer águia, senão de águia grande: *Aquilae magnae*, para que a competência ou a vantagem fosse de gigante a gigante. Que coisa é uma águia grande, senão um gigante das aves? Cristo correndo como gigante, mas como gigante dos homens; a Senhora correndo como gigante, mas como gigante das aves. Cristo, como gigante com pés, a Senhora como gigante com asas. Cristo como gigante que corre, a Senhora como gigante que voa. Cristo como gigante da terra, a Senhora como gigante do ar. Mas assim havia de ser para fazer a Senhora em nosso remédio os encarecimentos verdades. O maior encarecimento de acudir com a maior presteza, é acudir pelo ar. Assim o faz a piedosa Virgem. Cristo com passos de gigante acode aos homens a toda a pressa, mas a Senhora com asas de águia acode-lhes pelo ar. Isto mesmo é ser luz, que pelo ar nos vem toda.

E para que de uma vez vejamos a diferença com que esta soberana luz é avantajada ao divino Sol na diligência de acudir a nosso remédio, consideremo-los juntos e comparemo-los divididos. E que acharemos? Coisa maravilhosa! Acharemos que quando o nosso remédio mais se apressa, é por diligência da luz, e quando alguma vez se dilata, é por tardanças do Sol. Veste-se de carne o Verbo nas entranhas da Virgem Maria, e diz o evangelista, que logo, com muita pressa se partiu a Senhora com seu Filho, a livrar o menino Batista do pecado original: *Exurgens autem Maria abiit in montana cum festinatione*.[ii] Nasce enfim Cristo, cresce, vive, morre, ressuscita, e do mesmo dia da Encarnação a trinta e quatro anos institui o sacramento do Batismo: *Baptizantes eos in nomine Patris,*

---

[i] *Apoc.*, XII, 14.
[ii] *Luc.*, I, 39.

et Filii, et Spiritus Sancti.[i] O batismo já sabeis que é o remédio do pecado original, que foi o que Cristo principalmente veio remediar ao mundo, como restaurador das ruínas de Adão. Pois se Cristo veio ao mundo principalmente a remediar o pecado original, e se em chegando ao mundo o foi remediar logo no menino Batista, como agora dilata tantos anos o remédio do mesmo pecado? Então parte no mesmo instante, e depois dilata-se tanto tempo? Sim. Porque então estava Cristo dentro de sua Mãe: *Exurgens Maria*; e agora estava fora, e apartado dela. E para remediar os males do gênero humano é mui diferentemente apressado Cristo em si mesmo, ou Cristo em sua Mãe. Cristo em sua Mãe, obra por ela, e ela como luz obra em instante. Cristo fora de sua Mãe, obra por si mesmo, e ele como Sol obra em tempo, e em muito tempo. Vede se mostra a experiência o que eu dizia, que quando o nosso remédio mais se apressa, é por diligências daquela Divina Luz, e da mesma maneira, quando se dilata, ou quando se perde, bem que por culpa nossa, é com tardanças do Sol.

Das dez virgens do Evangelho, com desgraça não imaginada, perderam-se cinco, e posto que a causa de sua perdição foi a sua imprudência, a ocasião que teve essa causa foi a tardança dos desposados. Se os desposados não tardaram até a meia-noite, não se apagaram as lâmpadas, e se as lâmpadas se não apagaram, não ficaram excluídas as cinco virgens. Agora pergunto. E qual dos desposados foi o que tardou? O esposo nesta parábola é Cristo; a esposa é Maria. Qual foi logo dos dois o que tardou, se acaso não foram ambos? Foi o esposo ou a esposa? Foi Cristo ou sua Mãe? Não é necessário que busquemos a resposta nos comentadores: o mesmo texto o diz: *Moram autem faciente Sponso, dormitaverunt omnes, et dormierunt*.[ii] E como tardasse o esposo, adormeceram todas e dormiram. De modo que o que tardou foi o esposo. É verdade que o esposo e a esposa estavam juntos, mas o que tardou, ou o que foi causa da tardança, não foi a esposa, senão o esposo: *Moram autem faciente Sponso*. Atemos agora esta desgraça das virgens com a ventura do Batista. No Batista conseguiu-se o remédio por diligências: de quem foram as diligências? Estavam juntos Maria e Cristo, mas as diligências foram de Maria: *Exurgens Maria abiit in montana cum festinatione*. Nas virgens perdeu-se o remédio, como sempre se perde, por tardanças; de quem foram as tardanças? Estavam juntos o esposo e a esposa, mas a tardança foi do esposo: *Moram autem faciente Sponso*. O Divino Esposo de nossas almas, é certo que nunca falta nem tarda; nós somos os que lhe faltamos e lhe tardamos. As suas diligências e as de sua Santíssima Mãe, todas nascem da mesma fonte, que é o excessivo amor de nosso remédio; mas é a Senhora por mais agradar e mais

---

[i] Mat., XXVIII, 19.
[ii] Mat., XXV, 5.

se conformar com o desejo do mesmo Cristo, tão solícita, tão cuidadosa, tão diligente em acudir, em socorrer, em remediar aos homens que, talvez, como aconteceu neste caso, as diligências de seu Filho, comparadas com as suas, parecem tardanças. Tudo é ser ele Sol e ela luz. O Sol nunca tarda, ainda quando sai mais tarde, porque quem vem a seu tempo não tarda. Assim o disse o profeta Habacuc falando à letra, não de outrem, senão do mesmo Cristo: *Si moram fecerit, expecta ilium, quia veniens veniet, et non tardabit.* Se tardar esperai por ele, porque virá sem dúvida, e não tardará.[i] Como não tardará, se já tem tardado e ainda está tardando: *Si moram fecerit, non tardabit?* São tardanças de Sol, que ainda quando parece que tarda, não tarda, porque vem quando deve vir. Mas esse mesmo Sol que, regulado com suas obrigações, nunca tarda, comparado com as diligências da luz, nunca deixa de tardar. Sempre a luz vem diante, sempre a luz sai primeiro, sempre a luz madruga e se antecipa ao Sol.

Ó divina luz Maria, ditoso aquele que merecer os lumes de vosso favor! Ditoso aquele que entrar no número dos vossos favorecidos, ou dos vossos alumiados! Tendo-vos de uma parte a vós e da outra a vosso Filho, dizia aquele grande servo e amante de ambos: *Positus in medio, quo me vertam? Nescio*: Posto em meio dos dois, não sabe Agostinho para que parte se há de voltar. E quando Agostinho confessa que não sabe, sofrível é em qualquer homem, qualquer ignorância. *Ut minus sapiens dico*: como ignorante digo: Virgem Santíssima (perdoe-me vosso Filho, ou não me perdoe) que eu me quero voltar a vós. Já ele alguma hora deixou a seu Pai por sua Mãe; não estranhará que eu faça o mesmo. Tenha a prerrogativa de Esaú quem quiser, que eu quero antes a dita de Jacó. Esaú era mais amado e mais favorecido de seu pai; Jacó era mais favorecido e mais amado de sua Mãe; mas a bênção levou-a Jacó. E por que levou Jacó a bênção? Pelo que temos dito até agora: porque as diligências da Mãe foram mais apressadas que as do pai. *Quomodo tam cito invenire potuisti, fili mi?* Como pudeste achar tão cedo, disse Isaac, o que eu mandei prevenir para lançar a bênção ao meu primogênito?[ii] E que respondeu Jacó? Sendo que tudo tinham sido prevenções e diligências de sua Mãe, respondeu que fora vontade de Deus: *Voluntas Dei fuit*.[iii] E assim é. A mãe de Jacó representava neste passo a Mãe Santíssima, e quem tem de sua parte as diligências desta mãe, sempre tem de sua parte a vontade de Deus. Esaú teve de sua parte as diligências do pai, mas quando chegou, chegou tarde, porque por mais diligências que faça o Sol, sempre as da luz chegam mais cedo: *Quomodo tam cito?* As diligências da mãe já

---

[i] *Hab.*, II, 3.
[ii] *Gên.*, XXVII, 20
[iii] Ibid.

tinham chegado, e as do pai ainda haviam de chegar. Assim como hoje: a luz já tem nascido, e o Sol ainda há de nascer. *De qua natus est Jesus.*

VII

Ora, cristãos, suposto que aquela soberana luz é tão apressada e diligente para nosso remédio, suposto que é tão universal para todos e para tudo, suposto que é tão piedosa e benigna para nos querer fazer bem, suposto que é tão privilegiada e favorecida por graça e benignidade do mesmo Sol, metamo-nos todos hoje debaixo das asas desta soberana protetora para que nos faça sombra e nos dê luz, para que nos faça sombra e nos defenda dos raios do Sol de Justiça, que tão merecidos temos por nossos pecados, e para que nos dê luz para sair deles, pois é Senhora da Luz. Aquela mulher prodigiosa do Apocalipse, que S. João viu com as asas estendidas, toda a Igreja reconhece que era a Virgem Maria. E nós podemos acrescentar que era a Virgem debaixo do nome e invocação de Senhora da Luz. A mesma luz o dizia e o mostrava, que da peanha até a coroa toda era luzes: a peanha lua, o vestido Sol, a coroa estrelas; toda luzes e toda luz. E pois a Senhora da Luz está com as asas abertas; metamo-nos debaixo delas, e muito dentro delas, para que sejamos filhos da luz. *Dum lucem habetis, credite in lucem ut filii lucis sitis,* diz Cristo.[i] Enquanto se vos oferece a luz, crede na luz, para que sejais filhos da luz. Sabeis, cristãos, por que não acabamos de ser filhos da luz? É porque não acabamos de crer na luz. Creiamos na luz, e creiamos que não há maior bem no mundo que a luz, e ajudem-nos a esta fé os nossos mesmos sentidos.

Por que estimam os homens o ouro e a prata, mais que os outros metais? Porque têm alguma coisa de luz. Por que estimam os diamantes e as pedras preciosas mais que as outras pedras? Porque têm alguma coisa de luz. Por que estimam mais as sedas que as lãs? Porque têm alguma coisa de luz. Pela luz avaliam os homens a estimação das coisas, e avaliam bem, porque quanto mais têm de luz, mais têm de perfeição. Vede o que notou Santo Tomás: neste mundo visível, umas coisas são imperfeitas, outras perfeitas, outras perfeitíssimas; e nota ele com sutileza e advertência angélica, que as perfeitíssimas têm luz, e dão luz; as perfeitas não têm luz, mas recebem luz; as imperfeitas nem têm luz, nem a recebem. Os planetas, as estrelas e o elemento do fogo, que são criaturas sublimes e perfeitíssimas, têm luz e dão luz; o elemento do ar e o da água, que são criaturas diáfanas e perfeitas, não têm luz mas recebem luz; a terra e todos os corpos terrestres, que são criaturas imperfeitas e grosseiras, nem têm luz, nem

---

[i] *João*, XII, 36.

recebem luz, antes a rebatem e deitam de si. Ora, não sejamos terrestres, já que Deus nos deu uma alma celestial; recebamos a luz, amemos a luz, busquemos a luz, e conheçamos que nem temos, nem podemos, nem Deus nos pode dar bem nenhum que seja verdadeiro bem, sem luz. Ouvi umas palavras admiráveis do apóstolo Sant'Iago na sua epístola:

Omne datum optimum, et omne donum perfectum, de sursum est, descendens a Patre luminum:[i] Toda dádiva boa, e todo dom perfeito descende do Pai dos lumes. Notável dizer! De maneira que, quando Deus nos dá um bem que seja verdadeiramente bom, quando Deus nos dá um bem que seja verdadeiramente perfeito, não se chama Deus Pai de misericórdias, nem fonte das liberalidades: chama-se Pai dos lumes e fonte da luz, porque no lume e na luz, que Deus nos dá com os bens, consiste a bondade e a perfeição deles. Muitos dos que nós chamamos bens de Deus, sem luz são verdadeiramente males, e muitos dos que nós chamamos males, com luz são verdadeiros bens. Os favores sem luz são castigos, e os castigos com luz são favores; as felicidades sem luz são desgraças, e as desgraças com luz são felicidades; as riquezas sem luz são pobreza, e a pobreza com luz são as maiores riquezas; a saúde sem luz é doença, e a doença com luz é saúde. Enfim, na luz ou falta de luz, consiste todo o bem ou mal desta vida, e todo o da outra. Por que cuidais que foram santos os santos, senão por que tiveram a luz que a nós nos falta? Eles desprezaram o que nós estimamos, eles fugiram do que nós buscamos, eles meteram debaixo dos pés o que nós trazemos sobre a cabeça, porque viam as coisas com diferente luz do que nós as vemos. Por isso Davi em todos os salmos, por isso os profetas em todas suas orações, e a Igreja nas suas, não cessam de pedir a Deus luz e mais luz.

Esse é o dia, cristãos, de despachar estas petições. Peçamos hoje luz para nossas trevas, peçamos luz para nossas escuridades, peçamos luz para nossas cegueiras, luz com que conheçamos a Deus, luz com que conheçamos o mundo, e luz com que nos conheçamos a nós. Abramos as portas à luz para que alumie nossas casas; abramos os olhos à luz, para que alumie nossos corações; abramos os corações à luz, para que more perpetuamente neles. Venhamos, venhamos a buscar luz a esta fonte de luz, e levemos daqui cheias de luz nossas almas. Com esta luz saberemos por onde havemos de ir; com esta luz conheceremos donde nos havemos de guardar; com esta luz, enfim, chegaremos àquela luz onde mora Deus, a que o apóstolo chamou luz inacessível: *Qui lucem inhabitat inaccessibilem*:[ii] que só por meio da Luz, que hoje nasce, se pode chegar à vista do Sol que dela nasceu: *De qua natus est Jesus*.

---

[i] *Tiago*, I, 17.
[ii] *1.ª carta de Timot.*, 6, 16.

SERMÃO DO ESPÍRITO SANTO

Pregado na cidade de São Luís do Maranhão, na igreja da Companhia de Jesus, em ocasião que partia ao rio das Amazonas uma grande missão dos mesmos religiosos, em 1657

*Ille vos docebit omnia,
quaecumque dixero vobis.*[i]

I

A sexta vez é hoje, que no ano presente e nos dois passados me ouvis pregar este mesmo mistério. Mas não será esta somente a sexta vez, em que vós e eu experimentamos o pouco fruto com que esta terra responde ao que se devera esperar de tão continuada cultura. Se a doutrina que se semeia nela fora nossa, achada estava a causa na fraqueza de nossas razões, no desalento de nossos afetos e na eficácia mal viva de nossas palavras: mas não é assim: *Sermonem quem audistis, non est meus, sed ejus qui misit me Patris:*[ii] O sermão que ouvistes não é meu, senão do Eterno Padre, que me mandou ao mundo, diz Cristo neste Evangelho, e o mesmo podem dizer todos os pregadores, ao menos os que ouvis deste lugar.

Os sermões, as verdades, a doutrina que pregamos não é nossa, é de Cristo. Ele a disse, os Evangelistas a escreveram, nós a repetimos. Pois se estas repetições são tantas e tão continuadas, e a doutrina que pregamos não é nossa, senão de Cristo; como fazem tão poucos progressos nela, e como aprendem tão pouco os que a ouvem? Nas palavras que propus, temos a verdadeira resposta desta tão nova admiração.

Ille vos docebit omnia quaecumque dixero vobis.[iii] O Espírito Santo (diz Cristo) vos ensinará tudo o que eu vos tenho dito. Notai a diferença dos termos e vereis quanto vai de dizer a ensinar. Não diz Cristo, o Espírito Santo vos dirá o que eu vos tenho dito: nem diz, o Espírito Santo vos ensinará o que eu vos tenho ensinado: mas diz, o Espírito Santo vos ensinará o que eu vos tenho

---

[i] *João*, XIV.
[ii] Ibid., 24.
[iii] *João*, XIV, 26, *Dixero, id est, dixi. Uti habet graecum originale.*

dito; porque o pregador, ainda que seja Cristo, diz: o que ensina é o Espírito Santo. Cristo diz: *Quaecumque dixero vobis*; o Espírito Santo ensina: *Ille vos docebit omnia*. O mestre na cadeira diz para todos; mas não ensina a todos. Diz para todos, porque todos ouvem; mas não ensina a todos, porque uns aprendem, outros não. E qual é a razão desta diversidade, se o mestre é o mesmo e a doutrina a mesma? Porque para aprender não basta só ouvir por fora, é necessário entender por dentro. Se a luz de dentro é muita, aprende-se muito: se pouca, pouco: se nenhuma, nada. O mesmo nos acontece a nós. Dizemos, mas não ensinamos, porque dizemos por fora: só o Espírito Santo ensina, porque alumia por dentro: *Ministeria forinsecus adjutoria sunt, cathedram in Coelo habet, quia corda docet*, diz Santo Agostinho. Por isso até o mesmo Cristo, pregando tanto, converteu tão pouco. Se o Espírito Santo não alumia por dentro, todo o dizer, por mais divino que seja, é dizer: *quaecumque dixero vobis;* mas se as vozes exteriores são assistidas dos raios interiores da sua luz, logo, qualquer que seja o dizer, e de quem quer que seja, é ensinar, porque só o Espírito Santo é o que ensina: *Ille vos docebit*.

Por que vos parece que apareceu o Espírito Santo hoje sobre os Apóstolos, não só em línguas, mas em línguas de fogo? Porque as línguas falam, o fogo alumia. Para converter almas, não bastam só palavras, são necessárias palavras e luz. Se quando o pregador fala por fora, o Espírito Santo alumia por dentro: se quando as nossas vozes vão aos ouvidos, os raios da sua luz entram no coração, logo se converte o mundo. Assim sucedeu em Jerusalém neste mesmo dia. Sai S. Pedro do Cenáculo de Jerusalém, assistido deste fogo divino; toma um passo do profeta Joel, declara-o ao povo: e sendo o povo a que pregava aquele mesmo povo obstinado e cego, que poucos dias antes tinha crucificado a Cristo, foram três mil os que naquela pregação o confessaram por verdadeiro Filho de Deus e se converteram à fé. Oh, admirável eficácia da luz do Espírito Santo! Oh, notável confusão vossa e minha! Um pescador com uma só pregação e com um só passo da Escritura no dia de hoje converte três mil infiéis; e eu no mesmo dia, com cinco e com seis pregações, com tantas Escrituras, com tantos argumentos, com tantas razões, com tantas evidências não posso persuadir um cristão! Mas a causa é porque eu falo, e o Espírito Santo, por falta de disposição nossa, não alumia. Divino Espírito Santo, não seja a minha indignidade a que impeça a estas almas, por amor das quais descestes do Céu à Terra, o fruto de vossa santíssima vinda: *Veni Sancte Spiritus, et emitte coelitus lucis tuae radium*. Vinde, Senhor, e mandai-nos do Céu um raio eficaz de vossa luz, não pelos nossos merecimentos, que conhecemos quão indignos são; mas pela infinita bondade vossa, e pela intercessão de vossa Esposa santíssima. *Ave Maria*.

II

Ille vos docebit omnia. Diz Cristo aos Apóstolos que o Espírito Santo os ensinará. E ser Cristo, ser o Filho de Deus o que diz estas palavras faz segunda dificuldade à inteligência e razão delas. Ao Filho de Deus, que é a segunda pessoa da Santíssima Trindade, atribui-se a sabedoria; ao Espírito Santo, que é a terceira pessoa, o amor: e suposto isto, parece que a pessoa do Espírito Santo havia de encomendar o ofício de ensinar à pessoa do Filho, e não o Filho ao Espírito Santo. Que o amor encomende o ensinar à sabedoria, bem está; mas a sabedoria encomendar o ensinar ao amor: *Ille vos docebit?* Neste caso, sim. Porque para ensinar homens infiéis e bárbaros, ainda que seja muito necessária a sabedoria, é muito mais necessário o amor. Para ensinar sempre é necessário amar e saber; porque quem não ama não quer; e quem não sabe não pode: mas esta necessidade de sabedoria e amor não é sempre com a mesma igualdade. Para ensinar nações fiéis e políticas, é necessário maior sabedoria que amor: para ensinar nações bárbaras e incultas, é necessário maior amor que sabedoria. A segunda Pessoa o Filho, e a terceira o Espírito Santo, ambas vieram ao mundo a ensinar e salvar almas; mas a missão do Filho foi a uma nação fiel e política, e a missão do Espírito Santo foi principalmente a todas as nações incultas e bárbaras. A missão do Filho foi só a uma nação fiel e política; porque foi só aos filhos de Israel, como o mesmo Senhor disse: *Non sum missus, nisi ad oves, quae perierunt, domus Israel.*[i] A missão do Espírito Santo foi principalmente às nações incultas e bárbaras; porque foi para todas as nações do mundo, que por isso desceu e apareceu em tanta diversidade de línguas: *Apparuerunt dispertitae linguae.*[ii] E como a primeira missão era para uma nação política, e a segunda para todas as nações bárbaras, por isso foi muito conveniente, que à primeira viesse uma pessoa divina, a quem se atribui não o amor, senão a sabedoria; e que à segunda viesse outra pessoa também divina, a quem se atribui não a sabedoria, senão o amor. Para ensinar homens entendidos e políticos, pouco amor é necessário; basta muita sabedoria; mas para ensinar homens bárbaros e incultos, ainda que baste pouca sabedoria, é necessário muito amor.

Desceu hoje o Espírito Santo em línguas, para formar aos Apóstolos mestres e pregadores: mas mestres e pregadores de quem? O mesmo Cristo que os mandou pregar o disse: *Euntes in mundum universum praedicate Evangelium*

---

[i] *Mat.*, XV, 24.
[ii] *At.*, II, 3.

omni creaturae:[i] Ide por todo o mundo e pregai a toda a criatura. A toda a criatura, Senhor? (É reparo de S. Gregório Papa.) Bem sei eu que são criaturas os homens; mas os brutos animais, as árvores e as pedras também são criaturas. Pois se os Apóstolos hão de pregar a todas as criaturas, hão de pregar também aos brutos? Hão de pregar também aos troncos? Hão de pregar também às pedras? Também, diz Cristo: *Omni creaturae*; não porque houvessem os Apóstolos de pregar às pedras, e aos troncos, e aos brutos; mas porque haviam de pregar a todas as nações, e línguas bárbaras e incultas do mundo, entre as quais haviam de achar homens tão irracionais como brutos, e tão insensíveis como os troncos, e tão duros e estúpidos como as pedras. E para um apóstolo se pôr a ensinar e abrandar uma pedra, para se pôr a ensinar e moldar um tronco, para se pôr a ensinar e meter em juízo um bruto, vede se é necessário muito amor de Deus. Em um deles o veremos.

Poucos dias antes de Cristo mandar os Apóstolos a pregar pelo mundo, fez esta pergunta a S. Pedro: *Simon Joannis, diligis me plus his?*[ii] Pedro, amas-me mais que todos esses? Respondeu o Santo: *Etiam, Domine, tu scis quia amo te*: Senhor, bem sabeis vós que vos amo. Ouvida a resposta, torna Cristo a fazer segunda: *Simon Joannis, diligis me plus his?* Pedro, amas-me mais que todos esses? Respondeu S. Pedro com a mesma submissão e encolhimento, que bem sabia o Senhor que o amava: *Tu scis quia amo te*. Ouvida a mesma resposta segunda vez, torna Cristo terceira vez a repetir a mesma pergunta, e diz o Texto que se entristeceu S. Pedro: *Contristatus est Petrus, quia dixit ei tertio, amas me?* Entristeceu-se Pedro, porque Cristo lhe perguntou a terceira vez se o amava. E verdadeiramente que a matéria e a instância eram muito para dar cuidado. Quando eu li estas palavras a primeira vez, pareceu-me que seria este exame de amor tão repetido, para Cristo mandar a S. Pedro que fosse a Jerusalém, que entrasse pelo palácio de Caifás e que, no mesmo lugar onde o tinha negado, se desdissesse publicamente e confessasse a vozes que seu Mestre era o verdadeiro Messias e Filho de Deus verdadeiro; e que se por isso o quisessem matar e queimar, que se deixasse tirar a vida e fazer em cinza. Para isto cuidava eu que eram estas perguntas e estes exames tão repetidos ao amor de S. Pedro. Mas depois que o Santo respondeu na mesma forma pela terceira vez que amava, o que o Senhor lhe disse foi: *Pasce oves meas*.[iii] Pois, Pedro, já que me amas tanto, mostra-o em apascentar as minhas ovelhas. Agora me admiro eu deveras. Pois para apascentar as ovelhas de Cristo tanto aparato de

---

[i] *Marc.*, XVI, 15.
[ii] *João*, XXI, 15.
[iii] Ibid., XXI, 17.

exames de amor de Deus? Uma vez, se me amas, e outra vez, se me amas, e terceira vez, se me amas? E não só, se me amas, senão se me amas mais que todos? Sim. Ora vede.

As ovelhas que S. Pedro havia de apascentar eram as nações de todo o mundo, as quais Cristo queria trazer e ajuntar de todo ele e fazer de todas um só rebanho, que é a Igreja, debaixo de um só pastor, que é S. Pedro: *Et alias oves habeo, quae non sunt ex hoc ovili, et illas oportet me adducere, et vocem meam audient, et fiet unum ovile, et unus Pastor.*[i] De maneira que o rebanho que Cristo encomendou a S. Pedro não era rebanho feito, senão que se havia de fazer; e as ovelhas não eram ovelhas mansas, senão que se haviam de amansar: eram lobos, eram ursos, eram tigres, eram leões, eram serpentes, eram dragões, eram áspides, eram basiliscos, que por meio da pregação se haviam de converter em ovelhas. Eram nações bárbaras e incultas; eram nações feras e indômitas; eram nações cruéis e carniceiras; eram nações sem humanidade, sem razão, e muitas delas sem lei, que por meio da fé e do batismo se haviam de fazer cristãs: e para apascentar e amansar semelhante gado, para doutrinar e cultivar semelhantes gentes, é necessário muito cabedal de amor de Deus: é necessário amar a Deus: *Diligis me*; e mais amar a Deus: *Diligis me*: e mais amar a Deus: *Diligis me*: e não só amar a Deus uma, duas e três vezes, senão amá-lo mais que todos: *Diligis me plus his?*

Quando as ovelhas que Cristo encomendava a S. Pedro foram mansas e domésticas, ainda era necessário muito amor para suportar o trabalho de as guardar. Exemplo seja Jacó, pastor de Labão e amante de Raquel, de quem diz a Escritura, que sofria tão levemente o que sofria, porque amava tão grandemente como amava: *Prae amoris magnitudine.*[ii] E se para guardar ovelhas mansas é necessário amor e muito amor, que será para ir tirar das brenhas ovelhas feras, para as amansar e afeiçoar aos novos pastos, para as acostumar à voz do pastor e à obediência do cajado, e sobretudo para desprezar os perigos de se confiar de suas garras e dentes, enquanto são ainda feras e não ovelhas? Se é necessário amor para ser pastor de ovelhas, que comem no prado e bebem no rio, que amor será necessário para ser pastor de ovelhas, que talvez comam os pastores e lhe bebam o sangue? Por isso Cristo examina três vezes de amor a S. Pedro; por isso o Espírito Santo, Deus de amor, vem hoje a formar estes pastores e estes mestres; e por isso o Mestre Divino passa hoje os seus Discípulos da escola da sabedoria para a escola do amor: *Ille vos docebit.*

---

[i] *João*, X, 16.
[ii] *Gênes.*, XXIX, 20.

III

Aplicando agora esta doutrina universal ao particular da terra em que vivemos, digo que se em outras terras é necessário aos Apóstolos, ou aos sucessores do seu ministério, muito cabedal de amor de Deus para ensinar, nesta terra, e nestas terras, é ainda necessário muito mais amor de Deus que em nenhuma outra. E por quê? Por dois princípios: o primeiro, pela qualidade das gentes: o segundo, pela dificuldade das línguas.

Primeiramente, pela qualidade da gente; porque a gente das terras é a mais bruta, a mais ingrata, a mais inconstante, a mais avessa, a mais trabalhosa de ensinar de quantas há no mundo. Bastava por prova a da experiência; mas temos também (quem tal cuidará!) a do Evangelho. A forma com que Cristo mandou pelo mundo seus Discípulos, diz o evangelista S. Marcos que foi esta: *Exprobravit incredulitatem eorum, et duritiam cordis, quia iis, qui viderant eum resurrexisse, non crediderunt: et dixit illis: euntes in mundum universum praedicate Evangelium omni creaturae.*[i] Repreendeu Cristo aos Discípulos, da incredulidade e dureza de coração, com que não tinham dado crédito aos que o viram ressuscitado; e sobre esta repreensão os mandou que fossem pregar por todo o mundo. A S. Pedro coube-lhe Roma e Itália: a S. João, a Ásia Menor: a Sant'Iago, Espanha: a S. Mateus, Etiópia: a S. Simão, Mesopotâmia: a S. Judas Tadeu, o Egito: aos outros, outras províncias: e finalmente, a S. Tomé, esta parte da América, em que estamos, a que vulgar e indignamente chamaram Brasil. Agora pergunto eu: e por que nesta repartição coube o Brasil a S. Tomé, e não a outro apóstolo? Ouvi a razão.

Notam alguns autores modernos que notificou Cristo aos Apóstolos a pregação da fé pelo mundo, depois de os repreender da culpa da incredulidade, para que os trabalhos que haviam de padecer na pregação da fé fossem também em satisfação, e como em penitência da mesma incredulidade e dureza de coração que tiveram em não quererem crer: *Exprobravit incredulitatem eorum, et duritiam cordis, et dixit illis: euntes in mundum universum*: e como S. Tomé, entre todos os Apóstolos, foi o mais culpado da incredulidade, por isso a S. Tomé lhe coube na repartição do mundo a missão do Brasil; porque onde fora maior a culpa era justo que fosse mais pesada a penitência. Como se dissera o Senhor: os outros apóstolos que foram menos culpados na incredulidade vão pregar aos Gregos, vão pregar aos Romanos, vão pregar aos Etíopes, aos Árabes, aos Armênios, aos Sármatas, aos Citas; mas Tomé, que teve a maior culpa, vá pregar aos gentios do Brasil, e pague a dureza da sua incredulidade com ensinar a gente

---

[i] *Marc.*, XVI, 14 e 15.

mais bárbara e mais dura. Bem o mostrou o efeito. Quando os portugueses descobriram o Brasil, acharam as pegadas de S. Tomé estampadas em uma pedra que hoje se vê nas praias da Bahia; mas rasto, nem memória da fé que pregou S. Tomé nenhum acharam nos homens. Não se podia melhor provar e encarecer a barbárie da gente. Nas pedras acharam-se rastos do pregador, na gente não se achou rasto da pregação; as pedras conservaram memórias do apóstolo, os corações não conservaram memória da doutrina.

A causa por que as não conservaram, diremos logo; mas é necessário satisfazer primeiro a uma grande dúvida, que contra o que vamos dizendo se oferece. Não há gentios no mundo que menos repugnem à doutrina da fé, e mais facilmente a aceitem e recebam que os Brasis: como dizemos logo, que foi pena da incredulidade de S. Tomé o vir pregar a esta gente? Assim foi (e quando menos assim pode ser): e não porque os Brasis não creiam com muita facilidade, mas porque essa mesma facilidade com que creem, faz que o seu crer em certo modo seja como não crer. Outros gentios são incrédulos até crer; os Brasis ainda depois de crer são incrédulos: em outros gentios a incredulidade é incredulidade, e a fé é fé; nos Brasis a mesma fé ou é ou parece incredulidade. São os Brasis como o pai daquele lunático do Evangelho, que padecia na fé os mesmos acidentes que o filho no juízo. Disse-lhe Cristo: *Omnia possibilia sunt credenti*:[i] que tudo é possível a quem crê, e ele respondeu: *Credo, Domine, adjuva incredulitatem meam*: creio, Senhor, ajudai minha incredulidade. Reparam muito os Santos nos termos desta proposição, e verdadeiramente é muito para reparar. Quem diz, creio, crê e tem fé: quem diz, ajudai minha incredulidade, não crê e não tem fé. Pois como era isto? Cria este homem, e não cria; tinha fé, e não tinha fé juntamente? Sim, diz o venerável Beda: *Uno, eodemque tempore is, qui nondum perfecte crediderat, simul et credebat, et incredulus erat*. No mesmo tempo cria e não cria este homem; porque era tão imperfeita a fé com que cria, que por uma parte parecia e era fé, e por outra parecia e era incredulidade: *Uno, eodemque tempere, et credebat, et incredulus erat*. Tal é a fé dos Brasis: é fé que parece incredulidade; e é incredulidade que parece fé: é fé, porque creem sem dúvida e confessam sem repugnância tudo o que lhes ensinam; e parece incredulidade, porque com a mesma facilidade com que aprenderam, desaprendem; e com a mesma facilidade com que creram, descreem.

Assim lhe aconteceu a S. Tomé com eles. Por que vos parece que passou S. Tomé tão brevemente pelo Brasil, sendo uma região tão dilatada, e umas terras tão vastas? É que receberam os naturais a fé que o Santo lhes pregou, com tanta facilidade e tão sem resistência, nem impedimento, que não foi necessário

---

[i] *Marc.*, IX, 23.

gastar mais tempo com eles. Mas tanto que o santo apóstolo pôs os pés no mar (que este, dizem, foi o caminho por onde passou à Índia), tanto que o santo apóstolo (digamo-lo assim) virou as costas, no mesmo ponto se esqueceram os Brasis de tudo quanto lhes tinha ensinado e começaram a descrer, ou a não fazer caso de quanto tinham crido, que é gênero de incredulidade mais irracional, que se nunca creram. Pelo contrário, na Índia pregou S. Tomé àquelas gentilidades, como fizera às do Brasil: chegaram também lá os portugueses dali a mil e quinhentos anos; e que acharam? Não só acharam a sepultura e as relíquias do santo apóstolo e os instrumentos de seu martírio, mas o seu nome vivo na memória dos naturais, e, o que é mais, a fé de Cristo que lhes pregara: chamando-se cristãos de S. Tomé todos os que se estendem pela grande costa de Coromandel, onde o Santo está sepultado.

E qual seria a razão por que nas gentilidades da Índia se conservou a fé de S. Tomé, e nas do Brasil não? Se as do Brasil ficaram desassistidas do santo apóstolo pela sua ausência, as da Índia também ficaram desassistidas dele pela sua morte. Pois se naquelas nações se conservou a fé por tantos centos de anos, nestas por que se não conservou? Porque esta é a diferença que há de umas nações para outras. Nas da Índia muitas são capazes de conservar a fé sem assistência dos pregadores; mas nas do Brasil nenhuma há que tenha esta capacidade. Esta é uma das maiores dificuldades que tem aqui a conversão. Há-se de estar sempre ensinando o que já está aprendido, e há-se de estar sempre plantando o que já está nascido, sob pena de se perder o trabalho e mais o fruto. A estrela que apareceu no Oriente aos Magos guiou-os até o presépio, e não apareceu mais; por quê? Porque muitos gentios do Oriente e outras partes do mundo são capazes de que os pregadores, depois de lhes mostrarem a Cristo, se apartem deles e os deixem. Assim o fez S. Filipe ao eunuco da rainha Cândace de Etiópia: explicou-lhe a Escritura de Isaías, deu-lhe notícia da fé e divindade de Cristo, batizou-o no rio de Gaza, por onde passavam: e tanto que esteve batizado, diz o Texto, que arrebatou um anjo a S. Filipe, e que o não viu mais o eunuco: *Cum autem ascendissent de aqua, spiritus Domini rapuit Philippum, et amplius non vidit eum eunuchus.*[i] Desapareceu a estrela, e permaneceu a fé nos Magos: desapareceu S. Filipe, e permaneceu a fé no eunuco: mas esta capacidade que se acha nos gentios do Oriente, e ainda nos de Etiópia, não se acha nos do Brasil. A estrela que os alumiar não há de desaparecer, sob pena de se apagar a luz da doutrina; o apóstolo que os batizar, não se há de ausentar, sob pena de se perder o fruto do batismo. É necessário nesta vinha que esteja sempre a cana da doutrina arrimada ao pé da cepa e atada à vide, para que se logre o fruto e o trabalho.

---

[i] *At.*, VIII, 39.

Os que andastes pelo mundo e entrastes em casas de prazer de príncipes veríeis naqueles quadros e naquelas ruas dos jardins dois gêneros de estátuas muito diferentes, umas de mármore, outras de murta. A estátua de mármore custa muito a fazer, pela dureza e resistência da matéria; mas depois de feita uma vez, não é necessário que lhe ponham mais a mão, sempre conserva e sustenta a mesma figura: a estátua de murta é mais fácil de formar, pela facilidade com que se dobram os ramos; mas é necessário andar sempre reformando e trabalhando nela, para que se conserve. Se deixa o jardineiro de assistir, em quatro dias sai um ramo, que lhe atravessa os olhos; sai outro, que lhe descompõe as orelhas; saem dois, que de cinco dedos lhe fazem sete; e o que pouco antes era homem já é uma confusão verde de murtas. Eis aqui a diferença que há entre umas nações e outras na doutrina da fé. Há umas nações naturalmente duras, tenazes e constantes, as quais dificultosamente recebem a fé e deixam os erros de seus antepassados: resistem com as armas, duvidam com o entendimento, repugnam com a vontade, cerram-se, teimam, argumentam, replicam, dão grande trabalho até se renderem; mas uma vez rendidos, uma vez que receberam a fé, ficam nela firmes e constantes como estátuas de mármore, não é necessário trabalhar mais com eles. Há outras nações pelo contrário (e estas são as do Brasil) que recebem tudo o que lhes ensinam, com grande docilidade e facilidade, sem argumentar, sem replicar, sem duvidar, sem resistir; mas são estátuas de murta, que, em levantando a mão e a tesoura o jardineiro, logo perdem a nova figura e tornam à bruteza antiga e natural, e a ser mato como dantes eram. É necessário que assista sempre a estas estátuas o mestre delas, uma vez que lhe corte o que vicejam os olhos, para que creiam o que não veem; outra vez que lhe cerceie o que vicejam as orelhas, para que não deem ouvidos às fábulas de seus antepassados; outra vez que lhe decepe o que vicejam as mãos e os pés, para que se abstenham das ações e costumes bárbaros da gentilidade. E só desta maneira, trabalhando sempre contra a natureza do tronco e humor das raízes, se pode conservar nestas plantas rudes a forma não natural e compostura dos ramos.

Eis aqui a razão por que digo que é mais dificultosa de cultivar esta gentilidade que nenhuma outra do mundo: se os não assistis, perde-se o trabalho, como o perdeu S. Tomé: e para se aproveitar e lograr o trabalho, há de ser com outro trabalho maior, que é assisti-los: há-se de assistir, e insistir sempre com eles, tornando a trabalhar o já trabalhado, e a plantar o já plantado, e a ensinar o já ensinado, não levantando jamais a mão da obra, porque sempre está por obrar, ainda depois de obrada. Hão-se de haver os pregadores evangélicos na formação desta parte do mundo, como Deus se houve, ou se há na criação e conservação do todo. Criou Deus todas as criaturas no princípio do mundo em seis dias: e, depois de as criar, que fez, e que faz até hoje? Cristo O disse: *Pater meus usque modo operatur, et ego operor.*[i] Desde o princípio do mundo até hoje não levantou Deus mão da obra, nem por um só instante; e com a mesma ação com que criou o mundo, o esteve sempre e está e estará conservando até o fim dele. E se Deus o não fizer assim, se desistir, se abrir mão da obra por um só momento, no mesmo momento perecerá o mundo, e se perderá tudo o que em tantos anos se tem obrado. Tal é no espiritual a condição desta nova parte do mundo, e tal o empenho dos que têm à sua conta a conversão e reformação dela. Para criar basta que trabalhem poucos dias; mas para conservar, é necessário que assistam e continuem e trabalhem, não só muitos dias e muitos anos, mas sempre. E já pode ser que esse fosse o mistério com que Cristo disse aos Apóstolos: *Praedicate omni creaturae.*[ii] Não disse, ide pregar aos que remi, senão, ide pregar aos que criei; porque o remir foi obra de um dia, o criar é obra de todos os dias. Cristo remiu uma só vez e não está sempre remindo: Deus criou uma vez, e está sempre criando. Assim se há de fazer nestas nações; há-se de lhes aplicar o preço da redenção, mas não pelo modo com que foram remidas, senão pelo modo com que foram criadas. Assim como Deus está sempre criando o criado, assim os mestres e pregadores hão de estar sempre ensinando o ensinado, e convertendo o convertido, e fazendo o feito: o feito, para que se não desfaça; o convertido, para que se não perverta; o ensinado, para que se não esqueça; e finalmente ajudando a incredulidade não incrédula, para que a fé seja fé não infiel: *Credo, Domine, adjuva incredulitatem meam.*[iii] E sendo tão forçosamente necessária a assistência com estas gentes, e no seu clima, e no seu trato, e na sua miséria, e em tantos outros perigos e desamparos da vida, da saúde, do alívio e de tudo o que pede ou sente o natural humano, vede se é necessário muito cabedal de amor divino para esta empresa, e se com razão entrega Cristo o magistério dela a um Deus, que por afeto e por efeitos todo é amor: *Ille vos docebit omnia.*

IV

A segunda circunstância que pede grande cabedal de amor de Deus é a dificuldade das línguas. Se o Espírito Santo descera hoje em línguas milagrosas, como antigamente, não tinha tanta dificuldade o pregar aos gentios; mas haverem-se de aprender essas línguas com estudo e com trabalho é uma empresa muito dificultosa, e que só um grande amor de Deus a pode vencer. Apareceu

---

[i] *João*, V, 17.
[ii] *Marc.*, XVI, 15.
[iii] *Marc.*, IX, 23.

Deus em uma visão ao profeta Ezequiel e, dando-lhe um livro, disse-lhe que o comesse e que fosse pregar aos filhos de Israel tudo o que nele estava escrito: *Comede volumen istud, et vadens loquere ad filios Israel.*[i] Abriu a boca o profeta, não se atrevendo a tocar no livro por reverência; comeu-o e diz que lhe soube bem, e que o achou muito doce: *Comedi illud, et factum est in ore meo sicut mel dulce.*[ii] Se os homens pudessem comer os livros de um bocado, que facilmente se aprenderiam as ciências, e se tomariam as línguas? Oh, que fácil modo de aprender! Oh, que doce modo de estudar! Tal foi o modo com que Deus em um momento antigamente ensinava os Profetas, e com que hoje o Espírito Santo em outro momento ensinou os Apóstolos, achando-se de repente doutos nas ciências, eruditos nas Escrituras, prontos nas línguas, que tudo isto se lhes infundiu naquele repente em que desceu sobre eles o Espírito Santo: *Factus est repente de Coelo sonus, tanquam advenientis Spiritus.*[iii] Mas haver de comer os livros folha a folha, haver de levar as ciências bocado a bocado, e às vezes com muito fastio; haver de mastigar as línguas nome por nome, verbo por verbo, sílaba por sílaba, e ainda letra por letra, por certo que é coisa muito dura, e muito desabrida e muito para amargar, e que só o muito amor de Deus a pode fazer doce. Assim o aludiu Deus ao mesmo profeta Ezequiel neste mesmo lugar com termos bem particulares e bem notáveis.

Vade ad domum Israel, et loqueris verba mea ad eos: non enim ad populum profundi sermonis, et ignotae linguae tu mitteris, neque ad populos multos profundi sermonis, et ignotae linguae, quorum non possis audire sermones.[iv] Ide, Ezequiel, pregai o que vos tenho dito aos filhos de Israel; e para que não repugneis a missão, nem vos pareça que vos mando a uma empresa muito dificultosa, adverti aonde ides, e aonde não ides. Adverti que ides pregar a um povo da vossa própria nação e de vossa própria língua, que o entendeis e vos entende: *Ad domum Israel*: e adverti que não ides pregar a gente de diferente nação e diferente língua, nem menos a gentes de muitas e diferentes nações, e muitas e diferentes línguas, que nem vós as entendais, nem eles vos entendam: *Non enim ad populum profundi sermonis, et ignotae linguae tu mitteris, neque ad populos multos profundi sermonis, et ignotae linguae, quorum non possis audire sermones.* De sorte (se bem advertis) que distingue Deus no ofício de pregar três gêneros de empresas, uma fácil, outra dificultosa, outra dificultosíssima. A fácil é pregar a gente da própria nação e da própria língua: *Vade ad filios Israel*: a dificultosa é pregar a uma gente de diferente língua

---

[i] *Ezequiel*, III, 1.
[ii] Ibid., 3.
[iii] *At.*, II, 2.
[iv] *Ezequiel*, III, 4, 5 e 6.

e diferente nação: *Ad populum profundi sermonis, et ignotae linguae*: a dificultosíssima é pregar a gentes não de uma só nação e uma só língua diferente, senão de muitas e diferentes nações, e muitas e diferentes línguas, desconhecidas, escuras, bárbaras, e que se não podem entender: *Ad populos multos profundi sermonis, et ignotae linguae, quorum non possis audire sermones.*

A primeira destas três empresas mandou Deus ao profeta Ezequiel, e a todos os outros profetas antigos, os quais todos (exceto quando muito Jonas e Jeremias) pregaram à gente da sua nação e da sua língua. A segunda e a terceira empresa ficaram guardadas para os apóstolos e pregadores da lei da Graça e entre eles particularmente para os portugueses; e entre os portugueses mais em particular ainda para os desta Conquista, em que são tantas, tão estranhas, tão bárbaras e tão nunca ouvidas, nem conhecidas, nem imaginadas as línguas. Manda Portugal missionários ao Japão, onde há cinquenta e três reinos, ou sessenta, como outros escrevem; mas a língua, ainda que desconhecida, é uma só: *Ad populum profundi sermonis, et ignotae linguae.* Manda Portugal missionários à China, império vastíssimo, dividido em quinze províncias, capaz cada uma de muitos reinos, mas a língua, ainda que desconhecida, é também uma: *Ad populum profundi sermonis, et ignotae linguae.* Manda Portugal missionários ao Mogor, à Pérsia, ao Preste João, impérios grandes, poderosos, dilatados e dos maiores do mundo; mas cada um de uma só língua: *Ad populum profundi sermonis, et ignotae linguae.* Porém os missionários que Portugal manda ao Maranhão, posto que não tenha nome de império, nem de reino, são verdadeiramente aqueles que Deus reservou para a terceira, última e dificultosíssima empresa, porque vêm pregar a gentes de tantas, tão diversas e tão incógnitas línguas, que só uma coisa se sabe delas, que é não terem número: *Ad populos multos, profundi sermonis, et ignotae linguae, quorum non possis audire sermones.* Pela muita variedade das línguas houve quem chamou ao rio das Amazonas rio Babel; mas vem-lhe tão curto o nome de Babel, como o de rio. Vem-lhe curto o nome de rio; porque verdadeiramente é um mar doce, maior que o mar Mediterrâneo no comprimento e na boca. O mar Mediterrâneo no mais largo da boca tem sete léguas, e o rio das Amazonas oitenta: o mar Mediterrâneo do estreito de Gibraltar até as praias da Síria, que é a maior longitude, tem mil léguas de comprido, e o rio das Amazonas da cidade de Belém para cima já se lhe têm contado mais de três mil, e ainda se lhe não sabe o princípio. Por isso os naturais lhe chamam Pará, e os portugueses Maranhão, que tudo quer dizer mar e mar grande. E vem-lhe curto também o nome de Babel, porque na torre de Babel, como diz S. Jerônimo, houve somente setenta e duas línguas, e as que se falam no rio das Amazonas são tantas e tão diversas, que se lhes não sabe o nome, nem o número. As conhecidas até o ano de 639 no descobrimento do rio de Quito, eram cento e cinquenta. Depois se descobriram muitas mais, e a menor parte do rio, de seus imensos braços, e das nações que os habitam, é o que está descoberto. Tantos são os povos, tantas e tão ocultas as línguas, e de tão nova e nunca ouvida inteligência: *Ad populos multos profundi sermonis, et ignotae linguae, quorum non possis audire sermones.*

Nesta última cláusula do profeta: *Quorum non possis audire sermones*: a palavra *ouvir* significa entender; porque o que se não entende, é como se não se *ouvira*. Mas em muitas das nações desta Conquista se verifica a mesma palavra no sentido natural, assim como soa, porque há línguas entre elas de tão escura e cerrada pronunciação, que verdadeiramente se pode afirmar que se não ouvem: *Quorum non possis audire sermones.* Por vezes me aconteceu estar com o ouvido aplicado à boca do bárbaro e ainda do intérprete, sem poder distinguir as sílabas, nem perceber as vogais ou consoantes de que se formavam, equivocando-se a mesma letra com duas e três semelhantes, ou compondo-se (o que é mais certo) com mistura de todas elas: umas tão delgadas e sutis, outras tão duras e escabrosas, outras tão interiores e escuras, e mais afogadas na garganta que pronunciadas na língua: outras tão curtas e subidas, outras tão estendidas e multiplicadas, que não percebem os ouvidos mais que a confusão, sendo certo em todo rigor que as tais línguas não se ouvem, pois se não ouve delas mais que o sonido, e não palavras desarticuladas e humanas, como diz o profeta: *Quorum non possis audire sermones.*

De José ou do povo de Israel no Egito, diz Davi por grande encarecimento de trabalho: *Linguam, quam non noverat, audivit*: que ouvia a língua que não entendia. Se é trabalho ouvir a língua que não entendeis, quanto maior trabalho será haver de entender a língua que não ouvis? O primeiro trabalho é ouvi-la: o segundo, percebê-la: o terceiro, reduzi-la a gramática e a preceitos: o quarto, estudá-la: o quinto (e não o menor, e que obrigou S. Jerônimo a limar os dentes), o pronunciá-la. E depois de todos estes trabalhos ainda não começastes a trabalhar, porque são disposições somente para o trabalho. Santo Agostinho intentou aprender a língua grega e, chegando à segunda declinação, em que se declina *ophis*, que quer dizer serpente, não foi mais por diante, e disse com galantaria: *Ophis me terruit*: a serpente me meteu tal medo, que me fez tornar atrás. Pois se a Santo Agostinho, sendo Santo Agostinho, se à águia dos entendimentos humanos se lhe fez tão dificultoso aprender a língua grega, que está tão vulgarizada entre os Latinos, e tão facilitada com mestres, com livros, com artes, com vocabulários, e com todos os outros instrumentos de aprender; que serão as línguas bárbaras e barbaríssimas de umas gentes onde nunca houve quem soubesse ler, nem escrever? Que será aprender o nheengaíba, o juruuna, o tapajó, o teremembé, o mamaianá, que só os nomes parece que fazem horror?

As letras dos Chinas, e dos Japões, muita dificuldade têm, porque são letras hieroglíficas, como as dos Egípcios; mas, enfim, é aprender língua de gente política, e estudar por letra, e por papel. Mas haver de arrostar com uma língua bruta, e de brutos, sem livro, sem mestre, sem guia, e no meio daquela escuridade e dissonância haver de cavar os primeiros alicerces, e descobrir os primeiros rudimentos dela; distinguir o nome, o verbo, o advérbio, a preposição, o número, o caso, o tempo, o modo e modos nunca vistos nem imaginados, como de homens enfim tão diferentes dos outros nas línguas, como nos costumes; não há dúvida de que é empresa muito árdua a qualquer entendimento, e muito mais árdua à vontade que não estiver muito sacrificada, e muito unida com Deus. Receber as línguas do Céu milagrosamente em um momento, como as receberam os Apóstolos, foi maior felicidade; mas aprendê-las e adquiri-las, dicção por dicção, e vocábulo por vocábulo, à força de estudo, de diligência e de continuação; assim como será maior merecimento, é também muito diferente trabalho: e para um e outro se requer muita graça do Espírito Santo, e grande cabedal de amor de Deus. Maior rigor usa neste caso o amor de Deus com os pregadores do Evangelho do que usou a justiça de Deus com os edificadores da torre de Babel. Aos que edificavam a torre de Babel, condenou-os a justiça de Deus a falar diversas línguas; mas não a aprendê-las: aos que pregam a fé entre as gentilidades, condena-os o amor de Deus não só a que falem as suas línguas, senão a que as aprendam; que se não fora por amor, era muito maior castigo. E que amor será necessário para um homem e tantos homens se condenarem voluntariamente, não só cada um a uma língua (como os da torre), mas muitos a muitas?

Vejo, porém, que me perguntais: pois se a Deus é tão fácil infundir a ciência das línguas em um momento, e se antigamente deu aos Apóstolos o dom das línguas, para que pregassem a fé pelo mundo, agora por que não dá o mesmo dom aos pregadores da mesma fé, principalmente em cristandades ou gentilidades novas, como estas nossas? Esta dúvida é muito antiga, e já lhe respondeu S. Gregório Papa, e Santo Agostinho, posto que variamente. A razão literal é porque Deus regularmente não faz milagres sem necessidade: quando faltam as forças humanas, então suprem as divinas. E como Cristo queria converter o mundo só com doze homens; para converter um mundo tão grande, tantas cidades, tantos reinos, tantas províncias, com tão poucos pregadores, era necessário que milagrosamente se lhes infundissem as línguas de todas as nações, porque não tinham tempo nem lugar para as aprender; porém depois que a fé esteve tão estendida e propagada, como está hoje, e houve muitos ministros que a pudessem pregar, aprendendo as línguas de cada nação, cessaram comumente as línguas milagrosas, porque não foi necessária a continuação do milagre. Vede-o nas línguas do Espírito Santo.

Apparuerunt dispertitae linguae tanquam ignis, seditque supra singulos eorum:[i] Apareceram sobre os Apóstolos muitas línguas de fogo, o qual se assentou sobre eles. Não sei se reparais na diferença: diz que apareceram as línguas e que o fogo se assentou. E por que se não assentaram as línguas, senão o fogo? Porque as línguas não vieram de assento, o fogo sim. Os dons que o Espírito Santo trouxe hoje consigo sobre os Apóstolos foram principalmente dois: o dom das línguas e o dom do amor de Deus: o dom das línguas não se assentou, porque não havia de perseverar: acabou geralmente com os Apóstolos: *Apparuerunt dispertitae linguae*. Apareceram as línguas, e desapareceram. Porém o dom do fogo, o dom do amor de Deus, esse se assentou: *Sedit supra singulos eorum*; porque veio de assento e perseverou não só nos Apóstolos, senão em todos os seus sucessores. E assim vimos em todas as idades e vemos também hoje tantos varões apostólicos em que está tão vivo este fogo, tão fervoroso este espírito, e tão manifesto, e tão ardente este amor. Aos Apóstolos deu-lhe Deus línguas de fogo, aos seus sucessores deu-lhe fogo de línguas. As línguas de fogo acabaram, mas o fogo de línguas não acabou, porque este fogo, esse espírito, esse amor de Deus, faz aprender, estudar e saber essas línguas. E quanto a esta ciência das línguas, muito mais à letra se cumpre nos varões apostólicos de hoje a promessa de Cristo que nos mesmos apóstolos antigos, porque Cristo disse: *Ille vos docebit*: que o Espírito Santo os ensinaria. E aos Apóstolos da Igreja primitiva não lhes ensinou o Espírito Santo as línguas, deu-lhas, e infundiu-lhas: aos apóstolos de hoje não lhes dá o Espírito Santo as línguas, vem-lhas infundir, e ensinar-lhas: *Ille vos docebit*. As primeiras línguas foram dadas com milagre, as segundas são ensinadas sem milagre; mas eu tenho estas por mais milagrosas; porque menos maravilha é em Deus podê-las dar sem trabalho, que no homem querê-las aprender com tanto trabalho: em Deus argui um poder infinito, que em Deus é natureza; no homem argui um amor de Deus excessivo, que é sobre a natureza do homem. Com razão comete logo Cristo este ofício de ensinar ao Espírito Santo, e passa os seus Discípulos da escola da sabedoria para a escola do amor: *Ille vos docebit*.

V

Está dito, e está provado. Mas que se tira, ou colhe daqui? Parecerá porventura aos ouvintes que esta doutrina é só para os pregadores da fé, para os religiosos, para os missionários, para os pastores e ministros da Igreja? Assim será noutras terras: nestas nossas é para todos. Nas outras terras uns são minis-

---

[i] *At.*, II, 3.

tros do Evangelho, e outros não: nas Conquistas de Portugal todos são ministros do Evangelho. Assim o disse Santo Agostinho pregando na África, que também é uma das nossas Conquistas. Explicava o Santo aquela sentença de Cristo: *Ubi sum ego, illic et minister meus erit*:[i] em que o Senhor promete que onde ele está, estarão também seus ministros. E convertendo-se o grande Doutor para o povo, disse desta maneira: *Cum auditis, fratres, Dominum dicentem, illic et minister meus erit, nolite tantummodo bonos episcopos, et clericos cogitare; etiam vos pro modulo vestro ministrate Christo*: Quando ouvis os prêmios que Cristo promete a seus ministros, não cuideis que só os bispos e os clérigos são ministros seus; também vós por vosso modo não só podeis, mas deveis ser ministros de Cristo. E por que modo será ministro de Cristo um homem leigo, sem letras, sem ordens, e sem grau algum na Igreja? O mesmo Santo o vai dizendo: *Bene vivendo*: vivendo bem, e dando bom exemplo: *Eleemosynas faciendo*: fazendo esmolas e exercitando as outras obras de caridade: *Nomen, doctrinamque ejus, quibus potuerit, praedicando*: e pregando o nome de Cristo, e ensinando a sua fé e doutrina a todos aqueles a quem puder: *Unusquisque pater familias pro Christo, et pro vita aeterna suos omnes admoneat, doceat, hortetur, corripiat, impendat benevolentiam, exerceat disciplinam*: Cada um dos pais de famílias em sua casa por amor de Cristo, e por amor da vida eterna, ensine a todos os seus o que devem saber, encaminhe-os, exorte-os, repreenda-os, castigue-os, tire-os das más ocasiões; e já com amor, já com rigor, zele, procure e faça diligência, por que vivam conforme a lei de Cristo. Este tal pai de famílias que será? Ouvi, cristãos, para consolação vossa, o que conclui Agostinho: *Ita in domo sua ecclesiasticum, et quodammodo episcopale implebit officium, ministrans Christo, ut in aeternum sit cum ipso*. Por este modo um pai de famílias, um homem leigo, fará em sua casa não só ofício eclesiástico, mas ofício episcopal, e não só será qualquer ministro de Cristo, senão o maior de todos os ministros, quais são os bispos, servindo e ministrando nesta vida a Cristo, para reinar eternamente com ele: *Ministrans Christo, ut in aeternum sit: cum ipso*. Isto dizia Santo Agostinho aos seus povos da África, e o pudera dizer com muito maior razão aos nossos da América.

Oh, se o Divino Espírito que hoje desceu sobre os Apóstolos descera eficazmente com um raio de sua divina luz sobre todos os moradores deste estado, para que dentro e fora de suas casas acudiram às obrigações que devem à fé que professam, como é certo que ficariam todos neste dia não só verdadeiros ministros, mas apóstolos de Cristo! Que coisa é ser apóstolo? Ser apóstolo nenhuma outra coisa é senão ensinar a fé e trazer almas a Cristo: e nesta Conquista ninguém há que o não possa, e ainda que o não deva fazer. Primeiramente, nesta

---

[i] *João*, XII, 26.

missão do rio das Amazonas, que amanhã parte (e que Deus seja servido levar e trazer tão carregada de despojos do Céu, como esperamos, e com tanto remédio para a Terra, como se deseja), que português vai de escolta que não vá fazendo ofício de apóstolo? Não só são apóstolos os missionários, senão também os soldados e capitães; porque todos vão buscar gentios e trazê-los ao lume da fé, e ao grêmio da Igreja. A Igreja formou-se do lado de Cristo seu Esposo, como Eva se formou do lado de Adão. E formou-se quando do lado de Cristo na cruz saiu sangue e água: *Exitvit sanguis, et aqua*.[i] O sangue significava o preço da redenção, e a água, a água do batismo: e saiu o sangue junto com a água, porque a virtude que tem a água é recebida do sangue. Mas pergunto agora: este lado de Cristo donde saiu e se formou a Igreja, quem o abriu? Abriu-o um soldado com uma lança, diz o Texto: *Unus militum lancea latus ejus aperuit*.[ii] Pois também os soldados concorrem para a formação da Igreja? Sim; porque muitas vezes é necessário que os soldados com suas armas abram e franqueiem a porta, para que por essa porta aberta e franqueada se comunique o sangue da redenção e a água do batismo: *Et continuo exivit sanguis, et aqua*. E quando a fé se prega debaixo das armas, e à sombra delas, tão apóstolos são os que pregam como os que defendem; porque uns e outros cooperam à salvação das almas.

E se eu agora dissesse que nesta Conquista, assim como os homens fazem ofício de apóstolos na campanha, assim o podem fazer as mulheres em suas casas? Diria o que já disseram grandes autores: eles na campanha, trazendo almas para a Igreja, fazem ofício de apóstolos, e elas em suas casas, doutrinando seus escravos e escravas, fazem ofício de apóstolas. Não é o nome, nem a gramática minha, é do doutíssimo Salmeirão, o qual chamou às Marias: *Apostolorum apostolas:* apóstolas dos Apóstolos: e por quê? Porque lhe anunciaram o mistério da ressurreição de Cristo. Pois se aquelas mulheres que anunciaram a homens já cristãos e discípulos de Cristo um só mistério, merecem nome de apóstolas; aquelas que anunciam e ensinam a seus escravos gentios e rudes todos os mistérios da salvação, quanto mais merecem este nome? Põe-se uma de vós a ensinar por amor de Deus ao seu tapuia, e à sua tapuia o *Creio em Deus Padre;* e que lhe ensina? Ensina-lhe o mistério altíssimo da Santíssima Trindade, o mistério da Encarnação, o da Morte, o da Ressurreição, o da Ascensão de Cristo, o da vinda do Espírito Santo, o do Juízo, o da vida eterna, e todos os que cremos e professamos os cristãos. Vede se merece nome de apóstola uma mestra destas!

Não há dúvida de que homens e mulheres todos são capazes deste altíssimo nome, e deste divino ou diviníssimo exercício. Faz duas parábolas Cristo no

---

[i] *João*, XIX, 34.
[ii] Ibidem.

Evangelho, uma de um pastor que perdeu uma ovelha e a foi buscar e trazer dos matos aos ombros: outra de uma mulher que perdeu uma dracma, ou moeda de prata, e acendeu uma candeia para a buscar, e a buscou e achou em sua casa. Esta ovelha e esta moeda perdidas e achadas são as almas desencaminhadas e erradas, que se convertem e encaminham a Deus; quem buscou e achou a ovelha na primeira parábola, e quem buscou e achou a moeda na segunda, são os ministros evangélicos, que trazem e reduzem a Deus estas almas. Pois se em uma e outra parábola significam estas duas pessoas os ministros evangélicos, que trazem almas a Deus, por que na primeira introduziu Cristo um homem, que é o pastor, e na segunda uma mulher, que é a que acendeu a candeia? Para nos ensinar Cristo que assim homens como mulheres todos podem salvar almas: os homens no campo com o cajado, e as mulheres em casa com a candeia: os homens no campo entrando pelos matos com as armas, e as mulheres em casa alumiando e ensinando a doutrina. Vede como estava isto profetizado pelo profeta Joel no mesmo capítulo segundo, que foi o que hoje declarou S. Pedro ao povo de Jerusalém: *Sed et super servos meos, et ancillas in diebus illis effundam spiritum meum: et prophetabunt.*[i] Naqueles dias, diz Deus, derramarei o meu espírito sobre os meus servos e sobre as minhas servas, e todos pregarão. Notai: não diz Deus, que derramará o seu espírito só sobre os servos, senão sobre os servos e sobre as servas: *Super servos meos, et super ancillas.* Porque não só os homens, senão os homens e também as mulheres, podem e devem, e hão de pregar e dilatar a fé, cada um conforme seu estado: *Et prophetabunt.* Por isso hoje com grande mistério no Cenáculo de Jerusalém, onde desceu o Espírito Santo, não só se acharam homens, senão mulheres: *Hi omnes erant perseverantes unanimiter in oratione cum mulieribus.*[ii] Estavam homens e estavam mulheres no Cenáculo; porque a homens e a mulheres vinha o Espírito Santo fazer mestres e mestras da doutrina do Céu, e ensiná-la para que a ensinassem: *Ille vos docebit.*

VI

Suposto, pois, que não só aos eclesiásticos, senão também aos seculares, não só aos homens, senão também às mulheres pertence, ou de caridade, ou de justiça, ou de ambas estas obrigações, ensinar a fé e a lei de Cristo aos gentios, e novos cristãos naturais destas terras em que vivemos, cada um conforme seu estado; não haja de hoje em diante, com a graça do Espírito Santo, quem se não

---

[i] *Joel*, II, 28 e 29.
[ii] *At.*, I, 14.

faça discípulo deste divino e soberano Mestre, para o poder ser ao menos dos seus escravos. Os que sabeis a língua, tereis maior facilidade; os que a não sabeis, tereis maior merecimento. E uns e outros, ou por nós mesmos (que sempre será o melhor) ou por outrem, vos deveis aplicar a este tão cristão e tão devido exercício, com tal diligência e cuidado, que nenhum falte com o pasto necessário da doutrina às poucas ou muitas ovelhinhas de Cristo, que o Senhor lhes tiver encomendadas, pois todos nesta Conquista sois pastores, ou guardadores deste grande Pastor. Muitos o fazem assim com grande zelo, cristandade e edificação; mas é bem que o façam todos.

E ninguém se escuse (como escusam alguns) com a rudeza da gente, e com dizer, como acima dizíamos, que são pedras, que são troncos, que são brutos animais; porque ainda que verdadeiramente alguns o sejam, ou o pareçam, a indústria e a graça tudo vence; e de brutos, e de troncos, e de pedras os fará homens. Dizei-me: qual é mais poderosa, a graça ou a natureza? A graça ou a arte? Pois o que faz a arte e a natureza, por que havemos de desconfiar que o faça a graça de Deus acompanhada da vossa indústria? Concedo-vos que esse índio bárbaro e rude seja uma pedra: vede o que faz em uma pedra a arte. Arranca o estatuário uma pedra dessas montanhas, tosca, bruta, dura, informe, e depois que desbastou o mais grosso, toma o maço e o cinzel na mão, e começa a formar um homem, primeiro membro a membro, e depois feição por feição, até a mais miúda: ondeia-lhe os cabelos, alisa-lhe a testa, rasga-lhe os olhos, afila-lhe o nariz, abre-lhe a boca, avulta-lhe as faces, torneia-lhe o pescoço, estende-lhe os braços, espalma-lhe as mãos, divide-lhe os dedos, lança-lhe os vestidos: aqui desprega, ali arruga, acolá recama: e fica um homem perfeito, e talvez um santo, que se pode pôr no altar. O mesmo será cá, se a vossa indústria não faltar à graça divina. É uma pedra, como dizeis, esse índio rude? Pois trabalhai e continuai com ele (que nada se faz sem trabalho e perseverança), aplicai o cinzel um dia e outro dia, dai uma martelada e outra martelada, e vós vereis como dessa pedra tosca e informe fazeis não só um homem, senão um cristão, e pode ser que um santo. Não é menos que promessa e profecia do maior de todos os profetas: *Potens est Deus de lapidibus istis suscitare filios Abrahae*:[i] poderoso é Deus a fazer destas pedras filhos de Abraão. Abraão é o pai de todos os que têm fé: e dizer o Batista que Deus faria de pedras filhos de Abraão foi certificar e profetizar que de gentios idólatras, bárbaros, e duros como pedras, por meio da doutrina do Evangelho havia Deus de fazer não só homens, senão fiéis, e cristãos, e santos. Santo Ambrósio: *Quid aliud quam lapides habebantur, qui lapidibus serviebant, similes utique his, qui fecerant eos? Prophetatur igitur saxo, sit gentilium fides*

---

[i] *Luc.*, III, 8.

infundenda pectoribus, et futuros per fidem Abrahae filios oraculo pollicetur. Assim o profetizou o Batista; e assim como ele foi o profeta deste milagre, vós sereis o instrumento dele. Ensinai e doutrinai essas pedras, e fareis de pedras não estátuas de homens, senão verdadeiros homens, e verdadeiros filhos de Abraão por meio da fé verdadeira. O que se faz nas pedras, mais facilmente se pode fazer nos troncos, onde é menor a resistência e a bruteza.

Só para fazer de animais homens, não tem poder nem habilidade a arte, mas a natureza sim: e é maravilha, que por ordinário o não parece. Vede-a. Fostes à caça por esses bosques e campinas, matastes o veado, a anta, o porco-montês: matou o vosso escravo o camaleão, o lagarto, o crocodilo: como ele, com os seus parceiros, comestes vós com os vossos amigos: e que se seguiu? Dali a oito horas, ou menos (se com menos se contentar Galeno) a anta, o veado, o porco-montês, o camaleão, o lagarto, o crocodilo, todos estão convertidos em homens: já é carne de homem o que pouco antes era carne de feras. Pois se isto pode fazer a natureza por força do calor natural, por que o não fará a graça muito mais eficazmente, por força do calor e fogo do Espírito Santo? Se a natureza naturalmente pode converter animais feros em homens, a graça sobrenaturalmente por que não fará esta conversão? O mesmo Espírito autor da graça o mostrou assim, e o ensinou a S. Pedro. Estava S. Pedro em oração na cidade de Jope: eis que vê abrir-se o Céu e descer um como grande lençol (assim lhe chama o Texto) suspendido por quatro pontas, e no fundo dele uma multidão confusa de feras, de serpentes, de aves de rapina, e de todos os outros animais silvestres, bravos, asquerosos, e peçonhentos, que na Lei velha se chamavam imundos. Três vezes na mesma hora viu S. Pedro esta representação, cada vez mais suspenso e duvidoso do que poderia significar: e três vezes ouviu juntamente uma voz que lhe dizia: *Surge, Petre, occide et manduca:*[i] Eis, Pedro, matai e comei. As palavras não declaravam o enigma, antes o escureciam mais, porque lhe parecia a S. Pedro impossível que Deus, que tinha vedado aqueles animais, lhos mandasse comer. Batem à porta neste mesmo ponto, e era um recado, ou embaixada de um senhor gentio, chamado Cornélio, capitão dos presídios romanos de Cesareia, o qual se mandava oferecer a S. Pedro para que o instruísse na fé e o batizasse. Este gentio, como diz Santo Ambrósio, foi o primeiro que pediu e recebeu a fé de Cristo: e por este efeito e pela declaração de um anjo entendeu S. Pedro o que significava a visão. Entendeu que aquele lençol tão grande era o mundo; que as quatro pontas por onde se suspendia, eram as quatro partes dele; que os animais feros, imundos e reprovados na Lei eram as diversas nações de gentios bárbaras

---

[i] *At.*, X, 13.

e indômitas, que até então estavam fora do conhecimento e obediência de Deus, e que o mesmo Senhor queria que viessem a ela. Até aqui o Texto e a inteligência dele.

Mas se aqueles animais significavam as nações dos gentios, e estas nações queria Deus que S. Pedro as ensinasse e convertesse, como lhe manda que as mate e que as coma? Por isso mesmo; porque o modo de converter feras em homens é matando-as e comendo-as: e não há coisa mais parecida ao ensinar e doutrinar, que o matar e o comer. Para uma fera se converter em homem, há de deixar de ser o que era, e começar a ser o que não era; e tudo isto se faz matando-a e comendo-a; matando-a, deixa de ser o que era, porque morta já não é fera: comendo-a, começa a ser o que não era, porque comida, já é homem. E porque Deus queria que S. Pedro convertesse em homens e homens fiéis todas aquelas feras que lhe mostrava, por isso a voz do Céu lhe dizia que as matasse e as comesse: *Occide, et manduca*. Querendo-lhe dizer que as ensinasse e doutrinasse; porque o ensinar e doutrinar havia de fazer nela os mesmos efeitos que o matar e o comer. Ouvi a S. Gregório Papa: *Primo pastori dicitur, macta, et manduca: quod mactatur quippe a vita occiditur: id vero quod comeditur, in comedentis corpore commutatur: macta ergo, et manduca, dicitur, idest, a peccato eos, qui vivunt, interfice, et a se ipsis illos in tua membra convertere*. Querendo Deus que S. Pedro ensinasse a fé àqueles gentios, diz-lhe que os mate e que os coma; porque o que se mata, deixa de ser o que é, e o que se come, converte-se na substância e nos membros de quem o come. E ambos estes efeitos havia de obrar a doutrina de S. Pedro naqueles gentios feros e bárbaros. Primeiro haviam de morrer, porque haviam de deixar de ser gentios; e logo haviam de ser comidos e convertidos em membros de S. Pedro, porque haviam de ficar cristãos e membros da Igreja de que S. Pedro é a cabeça. De maneira que, assim como a natureza faz de feras homens, matando e comendo, assim também a graça faz de feras homens, doutrinando e ensinando. Ensinastes o gentio bárbaro e rude: e que cuidais que faz aquela doutrina? Mata nele a fereza, e introduz a humanidade; mata a ignorância e introduz o conhecimento; mata a bruteza e introduz a razão; mata a infidelidade e introduz a fé: e deste modo por uma conversão admirável, o que era fera fica homem, o que era gentio fica cristão, o que era despojo do pecado fica membro de Cristo e de S. Pedro: *Occide, et manduca*. E como a graça do Espírito Santo por meio da doutrina da fé, melhor que a arte, e melhor que a natureza, de pedras e de animais sabe fazer homens, ainda que os destas Conquistas fossem verdadeiramente, ou tão irracionais como os brutos, ou tão insensíveis como as pedras, não era bastante dificuldade esta, nem para desculpar o descuido, nem para tirar a obrigação de os ensinar: *Ille vos docebit*.

VII

E para que ninguém falte a esta obrigação e a este cuidado, só vos quero lembrar o grande serviço que fareis a Deus, se o fizerdes, e a grande conta que Deus vos há de pedir, se vos descuidardes. É passo de que me lembro e tremo muitas vezes o que agora vos direi. Estavam os Apóstolos no monte Olivete no dia da ascensão com os olhos pregados no Céu, e com os corações dentro nele, porque já se lhes escondera da vista o Mestre e o Senhor, que em si e após si lhes levara. Estavam enlevados, estavam suspensos, estavam arrebatados, e quase não em si de amor, de admiração, de glória, de júbilos, de saudades: eis que aparecem dois anjos e lhes dizem estas palavras: *Viri Galilaei, quid statis aspicientes in Coelum? Hic Jesus, qui assumptus est a vobis in Coelum; sic veniet*:[i] Varões Galileus, que fazeis aqui olhando para o Céu? Este mesmo Senhor que agora se apartou de vós há de vir outra vez, porque há de vir a julgar. Notáveis palavras por certo, e ditas a tais pessoas, em tal lugar, e em tal ocasião! De maneira que estranham os anjos aos Apóstolos estarem no monte Olivete olhando para o Céu, de saudades de Cristo; e para os obrigarem a que se vão logo dali (como se foram) os ameaçam com o dia do Juízo e com a lembrança da conta! Pois estar em um monte apartado das gentes, estar com os olhos postos no Céu, estar arrebatado na contemplação da glória, estar enlevado no amor e saudades de Cristo é coisa digna de se estranhar e de a estranharem os anjos? Em tal caso sim; porque se em todos os homens é digno de estranhar não deixarem o mal pelo bem, nos Apóstolos era digno de estranhar não deixarem o bem pelo melhor. O ofício e obrigação dos Apóstolos era pregar a fé e salvar almas: a ordem que Cristo lhes tinha dado, era que se recolhessem a Jerusalém a preparar-se para a pregação com os dons do Espírito Santo, que lhes mandaria: e deixar o monte Olivete pelo Cenáculo, deixar a contemplação pela escola das línguas, deixar de olhar para o Céu para acudir às cegueiras da Terra, deixar, enfim, as saudades de Cristo pela saúde de Cristo não era deixar o bem, senão melhorá-lo, porque era trocar um bem grande por outro maior: era deixar um serviço de Deus por outro maior serviço, uma vontade de Deus por outra maior vontade, uma glória de Deus por outra maior glória. O contemplar em Deus é obra divina; mas o levar almas para Deus é obra diviníssima. Assim lhe chamou S. Dionísio Areopagita: *Opus Dei divinissimum*. E a obrigação dos Apóstolos e varões apostólicos não é só buscar o divino, senão o mais divino: é deixar o divino pelo diviníssimo. Por isso lhes estranham os anjos o estarem parados no monte, e com os olhos suspensos no Céu; por isso lhes dizem: *Quid statis*: que

---

[i] *At.*, I, 11.

estais aqui fazendo: como se o que faziam nenhuma comparação tivera com o que haviam de fazer. O que faziam e o que os ocupava, eram contemplações, admirações, êxtases, arrebatamentos; o que haviam de fazer, e o em que se haviam de ocupar, era pregar, ensinar, doutrinar, batizar, converter almas: e tudo aquilo em comparação disto no juízo dos anjos, que melhor que nós o entendem, que é? Um *quid:* uma coisa que se pode duvidar se é alguma coisa: um muito menos do que devera ser: um estar parados, um não ir por diante: *Quid statis?* Vede, vede vós, e vós (com todos e com todas falo) quão grande serviço fazeis a Deus quando ensinais os vossos escravos, quando para isso aprendeis as línguas, quando escreveis e estudais o catecismo, quando buscais o intérprete ou o mestre, e quando talvez só para este fim o pagais e o sustentais. Oh, ditoso dispêndio! Oh, ditoso estudo! Oh, ditoso trabalho! Oh, ditoso merecimento e sem igual diante de Deus! Em suma, cristãos, que é maior bem e maior serviço de Deus, e maior glória sua estar ensinando um negrinho da terra, que se estivéreis enlevados e arrebatados no Céu: *Quid statis aspicientes in Coelum?*

E se é tão grande o serviço que fazem a Deus os que têm este cuidado; os que o não têm, os que tão descuidados e esquecidos vivem da doutrina, da cristandade e da salvação de seus escravos, que rigorosa, que estreitíssima conta vos parece que lhes pedirá Deus? Ameaçam os anjos aos Apóstolos com o dia do Juízo e reparam-lhes em momentos do monte Olivete. Por quê? Porque eram homens que tinham à sua conta almas alheias; e quem tem almas alheias à sua conta, até de um momento, que não cuidar muito delas, há de dar muito estreita conta a Deus. Oh, que terrível conta há de pedir Deus no dia do Juízo a todos os que vivemos neste estado, porque todos temos almas à nossa conta! Os pregadores todas; os pastores as das suas igrejas: os leigos as das suas famílias. Se é tão dificultoso dar boa conta de uma só alma, que será de tantas? S. Jerônimo sobre tanto deserto, sobre tantas penitências, sobre tantos trabalhos em serviço de Deus e da Igreja, estava sempre tremendo da trombeta do dia do Juízo, pela conta que havia de dar da sua alma. A alma de Sto. Hilarião Abade, depois de oitenta anos de vida eremítica, e de tantas e tão insignes vitórias contra o Demônio, tremia tanto da conta, que não se atrevia a sair do corpo, estando o Santo para expirar, e foi necessário que ele a animasse.

Pois se os Jerônimos, se os Hilariões, se as maiores colunas da Igreja tememem de dar conta de uma alma, depois de vidas tão santas, vós depois das vossas vidas, que é certo não foram tão ajustadas com a Lei de Deus, como as suas, que conta esperais dar a Deus não de uma, senão de tantas almas? Uns de cinquenta almas, outros de cem almas, outros de duzentas almas, outros de trezentas, outros de quatrocentas e alguns de mil. Muitos há que tendes hoje poucas, mas naquele dia haveis de ter muitas; porque todas as que morreram para o serviço hão de ressuscitar para a conta. As que tivestes, as que tendes, as que haveis de ter, todas naquele dia hão de aparecer juntas diante do divino tribunal a dar conta cada uma de si, e vós de todas. Certo que eu antes quisera dar conta pela sua parte, que pela vossa. O escravo escusar-se-á com o seu senhor: mas o senhor com quem se há de escusar? O escravo poder-se-á escusar com o seu pouco entendimento, com a sua ignorância; mas o senhor com que se escusará? Com a sua muita cobiça? Com a sua muita cegueira? Com faltar à piedade? Com faltar à humanidade? Com faltar à cristandade? Com faltar à fé? Oh, Deus justo, oh, Deus misericordioso, que nem em vossa justiça, nem em vossa misericórdia acho caminho para saírem estas almas de tão intrincado labirinto! Se a Justiça Divina acha por onde condenar um gentio, porque não foi batizado, como achará a misericórdia divina por onde salvar um cristão que foi causa de ele se não batizar?

Oh, que justiças pedirão sobre vós naquele dia tantas infelizes almas, de cuja infelicidade eterna vós fostes causa! Abel pedia justiça a Deus, e salvou-se Abel, e está no Céu. Se Abel, se um irmão pede justiça a Deus sobre o irmão que lhe tirou a vida temporal, um escravo, e tantos escravos, que justiça pedirão a Deus sobre o senhor que lhe tirou a vida eterna? Se Abel, se uma alma que se salvou, e que está hoje vendo a Deus, pede justiça; uma alma e tantas almas que se condenaram, e estão ardendo no Inferno, e estarão por toda a eternidade; que justiças pedirão, que justiças clamarão, que justiças bradarão ao Céu, à Terra, ao Inferno, aos homens, aos Demônios, aos anjos, a Deus? Oh, que espetáculo tão triste e tão horrendo será naquele dia ver a um português destas Conquistas (e muito mais aos maiores e mais poderosos) cercado de tanta multidão de índios, uns livres, outros escravos; uns bem, outros mal cativos; uns gentios, outros com nome de cristãos, todos condenados ao Inferno, todos ardendo em fogo, e todos pedindo justiça a Deus sobre aquele desventurado homem que neste mundo se chamou seu senhor? Ai de mim, dirá um, que me condenei por não ser batizado! Justiça sobre meu ingrato senhor, que me não pagou o serviço de tantos anos, nem com o que tão pouco lhe custava, como a água do batismo! Ai de mim, dirá outro, que me condenei por não conhecer a Deus, nem saber os mistérios da fé! Justiça sobre meu infiel senhor, que, mandando-me ensinar tudo o que importava a seu serviço, só do necessário à minha salvação nunca teve cuidado! Ai de mim, dirá outro, que me condenei por passar toda a vida torpemente amigado contra a lei de Deus! Justiça sobre meu desumano senhor, que por suas conveniências particulares me consentiu o pecado, e não quis consentir o matrimônio! Ai de mim, dirá outro, que me condenei por não me confessar nas Quaresmas, ou não me confessar a quem me entendesse, e me encaminhasse! Justiça sobre meu avarento senhor, que, por não perder dois dias de serviço, me não quis dar nem o tempo, nem o lugar, nem o confessor, que minha alma havia mister! Ai de mim, dirá finalmente o outro, que me condenei por morrer sem sacerdote, nem sacramento! Justiça sobre meu tirano senhor, que por me não chamar o remédio, ou não me mandar levar a ele, me deixou morrer como um bruto! Cão me chamava sempre na vida, e como um cão me tratou na morte. Isto dirá cada um daqueles miseráveis escravos ao supremo Juiz, Cristo. E todos juntos bradarão a seu sangue (de que por vossa culpa se não aproveitaram) justiça, justiça, justiça. Oh, como é, sem dúvida, que naquele dia conhecereis quem vos dizia e pregava a verdade! Oh, como é sem dúvida, que naquele dia do Juízo haveis de mudar de juízo, e de juízes! Hoje tendes por ditosos os que têm muitos escravos, e por menos venturosos os que têm poucos: naquele dia os que tiveram muitos escravos serão desventurados, e os que tiveram poucos, serão os ditosos, e mais ditoso o que não teve nenhum. Tende-os, cristãos, e tende muitos; mas tende-os de modo que eles ajudem a levar a vossa alma ao Céu, e vós as suas. Isto é o que vos desejo, isto é o que vos aconselho, isto é o que vos procuro, isto é o que vos peço, por amor de Deus e por amor de vós, e o que quisera que leváreis deste sermão metido na alma.

O Espírito Santo, que hoje desceu sobre os Apóstolos e os ensinou, para que eles ensinassem ao mundo, desça sobre todos vós e vos ensine a querer ensinar, ou deixar ensinar aqueles a quem deveis a doutrina, para que eles por vós, e vós com eles, conseguindo nesta vida (que tão cara vos custa) a Graça, mereçais gozar na outra, com grandes aumentos, a Glória.

SERMÃO DA SEXTA SEXTA-FEIRA DA QUARESMA

Pregado na Capela Real, no Ano de 1662

*Collegerunt Pontifices,
et Pharisaei concilium.*[i]

I

A melhor e a pior coisa que há no mundo, qual será? A melhor e a pior coisa que há no mundo, é o conselho. Se é bom, é o maior bem; se é mau, é o pior mal. A maior maldade que cometeu neste mundo a cegueira e obstinação dos homens foi a morte de Cristo: a maior misericórdia que obrou neste modo a bondade e piedade de Deus foi a redenção dos homens. E ambas estas coisas, tão grandes e tão opostas, saíram hoje resolutas de um conselho: *Expedit vobis, ut unus moriatur homo, ne tota gens pereat.* Suposta esta primeira verdade de ser o conselho o maior bem e o maior mal do mundo, ou, quando menos, a fonte dos maiores bens, e dos maiores males, quisera eu hoje que fosse matéria do nosso discurso a consideração dos bens e males que concorreram neste conselho. Este conselho, ou se pode considerar pela parte que teve de político, ou pela parte que devia ter de cristão. Pela parte que teve de político, mostrou alguns ditames acertados: pela parte que devia ter de cristão, cometeu o mais enorme de todos os erros. E porque dos erros e dos acertos, como do aço e do cristal, se compõem e formam os espelhos; dos acertos e dos erros deste conselho, determino formar hoje um espelho à nossa Corte. Será este espelho de tal maneira político para os cristãos, e de tal modo cristão para os políticos, que se possa ver e compor a ele um conselho, e um conselheiro, e também um aconselhado. Se for muito liso, e muito claro, isso é ser espelho.

---

[i] *João*, XI.

II

Collegerunt Pontifices, et Pharisaei Concilium.

Quatro partes considero neste conselho do Evangelho, sem as quais nenhum conselho pode ser acertado, nem ainda ser conselho. A eleição dos conselheiros, a formalidade da proposta, a conveniência dos pareceres, e a eficácia da execução. A primeira contém os princípios do conselho, a segunda o modo, a terceira os meios, a quarta o fim. Sem a primeira, será o conselho imprudente; sem a segunda, confuso; sem a terceira, danoso; sem a última, ocioso e inútil. Comecemos pela primeira.

III

A primeira boa propriedade que teve este conselho do Evangelho foi que a matéria sobre que se havia de votar era da profissão dos conselheiros. A matéria era de religião, e eles eram sacerdotes: a matéria era de fé, e eles eram teólogos: a matéria era do Messias, prometido pelos profetas, e eles eram doutos nas Escrituras: enfim, a matéria era de letras, e eles eram letrados. A causa de se governar tão mal o mundo, e de andar tão mal aconselhado, havendo tantos conselhos, é porque de ordinário os príncipes baralham os metais, e trazem desencontrados os conselhos e os conselheiros. Se o soldado votar nas letras, e o letrado na navegação, e o piloto nas armas, que conselho há de haver, nem que sucesso? Haverá letrados, e não se verá justiça: haverá pilotos, e não se fará viagem: haverá soldados e exércitos, e levarão a vitória os inimigos. Vote cada um no que professa, e logo nos conselhos haverá conselho. Nos casos da religião vote Samuel e Eli: nos negócios da guerra vote Joab e Abner: nas importâncias do Estado vote Cusai e Aquitofel: e nas ocorrências da navegação e do mar (ainda que não tenham nomes tão pomposos) vote Pedro e André. Indigna coisa parece, e ainda escandalosa, que os fariseus entrem no mesmo conselho com os pontífices: *Collegerunt Pontifices, et Pharisaei concilium.* Também o fariseu há de ter lugar no conselho? Também o fariseu há de dizer seu parecer! Também o fariseu há de dar seu voto? Também; se a matéria for da sua profissão. Ainda que o nome de fariseu naquele tempo fora tão vil, e tão malsoante como é hoje, nem por isso se havia de excluir do conselho nas matérias da sua profissão; porque o bom conselho, e o bom conselheiro, não o faz o nome, nem a qualidade da pessoa, senão a do voto. E porque vos não pareça esta doutrina de tão má escola, como a do nosso Evangelho, vede tudo o que tenho dito, no conselho de um príncipe melhor que os melhores pontífices, e no voto de um conselheiro pior que os piores fariseus.

Viu o profeta Miqueias a Deus em conselho, assentado em um trono de grande majestade. Conta o caso o mesmo profeta no *3.º Livro dos Reis*, capítulo 22.[i] Assistiam a Deus de uma e outra parte do conselho todas as grandes personagens das três hierarquias: os Tronos, as Potestades, as Dominações, Querubins, Serafins, etc. E diz o profeta que também veio o Diabo a achar-se no conselho. Se num conselho do Céu, onde o presidente é Deus, e os conselheiros anjos, entra um Diabo; nos conselhos da Terra, onde os que presidem, e os que aconselham, são homens, e talvez homens de muita carne e sangue; quantos diabos entrarão? Fez Deus a proposta ao conselho em voz e disse assim: Pelas injustiças de Acab, rei de Israel, e pelas da rainha Jezabel sua mulher, assim as que eles cometem, como as que consentem no reino, tenho resoluto de lhes tirar a vida e a coroa. E porque o estilo de minha justiça e providência é castigar os reis permitindo que sejam enganados, para que sigam os caminhos de sua ruína, cuidando que são os meios de sua conservação; quisera ouvir do meu conselho que modo haverá para que seja enganado el-rei Acab, e para que empreenda a guerra de Ramoth, e acabe nela? E também me diga o conselho, a que pessoa ou pessoas será bem encarregar esta empresa? *Quis decipiet Acab regem Israel, ut ascendat, et cadat in Ramoth?*

Ouvida a proposta de Deus, foram respondendo os anjos como lhes cabia, e diz o Texto que uns diziam de um modo, e outros de outro: *Unus verba hujusmodi, et alius aliter*.[ii] porque até entre os anjos pode haver variedade de opiniões, sem menoscabo de sua sabedoria, nem de sua santidade; e para que acabe de entender o mundo, que ainda que algumas opiniões sejam angélicas, nem por isso são menos angélicas as contrárias.

No último lugar falou o Demônio, e falou breve, resumido, substancial, e resoluto: *Ego decipiam illum: egrediar, et ero spiritus mendax in ore omnium prophetarum ejus*.[iii] Suposto, Senhor, que Vossa Majestade Divina tem resoluto ou permitido que seja enganado Acab, para ser destruído; o meio mais a propósito para se enganar, é que lhe mintam todos seus conselheiros, que são os profetas, a quem ele consulta: e a pessoa que sem dúvida os fará mentir a todos (diz o Demônio) serei eu, porque me transformarei em espírito de mentira, e me meterei nas suas línguas. Até aqui o Diabo. Ouvi agora, e pasmai. Não tinha bem acabado de dizer o Demônio, quando Deus se conformou inteiramente

---

[i] *3.º Livro dos Reis*, XXII, 20.
[ii] *3.º Livro dos Reis*, XXII, 21.
[iii] Ibid.

com o seu voto, e não só lhe cometeu a empresa, mas segurou a todos o sucesso dela: *Decipies, et praevalebis: egredere, et fac ita.* Ainda me estou benzendo, depois que isto li. Quem tal coisa crera se a não afirmara Miqueias, como testemunha de vista? É possível que, no seu conselho sacratíssimo e secretíssimo, há Deus de admitir o Demônio? E é possível que não só o há de admitir e ouvir, senão que há de aprovar o seu voto, e se há de conformar só com ele, deixando o parecer de tantos anjos, e de tantos príncipes do Céu? Sim. Porque a prudência e obrigação do Senhor supremo não é tomar o conselho dos melhores, senão o conselho melhor: não é seguir as razões dos grandes, senão as grandes razões: não é somar os votos, senão pesá-los. E porque o Demônio neste caso votou melhor que os anjos, por isso se não conforma Deus com o parecer dos anjos, senão com o voto do Demônio.

Os anjos, com serem anjos, votaram uns assim, outros assim, como diz o Texto; mas o Demônio, vede que gentilmente votou. A gentileza de um voto consiste em duas proporções: em proporcionar o meio com o fim, e em proporcionar o instrumento com o meio. E tudo fez o Demônio escolhidamente. Proporcionou o meio com o fim, porque o fim do conselho era que Acab fosse enganado; e para ser enganado Acab, não havia meio mais a propósito que mentirem-lhe todos os seus conselheiros. Proporcionou também o instrumento com o meio, porque para os conselheiros todos mentirem, não havia instrumento mais sutil e acomodado que o mesmo espírito da mentira, metido nas línguas de todos. E sendo o voto do Demônio tão medido com a proposta, sendo tão ajustado com o fim, sendo tão proporcionado nos meios, por que o não havia de aprovar Deus, e por que o não havia de antepor ao de todas as hierarquias? Olhar para a hierarquia de quem votou, é querer venerar os votos, mas não acertá-los. Na eleição do voto, nem se há de respeitar a dignidade da pessoa (que por isso Deus se não conformou com os Tronos), nem se há de respeitar a nobreza (que por isso se não conformou com os Principados), nem se hão de respeitar os títulos (que por isso se não conformou com as Dominações), nem se há de respeitar o poder (que por isso se não conformou com as Potestades), nem se há de respeitar o amor (que por isso se não conformou com os Serafins), nem se há de respeitar a ciência (que por isso se não conformou com os Querubins), nem se há de respeitar a santidade (que por isso se não conformou com as Virtudes). Finalmente não se há de respeitar qualidade alguma, por angélica e mais angélica que seja (que por isso se não conformou com Anjos, nem com Arcanjos). Pois que se há de respeitar no voto, e por onde se há de avaliar? Há-se de avaliar o voto pelos merecimentos do mesmo voto, e nada mais. Ainda que a pessoa que votou seja o sujeito mais vil do mundo, qual era o Demônio, e ainda que seja a que está mais fora da graça do príncipe, como o Demônio estava, se o seu voto for o melhor, há de preferir o seu voto.

O principal nos falta por advertir. Conformou-se Deus com o voto do Demônio, e não com os dos anjos, porque o Demônio votou melhor. Bem está. Mas por que votou melhor o Demônio que os anjos? Por que tem mais sabedoria que eles? Não. Por que tem mais delgado entendimento? Não. Por que ama mais a Deus, e zela mais seu serviço? Não. Por que deseja mais dar-lhe gosto, e fazer adivinhar-lhe a vontade? Não. Pois por que vota melhor um Demônio neste conselho que todos os anjos juntos? Porque a proposta e a matéria do conselho era da profissão do Demônio, e não era da profissão dos anjos. A proposta e a matéria do conselho era enganar a Acab e fazê-lo cair: *Quis decipiet Acab, ut cadat?* E como a profissão própria do Demônio é enganar e fazer cair aos homens, por isso votou melhor e mais acertadamente que todos. Se a proposta fora como se havia de guardar Acab, e como se havia de guiar e encaminhar, para que se defendesse e se livrasse dos perigos daquela guerra, então venceria infalivelmente o voto dos anjos, porque essa é a sua profissão — guardar, guiar, encaminhar, livrar e defender aos homens. Mas como o negócio era tão alheio da profissão e ofício dos anjos, e tão próprio da profissão e exercício do Demônio, por isso o Demônio votou melhor que todos os anjos. Tanto importa que vote cada um no que exercita, e que aconselhe no que professa! E seria grande desgraça que se não observasse esta máxima em conselhos cristãos e católicos, quando vemos que se fez hoje assim em um conselho de inimigos de Cristo: *Collegerunt Pontifices, et Pharisaei concilium adversus Jesum.*[i]

IV

A segunda boa propriedade, e excelentemente boa, que teve este conselho, foi o modo da proposta: *Quid facimus, quia hic homo multa signa facit:* Que fazemos, que este homem faz muitos milagres. Não sei se reparais no que dizem, e no que não dizem. Não dizem, *que havemos de fazer,* senão *que fazemos?* Ah, que grande conselho, e que grandes conselheiros! Conselheiros de *que havemos de fazer* não são conselheiros. Os conselheiros hão de ser homens de *quid facimus: Que fazemos?* E vede que discretamente inferiram e contrapesaram a proposta. Eles eram inimigos de Cristo e tinham a Cristo por inimigo, e diziam: *Quid facimus, quia hic homo multa signa facit?* Notai o *facit,* e o *quid facimus.* Basta que nosso inimigo *faz* e nós não *fazemos?* Nosso inimigo *faz,* e nós *havemos de*

---

[i] *João*, XI, 47.

fazer? Nosso inimigo faz milagres, e nós não fazemos o que se pode fazer sem milagres? Já que ele faz, façamos nós: *Quid facimus?* Que fazemos? A razão por que se perdeu tanta parte daquela tão honrada monarquia da Ásia, ganhada com tão ilustre sangue, qual foi? Porque o inimigo *fazia,* e nós *havíamos de fazer.* Não vamos tão longe. Enquanto Portugal teve homens de *havemos de fazer* (que sempre os teve) não tivemos liberdade, não tivemos reino, não tivemos coroa. Mas tanto que tivemos homens de *quid facimus,* logo tivemos tudo.

Quando Cristo fez aquele famoso milagre dos cinco pães no deserto, quiseram-No aclamar por rei; mas não o consentiu o Senhor. Quando entrou por Jerusalém, aclamaram-No por rei: *Benedictus qui venit in nomine Domini, rex Israel.*[i] E não só o consentiu e aprovou, mas louvou e defendeu os que O aclamaram. Pois se Cristo admitiu o título de rei na corte, onde era mais arriscado, por que o não admitiu no deserto onde não havia risco? Sabeis por quê? Porque quis aceitar o título de rei da mão de homens que o fizeram, e não da mão de homens que o haviam de fazer. Notai o que diz o Texto: *Jesus autem um cognovisset, quia venturi erant, ut raperent eum, et facerent eum regem, fugit.*[ii] Vendo o Senhor que aqueles homens haviam de vir e O haviam de arrebatar, e O haviam de fazer rei, fugiu. E vós sois-me homens de que haviam e mais que haviam, e outra vez, que haviam? Eis aqui por que Cristo não quis ser aclamado rei por tais homens. Aceitou o título dos homens que o fizeram, e não dos homens que o haviam de fazer; porque homens de *havemos de fazer,* não são homens, quanto mais homens que houvessem de fazer um rei e sustentá-lo. O Texto diz que fugiu para o monte; mas não diz de que fugiu. E isso é o que eu pergunto: de que fugiu Cristo nesta ocasião? Dizem comumente, que fugiu da coroa; mas eu digo que, se fugiu da coroa, fugiu muito mais dos homens. Porque não há coisa de que um rei mais haja de fugir, que de homens de *havemos de fazer.* Se eles foram de *quid facimus,* bem me rio eu, que lhes fugira Cristo. E se lhes fugisse, haviam-No de prender; porque, se depois o prenderam para lhe pôr uma coroa de espinhos, por que o não prenderiam para lhe porem uma coroa de ouro? Mas como eram homens de *que havemos de fazer,* nenhuma coisa fizeram: parou o seu conselho em nada.

O primeiro conselho que houve no mundo foi o da Torre de Babel. Resolveram os homens em uma junta de todos quantos então havia que, para eterna memória de seu nome, fabricassem uma torre, cujas ameias subissem até entestar com as estrelas: *Cujus culmen pertingat ad coelum.*[iii] Não se pode crer o

---

[i] *João*, XII, 13.
[ii] Ibid., VI, 15.
[iii] *Gênes.*, XI, 4.

grande abalo que fez no Céu este conselho. Mandou Deus tocar a rebate, e assistido logo de todos os exércitos dos anjos, a fala que lhes fez foi esta: *Coeperunt hoc facere, nec desistent a cogitationibus suis, donec eas opere compleant.*[i] Estes homens resolveram em conselho de fazer uma torre que chegue até o Céu, e não hão de desistir do seu pensamento até o levarem ao cabo: *Descendamus igitur, et confundamos linguas eorum*: O que importa é que desçamos logo à Terra, e que lhes confundamos as línguas, para que não vão por diante com seu intento. Com o seu intento, Senhor? E que importam ou que podem importar os intentos dos homens contra o Céu? Pois se o Céu e os anjos, e muito mais Deus, estão tão seguros de todo o poder dos homens: se todas as máquinas de seus pensamentos e de suas mãos contra o Céu, mais são desvanecimentos, que conselhos; de que se altera o Empíreo, de que se receiam os anjos, de que se acautela Deus com tanto cuidado, com tanta prevenção, com tanto estrondo? Mais. Se a fábrica imensa daquela intentada torre, quando menos pela distância infinita que vai da Terra ao Céu, não só era temerária, senão impossível; como afirma constantemente o mesmo Deus, que não hão de desistir os homens da obra, até a levarem ao cabo? Eu o direi; e o mesmo Texto o diz.

Aqueles homens para tudo o que intentaram e resolveram não fizeram mais que dois conselhos: um dos meios, outro do fim. No primeiro conselho disseram: *Venite, faciamus lateres*: Eia, façamos tijolos: no segundo conselho disseram: *Venite, faciamus turrim:* Eia, façamos a torre. E homens que em todos os seus conselhos não dizem, *faremos,* nem *havemos de fazer*, senão *façamos, façamos: Faciamus lateres: faciamus turrim:* estes homens, ainda que intentem o maior impossível, hão de levá-lo ao cabo. Homens que fazem os conselhos, *fazendo*: homens que as suas resoluções são de pedra e cal, e que quando haviam de parecer conselhos, aparecem muralhas; guarde-se o mundo, guarde-se o Céu, guardem-se os anjos, e (se é lícito dizê-lo assim) guarde-se o mesmo Deus de tais homens. Não é o encarecimento meu, senão do mesmo Deus, o qual por isso se não dilatou um momento em acudir ao caso, nem se contentou com mandar, senão que desceu em Pessoa, e não só, senão acompanhado de todos os seus exércitos: *Descendamus*. Tal foi o conselho que hoje fizeram estes conselheiros, e tais foram também os efeitos dele. Tanto que Cristo viu o que se tinha proposto e resoluto neste conselho, que fez? Diz o Evangelista que o Senhor se retirou logo de Jerusalém e se passou escondidamente para a cidade de Efrém, e se meteu num deserto: *Jesus ergo jam non palam ambulabat apud Judaeos, sed abiit in regionem juxta desertum in civitatem, quae dicitur Ephrem.*[ii] E retira-se

---

[i] Ibid., 6.
[ii] *João*, XI, 54.

Cristo? Esconde-se Cristo? Desaparece Cristo? Sim. Porque homens que nas suas propostas e nos seus conselhos não dizem *que havemos de fazer*, senão *quid facimus*, até a Deus metem em cuidado, até a Deus põem em receios, até Deus não está seguro de tais homens e de tais conselhos: *Non palam ambulabat, abiit in regionem juxta desertum.*

V

Pedia agora a ordem do conselho que depois da proposta se seguissem os pareceres e a resolução. Mas para maior clareza do discurso, fique esta terceira parte para o fim, e passemos à última. A última propriedade boa e melhor que todas deste conselho foi a eficácia e presteza da execução: *Ab illa autem die cogitaverunt eum interficere.* O Texto grego diz: *Ab illa autem hora.* No mesmo dia e na mesma hora do conselho se começou a pôr o conselho em execução com todo o cuidado. A proposta do conselho foi: *Quid facimus?* Que fazemos? E o fim do conselho na mesma hora foi fazer o que se resolveu que se fizesse. Cuidam os ministros que feitos os conselhos, feitas as consultas, feitos os decretos, está feito tudo; e ainda se não começou a fazer nada. O princípio dos negócios é a execução: enquanto se não dão à execução, não se lhes tem dado princípio. *In principio creavit Deus coelum, et terram.* São as primeiras palavras da Escritura. No princípio criou Deus o Céu e a Terra. Pergunto: antes de Deus criar o Céu e a Terra, a criação do mesmo Céu e da mesma Terra não estava decretada *ab aeterno* no conselho de sua sabedoria? Sim, estava. Pois então é que se deu princípio à criação do Céu e da Terra? De nenhum modo, diz o Texto: *In principio creavit Deus coelum, et terram.* Quando Deus criou o Céu e a Terra, então é que lhe deu princípio; porque enquanto os conselhos se não dão à execução, por mais conselhos e por mais decretos que haja, ainda se não tem dado princípio a nada. Que importa que haja conselhos e mais conselhos, que importa que haja decretos e mais decretos, se entre os decretos e a execução se passa uma eternidade? Os decretos serão divinos e diviníssimos, como eram os de Deus; mas todas essas divindades decretadas, sem execução, que vêm a ser? O que eram o Céu e a Terra antes da criação do mundo? Nada. Antes da criação do mundo estava decretado o Céu, estava decretada a Terra, estavam decretados os elementos; e tudo quando Deus criou, tudo estava decretado e assentado em conselho: mas todas essas coisas decretadas, que eram? O Céu era nada, a Terra outro nada, os quatro elementos quatro nadas, e toda essa infinidade de coisas, uma infinidade de nadas. Que importa a sentença no conselho da justiça, se se não executa a sentença? Que importa o arbítrio no conselho da fazenda, se se não executa o arbítrio? Que importa a prevenção no conselho da guerra, se se não executa a prevenção? Que importam os mistérios no conselho do Estado, se se não executam os mistérios? O mistério altíssimo e diviníssimo da Encarnação estava decretado havia uma eternidade, e estava revelado havia quatro mil anos: e que era este mistério antes da execução? Nada.

Pois que remédio para que estes nadas sejam alguma coisa, e sejam tudo? O remédio é criar um conselho de novo. Ainda mais conselhos? Bem aviados estamos. E que conselho há de ser este? E como se há de chamar? Salomão, cujo é o arbítrio, lhe deu também o nome: *Consilium manuum*:[i] um conselho de mãos. Este é o conselho dos conselhos. Todos os outros conselhos sem este são conselhos sem conselho. Os conselhos de entendimento discorrem, altercam, disputam, consultam, resolvem, decretam, e até aqui nada. O conselho das mãos é o que faz as coisas. O mesmo Texto o diz: *Operata est consilio manuum suarum*. Os outros conselhos especulam, este conselho obra. Mas com licença de Salomão, se este chamado conselho é de mãos, parece que se não havia de chamar conselho, porque o conselho é ato de entendimento, e as mãos não têm entendimento. Antes só as mãos têm o entendimento que é necessário. A cabeça tem entendimento especulativo; as mãos têm entendimento prático: e este é só o entendimento que faz as coisas. Assim o disse um rei que tinha muito bom entendimento, e muito boas mãos, Davi: *In intellectibus manuum suarunt deduxit eos.*[ii] Fala Davi das felicidades daquela mesma república, em cujo conselho estamos, e conclui que, em todas as ocasiões em que tiveram felizes sucessos, os governou Deus, e eles se governaram com os entendimentos de suas mãos: *In intellectibus manum suarum*. E notai que não diz com o entendimento de suas mãos, senão com os entendimentos: *In intellectibus manuum suarum*. A cabeça, que é uma, tem entendimento: as mãos, que são duas, têm entendimentos: *In intellectibus*. Aqui está um entendimento, e aqui outro; um na mão direita, outro na esquerda: e se estes dois entendimentos se dão as mãos, tudo se consegue. Os mais felizes reinos não são aqueles que têm as mais bem entendidas cabeças, senão aqueles que têm as mais bem entendidas mãos. Dos entendimentos das mãos é que se fazem os prudentes conselhos, ou, quando menos, nos entendimentos das mãos é que se qualificam de prudentes; porque os conselhos prudentes, que não passam do entendimento às mãos, fazem-se de prudentes néscios.

Rebelou-se Absalão contra el-rei Davi. Seguiu a voz de Absalão todo o reino, cujas vontades ele tinha ganhado: *Toto corde universus Israel sequitur*

---

[i] *Prov.*, XXXI, 13.
[ii] *Sal.*, LXXVII, 72.

Absalon.[i] Chegou a nova ao rei nestes mesmos termos: e como nos grandes casos se veem os grandes corações, acomodou-se Davi à fortuna do tempo e retirou-se com os capitães de sua guarda, que só o acompanhavam. Tinha já caminhado um bom espaço do monte Olivete, quando recebeu segundo aviso, que também Aquitofel, seu grande conselheiro, seguia as partes de Absalão; e aqui foi que o coração do rei sentiu os primeiros abalos. Pôs-se de joelhos, levantou as mãos ao Céu e disse a Deus: *Infatua, quaeso, Domine, consilium Achitofel*.[ii] Peço-vos, Senhor, que enfatueis o conselho de Aquitofel. Nunca a nossa língua me pareceu pobre de palavras, senão neste Texto. *Enfatuar* significa fazer imprudente, fazer ignorante, fazer néscio, e ainda significa mais: e tudo isto pedia Davi que fizesse Deus ao conselho de Aquitofel. Vede o que pesava no juízo daquele grão-rei, e o que deve pesar no de todos um grande conselheiro! Quando disseram a Davi que todo o reino unido seguia a Absalão, não fez oração a Deus, para que o livrasse de suas armas: quando lhe disseram que também Aquitofel o seguia, fez oração apertada, para que o livrasse de seus conselhos. Mais temeu Davi a testa de um só homem que os braços de infinitos homens. Bem tinha já experimentado o mesmo Davi na pedrada do gigante, que importa pouco que o corpo e os braços estejam armados, se a testa está fraca. Houve-se Davi neste caso contra Absalão, como já se houvera contra Golias. O tiro da sua oração não o apontou contra o reino, que era o corpo armado, senão contra Aquitofel, que era a testa. Um grande conselheiro no conselho do rei, há de ser a sua maior estimação; e no conselho do inimigo há de ser o seu maior temor.

Vamos agora ao sucesso, em que a Escritura diz duas coisas notáveis, e que parecem totalmente encontradas. A primeira, que Deus ouviu a oração de Davi contra o conselho de Aquitofel: a segunda, que Aquitofel aconselhou a Absalão prudentemente o que lhe convinha: *Domini autem nutu dissipatum est consilium Achitofel utile*.[iii] Pois se Aquitofel aconselhou útil e prudentemente Absalão, como ouviu Deus a oração de Davi? A oração de Davi pediu a Deus que enfatuasse o conselho de Aquitofel: mas se o conselho de Aquitofel foi prudente e útil, como enfatuou Deus o seu conselho? Quereis saber como o enfatuou, lede por diante o Texto. Ainda que a Escritura diga que o conselho de Aquitofel foi prudente, diz também que Absalão o não executou: e este foi o modo com que Deus enfatuou aquele conselho; porque conselhos prudentes sem execução não são prudentes, são fátuos. De dois modos podia Deus enfatuar o conselho de Aquitofel: ou no entendimento do mesmo Aquitofel, fazendo que Aquitofel

---

[i] *2.º Livro dos Reis*, xv, 13.
[ii] Ibid., 31.
[iii] *2.º Livro dos Reis*, XVII, 14.

votasse mal; ou nas mãos de Absalão, fazendo que ainda que o conselho fosse bom, Absalão o não executasse: e Deus para totalmente enfatuar o conselho de Aquitofel, como Davi lhe tinha pedido, escolheu este segundo modo; porque o conselho que se não acerta com o entendimento é conselho errado; mas o conselho que depois de acertado não se executa não só é errado, é fátuo. Errar um conselho é coisa que cabe em homens prudentes; mas acertá-lo e perdê-lo por falta de execução só em homens fátuos se pode achar. Oh, quantos reinos se perdem por conselhos prudentes enfatuados! Vejam lá os príncipes se são enfatuados nos entendimentos dos Aquitoféis, ou nas mãos dos Absalões. Por isso eu desejara um conselho de maus, e por isso sendo tão mau, teve esta parte de bom o conselho do nosso Evangelho. Começou estranhando o que se não fazia: *Quid facimus?* E acabou começando o que se havia de fazer: *Ab illa autem, die, ab illa autem hora cogitaverunt eum interficere.*

Mas eu não acabo de entender como isto podia ser logo no mesmo dia, e na mesma hora em que se fez o conselho. Quando se lançaram os votos? Quando se escreveu a consulta? Quando se assinou? Quando subiu? Quando se resolveu? Quando baixou? Quando se fizeram os despachos? Quando se registaram? Quando tornaram a subir? Quando se firmaram? Quando tornaram a baixar? Quando se passaram as ordens? Quando se distribuíram? Tudo isto não se podia fazer em uma hora, nem em um dia, nem ainda em muitos. Se fora no nosso tempo, e na nossa terra, assim havia de ser; mas tudo se fez, e tudo se pôde fazer. Por quê? Porque não houve tinta nem papel neste conselho.

VI

Esta é a quarta e última propriedade boa que nele considero: ser um conselho em que não apareceu papel nem tinta. Dias há que tenho para mim que a tinta e o papel são duas peças, ou escusadas, ou quase escusadas em um conselho. E porque isto parece querer condenar o mundo, não hei de argumentar ao mundo, senão consigo mesmo. Qual é mais antigo no mundo, o conselho, ou o papel? Pois assim como naquele tempo se faziam os conselhos sem papel, por que se não poderão fazer agora? Dir-me-eis que estava ainda o mundo pouco polido, e pouco político. Mais político que agora. A primeira nação, ou a primeira língua que soube ler e escrever, foi a dos Hebreus. Primeiro se governaram por famílias, depois em república, depois em monarquia, ultimamente em reinos: e em todos estes estados não achareis tinta nem papel em seus conselhos. Chamava o príncipe diante de si os de seu conselho; propunha a matéria; ouvia os pareceres; resolvia o que se havia de fazer; nomeava a pessoa que o havia de executar; e acabava-se o conselho. Não era bom estilo este, senhor mundo? Agora estareis mais empapelado, mas nem por isso mais bem aconselhado. É verdade que junto às pessoas reais havia naquele tempo dois oficiais de pena: e quais eram? Um historiador e um secretário. Tira-se do *2.º Livro dos Reis*, capítulo 8,[i] onde se referem os oficiais de que se compunha a casa real, e se nomeia entre eles Josafá, *a Commentariis*, e Saraias, *Scriba*. E por que eram o historiador e o secretário os dois ofícios de pena? Discretissimamente o ordenaram assim, porque o escrever foi inventado para remédio da ausência e da memória. O secretário escrevia as cartas para os ausentes, e o historiador escrevia as memórias para os futuros. Por isso geralmente nas histórias sagradas só achamos livros e epístolas: os livros para os vindouros: as epístolas para os ausentes. Também o escrever se fez para remédio dos mudos, como aconteceu a Zacarias, pai do Batista, que sendo consultado sobre o nome do filho, e não tendo língua para o declarar, pediu a pena. Se os conselheiros foram mudos, e os reis surdos, então era necessário o papel: mas se os conselheiros falam, e os reis ouvem, para que são tantos papéis? Não é melhor ouvir um conselheiro que fala e responde que ler um papel mudo, que não sabe responder? E quantos conselheiros houveram de dizer de palavra, o que se não atrevem a dizer e firmar por escrito? Entre a boca do consultado, e o ouvido do rei, passa a verdade com segurança; e nem todos têm liberdade e constância para fiar o seu voto das riscas e dos riscos de um papel. Não falo que a tinta por ser preta pode tingir o papel de muitas cores, e a pena, de qualquer ave que seja, toda nasceu de carne e sangue.

Introduzir papel e tinta (ao menos tanto papel e tanta tinta) nos conselhos e nos tribunais foi traça de fazer o tempo curto, e os requerimentos largos, e de se acabar primeiro a paciência e a vida que os negócios. O maior exemplo que há desta experiência em todas as histórias é o da execução deste mesmo conselho em que estamos: *Ab illa autem die cogitaverunt eum interficere*. A execução deste conselho foi a morte de Cristo: e é coisa que parece exceder toda a fé (se o não disseram os evangelistas) considerar o muito que se fez, e o pouco tempo que se gastou nesta execução. Foi Cristo preso às doze da noite, e crucificado às doze do dia. E que se fez, ou que se não fez nestas doze horas? Foi levado o Senhor a quatro tribunais mui distantes, e a um deles duas vezes: ajuntaram-se e fizeram-se dois conselhos: apresentaram-se em duas partes as acusações: tiraram-se três inquirições de testemunhas: expediu-se a causa incidente, e perdão de Barrabás: deram-se dois libelos contra Cristo: fizeram-se arrazoados por parte do réu, e por parte dos autores: alegaram-se leis: deram-se vistas: houve réplicas e tréplicas: representaram-se duas comédias, uma de Cristo profeta com

---

[i] *2.º Livro dos Reis*, VIII, 17.

os olhos tapados, outra de Cristo rei com cetro e coroa: foi três vezes despido, e três vestido: cinco vezes perguntado e examinado: duas vezes sentenciado: duas mostrado ao povo: ferido e afrontado tantas vezes com as mãos, tantas com a cana, cinco mil e tantas com os açoites: preveniram-se lanças, espadas, fachos, lanternas, cordas, colunas, azorragues, varas, cadeias: uma roupa branca, outra de púrpura: canas, espinhos, cruz, cravos, fel, vinagre, mirra, esponja, título com letras hebraicas, gregas e latinas, não escritas senão entalhadas, como se mostram hoje em Roma: ladrões que acompanhassem ao Senhor: cruzes para os mesmos ladrões: Cireneu que o ajudasse a levar a sua: pregou Cristo três vezes, uma a Caifás, outra a Pilatos, outra às filhas de Jerusalém. Finalmente, caindo e levantando, foi levado ao Calvário e crucificado nele. E que tudo isto se obrasse em doze horas? E que ainda dessas doze horas sobejassem três para descanso dos ministros, que foram as últimas da madrugada? Grave caso! E como foi possível que todas estas coisas, tantas, tão diversas e de tantas dependências, se obrassem e se pudessem levar na brevidade de tão poucas horas, e mais sendo a metade delas de noite? Tudo foi possível, e tudo se fez, porque em todos estes conselhos, em todos estes tribunais, em todas estas resoluções e execuções, não entrou papel nem tinta. Se tudo isto se houvera de fazer com as tardanças, com as dilações, com os vagares, com as cerimônias, que envolve qualquer papel, ainda hoje o gênero humano não estava remido. Só quatro palavras se escreveram na morte de Cristo, que foram as do título da cruz, e logo houve sobre elas embargos, e requerimentos, e altercações, e teimas, e descontentamentos: e se Pilatos não dissera resolutamente que se não havia de escrever mais: *Quod scripsi, scripsi*:[i] o caso era de apelação para César, que estava em Roma, dali a quinhentas léguas, e demanda havia na meia regra para muitos anos.

Até Cristo teve sua conveniência em não haver papel e tinta na sua execução, porque ao menos não pagou custas. É possível que não há de haver justiça, nem inocência, nem prêmio que escape do castigo do papel? Chamei-lhe castigo, por lhe não chamar roubo. Mas que papel há que não seja ladrão marcado? Tirou-me o escrúpulo de o cuidar assim, uma só história de papel ou de papéis que se acha no Evangelho. Conta S. Lucas que certo senhor rico tendo entregue a sua fazenda a um mordomo, por alguns rumores que lhe chegaram, de que não era limpo de mãos, lhe tirou de repente o ofício. Ouvindo o criado que lhe tiravam o ofício, toma muito depressa os papéis, vai-se ter com os que deviam ao amo: e que fez com eles? Ao que devia cem cântaros de azeite, fazia-lhe escrever oitenta: *Scribe octoginta*. Ao que devia cem fangas de pão, dizia-lhe que escre-

---

[i] *João*, XIX, 22.

vesse cinquenta: *Scribe quinquaginta*.[i] Pois esta é a fé dos papéis tão acreditada? Para isto servem os papéis? Para isto servem: para de cem cântaros fazer oitenta cântaros: para de cem fangas fazer cinquenta fangas. Vede se merecia o criado as marcas do papel? Mas se não houvera papéis, não tiveram tais ocasiões os criados. Terrível flagelo do mundo foi sempre o papel; mas hoje mais cruel que nunca. A origem e o nome do papel foram tomados das cascas das árvores, que em latim se chamam *papyrus,* porque aquelas cascas foram o primeiro papel em que os homens escreviam ao princípio: depois deram em curtir as peles, e se facilitou mais a escritura com o uso dos pergaminhos: ultimamente se inventou a praga do papel, de que hoje usamos. De maneira que, se bem advertimos, foi o papel desde seus princípios matéria de escrever, e invenção de esfolar. Com o primeiro papel esfolavam-se as árvores: com o segundo esfolavam-se os animais: com o de hoje esfolam-se os homens. Oh, quanto papel se pudera encadernar com as peles que o mesmo papel tem despido! Mas em nenhuma parte tanto como em Portugal, porque em nenhuma se gasta tanto papel, ou se gasta tanto em papéis. Estes socorros que damos a Veneza não seria melhor dá-los antes em dinheiro contra o Turco em Cândia que dá-los por papel contra nós? O mais bem achado tributo que inventou a necessidade ou a cobiça é para mim o do papel selado. Mas faltou-lhe uma condição: o selo não o haviam de pagar as partes, senão os ministros. Se os ministros pagaram o selo, eu vos prometo que havia de correr menos o papel, e que haviam de voar mais os negócios. Mas ainda voariam mais, se não houvesse penas nem papel. E por isso voaram tanto as resoluções deste conselho: *Ab illa autem hora.*

VII

Sendo este conselho tão político, e sendo tão políticos os seus conselheiros; que se seguiu de todas estas políticas? O que se seguiu foi a destruição de Jerusalém, a destruição de toda a república dos Hebreus, a destruição dos mesmos pontífices e fariseus que fizeram o conselho. E por quê? Porque tendo o conselho tanto de político, não teve o que devia ter de cristão: antes todo ele foi contra Cristo: *Collegerunt Pontifices, et Pharisaei consilium adversus Jesum.* Estas palavras, *adversus Jesum*, não são do Texto, senão da Glossa da Igreja. Notai, diz a Igreja, que este conselho foi contra Cristo: e de um conselho contra Cristo, que se podia esperar senão a destruição do mesmo conselho, dos mesmos conselheiros, e de toda a república, que por tais meios pretenderam defender e

---

[i] *Luc.*, XVI, 6 e 7.

sustentar? E assim foi. O fundamento político de toda a resolução que tomaram de matar a Cristo foi este: *Si demittimus eum sic, venient Romani, ei tollent locum nostrum, et gentem*.[i] Se deixamos este homem assim, todos o hão de aclamar por rei, e se se souber em Roma que nós temos rei contra a soberania e majestade do Império Romano, hão de vir contra nós os Romanos, e hão de tirar-nos dos nossos lugares, e hão de destruir a nossa gente, e a nossa república: pois morra este Homem, para que não nos percamos todos. Mas vede como lhes saiu errada esta sua política. Matemos este Homem, porque não nos percamos todos, e perderam-se todos, porque mataram aquele Homem: matemos este Homem, porque não venham os Romanos e tomem Jerusalém; e porque mataram aquele Homem, vieram os Romanos e tomaram Jerusalém, e não deixaram nela pedra sobre pedra. Que é de Jerusalém? Que é da república hebreia? Quem a destruiu? Quem a decepou? Quem a acabou? Os Romanos. Eis aqui em que vêm a parar os conselhos, e as políticas, quando as suas razões de Estado são contra Cristo. Santo Agostinho: *In contrarium eis vertit malum consilium*. Vede (diz Agostinho) o mau conselho como se converteu contra os mesmos que o tinham tomado: *Ut possiderent, occiderunt; et quia occiderunt, perdiderunt*: para conservarem a república mataram a Cristo; e porque mataram a Cristo, perderam a república. Oh, quantas vezes se perdem as repúblicas, porque se tomam por meios de sua conservação ofensas de Cristo! Quem aconselha contra Deus, aconselha contra si. E os meios que os homens tomam para se conservar, se são contra Deus, esses mesmos toma Deus contra eles para os destruir.

Muitas vezes castigou Deus a república hebreia em todos os estados, e em todas as idades, por diferentes nações. Deixo os cativeiros particulares no tempo dos Juízes, pelos Madianitas, e no tempo dos Reis, pelos Filisteus. Vamos aos cativeiros gerais. O primeiro cativeiro geral, em tempo de Moisés, foi pelos Egípcios: o segundo cativeiro geral, em tempo de Oseias, foi pelos Assírios: o terceiro cativeiro geral, em tempo de Joconias, foi pelos Babilônios: o último cativeiro geral, depois de Cristo, que é o presente, foi pelos Romanos. E por que ordenou Deus que os executores deste último cativeiro fossem os Romanos, e não por outra nação? Não estavam ainda aí os mesmos Egípcios, os Etíopes, os Árabes, os Persas, os Gregos, e os Macedônios, que eram as nações confinantes? Pois por que não ordenou Deus que os executores deste cativeiro fossem estas ou outra nação, senão os Romanos? Para que visse o mundo todo que a causa deste castigo foram as políticas deste conselho. Ora vede.

Três resoluções tomaram estes conselheiros, para conservação da sua república, todas três fundadas no temor, no respeito, na dependência, e na amizade

---

[i] *João*, XI, 48.

dos Romanos. A primeira notou S. Gregório: a segunda S. Basílio: a terceira Santo Ambrósio. Deixo as palavras, por não fazer o discurso mais largo. A primeira resolução foi que se Cristo continuasse com aquele séquito e aplauso, e com as aclamações de rei, que lhe dava o povo, viriam os Romanos sobre Jerusalém: *Si demittimus eum sic, venient Romani*. A segunda resolução foi entregarem a Cristo aos soldados romanos, porque eles foram os que O prenderam no Horto, e O crucificaram: *Judas vero cum accipisset cohortem*: Que era uma das coortes romanas. A terceira resolução, foi persuadirem a Pilatos, governador de Judeia, posto pelos Romanos que se livrava a Cristo, perdia a amizade do César: *Si hunc dimittis, non es amicus Caesaris*. Ah, sim. E vós temeis mais a potência dos Romanos, que a justiça de Deus; pois castigar-vos-á a justiça de Deus com a mesma potência dos Romanos. E vós entregais a Cristo aos soldados romanos, para que O prendam e crucifiquem; pois Cristo vos entregará aos soldados romanos, para que vos cativem, vos matem e vos assolem. E vós antepondes a amizade do imperador dos Romanos à graça de Deus; pois Deus fará que os imperadores romanos sejam os vossos mais cruéis inimigos, e que venha Tito e Vespasiano a conquistar-vos e destruir-vos. De maneira que todas as políticas dos pontífices e fariseus se converteram contra eles; e das resoluções do seu mesmo conselho se formaram os instrumentos da sua ruína. Disto lhes serviu o temor, o respeito, a dependência, e a amizade dos Romanos. E este foi o desastrado fim daquele conselho, merecedor de tal fim, pois tinha elegido tais meios.

Senhor. A verdadeira política é o temor de Deus, o respeito de Deus, a dependência de Deus, e a amizade de Deus: e a verdadeira arte de reinar é guardar sua lei. Os políticos antigos estudavam pelos preceitos de Aristóteles e Xenofonte: os políticos modernos estudam pelas malícias de Tácito e de outros indignos de se pronunciarem seus nomes neste lugar. A verdadeira política e única é a lei de Deus. Ouvi umas palavras de Deus no capítulo 17 do Deuteronômio, que todos os príncipes deviam trazer gravadas no coração: *Cum sederit in solio regni sui, describet sibi Deuteronomium legis hujus, legetque illud omnibus diebus vitae suae, ut discat timere Deum, neque declinet in partem dexteram, vel sinistram, ut longo tempore regnet ipse, et filii ejus.*[i] Tanto que o rei (diz Deus), se assentar no trono do seu reino, a primeira coisa que fará, será escrever por sua própria mão esta minha lei, e a lerá todos os dias de sua vida, para que aprenda a temer a Deus; e não se apartará dela um ponto, nem para a mão direita, nem para a esquerda, e deste modo conservará o seu reino para si e para seus descendentes. Pois, Senhor, esta é arte de reinar, estes são os documentos políticos, e estas são as razões de Estado, que dais ao rei do vosso povo, para sua conservação, e para

---

[i] *Deut.*, XVII, 18, 19 e 20.

a perpetuidade e estabelecimento de seu império? Sim. Estas são, e nenhumas outras. Saber a lei de Deus, temer a Deus, guardar a lei de Deus, e não se apartar um ponto dela. Se Aristóteles sabe mais que Deus, sigam-se as políticas de Aristóteles: se Xenofonte sabe mais que Deus, imitem-se as ideias de Xenofonte: se Tácito fala mais certo que Deus, estudem-se as agudezas e as sentenças de Tácito. Mas se Deus sabe mais que eles, e é a verdadeira e única sabedoria, estudem-se, aprendam-se e sigam-se as razões de Estado de Deus.

Não digo que se não leiam os livros; mas toda a política sem a lei de Deus é ignorância, é engano, é desacerto, é erro, é desgoverno, é ruína. Pelo contrário, a lei de Deus só, sem nenhuma outra política, é política, é ciência, é acerto, é governo, é conservação, é seguridade. Toda a política de um rei cristão se reduz a quatro partes, e a quatro respeitos. Do rei para com Deus: do rei para consigo: do rei para com os vassalos: do rei para com os estranhos. Tudo isto achará o rei na lei de Deus. De si para com Deus a religião: de si para consigo a temperança: de si para com os vassalos a justiça; de si para com os estranhos a prudência. Para todos estes quatro rumos navegará segura a monarquia, se os seus conselhos levarem sempre por norte a Deus, e por leme a sua lei: *Consiliorum gubernaculum lex divina*, disse S. Cipriano. Os conselhos são o governo da república, e a lei de Deus há de ser o governo dos conselhos. Conselho e república que se não governa pela lei de Deus, é nau sem leme. Por isso o reino de Jeroboão, de Basa, de Jeú, e de tantos outros, fizeram tão miseráveis naufrágios.

O mais político e o mais prudente rei que lemos nas histórias sagradas foi Davi: e qual era o seu conselho? Ele o disse: *Consilium meum justificationes tuae*.[i] O meu conselho, Senhor, são os vossos mandamentos. Oh, que autorizado conselho! Oh, que prudentes conselheiros! O conselho, a lei de Deus; os conselheiros, os dez mandamentos. De Aquitofel, aquele famosíssimo conselheiro, diz o Texto que eram os seus conselhos como oráculos e respostas de Deus: *Tanquam siquis consuleret Dominum*. Os mandamentos de Deus, que eram os conselheiros de Davi, não são como oráculos, senão verdadeiramente oráculos de Deus. E quem se governar pelos oráculos de Deus, como pode errar? Quando Cristo apareceu a el-rei D. Afonso Henriques, e lhe certificou de que queria fundar e estabelecer nele e na sua descendência um novo império; assim como disse a Moisés: *Ego sum qui sum*: Eu sou o que sou; assim o disse àquele primeiro rei: Eu sou o que edifico os reinos e os dissipo: *Ego aedificator, et dissipator regnorum sum*. Nestas duas máximas resumiu Cristo todas as razões de Estado, por onde queria se governasse um rei de Portugal. Deus é o que dá os reinos, e Deus é o que os tira. O fim de toda a política é a conservação e

---

[i] *Sal.*, CXVIII, 24.

aumento dos reinos: como se hão de conservar os reinos, se tiverem contra si a Deus, que os tira; e como se hão de aumentar os reinos, se não tiverem por si a Deus, que os dá? Se não tivermos contra nós a Deus, segura está a conservação: se tivermos por nós a Deus, seguro está o aumento: *Pone me juxtate, et cujusvis manus pugnet contra me:* Dizia Jó, que também era rei:[i] Ponha-me Deus junto a Si, e venha todo o mundo contra mim. Se tivermos da nossa parte a Deus, ainda que tenhamos contra nós todo o mundo, todo o mundo não nos poderá ofender: mas se tivermos a Deus contra nós, ainda que tenhamos todo o mundo da nossa parte, não nos poderá defender todo o mundo. Fazer liga com Deus, ofensiva e defensiva, e estamos seguros. Eis aqui o erro fatal deste mal aconselhado conselho dos pontífices e fariseus: por se ligarem com os Romanos, apartaram-se de Deus; e porque não repararam em perder a Deus, por conservar a república, perderam a república e mais a Deus: *Iste homo multa signa facit*: Este homem (diziam) faz muitos sinais. Chamavam sinais aos milagres de Cristo, e ainda que tenham acertado o número aos milagres, erraram a conta aos sinais. Os milagres eram muitos, mas os sinais não eram mais que dois. Se seguissem a Cristo, sinal de sua conservação: se O não seguissem, sinal de sua ruína. Cada milagre daqueles era um cometa que ameaçava mortalmente a república hebreia, se não cresse e ofendesse a Cristo. E assim foi.

Príncipes, reis, monarcas do mundo, se vos quereis conservar e a vossos estados: se não quereis perder vossos reinos, e monarquias, seja o vosso conselho supremo a lei de Deus. Todos os outros conselhos se reduzam a este conselho, e estejam sujeitos e subordinados a ele. Tudo o que vos consultarem vossos conselhos e vossos conselheiros, ou como necessário à conservação, ou como útil ao aumento, ou como honroso ao decoro, à grandeza, e à majestade de vossas coroas, seja debaixo desta condição infalível: se for conforme à lei de Deus, aprove-se, confirme-se, decrete-se e execute-se logo: mas se contiver coisa alguma contra Deus e sua lei, reprove-se, deteste-se, abomine-se e de nenhum modo se admita, nem consinta, ainda que dele dependesse a vida, a coroa, a monarquia. O rei, em cuja consciência, e em cuja estimação, não pesa mais um pecado venial, que todo o mundo, não é rei cristão: *Quid prodest homini, si universum mundum lucretur, animae vero suae detrimentum patiatur.*[ii] Que lhe aproveitará a qualquer homem, e que lhe aproveitou a Alexandre ser senhor do Mundo, se perdeu a sua alma? Perca-se o Mundo, e não se arrisque a alma: perca-se a coroa e o cetro, e não se manche a consciência: perca-se o reino da Terra, e não se ponha em contingência o reino do Céu. Mas o rei que por não

---

[i] *Jó*, XVII, 3.
[ii] *Mat.*, XVI, 26.

pôr em contingência o reino do Céu, não reparar nas contingências do reino da Terra, é certo e infalível que por esta resolução, por este valor, por esta verdade, por este zelo, por esta razão, e por esta cristandade, segurará o reino da Terra, e mais o do Céu; porque Deus, que é o supremo Senhor do Céu e da Terra, nesta vida o estabelecerá no reino da Terra, pela firmeza da graça; e na outra vida o perpetuará no reino do Céu, pela eternidade da Glória.

SERMÃO DA EPIFANIA

Pregado na Capela Real no Ano de 1662

Cum natus esset Jesus in Bethlehem Juda in diebus Herodis regis, ecce Magi ab Oriente venerunt.

I

Para que Portugal na nossa idade possa ouvir um pregador evangélico, será, hoje, o Evangelho o pregador. Esta é a novidade que trago do Mundo Novo. O estilo era que o pregador explicasse o Evangelho: hoje o Evangelho há de ser a explicação do pregador. Não sou eu o que hei de comentar o Texto; o Texto é o que me há de comentar a mim. Nenhuma palavra direi que não seja sua, porque nenhuma cláusula tem que não seja minha. Eu repetirei as suas vozes, ele bradará os meus silêncios. Praza Deus que os ouçam os homens na Terra, para que não cheguem a ser ouvidos no Céu.

Havendo, porém, de pregar o Evangelho, e com tão novas circunstâncias como as que promete o exórdio; nem por isso cuide alguém que o pregador e o sermão há de faltar ao mistério. Antes pode bem ser que rara vez ou nunca se pregasse neste lugar a matéria própria deste dia e desta solenidade senão hoje. O mistério próprio deste dia é a vocação e conversão da gentilidade à Fé. Até agora celebrou a Igreja o nascimento de Cristo, hoje celebra o nascimento da Cristandade. *Cum natus esset Jesus in Bethlehem Juda.*[i] Este foi o nascimento de Cristo, que já passou. *Ecce Magi ab Oriente venerunt:* este é o nascimento da Cristandade, que hoje se celebra. Nasceu hoje a Cristandade, porque os três Reis que neste dia vieram adorar a Cristo, foram os primeiros que O reconheceram por Senhor, e por isso Lhe tributaram ouro; os primeiros que O reconheceram por Deus, e por isso Lhe consagraram incenso; os primeiros que O reconheceram por homem em carne mortal, e por isso Lhe ofereceram mirra. Vieram gentios, e tornaram fiéis; vieram idólatras, e tornaram cristãos; e esta é a nova glória da Igreja, que ela hoje celebra, e o Evangelho, nosso pregador, refere. Demos-lhe atenção.

---

[i] *Mat.*, II, 1.

II

Cum natus esset Jesus in Bethlehem Juda in diebus Herodis regis, ecoe Magi ab Oriente venerunt. Estas são as primeiras palavras do Evangelho, e logo nelas parece que repugna o mesmo Evangelho a ser meu intérprete, porque a sua história e o seu mistério é da Índia Oriental: *Ab Oriente venerunt*, e o meu caso é das Ocidentais. Se apelo para os Reis e para o sentido místico, também está contra mim, porque totalmente exclui a América, que é a parte do mundo, donde eu venho. Santo Agostinho, S. Leão papa, S. Bernardo, Santo Anselmo, e quase todos os Padres reparam por diversos modos em que os Reis que vieram adorar a Cristo fossem três; e a limitação deste mesmo número é para mim, ou contra mim, o maior reparo. Os profetas tinham dito que todos os reis e todas as gentes haviam de vir adorar, e reconhecer a Cristo: *Adorabunt eum omnes reges terrae, omnes gentes servient ei*:[i] *Omnes gentes quascumque fecieti, venient, et adorabunt coram te Domine*.[ii] Pois se todas as gentes e todos os reis do mundo haviam de vir adorar a Cristo, por que vieram somente três? Por isso mesmo, respondem o venerável Beda e Ruperto Abade. Foram três, e nem mais nem menos que três, os Reis que vieram adorar a Cristo, porque neles se representavam todas as partes do mundo que também são três: Ásia, África e Europa: *Tres reges, tres partes mundi significant: Asiam, Africam, et Europam*, diz Beda. E Ruperto com a mesma distinção: *Magi tribus partibus orbis, Asiae, Europae, atque adorationis exemplar existere meruerunt*. Isto é o que dizem estes grandes autores como intérpretes do Evangelho; mas o mesmo Evangelho, para ser meu intérprete, ainda há de dizer mais. Dizem que os três reis significavam a Ásia, a África e a Europa; e onde lhes ficou a América? A América não é, também, parte do mundo, e a maior parte? Se me disserem que não apareceu no Presépio porque tardou e veio muitos séculos depois, também as outras tardaram; antes ela tardou menos, porque se converteu e adorou a Cristo mais depressa e mais sem repugnância que todas. Pois se cada uma das partes do mundo teve o seu rei que as apresentasse a Cristo, por que lhe há de faltar à pobre América? Há de ter rei que receba e se enriqueça com os seus tributos, e não há de ter rei que com eles ou sem eles a leve aos pés de Cristo? Sei eu (e não o pode negar a minha dor) que se a primeira e a segunda, e a terceira parte do mundo tiveram reis, também o teve a quarta, enquanto lhe não faltou o quarto.[iii] Mas vamos ao Evangelho e conciliemos com ele esta exposição dos Padres.

---

[i] *Sal.*, LXXII, 11.
[ii] Ibid., LXXXVI, 9.
[iii] El-rei D. João IV, que já era morto.

Ecce Magi ab Oriente venerunt. Diz o Evangelista que os reis do Oriente vieram a adorar a Cristo, e nesta mesma limitação com que diz que vieram nomeadamente os do Oriente, e não outros, se reforça mais a dúvida; porque assim no Antigo Testamento como no Novo está expresso que não só haviam de vir a Cristo os gentios do Oriente, senão também os do Ocidente. No Antigo Testamento, Isaías falando com a Igreja: *Ab Oriente adducam semen tuum, et ab Occidente congregabo te*:[i] e no Novo Testamento a profecia e oráculo de Cristo: *Dico vobis, quod multi ab Oriente et Occidente venient*.[ii] Pois se não só haviam de vir a Cristo os reis, e povos do Oriente, senão também as do Ocidente; como diz nomeadamente o Evangelista que os que vieram eram todos do Oriente, ou como vieram só os do Oriente, e os do Ocidente não? A tudo satisfaz o mesmo Evangelista; e na simples narração da história concordou admiravelmente o seu Texto com o dos Profetas. Que diz o Evangelista? *Cum natus esset Jesus in diebus Herodis regis, ecce Magis ab Oriente venerunt.* Diz que nos dias de Herodes, sendo nascido Cristo, O vieram adorar os Reis do Oriente; e nestas mesmas circunstâncias do tempo, do lugar e das pessoas, com que limitou a primeira vocação da gentilidade, mostrou que não havia de ser só uma, senão duas, como estava profetizado. A primeira vocação da gentilidade foi nos dias de Herodes: *In diebus Herodis regis*: a segunda quase em nossos dias. A primeira foi quando Cristo nasceu: *Cum natus esset Jesus*: a segunda quando já se contavam mil e quinhentos anos do nascimento de Cristo. A primeira foi por meio dos reis do Oriente: *Ecce Magi ab Oriente venerunt*; a segunda por meio dos reis do Ocidente, e dos mais ocidentais de todos, que são os de Portugal.

Para melhor inteligência destas duas vocações, ou destas duas Epifanias, havemos de supor que neste mesmo mundo, em diferentes tempos, houve dois mundos: o Mundo Velho, que conheceram os Antigos, e o Mundo Novo, que eles e o mesmo mundo não conheceu, até que os Portugueses o descobriram. O Mundo Velho compunha-se de três partes: Ásia, África e Europa; mas de tal maneira que entrando neste primeiro composto toda a Europa, a Ásia e a África não entravam inteiras, senão partidas, e por um só lado: a África com toda a parte que abraça o mar Mediterrâneo, e a Ásia com a parte a que se estende o mar Eritreu. O Mundo Novo, muito maior que o Velho, também se compõe de três partes: Ásia, África e América; mas de tal maneira também, que entrando neste segundo composto toda a América, a Ásia e a África, só entram nele partidas, e com os outros dois lados tanto mais vastos e tanto mais dilatados, quanto o mar Oceano que os rodeia excede ao Mediterrâneo e Eritreu. E como os

---

[i] *Isaías*, XLIII, 5.
[ii] *Mat.*, VIII, 11.

Autores antigos só conheceram o Mundo Velho e não tiveram, nem podiam ter conhecimento do Novo, por isso Beda e Ruperto disseram com muita propriedade que os três Reis do Oriente representavam as três partes do mundo: Ásia, África e Europa. Contudo, S. Bernardo,[i] que foi contemporâneo de Ruperto, combinando o nosso Evangelho com as outras Escrituras, conheceu com seu grande espírito, ou quando menos arguiu com seu grande engenho, que assim como houve três reis do Oriente que levaram as gentilidades a Cristo, assim havia de haver outros três reis do Ocidente que as trouxessem à mesma fé: *Vide autem, ne forte ipsi sint et tres Magi venientes jam non ab Oriente sed etiam ab Occidente.* Quem fossem ou quem houvessem de ser estes três reis do Ocidente, que S. Bernardo anteviu, não o disse, nem o pôde dizer o mesmo santo, posto que tão devoto de Portugal e tão familiar amigo do nosso primeiro rei. Mas o tempo, que é o mais claro intérprete dos futuros, nos ensinou dali a quatrocentos anos, que estes felicíssimos reis foram el-rei D. João II, el-rei D. Manuel, e el-rei D. João III; porque o primeiro começou, o segundo prosseguiu, e o terceiro aperfeiçoou o descobrimento das nossas conquistas, e todos três trouxeram ao conhecimento de Cristo aquelas novas gentilidades, como os três Magos as antigas. Os Magos levando a luz da Fé do Oriente para o Ocidente; eles do Ocidente para o Oriente; os Magos apresentando a Cristo a Ásia, África e Europa; e eles a Ásia, África e América; os Magos estendendo os raios da sua estrela por todo o Mundo Velho até as gargantas do Mediterrâneo; e eles iluminando com o novo Sol a todo o Mundo Novo até as balizas do Oceano.

Uma das coisas mais notáveis que Deus revelou e prometeu antigamente foi que ainda havia de criar um novo céu, e uma nova terra. Assim o disse por boca do profeta Isaías: *Ecce ego creo Coelos novos, et terram novam.*[ii] É certo que o Céu e a Terra foram criados no princípio do mundo: *In principio creavit Deus Coelum, et Terram*:[iii] e também é certo entre todos os Teólogos e Filósofos que, depois daquela primeira criação, Deus não criou nem cria substância alguma material e corpórea; porque somente cria de novo as almas, que são espirituais: logo, que terra nova e que céus novos são estes, que Deus tanto tempo antes prometeu que havia de criar? Outros o que entendem de outra maneira, não sei se muito conforme à letra. Eu, seguindo o que ela simplesmente soa e significa, digo que esta nova terra e estes novos céus são a terra e os céus do Mundo Novo descoberto pelos portugueses. Não é verdade que, quando os nossos argonautas começaram e prosseguiram as suas primeiras navegações, iam juntamente

---

[i] Bern. Sermão 3.º *De Nativitate.*
[ii] *Isaías*, LXV, 17.
[iii] *Gênes.*, I, 1.

descobrindo novas terras, novos mares, novos climas, novos céus, novas estrelas? Pois essa é a terra nova e esses são os céus novos que Deus tinha prometido que havia de criar, não por que não estivessem já criados desde o princípio do mundo, mas porque era este o Mundo Novo tão oculto e ignorado dentro do mesmo mundo, que quando de repente se descobriu e apareceu, foi como se então começara a ser, e Deus, o criara de novo. E porque o fim deste descobrimento ou desta nova criação era a Igreja também nova, que Deus pretendia fundar no mesmo Mundo Novo, acrescentou logo (pelo mesmo Profeta e pelos mesmos termos) que também havia de criar uma nova Jerusalém, isto é, uma nova Igreja, da qual muito se agradasse: *Quia ecce creo Jerusalem exultationem et populum ejus gaudium.*[i]

Não tenho menos autor deste pensamento que o Evangelista dos segredos de Deus, S. João, no seu Apocalipse: *Et vidi caelum novum, et terram novam: primum enim caelum, et prima terra abiit, et mare jam non est. Et vidi civitatem Jerusalem novam descendentem de caelo.*[ii] Primeiramente, diz S. João que viu um céu novo e uma terra nova: *Vidi caelum novum et terram novam*: Esta é a terra nova e o céu novo, que Deus tinha prometido por Isaías. Logo, acrescentar o mesmo Evangelista, como comentador do Profeta, que à vista deste céu novo, e desta terra nova, o céu e a terra antiga desapareceram, e que o mar já não era: *Primum enim Coelum, et prima terra abiit, et mare jam non est*: e assim aconteceu no descobrimento do Mundo Novo. Desapareceu a terra antiga, porque a terra dali por diante já não era a que tinha sido, senão outra muito maior, muito mais estendida e dilatada em novas costas, em novos cabos, em novas ilhas, em novas regiões, em novas gentes, em novos animais, em novas plantas. Da mesma maneira o céu também começou a ser outro. Outros astros, outras figuras celestes, outras alturas, outras declinações, outros aspectos, outras influências, outras luzes, outras sombras, e tantas outras coisas todas outras. Sobretudo o mar que fora, já não é: *Et mare jam non est*; porque até então o que se conhecia com nome de mar, e nas mesmas Escrituras se chamava *Mare magnum*, era o Mediterrâneo; mas depois que se descobriu o Mundo Novo, logo se conheceu também que não era aquele o mar, senão um braço dele, e o mesmo nome que injustamente tinha usurpado, se passou sem controvérsia ao Oceano, que é só o que por sua imensa grandeza absolutamente, e sem outro sobrenome se chama mar. E porque toda esta novidade do novo céu, da nova terra, e do novo mar se ordenava à fundação de outra nova Igreja, esta foi a que logo viu o mesmo Evangelista com nome também de nova: *Et vidi civitatem Jerusalem*

---

[i] *Isaías*, LXV, 17.
[ii] *Apoc.*, XXI, 1 e 2.

novam descendentem de Coelo. Finalmente, para que ninguém duvidasse de toda esta explicação, conclui que a mesma Igreja nova que vira, se havia de compor de nações e reis gentios, que nela receberiam a luz da Fé, e sujeitariam suas coroas ao império de Cristo: *Et ambulabunt gentes in lumine ejus, et reges Terrae offerent gloriam suam, et honorem in illam.*[i] Que é tudo o que temos visto no descobrimento do Novo Mundo, ou nesta nova criação dele: *Ecce creo Coelos novos, et terram novam.*

Houve, porém, nesta segunda e nova criação do mundo uma grande diferença da primeira, e de nova e singular glória para a nossa nação. Porque havendo Deus criado o mundo na primeira criação por si só, e sem ajuda ou concurso de causas segundas, nesta segunda criação tomou por instrumento dela os portugueses, quase pela mesma ordem, e com as mesmas circunstâncias, com que no princípio tinha criado o mundo. Quando Deus criou o mundo, diz o sagrado Texto que a Terra não se via porque estava escondida debaixo do elemento da água, e toda escura e coberta de trevas: *Terra autem erat invisibilis* (como leem os Setenta) *et tenebrae erant super faciem abyssi.*[ii] Então dividiu Deus as águas, e apareceu a Terra: criou a luz e cessaram as trevas: *Divisit aquas: facta est lux: appareat arida.*[iii] Este foi o modo da primeira criação do mundo. E quem não vê que o mesmo observou Deus na segunda por meio dos Portugueses? Estava todo o Mundo Novo em trevas e às escuras, porque não era conhecido. Tudo o que ali havia, sendo tanto, era como se não fosse nada, porque assim se cuidava e tinha por fábula. *Terra autem erat vanitas et nihil,* como diz o Texto hebreu. O que encobria a Terra era o elemento da água; porque a imensidão do Oceano, que estava no meio, se julgava por insuperável, como a julgaram todos os antigos, e entre eles Santo Agostinho. Atreveu-se, finalmente, a ousadia e zelo dos Portugueses a desfazer este encanto, e vencer este impossível. Começaram a dividir as águas nunca dantes cortadas, com as aventurosas proas dos seus primeiros lenhos: foram aparecendo e surgindo de uma e outra parte, e como nascendo de novo as terras, as gentes, o mundo que as mesmas águas encobriam; e não só acabaram então no mundo antigo as trevas desta ignorância, mas muito mais no Novo e descoberto, as trevas da infidelidade, porque amanheceu nelas a luz do Evangelho e o conhecimento de Cristo, o qual era o que guiava os portugueses, e neles e com eles navegava. Tudo estava vendo o mesmo profeta Isaías deste descobrimento, quando, falando com aquela nova Igreja pelos mesmos termos da primeira criação do mundo,

---

[i] *Apoc.*, XXI, 24.
[ii] *Gênes.*, I, 2.
[iii] Ibid.

lhe disse: *Quia ecce tenebrae operient Terram, et caligo populos, super te autem orietur Dominus, et gloria ejus in te videbitur; et ambulabunt gentes in lumine tuo, et reges in splendore ortus tui.*[i]

III

Isto é o que fizeram os primeiros argonautas de Portugal nas suas tão bem afortunadas conquistas do Novo Mundo, e por isso bem afortunados. Este é o fim para que Deus entre todas as nações escolheu a nossa com o ilustre nome de pura na Fé, e amada pela piedade: estas são as gentes estranhas e remotas, aonde nos prometeu que havíamos de levar seu Santíssimo Nome: este é o império seu, que por nós quis amplificar e em nós estabelecer; e esta é, foi, e será sempre a maior e melhor glória do valor, do zelo, da religião e cristandade portuguesa. Mas quem dissera ou imaginara que os tempos e os costumes se haviam de trocar, e fazer tal mudança que esta mesma glória nossa se visse entre nós eclipsada, e por nós escurecida? Não quisera passar a matéria tão triste, e tão indigna (que por isso a fui atrasando tanto, como quem rodeia e retarda os passos por não chegar aonde muito repugna). Mas nem a força da presente ocasião me permite, nem a verdade de um discurso, que prometeu ser evangélico, o consente. Quem imaginara, torno a dizer, que aquela glória tão heroicamente adquirida nas três partes do mundo, e tão celebrada e esclarecida em todas as quatro, se havia de escurecer e profanar em um rincão ou arrabalde da América?!

Levantou o Demônio este fumo ou assoprou este incêndio entre as palhas de quatro choupanas, que, com nome da cidade de Belém, puderam ser pátria do Anticristo. E verdadeiramente que, se as Escrituras nos não ensinaram que este monstro há de sair de outra terra e de outra nação, já pudéramos cuidar que era nascido. Treme, e tem horror a língua de pronunciar o que viram os olhos; mas sendo o caso tão feio, tão horrendo, tão atroz, e tão sacrílego que se não pode dizer, é tão público e tão notório que se não deve calar. Ouçam, pois, os excessos de tão nova e tão estranha maldade, os que só lhe podem pôr o remédio: e se eles (o que se não crê) faltarem à sua obrigação, não é justo, nem Deus o permitirá, que eu falte à minha. O ofício que tive naquele lugar, e o que tenho neste (posto que indigno de ambos) são os que com dobrado vínculo da consciência me obrigaram a romper o silêncio, até agora observado ou suprimido, esperando que a mesma causa, por ser de Cristo, falasse e perorasse por si, e não eu por ela. Assim o fizeram em semelhantes, e ainda menores casos,

---

[i] *Isaías*, LX, 2 e 3.

os Atanásios, os Basílios, os Nazianzenos, os Crisóstomos, os Hilários e todos aqueles grandes Padres e Mestres da Igreja, cujas ações, como inspiradas e aprovadas por Deus, não só devemos venerar e imitar como exemplos, mas obedecer e seguir como preceitos. Falarei, pois, com a clareza e publicidade com que eles falaram; e provarei e farei certo o que disser como eles o fizeram, porque sendo perseguidos e desterrados, eles mesmos eram o corpo do delito que acusavam, e eles mesmos a prova. Assim o permitiu a Divina Providência que eu em tal forma, e as pessoas reverendas de meus companheiros, viéssemos remetidos aos olhos desta corte, para que ela visse e não duvidasse de crer, o que doutro modo pareceria incrível.

Quem havia de crer que em uma colônia chamada de Portugueses se visse a Igreja sem obediência, as censuras sem temor, o sacerdócio sem respeito e as pessoas e lugares sagrados sem imunidade? Quem havia de crer que houvessem de arrancar violentamente de seus claustros aos Religiosos, e levá-los presos entre funcionários da justiça e espadas nuas pelas ruas públicas, e tê-los aferrolhados, e com guardas, até os desterrarem? Quem havia de crer que com a mesma violência e afronta lançassem de suas cristandades aos pregadores do Evangelho, com escândalo nunca imaginado dos antigos cristãos, sem pejo dos novamente convertidos, e à vista dos gentios atônitos e pasmados? Quem havia de crer que até aos mesmos párocos não perdoassem, e que chegassem a os despojar de suas igrejas, com interdito total do culto divino e uso de seus ministérios: as igrejas ermas, os batistérios fechados, os sacrários sem sacramento; enfim, o mesmo Cristo privado de seus altares, e Deus de seus sacrifícios? Isto é o que lá se viu então: e que será hoje o que se vê, e o que se não vê? Não falo dos autores e executores destes sacrilégios, tantas vezes, e por tantos títulos excomungados: porque lá lhes ficam Papas que os absolvam. Mas que será dos pobres e miseráveis índios, que são a presa e os despojos de toda esta guerra? Que será dos cristãos? Que será dos catecúmenos? Que será dos gentios? Que será dos pais, das mulheres, dos filhos e de todo o sexo e idade? Os vivos e sãos, sem doutrina, os enfermos sem sacramentos, os mortos sem sufrágios nem sepultura, e tanto gênero de almas em extrema necessidade sem nenhum remédio?! Os pastores, parte presos e desterrados, parte metidos pelas brenhas; os rebanhos despedaçados; as ovelhas ou roubadas ou perdidas; os lobos famintos, fartos agora de sangue, sem resistência; a liberdade por mil modos trocada em servidão e cativeiro; e só a cobiça, a tirania, a sensualidade, e o Inferno contentes. E que a tudo isto se atrevessem e atrevam homens com nomes de portugueses, e em tempo de rei português?!

Grandes desconcertos se leem no mesmo Capítulo do nosso Evangelho; mas de todos acho eu a escusa nas primeiras palavras dele: *In diebus Herodis regis.*

Se sucederam semelhantes escândalos nos dias de el-rei Herodes, o tempo os desculpava ou culpava menos; mas nos dias daquele monarca, que com o nome e com a coroa herdou o zelo, a fé, a religião, a piedade do grande Afonso I?! Oh, que paralelo tão indigno do nome português se pudera formar na comparação de tempo a tempo! Naquele tempo andavam os Portugueses sempre com as armas às costas contra os inimigos da Fé, hoje tomam as armas contra os pregadores da Fé: então conquistavam e escalavam cidades para Deus, hoje conquistam e escalam as casas de Deus: então lançavam os caciques fora das mesquitas, hoje lançam os sacerdotes fora das igrejas: então consagravam os lugares profanos em casas de oração, hoje fazem das casas de oração lugares profanos: então, finalmente, eram defensores e pregadores do nome cristão, hoje são perseguidores e destruidores, e opróbrio e infâmia do mesmo nome.

E para que até a corte e assento dos reis que lhe sucederam não ficasse fora deste paralelo, então saíam pela barra de Lisboa as nossas naus carregadas de pregadores, que voluntariamente se desterravam da pátria para pregar nas conquistas a Lei de Cristo; hoje entram pela mesma barra, trazendo desterrados violentamente os mesmos pregadores, só porque defendem nas conquistas a Lei de Cristo. Não se envergonhe já a barra de Argel, de que entrem por ela sacerdotes de Cristo, cativos e presos, pois o mesmo se viu em nossos dias na barra de Lisboa. Oh, que bem empregado prodígio fora neste caso, se fugindo daquela barra o mar, e voltando atrás o Tejo, lhe pudéssemos dizer como ao rio e ao mar da terra, que então começava a ser santa: *Quid est tibi mare, quod fugis, et tu Jordanis, quia conversus es retrorsum?*[i] Vangloriava-se o Tejo quando nas suas ribeiras se fabricavam, e pelas suas correntes saíam as armadas conquistadoras do império de Cristo: gloriava-se, digo, de ser ele aquele famoso rio de quem cantavam os versos de Davi: *Dominabitur a mari usque ad mare, et a flumine usque ad terminus orbis terrarum*:[ii] mas hoje envergonhado de tão afrontosa mudança, deverá tornar atrás, e ir-se esconder nas grutas do seu nascimento, se não é que de corrido corre ao mar para se afogar e sepultar no mais profundo dele. Desengane-se, porém, Lisboa, que o mesmo mar lhe está lançando em rosto o sofrimento de tamanho escândalo, e que as ondas com que escumando de ira bate as suas praias, são brados com que lhe está dizendo as mesmas injúrias que antigamente a Sidônia: *Erubesce, Sidon, ait mare.*

E não cuide alguém que estas vozes de tão justo sentimento nascem de estranhar eu, ou me admirar de que os pregadores de Cristo e o mesmo Cristo seja perseguido; porque esta é a estrela em que o mesmo Senhor nasceu: *Cum*

---

[i] *Sal.*, CXIV, 5.
[ii] Ibid., LXXII, 8.

natus esset Jesus in Bethlehem Judá in diebus Herodis regis. Ainda Cristo não tinha quinze dias de nascido, quando já Herodes tinha poucos menos de perseguidor seu; para que a perseguição e o perseguido nascessem juntos. E não só nasceu Cristo com estrela de perseguido em Belém, senão em todas as partes do mundo, porque em todas teve logo seu Herodes que o perseguisse. Vou supondo, como verdadeiramente é, que Cristo não só nasceu em Belém, mas que nasceu e nasce em outras muitas partes, como há de nascer em todas. Por isso o profeta Malaquias muito discretamente comparou o nascimento de Cristo ao nascimento do Sol: *Orietur vobis Sol justitiae*.[i] O Sol vai nascendo sucessivamente a todo o mundo, e ainda que a umas terras nasça mais cedo, a outras mais tarde, para cada terra tem seu nascimento. Assim também Cristo verdadeiro Sol. A primeira vez nasceu em Belém, depois foi nascendo sucessivamente por todo o mundo, conforme o foram pregando os Apóstolos e seus sucessores: a umas terras nasceu mais depressa, a outras mais devagar; a umas muito antes, a outras muito depois; mas para todas teve seu nascimento. É a energia com que falou o Anjo aos Pastores: *Natus est vobis hodie Salvator*:[ii] Nasceu hoje para vós o Salvador: como dissera: hoje nasceu para vós; os outros também terão seu dia em que há de nascer para eles. Assim havia de ser, e assim foi, e assim tem nascido Cristo em diferentes tempos em tão diversas partes do mundo; mas em nenhum tempo, e em nenhuma parte nasceu onde logo não tivesse um Herodes que O perseguisse.

Viu S. João, no Apocalipse, aquela mulher celestial vestida de sol, a qual estava em vésperas do parto, e diz que logo apareceu diante dela um dragão feroz e armado, o qual estava aguardando que saísse à luz o filho para o tragar e comer: *Et draco stetit ante mulierem quae erat paritura, ut cum peperisset, filium ejus devoraret*.[iii] Que mulher, que filho, e que dragão é este? A mulher foi a Virgem Maria, e é a Igreja. O Filho foi e é Cristo; que assim como a primeira vez nasceu da Virgem Santíssima, assim nasceu e nasce muitas vezes da Igreja, por meio da fé e pregação de seus ministros em diversas partes do mundo. E o dragão que apareceu com a boca aberta para o tragar tanto que nascesse é cada um dos tiranos que logo o mesmo Cristo tem armados contra si, logo que nasce, e onde quer que nasce. De maneira que não há nascimento de Cristo sem o seu perseguidor ou o seu Herodes. Nasceu Cristo em Roma pela pregação de S. Pedro, e logo se levantou um Herodes, que foi o imperador Nero, o qual crucificou ao mesmo S. Pedro. Nasceu Cristo em Espanha pela pregação de Sant'Iago, e logo se levantou

---

[i] *Malaqu.*, IV, 2.
[ii] *Luc.*, II, 11.
[iii] *Apoc.*, XII, 4.

outro Herodes, que foi el-rei Agripa, o qual degolou ao mesmo Sant'Iago. Nasceu Cristo em Etiópia pela pregação de S. Mateus, e logo se levantou outro Herodes, que foi el-rei Hírtaco, o qual tirou, também, a vida ao mesmo S. Mateus, e estando sacrificado o Corpo de Cristo o fez vítima de Cristo. E para que dos exemplos do Mundo Velho passemos aos do Novo: nasceu Cristo no Japão pela pregação e milagre de S. Francisco Xavier, e logo se levantaram, não um, senão muitos Herodes, que foram os Nabunangas e Taicosamas, os quais tanto sangue derramaram, e ainda derramam, dos filhos e sucessores do mesmo Xavier. Finalmente, nasceu Cristo na conquista do Maranhão, que foi a última de todas as nossas; e para que Lhe não faltassem naquele Belém e fora dele os seus Herodes, se levantaram agora e declararam contra Cristo em si mesmo, e em seus pregadores, os que tão ímpia e barbaramente não sendo bárbaros O perseguem. Assim que não é coisa nova nem matéria digna de admiração, que Cristo e os pregadores de sua fé sejam perseguidos.

O que, porém, excede todo o espanto, e se não pode ouvir sem horror e assombro, é que os perseguidores de Cristo e seus pregadores neste caso não sejam os infiéis e gentios, senão os cristãos. Se os gentios indômitos, se os Tapuias bárbaros e ferozes daquelas brenhas se armaram medonhamente contra os que lhes vão pregar a Fé; se os cobriam de setas, se os fizeram em pedaços, se lhes arrancaram as entranhas palpitantes e as lançaram no fogo, e as comeram; isso é o que eles já têm feito outras vezes, e o que lá vão buscar os que pelos salvar deixam tudo; mas que a estes homens com o caráter de ministros de Cristo os persigam gentilicamente os cristãos, quando essas mesmas feras se lhes humanam, quando esses mesmos bárbaros se lhes rendem, quando esses mesmos gentios os reverenciam e adoram; este é o maior extremo de perseguição, e a perseguição mais feia e afrontosa, que nunca padeceu a Igreja. Nas perseguições dos Neros e Dioclecianos, os gentios perseguiam os mártires e os cristãos os adoravam; mas nesta perseguição nova e inaudita, os cristãos são os que perseguem os pregadores, e os gentios os que os adoram. Só na perseguição de Herodes e na paciência de Cristo se acham juntos estes extremos. No Evangelho temos a Cristo hoje perseguido, e hoje adorado: mas por quem adorado, e por quem perseguido? Adorado pelos gentios e perseguido pelos cristãos; adorado pelos Magos, que eram gentios, e perseguido por Herodes e por toda a Jerusalém, que eram os cristãos daquele tempo.

Ninguém repare em eu lhes chamar cristãos, porque há cristãos de fé, e cristãos de esperança. Os filhos da Igreja somos cristãos de fé, porque cremos que Cristo já veio; os filhos da Sinagoga eram cristãos de esperança, porque criam e esperavam que Cristo havia de vir. E que homens que criam em Cristo, e esperavam por Cristo, e eram da mesma nação e do mesmo sangue de Cristo, persigam tão barbaramente a Cristo; e que no mesmo tempo, para maior escândalo da fé e da natureza, os Magos O busquem, os gentios O creiam, os idólatras O adorem?! Bendito sejais, Senhor, que tal contradição quisestes padecer, e bendito mil vezes pela parte que vos dignastes comunicar dela aos que tão indignamente vos servem: não à toa nos honrastes com o nome de Companhia de Jesus, obrigando-nos a vos fazer companhia no que padecestes nascido debaixo do mesmo nome: *Cum natus esset Jesus in Bethlehem Juda.* Vós em Belém de Judá, para que os vossos perseguidores fossem da vossa mesma nação; nós em Belém, não de Judá, para que os nossos fossem, também; da nossa: vós na mesma terra, e no mesmo tempo perseguido de Herodes e adorado dos Magos; e nós também por mercê vossa, no mesmo tempo e na mesma terra perseguidos dos cristãos, e pouco menos que adorados dos gentios! Assim o experimentam hoje os que por escapar à perseguição andam fugitivos por aquelas brenhas, se bem fugitivos não por medo dos homens, senão por amor de Cristo, e por seguir seu exemplo. Daqui a poucos dias veremos fugir a Cristo; mas de quem e para quem? De onde e para onde? Não se pudera crer, se o não mandara Deus e o dissera um anjo: *Fuge in Aegyptum*:[i] fugi para o Egito. Pois de Israel para o Egito, da terra dos fiéis para a terra dos gentios, e para a terra daqueles mesmos gentios, de onde antigamente fugiram os filhos de Israel? Sim. Que tão mudados estão os tempos e os homens, e a tanto chega a força da perseguição. *Futurum est enim ut Herodes quaerat puerum ad perdendum eum.*[ii] Foge Cristo, e fogem os pregadores de Cristo, dos fiéis para os infiéis, e dos cristãos para os gentios, porque os cristãos os desterram, e os gentios os amparam, porque os cristãos os maltratam, e os gentios os defendem, porque os cristãos os perseguem e os gentios os adoram.

Não foi grande maravilha que José, preso e vendido por seus próprios irmãos, os Egípcios, o venerassem e estimassem tanto e abaixo do seu rei o adorassem? Pois muito maior é a diferença que hoje experimentam entre aqueles gentios os venturosos homiziados da Fé, que escapando das prisões dos cristãos se retiraram para eles. Os Egípcios, ainda que gentios, eram homens: aqueles gentios, que hoje começaram a ser homens, ontem eram feras. Eram aqueles mesmos bárbaros, ou brutos, que sem uso da razão, nem sentido de humanidade, se fartavam de carne humana; que das caveiras faziam taças para lhe beber o sangue, e das canas dos ossos frautas para festejar os convites. E estas são hoje as feras que, em vez de nos tirarem a vida, nos acolhem entre si, e nos veneram como os leões a Daniel: estas as aves de rapina que, em vez de nos comerem,

---

[i] *Mat.*, II, 13.
[ii] Ibid.

nos sustentam como os corvos a Elias; estes os monstros (pela maior parte marinhos) que em vez de nos tragarem e digerirem, nos metem dentro nas entranhas, e nelas nos conservam vivos, como a baleia a Jonas. E se assim nos tratam os gentios e tais gentios, quando assim nos tratam os cristãos, e cristãos da nossa nação e do nosso sangue: quem se não assombra de uma tão grande diferença?

IV

Vejo que estão dizendo dentro de si todos os que me ouvem, e tanto mais, quanto mais admirados desta mesma diferença; que tão grandes efeitos não podem nascer senão de grandes causas. Se os cristãos perseguem os pregadores da Fé, alguma grande causa têm para os perseguir. E se os gentios tanto os amam e veneram, alguma causa têm, também grande, para os venerar e amar. Que causas serão estas? Isto é o que, agora, se segue dizer. E se alguma vez me destes atenção seja para estes dois pontos.

Começando pelo amor e veneração dos gentios, aquela estrela que trouxe os Magos a Cristo, era uma figura celestial e muito ilustre dos pregadores da Fé. Assim o diz S. Gregório e os outros Padres comumente; mas a mesma estrela o disse ainda melhor. Que ofício foi o daquela estrela? Iluminar, guiar e trazer homens a adorar a Cristo, e não outros homens, senão homens infiéis e idólatras, nascidos e criados nas trevas da gentilidade. Pois esse mesmo é o ofício e exercício não de quaisquer pregadores, senão daqueles pregadores de que falamos, e por isso propriamente estrelas de Cristo. Repara muito S. Máximo em que esta estrela que guiou os Magos se chame particularmente estrela de Cristo: *Stella ejus*: e argui assim: Todas as outras estrelas não são, também, estrelas de Cristo, que, como Deus as criou? Sim, são. Pois por que razão esta estrela mais que as outras se chama especialmente estrela sua: *Stella ejus?* Porque as outras estrelas foram geralmente criadas para tochas do Céu e do Mundo; esta foi criada especialmente para pregadora de Cristo. *Quia quamvis omnes ab eo creatae stellae ipsius sint, haec tamen propria Christi erat, quia specialiter Christi nuntiabat adventum.* Muitas outras estrelas há naquele hemisfério, muito claras nos resplendores e muito úteis nas influências, como as do firmamento; mas estas de que falamos são própria e especialmente de Cristo, não só pelo nome de Jesus, com que se professam por suas, mas porque o fim, o instituto, e o ofício para que foram criadas é o mesmo que o da estrela dos Magos, para trazer infiéis e gentios à fé de Cristo. Ora se estas estrelas fossem tão diligentes, tão solícitas e tão pontuais em acompanhar, guiar e servir aos gentios, como a que acompanhou, guiou e serviu aos Magos; não teriam os mesmos gentios muita razão de as quererem e estimarem, de sentirem muito sua falta, e de se alegrarem e consolarem muito com sua presença? Assim o fizeram os Magos, e assim o diz o Evangelista, não acabando de encarecer este contentamento: *Videntes autem stellam, gavisi sunt gaudio magno valde.*[i] Pois vamos agora seguindo os passos daquela estrela desde o Oriente até o Presépio, e veremos como as que hoje vemos tão malvistas e tão perseguidas não só limitam e igualam em tudo a estrela dos Magos, mas em tudo a excedem com grandes vantagens.

Primeiramente dizem os Magos que, onde viram a estrela foi no Oriente: *Vidimus stellam ejus in Oriente.*[ii] De maneira que podendo a estrela ser vista de muito longe, como se veem as outras estrelas, ela os foi buscar à sua terra. Nesta diligência e neste caminho se avantajou muito a estrela dos Magos aos Anjos que apareceram aos Pastores. Os anjos também iluminaram os Pastores: *Claritas circumfulsit illos*:[iii] e também lhes anunciaram o nascimento de Cristo: *Evangelizo vobis gaudium magnum quia natus et vobis Salvator*:[iv] mas essa luz e esse Evangelho aonde o levaram os Anjos? Não às terras do Oriente ou a outras remotas, como a estrela; mas a quatro passos da cidade de Belém, e nos mesmos arrabaldes dela, um trânsito muito breve: *Transeamus usque Bethlehem.*[v] E quanto vai de Belém ao Oriente, tanto vai de um evangelizar a outro. Isto é comparando a estrela com os anjos, e muito mais se a compararmos com os mesmos pastores. Estes Pastores de Belém são os mais celebrados da Igreja, e os que ela alega por exemplo e propõe por exemplar aos pastores das almas. Mas que fizeram ou que faziam estes bons Pastores? *Pastores erant in regione eadem custodientes vigilias noctis supor gregem suum.*[vi] Eram tão vigilantes e cuidadosos do seu gado, que com ser à meia-noite não dormiam, senão que o estavam guardando, e velando sobre ele. Muito bem. Mas não sei se advertis o que nota o Evangelista acerca do lugar, e acerca do gado. Acerca do lugar diz que estavam na mesma região: *Et pastores erant in regione eadem* e acerca do gado, diz que as ovelhas eram suas: *Super gregem suum*. E em ambas estas coisas consiste a vantagem que lhes fez a estrela. Os pastores estavam na sua região, e a estrela foi a regiões estranhas: eles guardavam as ovelhas suas, e ela foi buscar ovelhas para Cristo. E guardar as suas ovelhas na sua região, ou ir buscar ovelhas para Cristo a regiões estranhas, bem se vê quanto vai a dizer.

---

[i] *Mat.*, II, 10.
[ii] *Mat.*, II, 2.
[iii] *Luc.*, II, 9.
[iv] Ibid., 10 e 11.
[v] Ibid., 15.
[vi] Ibid., 8.

Mas ainda que tudo isto fez a estrela dos Magos, faltou-lhe muito para se igualar com as nossas estrelas. Ela foi buscar gentios a uma região remota, mas distante somente treze dias de caminho: as nossas vão buscar em distância de mais de mil léguas de mar e por rios, que só o das Amazonas, sem se lhe saber nascimento, tem quatro mil de corrente. A estrela dos Magos nunca saiu do seu elemento; as nossas já no da terra, já no da água, já no do ar e dos ventos suportam os perigos e rigores de todos. A dos Magos caminhou da Arábia à Mesopotâmia sempre dentro dos mesmos horizontes; as nossas vão do último cabo da Europa ao mais interior da América, dando volta a meio mundo e passando deste hemisfério aos antípodas. Finalmente (para que juntemos à distância a diferença das terras) a estrela dos Magos ia com eles para a Terra Prometida, a mais amena e deliciosa que criou a natureza; as nossas desterram-se para toda a vida em companhia de degredados, não como eles, para as colônias marítimas, onde os ares são mais benignos; mas para os sertões habitados de feras, e minados de bichos venenosos, nos climas mais nocivos da zona tórrida. Não é porém este o maior trabalho.

Vidimus stellam ejus. Perguntam aqui os intérpretes por que mandou Cristo aos Magos uma estrela, e não um anjo ou um profeta? Os profetas são os embaixadores ordinários de Deus, os anjos os extraordinários, e tal era esta embaixada. Por que não mandou logo Cristo aos Magos um anjo ou um profeta, senão uma estrela? A razão foi (dizem todos) porque era conveniente que aos Magos se enviasse um embaixador que lhes falasse na sua própria língua. Os Magos eram astrólogos; a língua por onde os astrólogos entendem o que diz o Céu são as estrelas; e tal era essa mesma estrela, à qual chama Santo Agostinho: *lingua Caeli*: língua do Céu: pois vá uma estrela aos Magos, para que ela lhes fale na língua que eles entendem. Se eu não entendo a língua do gentio, nem o gentio entende a minha, como o hei de converter e trazer a Cristo? Por isso temos por regra e instituto aprender todos a língua ou línguas da terra onde imos pregar; e esta é a maior dificuldade e o maior trabalho daquela espiritual conquista, e em que as nossas estrelas excedem muito a dos Magos. Notai. Os Magos entendiam a língua da estrela e o que ela lhes dizia; mas por que a entenderam? Porque como astrólogos que eram, pelos livros dos Caldeus sabiam que aquela estrela era nova e nunca vista; e como discípulos que também eram de Balaão, sabiam pelos livros da Escritura, que uma estrela nova que havia de aparecer, era sinal da vinda e nascimento do Messias, descendente de Jacó: *Orietur stella ex Jacob*:[i] e por esta ciência adquirida com dobrado estudo puderam alcançar e entender o que a estrela significava e lhes dizia. Cá não é assim, senão às avessas. Lá, para entender

---

[i] *Núm.*, XXIV, 17.

a estrela, estudavam os Magos; cá, para entender o gentio, hão de estudar as estrelas. Nós que os imos buscar somos os que lhes havemos de estudar e saber a língua. E quanta dificuldade e trabalho seja haver de aprender um europeu, não com mestres e com livros como os Magos, mas sem livro, sem mestre, sem princípio e sem documento alguns, não uma, senão muitas línguas bárbaras, incultas e hórridas: só quem o padece, e Deus por quem se padece, o sabe.

Quando Deus confundiu as línguas na Torre de Babel, ponderou Filo Hebreu que todos ficaram mudos e surdos, por que ainda que todos falassem e todos ouvissem, nenhum entendia o outro. Na antiga Babel houve setenta e duas línguas: na Babel do rio das Amazonas já se conhecem mais de cento e cinquenta, tão diversas entre si como a nossa e a grega; e assim quando lá chegamos, todos nós somos mudos, e todos eles surdos. Vede, agora, quanto estudo e quanto trabalho será necessário para que estes mudos falem, e estes surdos ouçam. Nas terras dos Tírios e Sidônios, que também eram gentios, trouxeram a Cristo um mudo e surdo para que o curasse; e diz S. Marcos que o Senhor se retirou com ele a um lugar apartado, que lhe meteu os dedos nos ouvidos, que lhe tocou a língua com saliva tirada da sua, que levantou os olhos ao Céu, e deu grandes gemidos, e então falou o mudo, e ouviu o surdo: *Apprehendens eum de turba seorsum, misit digitos suos in auriculas ejus, et expuens, tetigit linguam ejus: et suspiciens in Coelum ingemuit, et ait illi: ephpheta, quod est adaperire.*[i] Pois se Cristo fazia os outros milagres tão facilmente, este de dar fala ao mudo, e ouvidos ao surdo, como lhe custa tanto trabalho e tantas diligências? Porque todas estas são necessárias a quem há de dar língua a estes mudos, e ouvidos a estes surdos. É necessário tomar o bárbaro à parte, e estar e instar com ele muito só por só, e muitas horas, e muitos dias: é necessário trabalhar com os dedos, escrevendo, apontando e interpretando por acenos o que se não pode alcançar das palavras: é necessário trabalhar com a língua, dobrando-a, e torcendo-a, e dando-lhe mil voltas para que chegue a pronunciar os acentos tão duros e tão estranhos: é necessário levantar os olhos ao Céu, uma e muitas vezes com a oração, e outras quase com desesperação, é necessário, finalmente, gemer, e gemer com toda a alma; gemer com o entendimento, porque em tanta escuridade não vê saída; gemer com a memória, porque em tanta variedade não acha firmeza; e gemer até com a vontade, por constante que seja, porque no aperto de tantas dificuldades desfalece e quase desmaia. Enfim, com a pertinácia da indústria, ajudado da graça divina falam os mudos, e ouvem os surdos; mas nem por isso cessam as razões de gemer; porque com o trabalho deste milagre ser tão semelhante ao de Cristo tem mui diferente ventura, e mui outro galardão do que Ele

---

[i] *Marc.*, VII, 33 e 34.

teve. Vendo os circunstantes aquele milagre, começaram a aplaudir e dizer: *Bene omnia fecit, et surdos fecit audire, et mutos loqui*,[i] não há dúvida que este profeta tudo faz bem, porque faz ouvir os surdos e falar os mudos. De maneira que a Cristo bastou-lhe fazer falar um mudo e ouvir um surdo, para dizerem que tudo fazia bem-feito; e a nós não nos basta fazer o mesmo milagre em tantos mudos, e tantos surdos, para que nos não tenham por malfeitores. Mas vamos seguindo a estrela.

Quando os Magos chegaram à vista de Jerusalém, esconde-se a estrela: e esta foi a mais bizarra ação, e a mais imponente que eu dela considero. Basta, luzeiro celestial, que sois estrela de reis e escondeis-vos, e fugis da corte? Ainda não entrastes nela, e já a conheceis? Mas bem mostrais quanto tendes de Deus, e quanto o quereis servir, e louvar todas as estrelas, como diz Davi louvam a Deus: *Laudate eum omnes stellae, et lumen*:[ii] mas o mesmo Deus disse a Jó, que os louvores das estrelas da manhã eram os que mais lhe agradavam: *Cum me laudarent astra matutina*.[iii] E por que agradam mais a Deus os louvores das estrelas da manhã que os das estrelas da noite? Porque as estrelas da noite louvam a Deus luzindo, as estrelas da manhã louvam a Deus escondendo-se: as estrelas da noite comunicam as influências, mas conservam a luz: as estrelas da manhã perdem a luz para melhor lograr as influências: enfim, as estrelas da noite luzem porque estão mais longe do Sol; as estrelas da manhã escondem-se porque estão mais perto. Isto é o que faz a estrela dos Magos, mas por poucas horas: as nossas por toda a vida. A estrela dos Magos, quando se escondeu, não luziu, mas não alumiou: as nossas escondem-se onde alumiam, e não luzem: a dos Magos alumiava onde a viam os reis: *Vidimus stellam ejus*: as nossas alumiam onde não são vistas, nem o podem ser — no lugar mais desluzido, e no canto mais escuro de todo o mundo. E é isto verdadeiramente esconder-se, porque não é só desterrar-se para sempre, mas enterrar-se.

Assim esteve escondida a estrela, enquanto os Magos se detiveram em Jerusalém; mas assim que saíram para continuar seu caminho, logo tornou a se descobrir e aparecer: *Et ecce stella, quam viderant in Oriente, antecedebat eos*.[iv] Reparai no *antecedebat*. Ia a estrela diante, mas de tal maneira diante que sempre se acomodava e em tudo ao passo dos que guiava. *Ambulante Mago stella ambulat, sedente stat, dormiente excubat*, diz S. Pedro Crisólogo. Quando os Magos andavam, andava a estrela: quando se assentavam, parava; mas não dava

---

[i] Ibid., VII, 37.
[ii] *Sal.*, CXLVIII, 3.
[iii] *Jó*, XXXVIII, 7.
[iv] *Mat.*, II, 9.

um passo mais que eles. Pudera a estrela fazer todo aquele caminho do Oriente ao Ocidente em dois momentos: *Sicut fulgur exit ab Oriente, et paret usque ad Occidentem*.[i] E que ela, contra a sua velocidade natural, já movendo-se vagarosa e tardiamente, já parando e ficando imóvel, se fosse acomodando, e medindo em tudo com a condição e fraqueza daqueles a quem guiava, quanto, quando, e como eles podiam, grande violência! E mais se levantasse os olhos ao firmamento, e visse que as outras do seu nome davam volta ao mundo em vinte e quatro horas, e ela quase parada. Mas assim faz, e deve fazer quem tem por ofício levar almas a Cristo. Aqueles quatro animais do carro de Ezequiel, que olhavam para as quatro partes do mundo, e significavam os quatro Evangelistas, todos tinham asas de águia; mas nota o Texto, que os pés com que andavam eram de boi: *Et planta pedis eorum, quasi planta pedis vituli*.[ii] E que se haja de mover a passo de boi quem tem asas, e asas de águia? Sim: que isso é ser Evangelista, isso é ter ofício de levar o Evangelho a gentes estranhas, e isso é o que fez a estrela: *Antecedebat eos*.

Mas estes *eos* quem eram? Aqui está a diferença daquela estrela às nossas. A estrela dos Magos acomodava-se aos gentios que guiava; mas esses gentios eram os Magos do Oriente, os homens mais sábios da Caldeia, e os mais doutos do mundo; porém as nossas estrelas, depois de deixarem as cadeiras das mais ilustres universidades da Europa (como muitos deles deixaram), acomodam-se à gente mais sem entendimento e sem discurso de quantas criou ou abortou a natureza, e a homens de quem se duvidou se eram homens, e foi necessário que os Pontífices definissem que eram racionais e não brutos. A estrela dos Magos parava, sim, mas nunca tornou atrás; as nossas estrelas tornam uma e mil vezes a desandar o já andado, e a ensinar o já ensinado, e a repetir o já aprendido, porque o bárbaro boçal e rude, o tapuia cerrado e bruto, como não faz inteiro entendimento, não imprime nem retém na memória. Finalmente, para o dizer em uma palavra, a estrela dos Magos guiava a homens que caminhavam nos dromedários de Madiã, como anteviu Isaías: *Dromedarii Madiam, et Efa: omnes de Saba venient, aurum, et thus deferentes*:[iii] e acomodar-se ao passo dos dromedários de Madiã, ou ao sono das preguiças do Brasil, bem se vê a diferença.

Ainda a palavra *eos* nos insinua outra, que se não deve passar em silêncio. A estrela, guia e pregadora dos Magos, converteu e trouxe a Cristo almas de gentios; mas de que gentios e que almas? Almas ilustres, almas coroadas, almas de gentios reis: as nossas estrelas também trazem a Cristo, e convertem almas;

---

[i] Ibid., XXIV, 27.
[ii] *Ezequ.*, I, 7.
[iii] *Isaías*, LX, 6.

mas almas de gente onde nunca se viu cetro, nem coroa, nem se ouviu o nome de rei. A língua geral de toda aquela costa carece de três letras: *F, L, R*: De F, porque não tem fé; de L, porque não tem lei; de R, porque não tem rei: e esta é a polícia da gente com que tratamos. A estrela dos Magos fez a sua missão entre púrpuras e brocados, entre pérolas e diamantes, entre âmbares e calambucos; enfim, entre os tesouros e delícias do Oriente: as nossas estrelas fazem as suas missões entre as pobrezas e desamparos, entre os ascos e as misérias da gente mais inculta, da gente mais pobre, da gente mais vil, da gente menos gente de quantos nasceram no mundo. Uma gente a quem meteu tão pouco cabedal a natureza, com quem se empenhou tão pouco a arte e a fortuna, que uma árvore lhe dá o vestido e o sustento, e as armas, e a casa, e a embarcação. Com as folhas se cobrem, com o fruto se sustentam, com os ramos se armam, com o tronco se abrigam, e sobre a casca navegam. Estas são todas as alfaias daquela pobríssima gente; e quem busca as almas destes corpos, busca só almas. Mas porque o mundo não sabe avaliar esta ação, como ela merece, ouça o mesmo mundo o preço em que a estimou quem só a pode pagar.

Quando o Batista mandou seus discípulos que fossem perguntar a Cristo se era ele o Messias, a resposta do Senhor foi esta: *Euntes renuntiate Joanni quae audistis, et vidistis*:[i] Ide, dizei a João o que vistes e ouvistes. E que é o que tinham visto e ouvido? O que tinham visto, era que os cegos viam, os mancos andavam, os leprosos saravam, os mortos ressuscitavam: *Caeci vident, claudi ambulant, leprosi mundantur, mortui resurgunt.*[ii] E não bastavam todos estes milagres vistos, para prova de ser Cristo o Messias? Sim, bastavam; mas quis o Senhor acrescentar ao que tinham visto o que tinham ouvido, porque ainda era maior prova, e mais certa. O que tinham ouvido os discípulos do Batista era que o Evangelho de Cristo se pregava aos pobres: *Pauperes evangelizantur,*[iii] e esta foi a última prova com que o Redentor do mundo qualificou a verdade de ser Ele o Messias; porque pregar o Evangelho aos pobres, aos miseráveis, aos que não têm nada do mundo, é ação tão própria do espírito de Cristo, que depois do testemunho de seus milagres a pôs o Filho de Deus por selo de todos eles. O fazer milagres, pode-o atribuir a malícia a outro espírito; e o evangelizar aos pobres nenhuma malícia pode negar que é espírito de Cristo.

Finalmente, acabou a estrela o seu curso: parou; mas onde foi parar? *Usque dum veniens staret supra, ubi erat puer.*[iv] Foi parar em um Presépio, onde estava

---

[i] *Mat.*, XI, 4.
[ii] Ibid., 5.
[iii] Ibid.
[iv] Ibid., II, 9.

Cristo sobre palhas, e entre brutos, e ali o deu a conhecer. Oh, que estrela tão santa e tão discreta! Estrela que não quer aparecer em Jerusalém, e se vai parar no Presépio: estrela que antes quer estar em uma choupana com Cristo, que em uma corte sem Ele? Discreta e santa estrela, outra vez! Mas mais discretas e mais santas as nossas. A razão é clara. Cristo naquele tempo estava no Presépio, mas não estava na corte de Jerusalém; de sorte que se a estrela quisesse ficar na corte, havia de ficar sem Cristo. Nas cortes da cristandade não é assim. Em todas as cortes está Cristo, e em todas se pode estar com Cristo. Agora vai a diferença e a vantagem. Trocar Jerusalém pelo Presépio, e querer antes estar em uma choupana com Cristo, que em uma corte sem Ele, não é fineza, é obrigação; e isto fez a estrela dos Magos. Mas querer antes estar no Presépio com Cristo, que em Jerusalém com Cristo; querer antes estar na choupana com Cristo entre brutos que na corte com Cristo entre príncipes: isto é não só deixar a corte pelo Presépio, senão deixar a Cristo por Cristo, e o seu maior serviço pelo menor; deixar a Cristo onde está acompanhado para o acompanhar onde está só; deixar a Cristo onde está servido, para O servir onde está desamparado; deixar a Cristo onde está conhecido, para O dar a conhecer onde O não conhecem.

A estrela dos Magos também deu a conhecer a Cristo; mas a quantos homens, e em quanto tempo? A três homens, e em dois anos. Esta foi a razão por que Herodes mandou matar todos os inocentes de dois anos para baixo, conforme o tempo em que a estrela tinha aparecido aos Magos: *Secundum tempus, quod exquisierat a Magis.*[i] Vede, agora, quanto vai daquela estrela às nossas estrelas, e da sua missão às nossas. Deixadas as mais antigas, fizeram-se ultimamente duas, uma pelo rio dos Tocantins, outra pelo das Amazonas: e com que efeito? A primeira reduziu e trouxe a Cristo a nação dos Tupinambás e a dos Puxiguaras; a segunda pacificou e trouxe à mesma fé a nação dos Nheengaíbas e a dos Mamaianases; e tudo isto em espaço de seis meses. De maneira que a estrela dos Magos em dois anos trouxe a Cristo três homens, e as nossas em meio ano quatro nações. E como estes pregadores da Fé por ofício, por instituto, por obrigação, e por caridade, e pelo conhecimento e fama geral que têm entre aqueles bárbaros, os vão buscar tão longe com tanto zelo, e lhes falam em suas próprias línguas com tanto trabalho, e se acomodam à sua capacidade com tanto amor, e fazem por eles tantas outras finezas, que até nos brutos animais costumam achar agradecimento; não é muito que eles os amem, que eles os estimem, que eles os defendam, e que antes ou depois de conhecerem e adorarem a Cristo, quase os adorem.

---

[i] *Mat.*, II, 16.

V

Agora se segue em contraposição admirável ou estupenda (e por isso mais digna de atenção) ver as causas por que os cristãos perseguem, aborrecem e lançam de si estes mesmos homens. Perseguirem os cristãos a quem defendem os gentios, aborrecerem os do próprio sangue a quem amam os estranhos, lançarem de si os que têm uso de razão a quem recolhem, abraçam e querem consigo os bárbaros; coisa era incrível, se não estivera tão experimentada, e tão vista. E supondo que é assim, qual pode ser a causa? Com serem tão notáveis os efeitos, ainda a causa é mais notável. Toda a causa de nos perseguirem aqueles chamados cristãos é porque fazemos pelos gentios o que Cristo fez pelos Magos: *Procidentes adoraverunt eum: et responso accepto ne redirent ad Herodem, per aliam viam reversi sunt in regionem suam.*[i] Toda a Providência Divina para com os Magos consistiu em duas ações: primeira em os trazer aos pés de Cristo por um caminho: segunda em os livrar das mãos de Herodes por outro. Não fora grande sem-razão, não fora grande injustiça, não fora grande impiedade trazer os Magos a Cristo, e depois entregá-los a Herodes? Pois estas são as culpas daqueles pregadores de Cristo, e essa a única causa por que se veem, e os vedes tão perseguidos. Querem que tragamos os gentios à Fé, e que os entreguemos à cobiça; querem que tragamos as ovelhas ao rebanho, e que as entreguemos ao cutelo: querem que tragamos os Magos a Cristo, e que os entreguemos a Herodes. E porque encontramos esta sem-razão, nós somos os desarrazoados; porque resistimos a esta injustiça, nós somos os injustos; porque contradizemos esta impiedade, nós somos os ímpios.

Acabe de entender Portugal que não pode haver Cristandade nem cristandades nas conquistas sem os ministros do Evangelho terem abertos e livres estes dois caminhos, que hoje lhes mostrou Cristo. Um caminho para trazerem os Magos à adoração, e outro para os livrarem da perseguição; um caminho para trazerem os gentios à Fé, outro para os livrarem da tirania; um caminho para lhes salvarem as almas, outro para lhes libertarem os corpos. Neste segundo caminho está toda a dúvida, porque nele consiste toda a tentação. Querem que aos ministros do Evangelho pertença só a cura das almas, e que a servidão e cativeiro dos corpos seja dos ministros do Estado. Isto é o que Herodes queria. Se o caminho por onde se salvaram os Magos estivera à conta de Herodes, muito boa conta daria deles: a que deu dos Inocentes. Não é esse o governo de Cristo. A mesma Providência que teve cuidado de trazer os Magos a Cristo por um caminho, essa mesma teve o cuidado de os livrar e pôr em salvo por outro;

---

[i] *Mat.*, II, 11 e 12.

e querer dividir estes caminhos e estes cuidados é querer que não haja cuidado nem haja caminho. Ainda que um destes caminhos pareça só espiritual, e o outro temporal, ambos pertencem à Igreja e às chaves de S. Pedro, porque por um abrem-se as portas do Céu, e por outro fecham-se as do Inferno. As igrejas novas hão de se fundar e estabelecer, como Cristo fundou e estabeleceu a Igreja universal, quando, também, era nova. Que disse Cristo a S. Pedro? *Super hanc Petram aedificabo ecclesiam meam: Tibi dabo claves regni Coelorum: et portae inferi non praevalebunt adversus eam.*[i] Que importa que Pedro tenha chaves das portas do Céu, se prevalecerem contra ele e contra a Igreja as portas do Inferno? Isto não é fundar nova Igreja, é destruí-la em seus próprios fundamentos.

Não sei se reparais em que deu Cristo a S. Pedro não só chave, senão chaves: *Tibi dabo claves.* Para abrir as portas do Céu, bastava uma só chave: pois por que lhe dá Cristo duas? Porque assim como há caminhos contra caminhos, assim há portas contra portas: *Portae Inferi non praevalebwnt adversus eam.* Há caminhos contra caminhos, porque um caminho leva a Cristo, e outro pode levar a Herodes: e há portas contra portas, porque umas são as portas do Céu, e outras as portas do Inferno que o encontram. Por isso é necessário que as chaves sejam duas, e que ambas estejam na mesma mão. Uma com que Pedro possa abrir as portas do Céu, e outra com que possa trancar as portas do Inferno: uma com que possa levar os gentios a Cristo, e outra com que os possa defender do Demônio os seus ministros. E toda a teima do mesmo Demônio, e do mesmo Inferno, é que estas chaves e estes poderes se dividam, e que estejam em diferentes mãos.

Não o entenderam assim os senhores reis que fundaram aquelas Cristandades, e todas as das nossas conquistas, os quais sempre uniram um e outro poder, e o fiaram somente dos ministros do Evangelho; e a razão cristã e política que para isso tiveram foi por terem conhecido e experimentado que só quem converte os gentios, os zela e os defende; e que assim como dividir as almas dos corpos é matar, assim dividir estes dois cuidados é destruir. Por isso estão destruídas e desabitadas todas aquelas terras em tão poucos anos; e de tantas e tão numerosas povoações, de que só ficaram os nomes, não se veem hoje mais que ruínas e cemitérios. Necessário é logo, não só para o espiritual, senão, também, para o temporal das conquistas, que os mesmos que edificam aquelas novas igrejas, assim como têm o zelo e a arte para as edificar, tenham juntamente o poder para as defender. Quando os Israelitas reedificavam o Templo e a cidade de Jerusalém, diz a Escritura Sagrada que cada um dos oficiais com uma mão fazia a obra, e na outra tinha a espada: *Una manu faciebat opus, et altera tenebat gladium.*[ii] Pois não

---

[i] *Mat.*, XVI, 18 e 19.
[ii] *2.º Livro de Esdr.*, IV, 17.

era melhor trabalhar com ambas as mãos, e fariam muito mais? Melhor era; mas não podia ser: porque naquela mesma terra moravam os Samaritanos, os quais, ainda que dissessem que criam em Deus, resistiam e faziam cruel guerra à edificação do Templo; e como aos Israelitas lhes impediam a obra, era força fazê-la com uma mão, e defendê-la com a outra, sob pena de não ir a fábrica por diante. O mesmo lhes acontece aos edificadores daquelas novas igrejas. Muito mais se obraria nelas, se não fosse entre inimigos e entre homens de meia fé, quais eram os Samaritanos. Mas como estes com todas as forças do seu poder (ou do poder que não é nem pode ser seu), impedem o edifício, é necessário trabalhar e juntamente defender. E se os mesmos trabalhadores não tiverem espada com que defendam o que trabalham, não só parará, como está parada a obra; mas perder-se-á, como se vai perdendo, quanto com tanto trabalho se tem obrado.

Sim. Mas a espada é instrumento profano e leigo, e não diz bem em mãos sagradas. Primeiramente quem pôs a espada na mão dos que edificavam o Templo foi Neemias, o mais sábio, o mais santo príncipe e o mais zelador da honra de Deus que então havia no mundo. E se alguém tem os olhos tão delicados, que os ofenda esta aparência (que não é razão, senão pretexto), aparte-os um pouco de nós, e ponha-os em S. Paulo. Não vedes a S. Paulo com a espada em uma mão, e o livro na outra? Estes são os instrumentos, e as insígnias, com que nos pinta e representa a Igreja aquele grande homem, por antonomásia chamado o Apóstolo. E por quê? Por que traz Paulo em uma mão o livro, noutra a espada? Porque Paulo, entre todos os outros Apóstolos, foi o vaso de eleição escolhido particularmente por Cristo para pregador dos gentios: *Vas electionis est mihi iste, ut portet nomen meum coram gentibus:*[i] e quem tem por ofício a pregação e conversão dos gentios, há de ter o livro em uma mão, e a espada na outra: o livro para os doutrinar, a espada para os defender. E se esta espada se tirar da mão de Paulo, e se meter na mão de Herodes, que sucederá? Nadará toda a Belém em sangue inocente; e isso é o que vemos.

Mas porque não faça dúvida o nome de espada, troquemos a espada em cajado, que é instrumento próprio dos pastores (como ali somos) e respondei-me: quem tem obrigação de apascentar as ovelhas? O pastor. E quem tem obrigação de defender as mesmas ovelhas dos lobos? O pastor também. Logo, o mesmo pastor que tem o cuidado de as apascentar, há de ter, também, o poder de as defender. Esse é o ofício do pastor, e esse o exercício do cajado. Lançar o cajado à ovelha para a encaminhar, e terçá-lo contra o lobo para a defender. E vós quereis que este poder esteja em uns, e aquele cuidado em outros? Não seja isso conselho dos lobos! Quando Davi andava no campo apascentando as

---

[i] *At.*, IX, 15.

suas ovelhas, e vinha o urso ou o leão para lhas comer, que fazia? Ia a Jerusalém buscar um ministro de el-rei Saul, para que lhas viesse defender? Não seria Davi, nem pastor, se assim o fizesse. Ele era o que as apascentava, e ele quem as defendia. E defendia-as de tal sorte, que das gargantas e das entranhas das mesmas feras as arrancava; porque se o lobo ou o leão lhe tinham engolido o cordeiro pela cabeça, tirava-lho pelos pés; e se lho engoliam pelos pés, tirava-lho pelas orelhas. Assim diz o profeta Amós (como quem tinha exercitado o mesmo ofício) que faz e deve fazer quem é pastor: *Quomodo si eruat pastor de ore leonis duo crura, aut extremum auriculae.*[i]

E porque algum político, mau gramático e pior cristão não cuide que a obrigação do pastor é somente apascentar, como parece o que significa a derivação do nome, saiba que só quem apascenta e defende é pastor, e quem não defende, ainda que apascente, não. Faz Cristo comparação entre o pastor e o mercenário, e diz assim: *Bonus pastor animam suam dat pro ovibus suis*:[ii] O bom pastor defende as suas ovelhas, e dá por elas a vida, se é necessário. *Mercenarius autem, et qui non est pastor;* porém o mercenário, e o que não é pastor, que faz? *Videt lupum venientem, et fugit, et lupus rapit, et dispergit oves*:[iii] Quando vê vir o lobo para o rebanho, foge e deixa-o roubar e comer as ovelhas. O meu reparo agora, e grande reparo, é dizer Cristo que o mercenário não é pastor: *Mercenarius autem, et qui non est pastor*. O mercenário, como diz o mesmo nome, é aquele que por seu jornal apascenta as ovelhas. Pois se o mercenário também apascenta as ovelhas, por que diz Cristo que não é pastor? Porque ainda que as apascenta não as defende: vê vir o lobo e foge. E é tão essencial do pastor o defender as ovelhas, que se as defende, é pastor; se as não defende, não é pastor: *Non est pastor*. Como Cristo tinha falado em bom pastor, cuidava eu que havia de fazer a comparação entre bom pastor e mau pastor; e dizer que o bom pastor é aquele que defende as ovelhas, e o mau pastor aquele que as não defende. Mas o Senhor não fez a comparação entre ser bom ou ser mau, senão entre ser ou não ser. Diz que o que defende as ovelhas é bom pastor, e não diz que o que as não defende é mau pastor: por quê? Porque o que não defende as ovelhas não é pastor bom nem mau. Um lobo não se pode dizer que é bom homem, nem que é mau homem, porque não é homem. Da mesma maneira o que não defende as ovelhas, não se pode dizer que é bom pastor nem mau pastor, porque não é pastor: *Non est pastor*. E sendo assim que a essência do pastor consiste em defender as ovelhas dos lobos, não seria coisa muito para rir, ou muito para cho-

---

[i] *Amós*, III, 12.
[ii] *João*, X, 11 c 12.
[iii] Ibid.

rar, que os lobos pusessem pleito aos pastores, por que lhes defendem as ovelhas? Lá dizem as fábulas que os lobos se quiseram concertar com os rafeiros; mas que citassem aos pastores, se lhes quisessem armar demanda, porque lhes defendiam o rebanho. Isso não o disseram as fábulas, di-lo-ão as nossas histórias.

Mas quando disserem isto dos lobos, também dirão dos pastores, que muitos deram a vida pelas ovelhas: uns afogados das ondas, outros comidos dos bárbaros, outros mortos nos sertões de puro trabalho e desamparo. Dirão que todos expuseram e sacrificaram as vidas pelos bosques, e pelos desertos entre as serpentes; pelos lagos e pelos rios entre os crocodilos; pelo mar e por toda aquela costa, entre parcéis e baixios os mais arriscados e cegos de todo o Oceano. Finalmente, dirão que foram perseguidos, que foram presos, que foram desterrados; mas não dirão, nem poderão dizer, que faltassem à obrigação de pastores, e que fugissem dos lobos como mercenários: *Mercenarius autem fugit*. E esta é razão e obrigação por que eu falo aqui, e falo tão claramente. S. Gregório Magno, comentando estas mesmas palavras: *Mercenarius autem fugit*, diz assim: *Fugit, quia injustitiam vidit, et tacuit: fugit, quia se sub silentio abscondit*. Sabeis, diz o supremo Pastor da Igreja, quando foge o que não é verdadeiro pastor? Foge quando vê injustiças, e em vez de bradar contra elas, as cala: foge, quando devendo sair a público em defesa da verdade, se esconde, e esconde a mesma verdade debaixo do silêncio. Bem creio que alguns dos que me ouvem teriam por mais modéstia e mais decência que estas verdades e estas injustiças se calassem; e eu o faria facilmente como Religioso, sem pedir grandes socorros à paciência: mas que seria, se eu assim o fizesse? Seria ser mercenário e não pastor: *Fugit, quia mercenarius est*: seria ser consentidor das mesmas injustiças que vi, e estando tão longe, não pude atalhar: *Fugit, quia injustitiam vidit, et tacuit*: seria ser traidor das mesmas ovelhas que Cristo me entregou, e de que lhe hei de dar conta, não as defendendo, e escondendo-me onde só as posso defender: *Fugit, quia se sub silentio abscondit*.

VI

E porque na apelação deste pleito, em que a injustiça e violência dos lobos ficou vencedora, é justo que, também, eles sejam ouvidos; assim como ouvistes balar as ovelhas no que eu tenho dito, ouvi também uivar os mesmos lobos, no que eles dizem.

Dizem que o chamado zelo com que defendemos os índios é interesseiro e injusto: interesseiro, porque o defendemos para que nos sirvam a nós; e injusto, porque defendemos que sirvam ao povo. Provam o primeiro e cuidam que com evidência, porque veem que nas aldeias edificamos as igrejas com os índios:

veem que pelos rios navegamos em canoas tripuladas de índios: veem que nas missões, por água e por terra, nos acompanham e conduzem os índios: logo, defendemos e queremos os índios para que nos sirvam a nós! Esta é a sua primeira consequência, muito como sua, da qual, porém, nos defende muito facilmente o Evangelho. Os Magos, que também eram índios, de tal maneira seguiam e acompanhavam a estrela, que ela não se movia, nem dava passo sem eles. Mas em todos estes passos, e em todos estes caminhos, quem servia, e a quem? Servia a estrela aos Magos, ou os Magos à estrela? Claro está que a estrela os servia a eles, e não eles a ela. Ela os foi buscar tão longe, ela os trouxe ao Presépio, ela os alumiava, ela os guiava; mas para que eles a servissem a ela, senão para que servissem a Cristo, por quem ela os servia. Este é o modo com que nós servimos aos índios, e com que dizem que eles nos servem.

Se edificamos com eles as suas igrejas, cujas paredes são de barro, as colunas de pau tosco, e as abóbadas de folhas de palma, sendo nós os mestres e os obreiros daquela arquitetura, com o cordel, com o prumo, com a enxada, e com a serra, e os outros instrumentos (que também nós lhes damos) na mão, eles servem a Deus e a si, nós servimos a Deus e a eles; mas não eles a nós. Se nos vêm buscar em uma canoa, como têm por ordem, nos lugares onde não residimos, sendo isso, como é, para os ir doutrinar por seu turno, ou para ir sacramentar os enfermos a qualquer hora do dia ou da noite, em distância de trinta, de quarenta, e de sessenta léguas, não nos vêm eles servir a nós, nós somos os que os imos servir a eles, Se imos em missões mais largas a reduzir e descer os gentios, ou a pé, e muitas vezes descalços, ou embarcados em grandes tropas à ida, e muito maiores à vinda, eles e nós, imos em serviço da Fé e da República, para que tenha mais súbditos a Igreja e mais vassalos a Coroa: e nem os que levamos, nem os que trazemos, nos servem a nós, senão nós a uns e a outros, e ao rei e a Cristo. E porque deste modo, ou nas aldeias, ou fora delas nos veem sempre com os índios, e os índios conosco, interpretam esta mesma assistência tanto às avessas, que em vez de dizerem que nós os servimos, dizem que eles nos servem.

Veio o Filho de Deus do Céu à Terra a salvar o Mundo; e sempre andava acompanhado, e seguido dos mesmos homens a quem veio salvar. Seguiam-no os Apóstolos, que eram doze; seguiam-no os Discípulos, que eram setenta e dois; seguiam-no as turbas, que eram muitos milhares; e quem era aqui o que servia, ou era servido? O mesmo Senhor o disse: *Non venit ministrari sed ministrare*:[i] Eu não vim a ser servido, senão a servir. E todos estes que me seguem e me assistem, todos estes que eu vim buscar, e me buscam, eu sou o que os

---

[i] *Mat.*, XX, 28.

sirvo a eles, e não eles a mim. Era Cristo mestre, era médico, era pastor, como ele disse muitas vezes. E estes mesmos são os ofícios em que servem aos gentios e cristãos aqueles ministros do Evangelho. São mestres, porque catequizam e ensinam a grandes e pequenos, e não uma, senão duas vezes no dia: e quando o mestre está na aula ou na escola, não são os discípulos os que servem ao mestre, senão o mestre aos discípulos. São médicos, porque não só lhes curam as almas, senão também os corpos, fazendo-lhes o comer e os medicamentos, e aplicando-lhos por suas próprias mãos às chagas, ou às doenças, por asquerosas que sejam; e quando o médico cura os enfermos, ou cura deles, não são os enfermos os que servem o médico, senão o médico aos enfermos. São pastores, porque têm cuidado de dar o pasto às ovelhas e a criação aos cordeiros, vigiando sobre todo o rebanho de dia e de noite: e quando o pastor assim o faz, e nisso se desvela, não são as ovelhas as que servem ao pastor, senão o pastor às ovelhas. Mas porque isto não serve aos lobos, por isso dizem que os pastores se servem.

Quanto aos interesses não tenho eu que dizer; porque todos os nossos haveres eles os têm em seu poder. Assim como nos prenderam e desterraram, assim se apoderaram também das nossas choupanas, e de quanto nelas havia. Digam, agora, o que acharam. Acharam ouro e prata; mas só a dos cálices e custódias. Nos altares acharam sacrários, imagens e relíquias; nas sacristias ornamentos, não ricos, mas decentes e limpos: nas celas de taipas pardas e telha-vã, alguns livros, catecismos, disciplinas, cilícios, e uma tábua ou rede em lugar de camas, porque as que levamos de cá se dedicaram a um hospital, que não havia; e se nos nossos guarda-roupas se acharam alguns mantéus, e sotainas remendadas, eram de algodão grosseiro, tinto na lama, como o calçado de peles de veado e porco-montês, que são as mesmas galas com que aqui aparecemos. Finalmente, é certo que os Magos achariam no Presépio mais pobreza; mas mais provado desinteresse não. Diz o Evangelista que os Magos, abrindo os seus tesouros, ofereceram a Cristo ouro, incenso e mirra: *Apertis thesauris suis obtulerunt ei munera, aurum, thus, et myrrham.*[i] Mas não sei se reparais que, dizendo-se que os tesouros foram oferecidos, não se diz se foram aceitados ou não. A opinião comum dos Doutores é que sim: contudo, outros duvidam e com fundamento; porque daí a poucos dias indo a Virgem Mãe apresentar o seu primogênito no Templo, conforme a Lei, e dispondo a mesma Lei que os pobres oferecessem duas rolas ou dois pombinhos, e os que tivessem mais posses um cordeiro, a Senhora não ofereceu cordeiro, senão, como diz o Texto: *Par turturum, aut duos pullos columbarum.*[ii] De onde parece ser possível inferir

---

[i] *Mat.*, II, 11.
[ii] *Luc.*, II, 24.

que a Santa Família do Presépio não aceitou os tesouros dos Magos; porque se tivera ouro, oferecera cordeiro. De maneira que é certo e de fé que os tesouros se ofereceram, mas ficou em opinião e em dúvida se se aceitaram ou não. Por isso eu digo que sendo tão grande a pobreza do Presépio, a nossa naquelas terras está mais provada. Na pobreza do Presépio é certo que houve tesouros, e é duvidoso se foram aceitos: na nossa nem há esta certeza, nem pode haver esta dúvida; porque os Magos que trazemos a Cristo, e a gente a quem servimos é tão pobre e tão miserável que nem eles têm que oferecer, nem nós temos que aceitar.

Resta a segunda parte da queixa, em que dizem que defendemos os índios porque não queremos que sirvam ao povo. A tanto se atreve a calúnia, e tanto cuida que pode desmentir a verdade! Consta autenticamente nesta mesma corte que no ano de 1665 vim eu a ela, só a buscar o remédio desta queixa, e a estabelecer (como levei estabelecido por Provisões reais) que todos os índios sem exceção servissem ao mesmo povo, e o servissem sempre: e o modo, a repartição e a igualdade com que haviam de servir, para que fosse bem servido. Vede se podia desejar mais a cobiça, se com ela pudesse andar junta a consciência. Não posso, porém, negar que todos nesta parte, e eu em primeiro lugar somos muito culpados. E por quê? Porque devendo defender os gentios que trazemos a Cristo, como Cristo defendeu os Magos, nós, acomodando-nos à fraqueza do nosso poder, e à força do alheio, cedemos da sua justiça, e faltamos à sua defesa. Como defendeu Cristo os Magos? Defendeu-os de tal maneira que não consentiu que perdessem a pátria, nem a soberania, nem a liberdade: e nós não só consentimos que os pobres gentios que convertemos percam tudo isto, senão que os persuadimos a que o percam, e o capitulamos com eles, só para ver se se pode contentar a tirania dos cristãos; mas nada basta. Cristo não consentiu que os Magos perdessem a pátria, porque *reversi sunt in regionem suam*:[i] e nós não só consentimos que percam a sua pátria aqueles gentios, mas somos os que à força de persuasões e promessas (que se lhes não guardam) os arrancamos das suas terras, trazendo as povoações inteiras a viver ou a morrer junto das nossas. Cristo não consentiu que os Magos perdessem a soberania, porque reis vieram, e reis tornaram: e nós não só consentimos que aqueles gentios percam a soberania natural com que nasceram e vivem isentos de toda a sujeição; mas somos os que, sujeitando-os ao jugo espiritual da Igreja, os obrigamos, também, ao temporal da coroa, fazendo-os jurar vassalagem. Finalmente, Cristo não consentiu que os Magos perdessem a liberdade, porque os livrou do poder e tirania de Herodes, e nós não só não lhes defendemos a liberdade, mas pactuamos com eles e por eles, como seus curadores, que sejam meio cativos, obrigando-se a

---

[i] *Mat.*, II, 12.

servir alternadamente a metade do ano. Mas nada disto basta para moderar a cobiça e tirania dos nossos caluniadores, porque dizem que são negros, e hão de ser escravos.

Já considerei algumas vezes por que permitiu a Divina Providência ou ordenou a Divina Justiça que aquelas terras e outras vizinhas fossem dominadas pelos hereges do Norte. E a razão me parece que é porque nós somos tão pretos em respeito deles, como os índios em respeito a nós; e era justo que pois fizemos tais leis, por elas se executasse em nós o castigo. Como se dissera Deus, já que vós fazeis cativos a estes porque sois mais brancos que eles, eu vos farei cativos de outros que sejam, também, mais brancos que vós. A grande sem-razão desta injustiça declarou Salomão em nome alheio com uma demonstração muito natural. Introduz a Etiopisa, mulher de Moisés, que era preta, falando com as senhoras de Jerusalém, que eram brancas, e por isso a desprezavam, e diz assim: *Filiae Jerusalem, nolite considerare quod fusca sim, quia decoloravit me Sol:*[i] Se me desestimais porque sois brancas, e eu preta, não considereis a cor, considerai a causa: considerai que a causa desta cor é o Sol, e logo vereis quão inconsideradamente julgais. As nações, umas são mais brancas, outras mais pretas, porque umas estão mais vizinhas, outras mais remotas do Sol. E pode haver maior inconsideração do entendimento, ou maior erro do juízo entre homens, que cuidar eu que hei de ser vosso senhor porque nasci mais longe do Sol, e que vós haveis de ser meu escravo por que nascestes mais perto?!

Dos Magos que hoje vieram ao presépio, dois eram brancos e um preto, como diz a tradição; e seria justo que mandasse Cristo que Gaspar e Baltasar, porque eram brancos, tornassem livres para o Oriente, e Belchior, porque era pretinho, ficasse em Belém por escravo, ainda que fosse de S. José? Bem o pudera fazer Cristo, que é Senhor dos senhores; mas quis-nos ensinar que os homens, de qualquer cor, todos são iguais por natureza, e mais iguais ainda por fé, se creem e adoram a Cristo, como os Magos. Notável coisa é que, sendo os Magos reis, e de diferentes cores, nem uma nem outra coisa dissesse o Evangelista! Se todos eram reis, por que não diz que o terceiro era preto? Porque todos vieram adorar a Cristo, e todos se fizeram cristãos. E entre cristão e cristão não há diferença de nobreza, nem diferença de cor. Não há diferença de nobreza, porque todos são filhos de Deus; nem há diferença de cor, porque todos são brancos. Essa é a virtude da água do batismo. Um etíope se se lava nas águas do Zaire fica limpo, mas não fica branco: porém na água do batismo sim, uma coisa e outra: *Asperges me hyssopo, et mundabor:* ei-lo aí limpo; *Lavabis me, et*

---

[i] *Cânt.*, I, 5.

super nivem dealbabor:[i] ei-lo aí branco. Mas é tão pouca a razão, e tão pouca a Fé daqueles inimigos dos índios, que depois de nós os fazermos brancos pelo batismo, eles os querem fazer escravos por negros.

Não é minha intenção que não haja escravos; antes procurei nesta corte, como é notório e se pode ver da minha proposta, que se fizesse, como se fez, uma junta dos maiores letrados sobre este ponto, e se declarassem como se declararam por lei (que lá está registrada) as causas do cativeiro lícito. Mas porque nós queremos só os lícitos, e defendemos os ilícitos, por isso nos não querem naquela terra, e nos lançam dela. O mesmo sucedeu a S. Paulo, embora a terra não fosse de cristãos. Em Filipos, cidade da Macedônia, havia uma escrava possuída do Demônio, o qual falava nela e dava oráculos, e adivinhava muitas coisas, e por esta habilidade ganhava muito a escrava a seus senhores. Compadeceu-se dela S. Paulo, que ali se achava em missão com seu companheiro Sila; lançou fora o Demônio daquele corpo duas vezes cativo. E que prêmio ou agradecimento teve ele e seu companheiro deste benefício? Amotinou-se contra eles todo o povo; prenderam-nos, maltrataram-nos e lançaram-nos da cidade. Pois porque os Apóstolos lançam o Demônio fora da escrava, por isso os lançam eles fora da terra? Porventura Paulo e Sila tiraram a escrava a seus senhores, ou disseram que não era escrava, e que os não servisse? Nem por pensamento. Pois por que os maltratam, por que os prendem, por que os desterram? Porque os senhores da escrava não só queriam a escrava, senão a escrava e mais o Demônio. Aqui bate o ponto de toda a controvérsia, e por isso não concordamos. Nós queremos que tenham escravos, mas sem Demônio; eles não querem escravos senão com o Demônio: e por quê? O mesmo Texto dá a razão, que em uns e outros é a mesma: *Quia exivit spes quaestus eorum*:[ii] porque tendo a escrava sem o Demônio, perdiam toda a esperança dos seus interesses. Os escravos lícitos e sem Demônio são muito poucos; os ilícitos e com o Demônio são quantos eles querem cativar, e quantos cativam e como o seu interesse (posto que interesse infernal) consiste em terem escravos com o Demônio, por isso querem antes o Demônio que os Apóstolos, e por isso os lançam de si: *Quia exivit spes quaestus eorum, perduxerunt Paulum et Silam.*

Convencidos e confundidos desta evidência, ainda falam, ainda replicam; e que dizem? O que se não atreveu a dizer Herodes, posto que o fez. Dizem que se não podem sustentar, nem o Estado se pode conservar de outro modo. Vede que razão esta para se ouvir com ouvidos católicos, e para se articular e apresentar diante de um tribunal ou rei cristão! Não nos podemos sustentar de

---

[i] *Sal.*, LI, 7.
[ii] *At.*, XVI, 19.

outra sorte, senão com a carne e sangue dos miseráveis índios! Então eles são os que comem gente? Nós, nós somos os que imos comer a eles. Esta era a fome insaciável dos maus criados de Jó: *Quis det de carnibus ejus ut saturemur:*[i] e esta era a injustiça e crueldade de que Deus mais se sentia em seus maus ministros: *Qui devorant plebem meam sicut escam panis.*[ii] E porque os pregadores do Evangelho são os que vão buscar estas inocentes vítimas, e as não querem entregar ao açougue e matadouro; fora, fora das nossas terras. Quando Cristo chamou os Apóstolos, disse-lhes que os havia de fazer pescadores de homens: *Faciem vos fieri piscatores hominum.*[iii] Assim nos fez, e assim o fazemos nós, e nisso se ocupam as nossas redes, e se cansam os nossos braços. Mas para que entendam e se desenganem todos, lá e cá, que esses homens não os havemos nós de pescar para que eles os comam; advirtam, e notem bem que se Cristo chamou aos Apóstolos pescadores, também lhes chamou sal: *Vos estis sal Terrae.*[iv] Pois os pescadores hão de ser sal, e os Apóstolos sal, e juntamente pescadores? Sim. O pescador pesca, o sal conserva. E esta é a diferença que há entre os pescadores de homens e os pescadores de peixes: os pescadores de peixes pescam os peixes para que se comam; os pescadores de homens hão de pescar os homens para que se conservem. Veja-se em todo o resto daquela América se houve alguns índios que se conservassem senão os da nossa doutrina. Por isso nos não querem a nós, por isso querem os que lhos ajudam a comer: e estas são as nossas culpas.

O justo castigo que os homens nos dão por elas bem se vê: o que Deus lhes há de dar a eles, e o prêmio com que nos há de pagar a nós, o mesmo castigo, também o tem prometido. Antevia Cristo, como sabedoria infinita, que os seus Apóstolos, a quem mandava pregar pelo mundo, haviam de encontrar-se com homens tão inimigos da verdade e da justiça que os não consentiriam consigo, e os lançariam das suas terras (bem assim como os Gerasenos expulsaram das suas ao mesmo Cristo) e, para que estivessem e fossem prevenidos, primeiramente deu-lhes a instrução do modo com que se haviam de haver em semelhantes casos: *Quicumque non receperint vos, neque audierint sermones vestros, exeuntes foras de domo, vel civitate, excutite pulverem de pedibus vestris, in testimonium illis:*[v] Quando os homens, quaisquer que sejam, não receberem vossa doutrina, e vos lançarem de suas casas e cidades, o que haveis de fazer autenticamente, diante de todos, é sacudir o pó dos sapatos, para que esse pó seja testemunha de que

---

[i] *Jó*, XXXI, 31.
[ii] *Sal.*, XIV, 4.
[iii] *Mat.*, IV, 19.
[iv] *Mat.*, V, 13.
[v] Ibid., X, 14; *Luc.*, IX, 5; *Marc.*, VI, 11.

pusestes os pés naquela terra, e ela vos lançou de si. Assim o fizeram S. Paulo e S. Barnabé quando foram lançados de Pisídia; e assim o fiz eu também. E que mais diz Cristo para que os mesmos Apóstolos se não desconsolassem, antes se gloriassem muito destes desterros e da causa deles? — Sabeis, lhes diz o mesmo Senhor, que quando os homens assim vos aborrecerem, e vos apartarem e expulsarem de si, então sereis bem-aventurados, porque então sereis meus verdadeiros discípulos; e depois o sereis também, porque no Céu tereis o galardão que vos não sabe nem pode dar a Terra: *Beati eritis cum vos oderint homines, et cum separaverint vos, et exprobraverint, et ejecerint nomen vestrum tanquam malum propter Filium Hominis: gaudete, et exultate: ecce enim merces vestra multa est in Coelo.*[i]

Este é o prêmio com que Cristo (bendito Ele seja) nos há de pagar, e paga já de contado, a paciência destas injúrias, remunerando de antemão, no seguro de sua palavra, estes trabalhos com aquele descanso, estes desterros com aquela pátria, e estas afrontas com aquela glória, para que ninguém nos tenha lástima, quando o Céu nos tem inveja. Mas porque os autores de tamanhos escândalos não cuidem que eles e suas terras hão de ficar sem o devido castigo, conclui, finalmente, o justo Juiz com esta temerosa sentença: *Amen dico vobis: Tolerabilius erit terrae Sodomorum, e Gomorrhaeorum, quam illi civitati:*[ii] De verdade vos digo que o castigo das cidades de Sodoma e Gomorra, sobre as quais choveram raios, ainda foi mais moderado e mais tolerável do que será o que está preparado não só para as pessoas, senão para as mesmas terras, donde os meus pregadores forem lançados. Tal é a sentença que tem decretada a Divina Justiça contra aquela mal-aconselhada gente, por cujo bem e remédio eu tenho passado tantos mares e tantos perigos. Praza à Divina Misericórdia perdoar-lhes, pois não sabem o que fazem. E para que lhes não falte o perdão da parte, assim como meus companheiros e eu lho temos já dado de coração, assim, agora, lho torno a ratificá-lo aqui publicamente: *coram Deo, et hominibus*, em nome de todos.

VII

Suposto, pois, que não peço nem pretendo castigo, e o que só desejo é o remédio, quero acabar este largo mas forçoso discurso apontando brevemente o que ensina o Evangelho. O primeiro e fundamental de todos era que aquelas terras fossem povoadas com gente de melhores costumes, e verdadeiramente cristã. Por isso no regimento dos Governadores a primeira coisa que muito se

---

[i] *Luc.*, VI, 22.
[ii] *Mat.*, X, 15.

lhes encarrega é que a vida e procedimento dos Portugueses seja tal que com o seu exemplo e imitação se convertam os gentios. Assim está disposto santissimamente, porque, como diz S. João Crisóstomo, se os cristãos vivessem conforme a lei de Cristo, toda a gentilidade estaria já convertida: *Nemo profecto gentilis esset, si ipsi, ut oportet, Christiani esse curaremos.* Mas é coisa muito digna, não sei se de admiração se de riso, que no mesmo tempo em que se dá este regimento aos Governadores, e nos mesmos navios em que eles vão embarcados, os povoadores que se mandam para as mesmas terras são os criminosos e malfeitores tirados do fundo das enxovias, e levados a embarcar em grilhões, a quem já não pode fazer bons o temor de tantas justiças! E estes degredados por suas virtudes, e talvez marcados por elas, são os santinhos que lá se mandam, para que com o seu exemplo se convertam os gentios, e se acrescente a cristandade. Aqueles Samaritanos, que acima dissemos impediam a edificação do Templo, eram degredados por el-rei Salmanasar de Assíria e Babilônia, para povoadores da Samaria que ele tinha conquistado; e diz a História Sagrada que o que lá fizeram foi ajuntar os costumes que levavam da sua terra com os que acharam em Samaria; e assim eram meios fiéis, e meios gentios: *Et cum Dominum colerent, diis quoque suis serviebant juxta consuetudinem gentium de quibus translati fuerant Samariam.*[i] Isto mesmo se experimenta, e é força que suceda nas nossas conquistas, com semelhantes povoadores. Mas como este erro fundamental já não pode ter remédio, vamos aos que de presente e para o futuro nos ensina o Evangelho.

O primeiro é a boa eleição dos sujeitos a quem se comete o governo. E para que a eleição seja boa, que parte hão de ter os eleitos? Eu me contento com uma só. E qual? Que sejam ao longe o que prometem ao perto. Herodes encomendou muito aos Magos que fizessem diligência pelo Rei nascido que buscavam, e que assim que O achassem, lhe fizessem logo aviso para que, também, ele O fosse adorar: *Ut et ego veniens adorem eum.*[ii] Ah, hipócrita! Ah, traidor! E para tu adorares a Cristo é necessário que vás onde ele estiver: *Ut et ego veniens?* Tanto podia Herodes adorar a Cristo desde Jerusalém, onde ele estava, como em Belém, ou em qualquer outra parte, onde o Senhor estivesse: mas estes são e estes costumam ser os Herodes. Em Belém e ao perto adoram; desde Jerusalém e ao longe, não adoram. Antes de ir e quando vêm, adoram: *Ut et ego veniens*; mas enquanto estão lá tão longe, nem adoram nem têm pensamento de adorar, como Herodes; e se não maquinam contra o rei em sua pessoa, maquinam contra ele e suas leis, à custa da vida e sangue

---

[i] *2.º Livro dos Reis*, XVII, 33.
[ii] *Mat.*, II, 8.

dos inocentes. Bom Daniel e fiel ministro de seu Senhor. Estava Daniel em Babilônia, e diz o Texto sagrado que todos os dias três vezes abria as janelas que ficavam para a parte de Jerusalém, e prostrado de joelhos adorava: *Apertis fenestris in coenaculo suo contra Jerusalem, tribus temporibus in die flectebat genua sua, et adorabat*.[i] De Babilônia não se podia ver Jerusalém, distante tantos centos de léguas quantas há desde o Monte Sião ao rio Eufrates: pois por que adorava Daniel para a parte de Jerusalém? Porque Jerusalém naquele tempo era a corte de Deus; o templo, o seu palácio; e o Propiciatório sobre asas de querubins o seu trono: e essa era a obrigação de fiel ministro: adorar a seu Senhor, e adorá-Lo sempre, e adorá-Lo de toda a parte, ainda que fosse tão distante como Babilônia. Em Jerusalém adorava Daniel de perto, em Babilônia adorava de longe; isto é o que nota e encarece a Escritura, não que adorasse de perto, que isso fazem todos; mas que adorasse de longe e de tão longe. E porque ao longe há poucos Daniéis, e muitos Herodes, por isso convém que os que hão de governar em terras tão remotas sejam aqueles que façam ao longe o que prometem ao perto.

Mas costuma isto ser tanto pelo contrário, que só o verem-se tão longe lhes tira todo o temor do rei, e toda a reverência do seu nome. Entraram os Magos por Jerusalém perguntando: *Ubi est qui natus est rex Judaeorum?*[ii] E que efeitos causou em Herodes esta voz do nome real? *Audiens autem Herodes rex, turbatus est*:[iii] logo que ouviu nomear rei, turbou-se, perdeu as cores, e ficou fora de si de medo. Assim havia de ser o nome de rei, ou pronunciado ou escrito, em qualquer parte da sua monarquia, por distante que fosse. Havia de ser um trovão prenhe de raios, que fizesse tremer as cidades, as fortalezas, os portos, os mares, os montes, quanto mais os homens. Mas os que se veem além da Linha, ou debaixo dela, fazem tão pouco caso destas trovoadas, que em vez de tomarem do coração de Herodes o *Turbatus est*, tomam da boca dos Magos o *Ubi est*. Onde está el-rei? Em Portugal? Pois se ele lá está, nós estamos cá. *Ille se jactet in aula.* Mande ele de lá o que mandar, nós faremos cá o que nos bem estiver. São como aqueles hereges, que construindo a seu sabor o verso de Davi, diziam: *Coelum coeli Domino, terram autem dedit filiis hominum*:[iv] esteja-se Deus no seu Céu, que nós, estamos cá na nossa Terra. E que há de fazer a pobre terra com tais governadores? O que eles quiserem, ainda que seja muito contra si, e muito a seu pesar. Não temos o Texto longe.

---

[i] *Dan.*, VI, 10.
[ii] *Mat.*, II, 2.
[iii] Ibid., 3.
[iv] *Sal.*, CXV, 16.

Turbatus est Herodes, et omnis Jerosolyma cum illo:[i] Perturbou-se Herodes e toda a Jerusalém com ele. Perturbar-se Herodes, rei intruso e tirano, temendo que o legítimo Senhor o privasse da coroa, que não era sua, razão tinha; mas que se perturbe juntamente Jerusalém, quando era a melhor e mais alegre nova que podia ouvir?! Não suspirava Jerusalém e toda a Judeia pela vinda, do Messias? Não gemia debaixo da violência de Herodes? Não desejava sacudir o jugo, e libertar-se de sua tirania? Pois por que se perturba, ou mostra perturbada, quando Herodes se perturba? Porque tão despótica, como isto, é a sujeição dos tristes povos debaixo do domínio de quem os governa e mais quando são tiranos. Hão de fazer o que eles querem, e hão de querer o que eles fazem, ainda que lhes pese. Dizem que os que governam são espelho da república: não é assim, senão ao contrário. A república é o espelho dos que a governam. Porque assim como o espelho não tem ação própria, e não é mais que uma indiferença de vidro, que está sempre exposta a retratar em si os movimentos de quem tem diante, assim o povo, ou república sujeita, se se move, ou não se move, é pelo movimento ou sossego de quem a governa. Se Herodes se não perturbara, não se havia de perturbar Jerusalém: perturbou-se porque ele se perturbou: *Turbatus est Herodes, et omnia Jerosolyma cum illo*. O perturbado foi um, e as perturbações foram duas: uma em Herodes, e outra em Jerusalém: em Herodes foi ação, em Jerusalém reflexo, como em espelho. Por isso o Evangelista exprimiu só a primeira: *Turbatus est*; e debaixo dela entendeu ambas. Assim que todas as vezes que Jerusalém se inquieta, Herodes tem a culpa; e se acaso a não tem toda, tem a primeira. *Et omnis Jerosolyma cum illo*: ou com ele, porque ele faz a inquietação; ou com ele, porque a manda; ou com ele, porque a consente; ou com ele, porque a dissimula; ou com ele, quando menos, porque, devendo e podendo, a não impede; mas sempre e de qualquer modo com ele: *Cum illo*. De maneira, enfim, que na eleição destes *eles* consiste a paz, o sossego e o bom governo das conquistas. E este é o primeiro remédio do Evangelho, ou primeiro Evangelho do remédio.

O segundo remédio é que as Congregações eclesiásticas daquele estado sejam compostas de tais sujeitos, que saibam dizer a verdade e que a queiram dizer. Para Herodes responder à proposta e pergunta dos Magos, que fez? *Congregans omnes principes sacerdotum, et scribas populi, sciscitabatur ab eis ubi Christus nasceretur.*[ii] A proposta e pergunta era em que lugar havia de nascer o Messias, e para isso fez uma congregação, ou junta, em que entraram as pessoas eclesiásticas de maior autoridade e letras que havia em Jerusalém. Era

---

[i] *Mat.*, II, 3.
[ii] *Mat.*, II, 4.

Herodes tirano, e contudo mostrou estas duas grandes partes de príncipe; que perguntava, e perguntava a quem havia de perguntar: as matérias eclesiásticas aos eclesiásticos, e as das letras aos letrados, e destes aos maiores. Por isso compôs a congregação de sacerdotes e professores de letras; mas não de quaisquer sacerdotes, nem de quaisquer letrados, senão dos que no sacerdócio e na ciência, na sinagoga e no povo, tinham os primeiros lugares: *Congregans omnes principes sacerdotum, et scribas populo*. E que se seguiu desta eleição de pessoas tão acertada? Tudo o que se pretendia.

O primeiro efeito, e muito notável, foi que sendo tantos, todos concordaram. Raramente se vê uma junta em que não haja diversidade de pareceres, ainda contra a razão e verdade manifesta, principalmente quando se conhece a inclinação do rei, como aqui estava conhecida a de Herodes na sua perturbação; e, contudo, todos os desta grande junta concordaram na mesma resposta, todos alegaram o mesmo Texto, e todos o entenderam no mesmo sentido: *At illi dixerunt ei in Bethlehem Juda: sic enim scriptum est per prophetam. Et tu Bethlehem terra Juda etc.*[i] E porque todos concordaram sem discrepância, deste primeiro efeito se seguiu o segundo, e principalmente pretendido, que era encaminhar os Magos com certeza ao lugar do nascimento de Cristo, para que infalivelmente O achassem e adorassem, como acharam e adoraram. Tanto importa que semelhantes congregações sejam compostas de homens que tenham letras. Cuida-se cá que para aquelas partes bastam eclesiásticos que saibam a forma do batismo e a doutrina cristã; e não se repara que eles são os que nos púlpitos pregam publicamente, eles os que absolvem secretamente nos confessionários (onde é maior o perigo), e que eles por disposição das leis reais são os intérpretes das mesmas leis, de que dependem as liberdades de uns, as consciências de outros, e a salvação de todos. E se estes (como sucede ou pode suceder) não tiverem mais letras que as do ABC, que conselhos, que resoluções, que sentenças hão de ser as suas? Pergunto: se os sacerdotes e letrados de Jerusalém se dividissem em opiniões: se uns dissessem que o Messias havia de nascer em Belém, outros em Nazaré, outros em Jericó: se uns voltassem para Galileia, outros para Judeia, outros para Samaria, que haviam de fazer os Magos? É certo que neste caso ou desesperados se haviam de tornar para as suas terras, como muitos se tornam, ou que, perseverando em buscar a Cristo, no meio de tanta confusão O não achariam. Uma das principais causas por que está Cristo tão pouco achado, ou por que está tão perdido naquelas conquistas, é pela insuficiência dos sujeitos eclesiásticos que lá se mandam. Cristo, uma vez que se perdeu, achou-se entre os Doutores: e onde estes faltam, que lhe há de suceder? Entre Doutores achou-se depois de perdido: onde eles fal-

---

[i] *Mat.*, II, 5 e 6.

tam, perder-se-á depois de achado. E isto é o que vemos. Por isso Herodes depois que fez aquela congregação de homens tão doutos, logo supôs que os Magos sem dúvida haviam de achar a Cristo: *Et cum inveneritis renuntiate mihi.*

Este é, como dizia, o segundo remédio que nos descobre o Evangelho. E se acaso nos descontenta, por ser praticado por tão ruim autor como Herodes (sem advertir que muitas vezes os maus governam tão bem como os bons, e melhor que os muito bons), imitemos ao menos o exemplo do nosso grande conquistador el-rei D. Manuel de felicíssima memória, tão amplificador do seu império como do de Cristo, de quem lemos que o primeiro sacerdote que enviou às conquistas foi seu próprio confessor. Não fiou a salvação daquelas almas senão de quem fiava a própria consciência; porque sabia que estava igualmente obrigado em consciência a tratar delas, e dos meios proporcionados à sua salvação. Mas para que é recorrer a exemplos meramente humanos, onde temos presente o do mesmo Rei e Salvador do universo? No tempo do nascimento de Cristo dividiu-se o mundo em duas nações, em que se compreendiam todas: a judaica e a gentílica; e para o Senhor fundar em ambas a nova Igreja cristã que vinha edificar e propagar, bem sabemos quais foram os sujeitos que escolheu. Aos Pastores, que eram judeus, mandou um anjo; aos Magos, que eram gentios, mandou uma estrela. E por que estrelas e anjos entre todas as criaturas? Porque as estrelas são luz, e os anjos são espíritos. Quem não tem luz, não pode guiar: quem não tem espírito, não pode converter. E nós queremos converter o mundo sem anjos, e com trevas. Notou muito bem aqui a Glossa, que tanto o anjo como a estrela foram missionários trazidos do Céu: e de lá era bom que viessem todos; mas já que os não podemos trazer do Céu, como Cristo, por que não mandaremos os melhores ou menos maus da Terra?

O terceiro e último remédio, e que sendo um abraça muitos, é que todos os que forem necessários para a boa administração e cultura daquelas almas, se lhes devem não só conceder, mas aplicar efetivamente, sem os mesmos gentios, ou novamente cristãos (nem outrem por eles) o pedirem ou procurarem. Diz com advertência e mistério particular o nosso Texto que, estando os Magos dormindo, se lhes deu a resposta do que haviam de fazer para se livrarem das mãos de Herodes: *Et responso accepto in somnis ne redirent ad Herodem.*[i] Nas palavras *responso accepto* reparo muito. Os Magos em Belém perguntaram alguma coisa? Pediram alguma coisa? Falaram alguma coisa? Ao menos no ponto particular de Herodes, sobre que foram respondidos, é certo que nem uma palavra só disseram. Pois se não falaram, se não pediram, se não propuseram, ou perguntaram; como se diz que foram respondidos: *responso accepto?* Esse é o mistério, e o do-

---

[i] *Mat.*, II, 12.

cumento admirável de Cristo a todos os reis que trazem gentios à Fé. Os Magos eram gentios ou cristãos novamente convertidos da gentilidade; e os gentios ou cristãos novamente convertidos, onde há fé, razão, e justiça, hão de ser respondidos sem eles falarem; hão de ser despachados sem eles requererem; hão de ser remediados sem eles pedirem. Não há de haver petição, e há de haver despacho: não há de haver requerimento, e há de haver remédio; não há de haver proposta e há de haver resposta: *responso accepto*.

Sim, mas se eles não requerem, quem há de requerer por eles? Muito bom procurador: quem requereu neste caso. São Jerônimo diz que o autor da resposta foi o mesmo Cristo por sua própria Pessoa; Santo Agostinho diz que foi por mediação e ministério de anjos; e tudo foi. Foi Cristo como verdadeiro rei, e foram os anjos como verdadeiros ministros. Nos outros casos e com os outros vassalos, os reis e os ministros são os requeridos: neste caso e com esta gente, os reis e os ministros hão de ser os requerentes. Eles são os que lhes hão de requerer a fé, eles os que lhes hão de requerer a liberdade, eles os que lhes hão de requerer a justiça, eles, finalmente, os que lhes hão de requerer, negociar e fazer efetivo tudo quanto importar à sua conversão, quietação e segurança, sem que aos mesmos gentios, ou antes ou depois de convertidos, lhes custe o menor cuidado. Que cuidavam ou que faziam os Magos, quando foram respondidos? É circunstância muito digna de que a considerem os que têm a seu cargo este encargo: *Et responso accepto in somnis*. Os Magos estavam dormindo, bem ignorantes do seu perigo, e bem descuidados do seu remédio, e ao mesmo tempo o bom rei e os bons ministros estavam traçando e dispondo os meios, não só da salvação de suas almas, senão da conservação, descanso e segurança de suas vidas.

E se alguém me perguntar a razão desta diferença e da maior obrigação deste cuidado acerca dos gentios e novos cristãos das conquistas, em respeito ainda dos mesmos vassalos portugueses e naturais, muito me espanto que haja quem a ignore. A razão é porque o reino de Portugal, enquanto reino e enquanto monarquia, está obrigado não só de caridade mas de justiça, a procurar efetivamente a conversão e salvação dos gentios, à qual muitos deles, por sua incapacidade e ignorância invencível, não estão obrigados. Tem esta obrigação Portugal enquanto reino porque este foi o fim particular para que Cristo o fundou e instituiu, como consta da mesma instituição. E tem esta obrigação enquanto monarquia porque este foi o intento e contrato com que os Sumos Pontífices lhe concederam o direito das conquistas, como consta de tantas Bulas Apostólicas. E como o fundamento e base do reino de Portugal, por ambos os títulos, é a propagação da Fé e a conversão das almas dos gentios, não só perderão infalivelmente as suas todos aqueles sobre quem carrega esta obrigação, se se descuidarem ou não cuidarem muito dela; mas o mesmo reino e monarquia, tirada e perdida a base sobre que foi fundado, fará naquela conquista a ruína que em tantas outras partes tem experimentado; e no-lo tirará o mesmo Senhor, que no-lo deu, como a maus colonos: *Auferetur a vobis regnum Dei et dabitur genti facienti fructus ejus.*[i]

Mas para que é falar nem trazer à memória reino, quando se trata do remédio de tantos milhares de almas, cada uma das quais pesa mais que todo o reino? Tomemos o exemplo naquele Rei que hoje chamou os reis, e naquele Pastor que ontem chamou os pastores. Falando Isaías de Cristo como rei, diz que trazia o seu império ao ombro: *Cujus imperium super humerum ejus;*[ii] e falando S. Lucas do mesmo Cristo como Pastor, diz que foi buscar a ovelha perdida sobre os ombros: *Imponit in humeros suos gaudens.*[iii] Pois um império sobre um ombro, e uma ovelha sobre ambos os ombros? Sim. Porque há mister mais ombros uma ovelha que um império. Não pesa tanto um império como uma ovelha. Para o império basta meio rei; para uma ovelha é necessário todo. E que pesando tanto uma só ovelha, que pesando tanto uma só alma, haja consciências eclesiásticas e seculares que tomem sobre seus ombros o peso da perdição de tantas mil? Venturoso Herodes, ou menos desventurado, que já de hoje em diante não serás tu o exemplo dos cruéis! Que importa que tirasse a vida Herodes a tantos inocentes, se lhes salvou as almas? Os cruéis e os tiranos são aqueles por cuja culpa se estão indo ao Inferno tantas outras: e se um momento se demorar o remédio das demais, lá irão todas. No Céu viu S. João que estavam as almas dos inocentes pedindo a Deus vingança do seu sangue: *Usquequo, Domine, non vindicas sanguinem nostrum?*[iv] E se almas que estão no Céu, vendo e gozando a Deus, pedem vingança, tantas almas que estão ardendo no Inferno e arderão por toda a eternidade, que brados darão a Deus? As almas também têm sangue, que é o que Cristo derramou por elas; e que brados dará à Justiça Divina este divino sangue, quando tão ouvidos foram os do sangue de Abel?

VIII

Nos ecos destes mesmos brados queria eu ficasse suspensa a minha oração; mas não é bom que ela acabe em brados e clamores quando o Evangelho nos mostra o Céu tão propício, que se ouvem na Terra os silêncios. Assim lhes aconteceu aos Magos, e assim espero eu que suceda a mim, pois sou tão venturoso

---

[i] *Mat.*, XXI, 43.
[ii] *Isaías*, IX, 6.
[iii] *Luc.*, XV, 5.
[iv] *Apoc.*, VI, 10.

como eles foram, que no fim da sua viagem acharam muito mais do que esperavam. Buscavam o rei nascido: *Ubi est qui natus est rex*:[i] e acharam o Rei nascido, e a rainha Mãe: *Invenerunt puerum cum Maria Matre ejus*.[ii] E como a Soberana Mãe era a voz do rei na sua menoridade, e a volta que os Magos fizeram para as suas terras correu por conta da mesma Senhora, foi esta missão que tomou por sua, tão bem instruída, tão bem-fundada e tão gloriosa em tudo que, dela e das que dela se foram propagando, disse Salomão nos seus Cânticos: *Emissiones tuae Paradisus*.[iii] Até agora, Senhora, porque as missões se não fizeram em nome e debaixo da real proteção de Vossa Majestade, os tormentos de pena e dano que aquelas almas padeceram se podiam chamar missões do Inferno; agora as mesmas missões, por serem de Vossa Majestade, serão Paraíso: *Emissiones tuae Paradisus*. Assim o ficam esperando da real piedade, justiça e grandeza de Vossa Majestade aquelas tão perseguidas e desamparadas almas, e assim o confiam e têm por certo os que, tendo-se desterrado da pátria por amor delas, padecem hoje na pátria tão indigno desterro. E para acabar como comecei com a última cláusula do Evangelho, o que ele finalmente diz é que os Magos retornaram para a sua terra por outro caminho: *Per aliam viam reversi sunt in regionem suam*.[iv] A terra foi a mesma, mas o caminho diverso; e isto é o que só desejam os que não têm por suas outras terras mais que as daquelas gentilidades a cuja conversão e doutrina por meio de tantos trabalhos têm sacrificado a vida. Voltar para as mesmas terras, sim, que o contrário seria inconstância; mas em forma que o caminho seja tão diverso, que triunfe e seja servido Cristo e não Herodes. Se os Magos voltassem pelo mesmo caminho, triunfaria o tirano, perigaria Cristo; e os Magos, quando escapassem, não fariam o fruto que fizeram nas mesmas terras, convertendo-as, como as converteram todas, à Fé e obediência do Rei que vieram adorar, e de cujos pés não levaram nem quiseram outro despacho. Tudo isto se conseguiu então felizmente, e se conseguirá também agora com a mesma felicidade, se o oráculo for o mesmo. Mande o soberano oráculos que tornem para a mesma região; e mande eficazmente que seja outro o caminho: *Per aliam viam reversi sunt in regionem suam*.

---

[i] *Mat.*, II, 2.
[ii] Ibid., 11.
[iii] *Cânt.*, IV, 13.
[iv] *Mat.*, II, 12.

SERMÃO HISTÓRICO E PANEGÍRICO NOS ANOS DA RAINHA D. MARIA FRANCISCA ISABEL DE SABOIA

1668

> *Paraclitus autem Spiritus Sanctus, quem mittet Pater in nomine meo, ille vos docebit omnia.*[i]

Dar graças, e pedir graça (muito altos e muito poderosos príncipes e senhores nossos). Dar graças, e pedir graça, é o assunto grande deste dia. Dar graças pelo ano presente, pedir graça para os anos futuros. Por isso a solenidade e o Evangelho nos levam ao Autor de toda a graça, o Espírito Santo: *Spiritus Paraclitus ille vos docebit omnia*.

I

Assunto grande chamei ao deste dia (deixada por agora a segunda parte dele), não só porque neste dia, com tão devidas demonstrações de alegria festejamos os felizes anos da rainha sereníssima (que Deus nos guarde por muitos), senão porque neste dia se cerra venturosamente aquele grande ano, tão grande que nem Portugal o teve igual, nem o mundo o viu maior. Os anos e os dias do Mundo fá-los o curso do Sol; os anos, e os dias dos reinos, fazem-nos as ações dos príncipes. O Sol pode fazer dias longos: dias grandes só os fazem e podem fazer as ações. O mais famoso dia que teve o Mundo, foi aquele em que parou o Sol obediente à voz de um homem. Escreve o caso o Texto Sagrado, e diz assim: *Stetit Sol in medio coeli; non fuit antea, nec postea tam longa dies.*[ii] Esteve o Sol parado no meio do céu, e nem antes nem depois houve no Mundo tão longo dia.[iii] Notai. Não diz o Texto *dia tão grande* senão *dia tão longo: Tam*

---

[i] *João*, XIV.
[ii] *Josué*, X, 13 e 14.
[iii] *Dies magnus dicitur, in quo magna, et mirabilia: dies parvus, in quo parva fiant. Ribera in illud Zachar. 4, quis enim pespexit dles parvos?*

longa dies; porque o Sol pode fazer dias longos; dias grandes só os podem fazer as ações. Aquele mesmo dia verdadeiramente foi longo, e foi grande: mas foi longo, porque o fez o Sol; foi grande, porque o fez Josué, foi longo, porque o estendeu a luz; foi grande, porque o engrandeceu a maravilha; foi longo, porque esteve o Sol parado; foi grande, porque um homem o mandou parar: *Non fuit antea nec postea tam longa dies*. Este dia, em que se contam vinte e dois de junho, dizem os matemáticos que é o maior dia do ano. O mais longo, deverão dizer, e não o maior. O mais longo para o Mundo, mas o maior para Portugal. O mais longo para o Mundo, porque nasce hoje o Sol mais perto de nós; o maior para Portugal, porque nasceu hoje Sua Majestade; mais longo, mas para nós. O mais longo para o Mundo, porque o acrescenta hoje o Sol com a multiplicação de poucos minutos; o maior para Portugal, porque o engrandece hoje Sua Majestade com a memória de seus felizes anos, que para serem mais felizes, também são poucos. Assim que não o Sol, senão as ações, e os sucessos são os que fazem os dias grandes.

Nos anos (que se compõem dos dias) passa o mesmo. Perguntou el-rei Faraó a Jacó, quantos anos tinha, e respondeu sabiamente o velho: *Dies peregrinationis meae centum et triginta annorum sunt parvi et mali*. Os dias de minha peregrinação, Senhor, são cento e trinta anos, pequenos e maus. Não sei se reparais no dizer de Jacó. Não disse que os seus anos eram poucos e maus; senão pequenos e maus: *Parvi et mali*. Anos maus não é coisa nova em uma vida tão cheia de misérias como a nossa; mas anos pequenos, parece que não pode ser, porque todos os anos são iguais. Todos se compõem dos mesmos meses, todos se contam pelos mesmos dias, todos se medem pelas mesmas horas. Como diz, logo, ou como supõe Jacó, que há anos grandes, e anos pequenos: *Parvi et mali?* A segunda palavra é a explicação da primeira. Se os anos são maus, são anos pequenos; se os anos são bons, são anos grandes; se os anos são maus, e os sucessos adversos e infelizes, são anos pequenos e minguados, como os nossos antigos chamavam às horas menos ditosas: se os anos são bons, e os sucessos prósperos e felizes, são anos grandes, anos acrescentados, anos maiores que os outros anos, como este grande ano e felicíssimo que hoje celebramos. Quem quiser ver quão grande foi este ano, olhe para as ações grandes que nele se obraram, olhe para os sucessos grandes que nele se viram. Leiam-se os anais de Portugal, e de todos os reinos do Mundo, e em muitos centos de anos se não acharão divididas tantas coisas grandes e notáveis, como neste grande ano se viram juntas.

Esta é a grandeza do ano, e esta a grandeza da matéria. O fundamento que nos dá o Evangelho para dar graças a Deus, e falar dela, são as palavras também grandes que propus no tema: *Paracelitus autem Spiritu Sanctus, quem mittet Pater in nomine meo, ille vos docebit omnia.*[i] O Espírito consolador que mandará o Pai em meu nome (diz Cristo), esse vos ensinará tudo. De maneira, que para conhecimento e agradecimento das grandes mercês que Deus nos fez neste grande ano, se nos propõe hoje o Espírito Santo com nome de Consolador, e com ofício de Mestre. Com nome de Consolador: *Spiritus Paraclitus;* com ofício de Mestre: *Ille vos docebit omnia.* O nome pertence ao atributo de sua bondade, o ofício ao atributo de sua sabedoria, e ambos ao proveito e remédio nosso. Mas por que razão neste ano, Consolador, e por que razão neste ano, Mestre? Será por que teve o Espírito Santo muito que consolar, e muito que ensinar neste ano? Assim foi, assim o vimos, assim o veremos. Suposta, pois, esta verdade dos tempos, e esta melhoria e diferença dos anos, reduzindo todo o assunto a um elogio breve do ano presente, será o título do sermão este: Ano de Deus Consolador, e Ano de Deus Mestre: Ano de Deus Consolador, porque neste ano sarou Deus nossas desconsolações; Ano de Deus Mestre, porque neste ano nos ensinou Deus os remédios. É sem glosa nem comento o que está dizendo a letra do mesmo Texto: *Spiritus Paraclitus ille vos docebit omnia.*

Agora peço atenção, e a espero hoje com a benevolência que se deve ao aplauso do dia, com a expectação que merece a estranheza do ano, e com a inteireza e indiferença de ânimos, que requer a suposição da matéria, a força do assunto, e a obrigação do orador. Nos outros sermões elegemos, neste seguimos.

II

As desconsolações gerais que padecia Portugal o ano passado, e ainda na estrada do presente, se atentamente as consideramos, todas se reduzem a três: a guerra, o casamento, o governo. Na guerra estava o povo aflito, no casamento estava a sucessão desesperada, no governo estava a soberania abatida: e em todas juntas? O reino perigoso e vacilante. Ora vejamos como Deus neste grande ano, enquanto Consolador, nos sarou estas três desconsolações: *Spiritus Paraclitus;* e enquanto Mestre nos ensinou para todos três os remédios: *Ille vos docebit omnia.* Assim como o Evangelho nos deu o assunto em comum, assim nos dará também os discursos em particular.

Começando pela desconsolação da guerra, e guerra de tantos anos, tão universal, tão interior, tão contínua: oh, que temerosa desconsolação! É a guerra aquele monstro que se sustenta das fazendas, do sangue, das vidas, e quanto

---

[i] *Paraclitus graece, latine: Consolator. Vide interpretat nomino biblicorum hebraicae, chaldeicae, et gracae linguae.*

mais come e consome, tanto menos se farta. É a guerra aquela tempestade terrestre, que leva os campos, as casas, as vilas, os castelos, as cidades, e talvez em um momento sorve os reinos e monarquias inteiras. É a guerra aquela calamidade composta de todas as calamidades, em que não há mal algum, que, ou se não padeça, ou se não tema; nem bem que seja próprio e seguro. O pai não tem seguro o filho, o rico não tem segura a fazenda, o pobre não tem seguro o seu suor, o nobre não tem segura a honra, o eclesiástico não tem segura a imunidade, o religioso não tem segura a sua cela; e até Deus nos templos e nos sacrários não está seguro. Esta era a primeira e mais viva desconsolação que padecia Portugal no princípio deste mesmo ano. Mas que bem no-la consolou Deus com a felicidade da paz, de que nos fez mercê! Assim o diz o texto do Evangelho.

Pacem relinquo vobis, pacem meam do vobis, non quomodo mundus dat, ego do vobis.[i] Deixo-vos a paz, e dou-vos a minha paz (diz Cristo), mas não vo-la dou como a dá o mundo. O que reparo nestas palavras, é que parece nos dá Cristo a mesma coisa duas vezes, e que de uma mercê faz dois benefícios, ou de um benefício duas dádivas. Na primeira cláusula dá-nos a paz: *Pacem relinquo vobis*: na segunda cláusula torna-nos a dar a paz: *Pacem meam do vobis*. Pois se a paz é a mesma, porque no-la dá duas vezes? Nem é a mesma, nem no-la dá duas vezes, disse e notou agudamente Santo Agostinho. Na primeira cláusula dá-nos a paz: *Pacem relinquo vobis*;[ii] na segunda cláusula dá-nos a paz sua: *Pacem meam do vobis*; e ser a paz sua, ou não sua, é grande diferença de paz; a paz não sua, é a paz que dá e pode dar o mundo; a paz sua, é a paz que só dá, e pode dar Deus; e esta é a paz que Cristo promete no Evangelho, e a que nos deu neste feliz ano: *Non quomodo mundus dat, ego do vobis*. E senão, vejamos se foi paz sua por todas as circunstâncias dela.

A mais própria figura da nossa guerra e da nossa paz, foi, a meu ver, a luta de Jacó com o anjo. E a primeira propriedade da história, é a desproporção e desigualdade nos combatentes. De uma parte Jacó de tão limitada estatura: da outra parte o anjo de tão desmedida esfera.[iii] A esfera do menor anjo, é sem proporção maior que a estatura do maior homem: e tal é no mapa do mundo o nosso Portugal, comparado com o resto de toda Espanha. E que sendo Portugal o Jacó, que sendo Portugal tão pequeno, nem ficasse vencido do poder, nem oprimido da grandeza de um contrário tão enormemente maior! Só Deus o podia fazer. Viu Eleázaro aquele portentoso elefante dos Assírios que trazia sobre si um castelo armado; atreve-se mais que ousadamente a acometê-lo, crava-lhe

---

[i] *João*, XIV, 17.
[ii] August. in Joan. Trat. 77.
[iii] *Gênes.*, XXXII.

pelo peito com ambas as mãos o montante: mas que sucedeu? Caiu morta sobre ele a máquina do vastíssimo bruto[i] e ficou Eleázaro oprimido de sua mesma vitória, e sepultado (como diz Santo Ambrósio) no seu triunfo. Tal é a fortuna e o fim dos pequenos, quando se atrevem sem proporção aos excessivamente maiores. Os pequenos, ainda quando vencem, ficam debaixo; os grandes, ainda quando são vencidos, caem de cima. Quem é o elefante que traz sobre si o castelo armado, senão Espanha com os castelos de suas armas? Atreveu-se Portugal mais que animosamente à desigual empresa; mas como Deus pelejava por ele e nele, não ficou vitorioso e morto como Eleázaro, senão vencedor e vivo como Jacó: antes vivo como Jacó, e imortal como o anjo.

O gênero da peleja do anjo com Jacó foi luta: *Ecce vir luctabatur cum eo.*[ii] Também foi luta a guerra de Espanha com Portugal. Não é certo que Espanha abraçava e abarcava por todas as partes a Portugal, desde Guadiana ao Minho, desde Aiamonte a Tui? Mas sendo Espanha a que nos abraçava a nós, nós éramos os que a apertávamos a ela. Catalunha estava cercada de Espanha por uma parte; mas tinha outra parte aberta e livre para receber, como recebia, os grandes socorros de França. Holanda estava cercada de Flandres por uma parte, mas por outra, e muitas outras, estava também livre, e aberta para os socorros da mesma França, de Alemanha, de Inglaterra, do mundo. E qual foi o fim destas duas guerras? Catalunha, porque estava tão perto, não pôde prevalecer; e Holanda, se prevaleceu, foi porque estava tão longe. Eis aqui a vantagem gloriosa de Portugal sobre todos. Prevaleceu Portugal, prevaleceu Holanda; mas Holanda de longe, nós de perto. Sai a desafio Davi com o gigante, mete a pedra na funda (porque, para a pedra e para Pedro estava guardada a vitória); dá uma volta ao redor da cabeça (que também foi necessário dar volta); enfim dispara, fere, derruba: põe-se de dois saltos sobre o gigante, e cortando-lhe com sua própria espada a cabeça, entra triunfando por Jerusalém e pendura no Templo a vitoriosa espada.[iii] Aqui a minha dúvida. Já que Davi pendura no Templo a espada por que não pendura a funda? Se a espada cortou a cabeça ao gigante, a funda derrubou ao gigante pela cabeça. Pois por que não fez troféu da funda, como fez troféu da espada?[iv] Porque a funda tirou e venceu de longe; a espada cortou e venceu de perto. Holanda e Portugal foram o Davi: Espanha era o Golias, o gigante, mas a vitória de Holanda foi a da funda; a vitória de Portugal foi a da

---

[i] *1.º Macab.*, VI, 34 e 36.
[ii] *Gênes.*, XXXIII, 24.
[iii] *1.º Livro dos Reis*, XII, 49. *Tulitque unum lapidem, et funda jecit, et circumducen percussit philistaeum.*
[iv] Ibid., XXI, 20. Vide Basil. Sel. orat. 15.

espada. Entre Espanha e Holanda havia trezentas léguas de mar e terra; entre Espanha e Portugal uma só linha matemática. Esconda-se logo a funda, e meta-se outra vez no surrão, e pendure-se no Templo só a espada.

Apertado de Jacó o anjo, resolve-se a lhe pedir pazes: *Dimitte me*:[i] Jacó, deixa-me. Infinitas graças vos sejam dadas, Senhor. No princípio da guerra só queríamos que Espanha nos deixasse; no fim da guerra, pede-nos Espanha que a deixemos: *Dimitte me*. Mas que responde Jacó ao anjo? *Non dimittam te, nisi benedixeris mihi*. Que o não há de deixar se lhe não conceder quanto quiser. Basta, que o maior pede as pazes, e que o menor põe as condições! Quem pudera fazer este trocado senão Deus? O mesmo Deus o diga. Na parábola: *Si quis rex iturus committere bellum adversus alium regem*,[ii] introduz Cristo dois reis postos em armas, um menos poderoso, outro com mais poder; um que se acha com dez mil soldados, outro com vinte mil. Pergunto: e para estes dois reis virem a condições de paz, qual deles é o que a deve pedir, como, e quando? *Adhuc eo longe agente, legationem mittens, rogat ea quae pacis sunt*. O menos poderoso (diz Cristo) é o que há de mandar a embaixada; o menos poderoso é o que há de rogar e pedir a paz; o menos poderoso é o que há de aceitar os partidos e se há de contentar com os que lhe concederem, e isto não depois, senão antes de virem às mãos. Não podemos negar que para cada cidade de Portugal tem Espanha um reino. E que Espanha fosse a que mandou o embaixador: *Legationem mittens?* Que Espanha fosse a que propôs e pediu a paz: *Rogat ea quae pacis sunt!* E que Portugal, pelo contrário, seja o que dificultou as condições! Que Portugal seja o que pleiteou as igualdades! Que Portugal seja o que dizia o *não*, e mais o *senão*: *Non dimittam, nisi benedixeris!* E tudo isto com majestade e soberania recíproca, com reconhecimento de rei a rei: *Si quis rex adversus alium regem!*

Ainda fez mais Deus, para que nos não faltasse a preferência e melhoria do lugar: *Et benedixit ei in eodem loco*.[iii] Concedeu o anjo e veio em todas as condições que quis Jacó: mas aonde: *In eodem loco:* No mesmo lugar de Jacó; no mesmo lugar onde Jacó estava antes da luta. Um dos escrúpulos mais pleiteados entre os príncipes para os tratados da paz, é a circunstância e eleição do lugar. Assim como nos desafios se parte o sol, assim em semelhantes congressos se partem as terras, os mares, os rios. Na última paz de França com Espanha, que se chamou dos Pirineus, o lugar em que se ajuntaram os primeiros ministros de ambas as coroas, foi no meio do rio Bidassoa, que é a raia ou a baliza (sempre inquieta) com que a natureza dividiu a Espanha de França. Até a nossa

---

[i] *Gênes.*, XXXII, 26.
[ii] *Luc.*, XIV, 28.
[iii] *Gênes.*, XXXII, 30.

suspensão de armas em Lapela se ajustou de exército a exército, em uma ilhota do Minho. Mas para as pazes de Portugal, nem se partiu a corrente do Guadiana, nem se mediu a ponta do Caia. A Lisboa se vieram tratar as pazes, em Lisboa se capitularam, em Lisboa se firmaram, e a Lisboa se trouxeram ratificadas. Entreviram no tratado três coroas, as quais parece esteve retratando e pondo em seus lugares o *Eclesiástico* em três árvores hieroglíficas maravilhosamente. Note-se a ordem e os nomes, que são muito para notar. *Quasi palma exaltata sum in Cades, quasi plantatio rosae in Jericho, quasi oliva speciosa in campis.*[i] De uma parte estava a palma, da outra parte a oliveira, e no meio de ambas a rosa. Quem é a palma senão Portugal, carregado de vitórias: *Quasi palma exaltata sum in Cades?* Quem é a oliveira senão Espanha, requerendo decorosamente a paz com seus exércitos em campo, *Quasi oliva speciosa in campis?* E quem é a rosa, fazendo a mediação no meio de uma e outra, senão Inglaterra, que tem a rosa por armas: *Quasi plantatio rosae in Jericho?* Mas em que lugar vimos nós estas reais e misteriosas árvores? Porventura divididas cada uma no seu terreno, a oliveira nos campos, a rosa em Jericó, a palma em Cádis? Não por certo. Todas vimos juntas em Lisboa, todas dentro na nossa corte, todas no mesmo lugar: *In eodem loco.*

Só restava a circunstância do tempo. Mas parece que a nossa paz não se fez em tempo, sinal que foi paz de Deus, e não do mundo. Que de tempos costuma gastar o mundo, não digo no ajustamento de qualquer ponto de uma paz, mas só em registar e compor os cerimoniais dela! Tratados preliminares lhe chamam os políticos, mas quantos degraus se hão de subir e descer, quantas guardas se hão de romper e conquistar, antes de chegar às portas da Paz, para que se fechem as de Jano? E depois de aceitas com tanto exame de cláusulas as plenipotências; depois de assentadas com tantos ciúmes de autoridade as juntas; depois de aberto o passo às que chamam conferências, e se haviam de chamar diferenças; que tempos e que eternidades são necessárias para compor os intricados a porfiados combates que ali se levantam de novo? Cada proposta é um pleito, cada dúvida uma dilação, cada conveniência uma discórdia, cada razão uma dificuldade, cada interesse um impossível, cada praça uma conquista: cada capítulo e cada cláusula dele uma batalha e mil batalhas.[ii] Em cada palmo de terra encalha a paz, em cada gota de mar se afoga, em cada átomo de ar se suspende e para. Os avisos e as postas a correr e cruzar os reinos, e a paz muitos anos sem dar um passo. A famosa Dieta, ou Congresso Universal de Monastério na Vestefália, que vimos em nossos dias, em espaço de sete anos, que durou,

---

[i] *Ecles.*, XXIV, 18 e 19.
[ii] *Anal. Spondani in Apend. ad anum 1615.*

veio a sair com meia paz. Fez Espanha paz com Holanda e Suécia; ficou em guerra com França e Portugal. Vede que bem se equivoca o *pacem meam,* com a meia paz, e quanto vai de tempo a tempo. Aquela em tantos anos; a nossa em tão poucos momentos: aquela tão esperada, sem se concluir; a nossa concluída quando se não esperava: aquela tão dilatada, a nossa tão súbita.

Esta circunstância de súbita, foi excelência particular que S. Lucas ponderou na paz de Cristo: *Et subito facta est cum angelo multitudo militiae coelestis laudantium Deum, et dicentium: Gloria in altissimis Deo, et in terra pax hominibus.*[i] Até àquele ponto estavam a Terra e o Céu em uma tão porfiada e inveterada guerra, bem descuidados os homens, que tivesse, nem pudesse ter fim; quando subitamente, *subito,* ouviram cantar e publicar as pazes. E nota o evangelista (coisa muito digna de se notar) que os embaixadores da paz foram os mesmos ministros da guerra: *Multitudo militiae coelestis.* É certo, como nos ensinou Isaías, que na corte do Céu há anjos particulares, que são próprios ministros da paz: *Angeli pacis.*[ii] Pois se no Céu há anjos da paz, porque não foram estes os embaixadores da paz de Cristo, senão os ministros da guerra: *Multitudo militiae coelestis?* Porque assim havia de ser, sendo a paz súbita. Houve tão pouca distância entre a guerra e a paz; foi a paz tão apressada, tão abreviada, tão súbita, que não deu lugar de multiplicar, nem mudar ministros: os mesmos que eram ministros da guerra, foram embaixadores da paz. Oh, paz de Portugal, paz verdadeiramente de Cristo! Quem foi o embaixador de nossa paz, senão um ministro (e tantas vezes grande) da mesma guerra?[iii] A fortuna da guerra o trouxe a Portugal, e a da paz o fez embaixador dela. Não deu tempo a brevidade da paz a multiplicar, nem variar ministros, para que a paz de Portugal fosse tão súbita como a de Cristo, e tão súbita como a de Jacó. Andavam Jacó e o anjo no maior fervor e aperto da luta, e para a guerra subitamente se converter em paz, não foi necessário mais que mudar as tenções: era luta, ficaram abraços. Com aqueles grandes braços com que Espanha nos cercava contrária, com esses mesmos em um momento nos abraçou amiga. Aos doze de Fevereiro anoitecemos, como em tempo de el-rei D. Afonso; aos treze amanhecemos, como em tempo de el-rei D. Sebastião. Na tarde de ontem ainda apertávamos os punhos; na manhã de hoje já tínhamos dado as mãos.

Feita a paz, não pediu caução Jacó, nem fiança dela, porque o decoro da mesma paz, era o melhor fiador da sua firmeza.[iv] Naquela paz do século dou-

---

[i] *Luc.*, II, 13 e 14.
[ii] *Isaías*, XXXIII, 7.
[iii] Marquês de Liche etc. Plenipotenciário de Espanha.
[iv] *Gênes.*, XXXII, 10; *Isaías*, II, 4; *Miqu.*, IV, 1; *Sal.*, XLV, 10.

rado (paz verdadeiramente de Deus), dizem os profetas, que o leão deporia a ferocidade, e a serpente o veneno; que se quebrariam os arcos e setas; que se queimariam os escudos e lanças; que as espadas se converteriam em arados e foices; e que não haveria mais exército, nem ainda temor ou receio de armas. E donde tanta confiança entre homens? Na fé? Na palavra? Na mesma paz? Não; senão no decoro dela. É ponderação de só Isaías, como profeta tão político, e tão versado na razão das cortes: *Sedebit populus meus in pulchritudine pacis*.[i] Não diz que viveriam os homens tão confiados e descansados na paz, senão na formosura da paz: *In pulchritudine pacis*; porque só então é a paz segura e firme, quando para todas as partes é formosa. Já o leão de Espanha depôs a ferocidade; já a serpente de Portugal depôs o veneno; já vemos o ferro em todos os campos fronteiros, com alegria da terra, convertido em arado; já houve praça e praças em que os instrumentos da guerra se acenderam em luminárias das pazes; e não são estes efeitos da paz, senão da paz formosa: *In pulchritudine pacie,* porque é formosa para Espanha, e formosa para Portugal; formosa para Jacó, e formosa para o anjo. Jacó e o anjo ambos saíram da luta com maior e melhor nome: Jacó com nome de Israel, e o anjo com nome de Deus: *Israel erit nomen tuum, quia contra Deum fortis fuisti*. Jacó acreditou a fortaleza; o anjo manifestou a divindade. Até naquelas que acima pareciam desigualdades, ficou tão gentil-homem o anjo como Jacó. Jacó fez honra de não pedir a paz, porque era valente desconfiado; o anjo não fez pundonor de ser requerente dela, porque tinha mais seguros os estribos da confiança: Jacó não a pediu por timbre de seu valor; concedeu-a, não pedida, o anjo, por confiança de sua grandeza. Da parte de Jacó não há que recear, porque a sua guerra foi defensiva; da parte do anjo também não há que temer, porque despiu o fantástico, e ficou no incorruptível. Segura está logo e firme para sempre a paz; porque está recíproca e decorosamente ratificada debaixo das firmas de sua formosura: *In pulchritudine pacis*.

Mas a cujos auspícios deve Portugal esta felicidade? Qual foi a íris celestial que de lá nos trouxe esta paz? Não o digo eu, senão o mesmo Texto: *Dimite me, jam enim ascendit aurora*.[ii] Paz, paz (diz o anjo a Jacó), porque já vem aparecendo a aurora. Pois porque amanhece e aparece a aurora, e vem raiando com sua luz a terra, essa é a razão porque há de cessar a peleja? São mistérios do Céu. Apareceu a belíssima aurora nos nossos horizontes, coroada de resplendores e lírios, e no mesmo ponto começou a se mover em seu seguimento a paz.[iii] É verdade que da primeira vez errou a paz o tempo, e o

---

[i] *Isaías*, XXXII, 18.
[ii] *Gênes.*, XXXII, 26.
[iii] Primeira proposta da paz no ano de 1667, estando el-rei D. Afonso em Salvaterra.

caminho: errou o tempo porque havendo de vir neste ano, vinha no passado: errou o caminho, porque havendo de vir a Lisboa, foi a Salvaterra. Não era tamanha felicidade, nem para aquele tempo, nem para aquele lugar, nem para aquela companhia, nem para a primeira vez. Duas vezes subiu a pomba da arca de Noé: do primeiro voo, não estava ainda bastantemente desafogada a terra, e não achando onde firmar os pés, voltou sem novas da paz.[i] Do segundo voo estava já sossegada a tormenta, e desaguado o dilúvio: descobre a oliveira, toma o ramo no bico, e alegrou com a vista dele as relíquias do passado mundo, e os princípios do futuro. O mesmo aconteceu à felicíssima pomba da nossa arca (fênix havia de ser, se Noé previra o que representava): ela foi a que nos trouxe o ramo da oliveira, ela foi a que nos trouxe a paz, e não do primeiro voo, senão do segundo. O primeiro voo foi de França a Portugal; o segundo voo foi do Paço à Esperança: e onde, senão na Esperança, se havia de colher o ramo verde: *Ramum olivae virentibus foliis?* Assim nos pacificou a pomba da Terra, e assim nos consolou e nos ensinou a conseguir a paz a pomba do Céu: *Spiritus Paraclitus, ille vos docebit omnia.*

III

A segunda desconsolação que padecíamos no princípio deste notável ano, era a do casamento real, desejado com tanta razão, duvidado com tanto fundamento, concertado com tanto acerto, mas conseguido, finalmente, com tão pouca ventura. O acerto da eleição, e as conveniências dela entenderam já antigamente bem duas grandes cabeças do mundo: o Papa Pio V,[ii] e el-rei Filipe II. O Papa procurando com todas as instâncias, o rei impedindo com todas as forças a aliança e união de Portugal com França, no casamento de el-rei D. Sebastião com Margarida de Valois, filha de Henrique II e irmã de Carlos IX. Mas deixada esta consideração, e o profundo de suas consequências aos políticos; para o fim da real sucessão, que se pretendia, bastava só a razão (e não sei se a experiência) da mesma agricultura natural. A enxertia mais própria, mais certa, e mais segura, é quando o garfo e a raiz são da mesma planta. Assim o ensinou fisicamente, não Plínio ou Dioscórides, senão o apóstolo S. Paulo escrevendo aos Romanos: *Si tu ex naturali excisus es oleastro, et contra naturam insertus es in bonam olivam; quanto magis ii, qui secundum naturam inserentur suae olivae?* Se o ramo de oleastro (como vós) enxertado na oliveira dá fruto;

---

[i] *Gênes.*, VIII, 10.
[ii] In Epist. Pii V ad Reg. Sebastian.

quanto mais abundante e copioso fruto dará o ramo da mesma oliveira se for enxertado nela? E dá a razão o Apóstolo. Porque o enxerto de oleastro em oliveira é contra natureza; o enxerto de oliveira em oliveira, é natural: o de oleastro em oliveira é contra natureza, porque o garfo é de uma planta, e a raiz de outra; o de oliveira em oliveira é natural, porque o garfo e a raiz são da mesma planta. Esta mesma agricultura de S. Paulo, é a do nosso caso. A raiz do tronco real dos reis portugueses, foi o conde D. Henrique, pai do primeiro rei D. Afonso, segundo neto de Roberto, e terceiro de Hugo Capeto, reis de França.[i] Logo não podia haver eleição mais acertada, nem enxertia mais própria e natural, que ir buscar outra vez o garfo mais generoso da árvore real de França, para que o garfo e a raiz fossem do mesmo tronco. Este foi o acerto acertadíssimo da eleição; mas o erro e o engano esteve em que se uniu o garfo ao ramo seco e estéril, quando se havia de unir ao ramo verde e fecundo.

Oh, que desgraça e que desconsolação tão grande para um reino posto no último fio! E tanto maior desconsolação, quanto mais ignorado; tanto maior desgraça, quanto mais aplaudida. Quem estivera olhando do mais alto desses montes no dia do famosíssimo triunfo (o mais solenizado que viu Portugal, nem Europa) com que os nossos reis naquela memorável entrada foram recebidos; e chorando então sobre Lisboa (como Cristo sobre Jerusalém) lhe dissera: *Si cognovisses et tu, quae ad pacem tibi; nunc autem abscondita sunt a te*: Abre os olhos, ó cega e mal triunfante cidade! Vê o que solenizas, vê o que festejas, vê o que aplaudes. Solenizas o que cuidas que é verdade, e é ilusão: festejas o que esperas que há de ser sucessão, e é engano: aplaudes o que chamas matrimônio, e é nulidade. Adoras esse carro do Sol, imaginando que há de tornar a nascer, e não vês que o seu ocaso não tem oriente. Como é certo, que se naquele dia entendêramos o que depois se conheceu, as galas se haviam de trocar em lutos, os epitalâmios em lágrimas, os arcos e as pirâmides em mausoléus e sepulcros: pois as mesmas bodas que celebrávamos dos reis presentes, eram exéquias dos futuros. Vendo o príncipe Absalão que não tinha filhos, diz o Texto Sagrado, que levantou um arco triunfal no vale chamado de el-rei, para perpetuar sua memória nas pedras, já que não podia na sucessão.[ii] Tais foram os arcos e os troféus daquele famosíssimo e falso triunfo; tal foi então a nossa enganada e enganosa alegria; e tão verdadeira era a nossa dor, e tão bem fundada a nossa desconsolação.

---

[i] Sandoval Crónic. Alt. VI. Vascone. Elog. 1. Brandão L. 8. Monarchic. 1 Sueyro Annal. Fland. 191. Paez. Viegas. Princ. R. Lus. lib. 1. Faria Epit. etc.
[ii] *2.º Livro dos Reis*, XVIII. Abulens, Caietan., Dionys. Cornel, hic.

Mas Deus, que neste grande ano havia de ser o consolador das tristezas, e o mestre das dificuldades, vede que facilmente dispôs, e compôs tudo em duas notáveis ações. E quais foram? A primeira, que Sua Majestade, obrigada da consciência, saísse do paço, para desenganar ao reino do seu perigo:[i] a segunda, que obrigada do amor do mesmo reino, tornasse outra vez para o paço, para lhe dar o remédio. De maneira que neste ir e vir, esteve o reparo de tudo. E senão, diga-o o Evangelho: *Non turbetur cor vestrum, neque formidet; vado, et venio ad vos:*[ii] Não têm que temer, nem que se alterar vossos corações; porque eu vou e torno. Falava Cristo aqui da sua morte e da sua ressurreição: ao morrer chamou ir, ao ressuscitar chamou tornar:[iii] e este ir e tornar, foi o sossego e remédio de toda a perturbação do seu reino, porque indo e morrendo matou a morte; voltando e ressuscitando recuperou a vida. As almas dos outros homens não recuperam a vida; porque, como notou Davi, são almas que vão e não tornam: *Spiritus vadens, et non rediens.*[iv] Mas a alma de Cristo matou a morte, e recuperou a vida; porque era a alma que foi e tornou: *Vado, et venio ad vos.* Oh, espírito singular, oh, alma generosa do nosso reino! *Spiritus vadens, et rediens.* Espírito que foi e tornou que foi para matar a morte; que tornou para ressuscitar a vida: que foi para matar a morte do reino, morto pela esterilidade; que tornou para ressuscitar a vida do reino, ressuscitado pela sucessão. A vida dos reinos é a sucessão dos reis: se esta falta, morrem os reinos; se esta recupera, ressuscitam. E esta é a diferença em que no princípio e no fim deste grande ano vimos e vemos a Portugal: no princípio do ano morto pela esterilidade; no fim do ano ressuscitado pela sucessão.

Sentenciou Deus a Adão, e sentenciou a Eva. A pena da sentença de Adão foi a esterilidade e a morte: *Maledicta terra in opere tuo, in pulverem reverteris.* A pena da sentença de Eva foi o parto dos filhos, e a sujeição do matrimônio: *In dolore paries filios, sub potestate viri eris.*[v] Pois se a causa era a mesma por que foram as sentenças tão diversas? Porque quis Deus revogar o rigor da primeira sentença na misericórdia da segunda, e restaurar ao gênero humano por parte da mulher, o que lhe tinha tirado por parte do homem. Na sentença de Adão pronunciou-se expressamente a morte: *In pulverem reverteris*: na sentença de Eva declarou-se também expressamente a sucessão: *Paries filios*: e não há dúvida que pela promessa da sucessão se restituiu outra vez ao gênero humano o que

---

[i] Retiro da rainha nossa senhora, para o Convento da Esperança.
[ii] *João*, XIV, 7.
[iii] Ita Lyranus hic.
[iv] *Sal.*, LXXVII, 39.
[v] *Gênes.*, III, 17.

se lhe tinha tirado pela sentença da morte; porque o mesmo homem, que pela sujeição da morte ficara mortal, pelo benefício da sucessão ficou outra vez imortalizado: de maneira, que a sucessão prometida a Eva, foi revogação da morte fulminada contra Adão; porque a sucessão é uma segunda vida, ou uma antecipada ressurreição, com que os pais se imortalizam nos filhos: *Misericors Deus puniendi severitatem diminuens, et mortis personam auferens, liberorum successionem largitus est: quasi imaginem resurrectionis per hoc subindicans, et dispensans, ut pro cadentibus alii resurqant:* comentou com o mesmo pensamento S. João Crisóstomo.[i] E por isso Adão (que foi o primeiro autor deste reparo), sendo ele verdadeiramente pai dos mortos, chamou, sem lisonja, a Eva mãe dos viventes: *Vocabit Adam nomen uxoris suae Heva, eo quod mater esset cunctorum viventium*.[ii] Quem dissera que na primeira tragédia do mundo havia de estar retratada a história deste ano em Portugal! Na primeira sentença, por parte do homem, Portugal sem sucessão, condenado à morte: *In pulverem reverteris*: na segunda sentença, por parte da mulher, Portugal com sucessão restituído à imortalidade: *Paries filios*.

E para que se veja qual foi a mão superior que obrou toda esta mudança, reparemos na maior circunstância dela. Envoltas as duas sentenças em uma sentença; que sucedeu? Publicou-se a sentença ontem, chegou o breve da dispensa hoje, celebrou-se o matrimônio amanhã.[iii] Os repentes do Espírito Santo estão acreditados desde o primeiro dia que veio sobre a Igreja: *Factus est repente de coelo sonus*. Há tal repente como este? Ontem a sentença, hoje o breve, amanhã o casamento?! Assim o fez Deus, para provar que era obra sua. Uma opinião dizia que era necessária dispensa do pontífice; outra opinião dizia que não era necessária: e Deus mandou o breve tanto a ponto, porque não só quis casar as pessoas, senão também as opiniões. O matrimônio mais dificultoso e infinitamente distante (que foi o do Verbo com humanidade) concordou-se em um instante: mas as opiniões dos entendimentos angélicos sobre este mesmo mistério, não se hão de concordar por toda a eternidade. Tanto mais fácil é unir distâncias e vontades, que casar opiniões e entendimentos. Poderem casar as pessoas sem o breve era opinião; poderem casar as opiniões sem o breve, era impossível; por isso mandou Deus o breve.

---

[i] Cris. Hom. 18, in Gên.
[ii] *Gênes.*, III, 20.
[iii] Sentença da nulidade do matrimônio. *Primo ex probabili defect. consensus juxta communem sent.* Sanchez lib. 7. dispo 7. *Secundo ex opinione Praepositi. Emman. Rex. Amici, Taneri, Conradi, Sá, et aliorum, qui probabile existimant ex matr. rato non resultare imped. publ. honesto etiam post motum pii Quinti.*

Casou Moisés com Séfora, princesa de Madiã,[i] e concorria no matrimônio aquele impedimento, que depois se chamou: *Cultus disparitas;* porque Séfora era de diferente nação e religião. Murmuraram do casamento Aarão e Maria; mas acudiu logo Deus a desfazer esta opinião, em Aarão com satisfação secreta, em Maria, não só com satisfação, senão ainda com mortificação pública. É certo, contudo, que o matrimônio era lícito e válido, como supõem expositores e padres; porque o impedimento alegado, não era de direito natural, e ainda então não havia direito positivo que o proibisse, como consta da história e cronologia sagrada. Pois por que não dissimula Deus com a murmuração de Aarão e Maria; e por que os não deixa ficar embora, ou no seu erro, ou na sua opinião, suposta a validade do matrimônio? Porque Moisés e Séfora eram os príncipes supremos do povo de Deus: e no casamento de pessoas tão altas e soberanas, que hão de ser a regra e exemplar do mundo, não só quer Deus que haja validade no matrimônio mas nem permite que haja contrariedade nas opiniões. Quer que seja lícito sem escrúpulo: quer que seja válido sem disputa: quer que seja recebido de todos sem contradição. Cesse logo a diversidade de pareceres (diz o supremo Dispensador), e assim como se deram as mãos os contraentes, deem-se também as mãos as opiniões. Assim o fez Deus em um e outro matrimônio; mas com grande vantagem de providência no nosso. Porque nas bodas dos príncipes de Israel, primeiro se casaram as pessoas, e depois sossegou Deus as opiniões; nas bodas dos nossos príncipes, primeiro concordou Deus as opiniões, e depois se receberam as pessoas.

Mas se algum escrupuloso crítico sobre os poderes amplíssimos delegados, achar menos (em matéria tão grande) a confirmação imediata, e bênção do pontífice, digo, que nem esta faltou; porque supriu Deus por si mesmo as vezes do seu vigário.[ii] Quando Cristo respondeu a Dimas, *Hodie mecum eris in paradiso,* reparou com sutileza Arnoldo Carnotense, que aquela indulgência de abrir as portas do Paraíso pertencia a S. Pedro, e às suas chaves. Pois se este era o ofício de Pedro; por que o exercitou Cristo naquela ocasião? Porque estava Pedro ausente, e não sofria tanta dilação a brevidade do despacho: *Hodie.* E assim como Pedro na ausência de Cristo supre as vezes de Cristo, assim Cristo na ausência de Pedro supre as vezes de Pedro. *Aberas Petre* (diz Arnoldo), *vices tuas gerit summus sacerdos Jesus.*[iii] Estava ausente também, e

---

[i] *Êxod.,* XXI, 16; *3.º Livro dos Reis,* XI, 1; *Núm.,* XII, 1.
[ii] Dispensação expedida em França pelo Eminentíssimo Cardeal de Vandoma, legado *a latere.*
[iii] Arnoldo, *De Septem Verbis.*

mais distante no nosso caso, o vigário de Cristo, e porque a brevidade e necessidade do despacho não consentia tanta dilação, supriu o soberano Senhor as vezes do seu vigário, confirmando por si mesmo o que ele em tanta distância não podia.

E em que consistiu esta confirmação? No efeito e cumprimento prontíssimo do que Portugal desejava e pretendia. Deus, como diz Davi, confirma os conselhos com os efeitos: *Tribuat tibi secundum cor tuum, et omne consilium tuum confirmet.*[i] Se os conselhos não têm efeito, é sinal de que os não aprova Deus: mas se o efeito desejado se segue aos conselhos, é prova que Deus os aprova e os confirma. O conselho de Portugal foi, que à experiência provada do ramo estéril sucedesse a esperança do fecundo; e que à infelicidade das primeiras bodas se seguisse o remédio das segundas. E o efeito maravilhoso foi, que tanto que as segundas bodas foram celebradas, logo (como em outra vara de Aarão florescente) amanheceu à nossa desconsolação o fruto desejado e pretendido delas. Assim declarou Deus o seu beneplácito, assim confirmou com efeito a nova eleição, e assim supriu a bênção imediata do pontífice ausente, com a bênção presente sua. Não é frase, nem aplicação minha, senão estilo praticado de Deus, desde o primeiro matrimônio do mundo. Lançou Deus a bênção sobre o matrimônio de Adão e Eva; e o efeito e prova da bênção, foi a fecundidade e sucessão dos filhos: *Benedixit illis Deus, et ait; crescite, et multiplicamini.*[ii] Lançou Deus a bênção sobre o matrimônio de Isaac e Rebeca: e o efeito e prova da bênção foi também a sucessão e fecundidade: *Benedicam tibi, et multiplicabo semen tuum.*[iii] Lançou Deus a bênção sobre o matrimônio de Abraão e Sara; e o efeito e prova da bênção, foi da mesma maneira a fecundidade e sucessão: *Benedicam ei, et ex illa dabo tibi filium.*[iv] Cuidam os que mal o consideram, que o fruto da sucessão é efeito só dos poderes da natureza, e não é senão graça, e bênção do Autor dela. E esta foi a bênção que Deus tão prontamente lançou sobre os nossos príncipes, declarando-nos por este modo de aprovação, que confirmava e ratificava, desde o Céu, o que se tinha obrado na Terra, e em tantas terras. Em Roma se preveniu, em França se expediu, em Portugal se concluiu, e no Céu se confirmou, assistindo o Espírito Divino em tantas partes, e provando com tão vigilante oportunidade em tudo, que bem se estava entendendo e experimentando que em Portugal

---

[i] *Sal.*, XIX, 5.
[ii] *Gênes.*, I, 28.
[iii] Ibid., XXVI, 3 e 4.
[iv] Ibid., XXII, 17.

dispunha a nossa consolação, como Consolador; e em Roma e França dava as suas lições como Mestre: *Spiritus Paraclitus, ille vos docebit omnia*.

IV

A terceira e última desconsolação que padecia Portugal, era o governo. A enfermidade não é culpa; e os efeitos da enfermidade são dor, mas não devem ser escândalo. E porque sei com quanto decoro e reverência se deve falar nessa mesma dor (já que é forçoso trazê-la à memória), será a voz do nosso sentimento uma pintura totalmente muda. Viu o profeta Ezequiel quatro corpos enigmáticos e hieroglíficos, que tiravam pelo carro da glória de Deus;[i] e em cada um, ou qualquer deles (porque eram semelhantes), se me representa o governo de Portugal naquele tempo. Lá tiravam pelo carro da glória de Deus, cá tiravam também pelo carro das glórias de Portugal; porque não se pode negar, que no mesmo tempo vimos o Reino carregado de fortunas e palmas, sendo tão lastimoso o governo para os de dentro, nas leis, quanto era glorioso contra os de fora, nas armas: *Intus domestica vitia, virtutes for insecus emicantes*, disse de semelhantes tempos Orósio.[ii] Formava-se aquele corpo enigmático (como o nosso político) não de uma só figura, senão de muitas. Tinha uma parte de humano, porque tinha rosto de homem: tinha duas partes de entendido, porque tinha rosto de homem e rosto de águia: tinha três partes de rei, porque tinha rosto de homem, rosto de águia, e rosto de leão: de leão, rei dos animais, de águia, rei das aves, de homem, rei de tudo: finalmente, tinha quatro partes de quimera, porque aos três rostos de leão, de águia, de homem, se ajuntava com a mesma desproporção, o quarto de touro. Destes quatro elementos se compunha aquele misto, e por estes quatro signos (uns próprios do seu zodíaco, outros estranhos) se passava naquele tempo o Sol. Quando entrava no signo de Touro, dominava grosseiramente a Terra: quando passava ao signo de Águia, dominava variamente o ar: quando se detinha no signo de Homem, dominava friamente a água: quando chegava ao signo de leão, dominava arrebatadamente o fogo. Assim influía (ou assim entregava as influências) o confuso planeta, já aparecendo resplandecente, já desaparecendo eclipsado; tendo o império dividido entre si a luz com as trevas, a razão com o apetite, a justiça com a violência, ou, para falar mais ao certo, a saúde com a enfermidade. A parte sã era de homem e de águia: a parte enferma era de leão e de touro: e quanto se intentava nas deliberações

---

[i] *Ezequ.*, I, 6.
[ii] Paul. Oros, lib. 1, cap. 4.

da parte sã, tanto se desfazia nas perturbações da enferma. O que dispunha a benignidade do homem, descompunha a fereza do leão: o que levantava a generosidade da águia, abatia a braveza do touro. Visto pela parte sã, provocava a adoração e amor: visto pela parte enferma, provocava a dor e comiseração: e como o juízo verdadeiramente estava partido, não podia o governo estar inteiro.

 A esta desconsolação tão lastimosa e tão universal acudiu Deus, como as demais, suprindo suavemente a enfermidade e defeito de um irmão com a perfeição e capacidade do outro. Eleito Moisés por Deus para senhor e libertador do povo, escusava-se que não podia falar a Faraó, porque era tartamudo. E que fez Deus neste caso? Sendo tão fácil à sua onipotência sarar a Moisés, e tirar-lhe aquele impedimento, não quis senão supri-lo por meio de seu irmão: *Aaron frater tuus erit propheta tuus*:[i] Aarão, vosso irmão, será vosso intérprete, e falará em vosso nome. De maneira, que Aarão tinha a voz, e Moisés tinha a vara: e tudo o que mandava ou dizia Aarão, não era em seu nome, senão no de seu irmão. Assim, nem mais nem menos, o fez Deus conosco; e assim o temos no Evangelho: *Sermonem quem audistis; non est meus, sed ejus, qui misit me, Patris*.[ii] As palavras que me ouvistes (diz Cristo), não são minhas, senão do Pai, que me mandou: porque eu só tenho a voz, Ele tem o mando. Como se dissera Cristo: neste governo e magistério do mundo, que exercito, há duas pessoas: uma primeira e invisível, que é o Pai; outra segunda e visível, que sou eu; mas tudo o que mando, ou digo, não o mando, nem o digo eu, senão Ele, porque falo em seu nome, e não no meu. Não foi assim a primeira forma com que se reparou o nosso governo? Assim foi. E posto que ultimamente se mudou a voz, não houve mudança na vara. Na voz mudou-se o nome; na vara não se alterou o domínio. De maneira, que uma pessoa é a que domina, e outra a que governa: a que domina, a primeira; a que governa, a segunda; a primeira invisível, que se não vê, nem ouve; a segunda visível, que a vemos e ouvimos. Mas nisto mesmo que ouvimos à segunda, que vemos, reverenciamos, como em sua imagem a primeira, que não vemos, porque da segunda (por ela mais não querer) é só o ministério, e da primeira o domínio: da segunda é só o exercício, e da primeira o império: *Sed ejus qui misit me*.

 Farés e Zarão eram irmãos herdeiros do cetro real de Judá:[iii] e posto que a Zarão competia naturalmente a prerrogativa do nascimento,[iv] vede como repartiram entre si o mesmo cetro sem ofensa da irmandade. Zarão, que era o

---

[i] *Êxod.*, VII, 1.
[ii] *João*, XIV, 24.
[iii] *Gênes.*, XXXVIII, 29.
[iv] *Zaram hoc est Orient.*

primeiro, retirou-se e escondeu-se com a púrpura, cedendo do lugar; Farés, que era o segundo, sucedeu-lhe somente no lugar, mas sem a púrpura.[i] E para que se admire prodigiosamente o espírito sobre-humano desta lição, não é necessária mais prova que a mesma ponderação do que é. Que quisesse ser segunda pessoa, quem pudera ser a primeira![ii] Que quisesse ser Aarão com o ministério da voz, quem pudera ser Moisés com o império da vara! Que quisesse ser Farés só com a substituição do lugar, quem pudera ser Zarão com a autoridade da púrpura! E que chamado tantas vezes e por tantos títulos à coroa, a resistisse com tão invencível constância! Só nos Cânticos de Salomão, onde se contém a mais alta filosofia do Céu, acho uma alma de semelhantes espíritos: *Veni sponsa mea, veni de Libano, veni, coronaberis.*[iii] Três vezes foi chamada para a coroa: *Veni, veni, veni, coronaberis* e sempre resistiu firme. Que alma fosse esta de generosidade tão dura, não se sabe em particular, porque nunca se viu semelhante resistência no mundo: e assim venho a entender, que é a mesma alma generosíssima do nosso príncipe, antevista e retratada em profecia. E senão, vejamos o número das repetições e dos títulos, porque foi chamado à coroa. Chamado à coroa, uma vez a título da inabilidade: *Veni:* chamado à coroa outra vez a título da renúncia: *Veni:* chamado à coroa terceira vez a título da eleição de todos os estados do Reino: *Veni.* E que rogado e instado tantas vezes, por tão qualificados títulos, nunca quisesse inclinar a cabeça à coroa, nem dar ouvidos a uma voz tão doce, e a uma palavra tão encantadora, como é: *coronaberis!* Mas que havia de fazer o espelho, senão retratar-se pelo seu exemplar? O primeiro exemplar desta tão valente e generosa ação foi a rainha nossa senhora. Estava de posse da coroa de Portugal; estava reconhecida e adorada por rainha; e vendo a ruína oculta e irreparável do Reino, que fez? Resolveu-se a deixar e perder a coroa, para que a mesma coroa se não perdesse. À vista pois de uma resolução de tão estranho valor e generosidade, que havia de fazer o mais valoroso, e mais bizarro príncipe, senão mostrar maior coração que a mesma coroa, e rejeitá-la também? Retrataram-se reciprocamente ambas as almas, porque Deus de ambas queria fazer uma.

---

[i] *Phares, hoc est Divisio.*
[ii] Aceita o príncipe a administração do Reino, e não quer aceitar a coroa.
[iii] *Cânt.*, IV, 2. *In secundo sensu de sponsa particulari, quae est anima cujusque fidelis.* Richard. Vict. Goisl. Del Rio, Cornel, Legion. etc. larlev. de Judic. lib. 1. til. 1, q. 2. n. 134. — Azor Moral. t. 2. lib. 11, cap. 5. D. Thom. 22. q. 42 art. 2 et 3. — Suar. contra. Angi, I. 3, C. 3., n. 3. — Vaboa de Monarch. Reg. q. 8, n. 16. — Valenç. cons. 299, 2 p. — Pet. Greg. de Rep. lib. 26, cap. 1, 2, 3. — Burgos de Paz in proem lib. Taur, n. 95. — Henriq. tract. de abdico lib. 1. c. 2. — Navar, in capit. Novit, de Jud not. 30, n. 99. — Molin. de Just. tr. 2. disp. 23. — Anton. Mass, contra Duel, n. 78, 79 etc.

Só se pode pôr em questão, com bem curiosa porfia, qual dos dois galhardos espíritos fez maior ação neste caso: se a rainha em deixar a coroa lograda, se o príncipe em a enjeitar oferecida; se um em largar a posse, outro em recusar a oferta. Fique a questão por agora indecisa: eu só digo igualmente de ambos, que o deixarem e não quererem a coroa, não foi descer um degrau, foi subir dois. Parece que o não querer a coroa, foi descer de reis a príncipes; e não foi senão subir de príncipes a mais que reis. A mais que reis? Sim. Disse Cristo do Batista, que não só era profeta como os outros, senão mais que profeta: *Etiam dico vobis, et plusquam prophetam.*[i] A profecia é uma luz sobrenatural das coisas que naturalmente nos são ocultas; e esta luz foi comum a todos os profetas. Logo, por que há de ser o Batista mais que profeta? Vede o que lhe ofereceram, e o que respondeu: *Propheta es tu? Ait ilis: Non.* O Batista era profeta e não quis ser profeta: ofereceram-lhe o título de profeta, e não o quis aceitar: e quem não quer ser profeta, nem aceitar o título de profeta, é mais que profeta: *Plusquam prophetam.* Não há mister acomodação a consequência. Quem não quis ser rainha, é mais que rainha: quem não aceitou ser rei, é mais que rei. Os Portugueses prezamo-nos de ser mais que vassalos: prezamo-nos também de termos reis mais que reis. E esta é uma boa diferença do governo passado. Então governava-nos quem não era rei; e agora? Quem é mais que rei.

Ainda não está ponderado o mais fino do caso. Que Sua Alteza não quisesse aceitar a coroa, seja embora triunfo da ambição, seja glória da modéstia, seja fineza da irmandade. O que admira e pasma é que aceitasse o trabalho da administração, não admitindo a autoridade da coroa. Lá no apólogo ou parábola de Joatão, a oliveira, a vide e a figueira não aceitaram a coroa, ou reinado das árvores, que toda a república delas lhes oferecia. E a razão com que se escusaram foi, porque não queriam deixar o seu descanso, nem as suas comodidades: *Numquid deseram dulcedinem meam, fructusque suavissimos, ut inter caetera ligna promovear?*[ii] Falaram como quem carecia de espíritos racionais, e se movia pelos impulsos insensíveis do vegetativo. Não haviam de responder assim, se foram homens, nem ainda se foram animais. Diga-o entre as feras o leão, e entre as aves a águia. Pasme logo no nosso caso, e admire-se de si mesma toda a natureza. Pasme de ver o vivente tão insensível, pasme de ver o sensitivo tão racional, e pasme de ver o mesmo racional tão sobre-humano. Não aceitar a coroa, não se acha no racional, nem no sensitivo; mas não aceitar a coroa e aceitar o peso e encargos dela, nem no insensível se acha. A coroa tem duas propriedades opostas: o peso e o resplendor: a obrigação e a majestade. E que um príncipe

---

[i] *Mat.*, XI, 9.
[ii] *Juízes*, IX.

daqueles anos sujeite o ombro ao peso e à obrigação, e não queira acomodar a cabeça ao resplendor e à majestade! Que diremos em um caso tão novo? Digo, com a mesma novidade, que só o nosso príncipe, entre todos os do mundo, soube pôr a coroa em seu lugar. Por quê? Porque coroou o ombro e não quis coroar a cabeça. Prova? Sim.

O primeiro rei que Deus fez foi Saul:[i] mandou ao profeta Samuel, que o ungisse, e a cerimônia do ato foi notável. Assentou-se à mesa Saul, e deu ordem o profeta, que lhe pusessem diante o ombro de uma rês que naquele dia tinha sacrificado. Esta foi a única iguaria: *Levavit autem cocus armum, et posuit ante Saul.* E por que se não duvidasse que o prato e a parte tinham mistério, acrescentou Samuel, que de indústria lha mandara guardar: *Comede, quia de industria servatum est tibi.* Pois se o prato misterioso, e aquela parte da rês foi reservada para Saul não por acaso, senão de indústria; por que lhe reservou Samuel o ombro, e não outra parte, ou de mais regalo por hóspede, ou de mais propriedade por rei? Suposto que ungia a Saul por rei, e para cabeça suprema daquele povo, parece que a parte da rês que se lhe devia presentar, era a cabeça sacrificada. Pois por que lhe não põe diante Samuel a cabeça, senão o ombro? Porque Saul, como dizíamos, era o primeiro rei que Deus elegeu e coroou neste mundo; e o lugar e assento próprio da coroa (segundo a instituição divina) não é a cabeça, é o ombro. A coroa, fê-la Deus para o peso e para o trabalho; os homens, abusando dela, fizeram-na para o resplendor e para a majestade. A coroa, fê-la Deus para carregar sobre o ombro; os homens, trocando-lhe o lugar, fizeram-na para autorizar e adornar a cabeça.[ii] Assim que, assentar a coroa sobre a cabeça é pôr a coroa fora de seu lugar, e seguir o estilo dos homens; carregar a coroa sobre o ombro, é pôr a coroa em seu próprio lugar, e obrar pelos ditames de Deus. Homens eram os que desejavam que Sua Alteza se coroasse, e por isso lhe queriam pôr a coroa sobre a cabeça; Deus foi o que finalmente o coroou, e por isso lhe pôs a coroa sobre o ombro: *Principatus ejus super humerum ejus.*[iii] O príncipe Deus (cujo é este elogio) pôs as insígnias reais ao ombro; assim o havia de fazer também um príncipe de Deus: *Principatus ejus super humerum ejus.* Reparai no título e no lugar. O lugar não a cabeça, senão o ombro: *Super humerum;* o título não de rei, senão de príncipe: *Principatus ejus.* Não rei com a coroa na cabeça, senão príncipe com a coroa ao ombro. E quem podia infundir

---

[i] *1.º Livro dos Reis*, IX, 24.

[ii] *Cum armus maxime valeat ad onera ferenda, Saul cogitaret se non ad jocum, ad lusum, ad voluptates, sed ad maxima onera ferenda, atque sustinenda vocari. Auctor antiq. Convival.* L. 1. cap. 33.

[iii] *Isaías*, IX, 6.

uma lição tão alta e de tão superior madureza em um pensamento generoso de tão verdes anos, senão aquele espírito e virtude do Altíssimo, que assim o ensinou a ele, para assim nos ensinar a nós? *Spiritus Paraclitus, ille vos docebit omnia.*

V

Temos dado as graças (ou mostrado a matéria delas) pelo ano presente. Restava agora, como prometemos no princípio, pedir graça para os anos futuros; mas o cumprimento da primeira promessa foi também satisfação da segunda. O melhor modo de pedir é agradecer. Assim como o ingrato só pela ingratidão perde o benefício passado, assim o agradecido só pelo agradecimento solicita e alcança o futuro.[i] Cristo, para nos ensinar a pedir, dava graças; e Deus (como diz S. João) dá uma graça por outra. Pelas graças que Lhe damos, dá-nos as graças que Lhe pedimos. Mas não espera Deus nestes casos nova petição, porque (como bem disse Teódoto bispo no Concílio efesino) o mesmo agradecer para com Deus, é pedir; e o agradecimento das mercês, ou graças passadas, é o memorial das futuras.[ii]

A graça que eu determinava pedir para os anos que de hoje em diante começam, é, que fossem também anos de Deus Consolador, e anos de Deus Mestre. De Deus Consolador, conservando-nos as felicidades presentes: de Deus Mestre, ensinando-nos para as dificuldades futuras: *Spiritus Paraclitus, ille vos docebit omnia.* E para que a harmonia desta segunda parte correspondesse com a mesma proporção à primeira; assim como dei graças por três coisas, assim tratava de pedir graça para outras três: uma por parte dos vassalos, duas por conta dos príncipes. Mas porque o tempo falta, antes já me repreende; apontarei só as graças que queria pedir, e as palavras com que o Evangelho nos formava as petições.

VI

A graça primeiro que peço, ou queria pedir ao Espírito Santo por parte dos vassalos, é, que o amor com que amamos aos nossos príncipes, tenha efeitos de amor. O primeiro e primário efeito do amor, é a união. Se alguém me ama (diz Cristo no princípio do Evangelho) guardará o meu preceito: *Si quis diligit*

---

[i] *Mat.*, XIV, 10. Maldon. ibi.
[ii] *João*, I, 16. Vide Theod. Epist. in Homil, habita in Conc. Ephes., t. 6, e. 10.

me sermonem meum servabit;[i] e quem me não ama (continua o mesmo Senhor) não guarda os meus preceitos: *Qui non diligit me, sermones meos non servat*.[ii] Não sei se reparastes na diferença. Na primeira cláusula disse *o meu preceito;* e na segunda, *os meus preceitos*. A sua lei, de que Cristo falava, é a mesma para os que a guardam e para os que a não guardam: pois porque lhe chama na primeira cláusula um preceito: *Sermonem meum servabit*; e na segunda cláusula muitos preceitos: *Sermones meos non servat?* No mesmo Texto está clara e declarada a razão. Na primeira cláusula falava Cristo dos que ama: *Si quis diligit*: na segunda cláusula falava dos que não amam: *Qui non diligit*: e esta é a diferença que há entre o amor e o desamor. O desamor, como tem por efeito dividir, de um preceito faz muitos preceitos: *Qui non diligit, sermones meos non servat*: o amor, como tem por efeito unir, de muitos preceitos faz um só preceito: *Qui diligit, sermonem meum servabit*. Este efeito unitivo do amor é, Consolador divino, a graça que eu vos peço para uns vassalos que tanto amam a seus príncipes. Que assim como o amor de muitos preceitos faz um só preceito, assim faça de muitos pareceres um só parecer, de muitos juízos um só juízo, de muitas vontades uma só vontade, e sobre tudo e em tudo, de muitos interesses um só interesse.

E que interesse há de ser este? A conveniência do príncipe. O amor que tem outro interesse mais que a conveniência do príncipe, não é amor do príncipe.[iii] Fazer competência de quem mais o há de assistir, e cuidar que mais o ama quem mais o assiste, é cegueira (não digo de enganoso) mas de enganado amor. Não quem mais logra a presença do príncipe, senão quem mais estima sua conveniência, é o que mais, ou o que só o ama. Estavam tristes os Apóstolos pela partida de Cristo, e disse-lhes o Senhor (é o nosso Evangelho): *Si diligeretis me, gauderetis utique, quia ad Patrem vado*: Se me amáreis verdadeiramente, discípulos e companheiros meus, é certo que haveis de estar, não tristes, senão muito alegres nesta minha partida. Pois, Senhor meu, a tristeza pela ausência não é amor? Em outras ocasiões sim, neste caso não. O partir-me e ausentar-me da Terra, é grande conveniência minha; porque vou tomar inteira posse do meu reino, e assentar-me no trono de minha glória à direita do Pai: e quem ama mais a minha presença, que a minha conveniência, não me ama fina e fielmente. Todos amam à porfia a presença e assistência do príncipe: não sei se porfiamos tanto por suas conveniências: se é amor, não cheguem a ser ciúmes.

Desengane-se, cortesãos, o vosso cuidado, que não consiste o amor e graça do príncipe em vós morardes com ele, senão em ele morar em vós. É Texto ex-

---

[i] *João*, XIV, 23.
[ii] Ibid., 24.
[iii] *João*, XVIII.

presso do mesmo nosso Evangelho: *Si quis diligit me, diligetur a Patre meo, et ad eum veniemus, et mansionem apud eum faciemus*: Quem me ama, está na minha graça, e quem está na minha graça moro eu nele. De maneira, que o efeito e a prova da graça, não consiste em vós morardes com Ele, senão em Ele morar em vós. Inferi agora. Se pela vossa assistência orais vós com o príncipe, e pela sua graça mora o príncipe em vós, não é maior favor, e mais de dentro, ele em vós, que vós com ele? Se morais com ele, entrais mais; mas se ele mora em vós, estais mais entrado. Senhores: já que o nosso amor é racional, queiramos o possível. Assistir todos ao príncipe, morar todos com o príncipe, não pode ser: amar o príncipe a todos, e morar o príncipe em todos, isto é o que pode ser, e isto é o que é. Contentemo-nos com este modo de amor, contentemo-nos com este modo de graça (ainda que seja menos visível), e estaremos contentes todos.[i] Estimar a graça pelo visível, e querer que todos vejam que sois bem-visto, é ostentação, não é amor. O amor tem a satisfação no coração próprio, e não nos olhos alheios. O preço da graça está no agrado dos olhos soberanos, e não na admiração dos vulgares. Desmerece ser bem-visto, quem quer a graça para ser olhado. Por isso Deus fez invisível a sua. A lição é muito alta e muito fina; mas estas são as que ensina o Espírito Santo: *Ille vos docebit omnia*.

VII

A graça que queria pedir ao mesmo divino Espírito por parte do príncipe, que Deus nos guarde, não é graça nova, senão antiga e sua. Dois espelhos tem Sua Alteza em que se ver, um defunto, outro vivo, ambos sepultados. Desde mui tenros anos tomou o sempre grande príncipe por timbre e empresa de suas ações, retratá-las todas pelas de seu glorioso pai, o nosso invictíssimo libertador, el-rei D. João, o IV, de imortal memória. A continuação e exercício deste tão nobre pensamento, a graça que só peço, e nela muitas. O último filho, o filho mais amado, o benjamim ele el-rei D. João foi seu infante D. Pedro. E porque Sua Alteza com nenhuma outra demonstração pode pagar melhor este amor, quer imitar seus exemplos. As últimas palavras do nosso Evangelho são o memorial expresso desta resolução: *Ut sciatis quia diligo Patrem*: Para que saibais quanto amo a meu Pai e Senhor, olhai para o corpo e alma da minha empresa. O corpo é um livro aberto das ações de el-rei D. João: a alma é esta letra: *Sicut mandatum dedit mihi Pater, sic facio*.

---

[i] *João*, XIV, 23.

Neste livro, neste exemplar, neste espelho, Senhor, estudará, imitará, e verá Vossa Alteza (como tem deliberado) todas as ações generosas, todos os atributos reais, e todas as virtudes heroicas de um príncipe cristão perfeito. Para com Deus a religião, a piedade, o zelo: para consigo a temperança, a modéstia, a sobriedade: para com os súditos, a prudência, a justiça, a clemência: para com os estranhos, a vigilância, a fortaleza, a verdade. Verá Vossa Alteza um valorosíssimo rei cercado sempre dos maiores perigos, mas neles acautelado igualmente e confiado: na confiança com recato, na cautela sem temor, no perigo com magnanimidade. Moderado; mas a moderação com decência: afável; mas a afabilidade com respeito: liberal; mas a liberalidade com medida. A majestade sem afetação, o senhorio sem fasto, o mando sem dependência. Verá Vossa Alteza um coração alto, talhado para grandiosas empresas, mas circunspecto e prudente; prudente porque aconselhado; e bem aconselhado, porque com os melhores. Pacífico por inclinação, belicoso por necessidade, vitorioso contra seus inimigos sempre; porque sempre referiu a Deus as vitórias. Bem afortunado em tudo, mas nunca altivo; porque sendo tão grande a sua fortuna, era maior o seu peito. Observantíssimo em recatar os segredos próprios; fidelíssimo em guardar os alheios; e em saber e penetrar os estranhos, vigilantíssimo. Cuidava de noite o que havia de executar de dia; e porque media os pensamentos com o poder, sempre as suas ideias chegavam a ser obras. Incansável no trabalho, posto que com suas horas e intervalos de alívio: mas o trabalho como tarefa de obrigação; o alívio como respiração do trabalho. Sabia reinar, porque sabia dissimular; e reinou, porque não dissimulou. Prezava-se só da justiça, afetava o nome de justiceiro, e era justo. Para os criminosos severo, para os pleiteantes igual, para os ministros Senhor, para os vassalos pai, e para todos rei.

Este é o exemplar que Vossa Alteza, Senhor, tem proposto a suas reais ações, para que elas sejam tão singulares, como ele glorioso. E se Vossa Alteza acaso apartar os olhos deste primeiro espelho, seja só para os pôr no segundo. Perdeu-se lastimosamente el-rei Roboão, e do reino inteiro das doze tribos que tinha herdado, apenas deixou duas a seus descendentes. Mas por quê? Só porque não quis seguir os conselhos e conselheiros de seu pai, sendo seu pai Salomão. É verdade que se comparou no seu pensamento com ele; mas não para o imitar; ou se lhe fazer igual, senão para cuidar vâmente, que era maior: *Minimus digitus meus grossior est dorso patris mei.*[i] Oh, que diferente lição nos leu hoje no Evangelho Cristo! *Quia Pater major me est.* Meu Pai (diz Cristo) é maior que eu. Cristo comparado com o Pai, enquanto homem, é menor, enquanto Deus igual: e contudo Santo Atanásio, S. Gregório Nazianzeno, Santo

---

[i] *3.º Livro dos Reis*, XII, 8 e 10; *João*, XLI, 28.

Hilário, S. Cirilo, S. João Crisóstomo, Leôncio, Teofilato, Eutímio e outros grandes Padres, querem que falasse Cristo neste Texto, quanto à divindade.[i] Pois se Cristo quanto à divindade é igual ao Pai; como diz, ou como pode dizer que o Pai é maior? Porque é Pai: *Quia Pater*. O respeito não encontra a verdade, nem a cortesia a fé. O filho é imagem do Pai: o Pai é exemplar do filho: e a esta prioridade original chamou o Filho maioria; porque é maioria entre os homens, ainda que em Deus seja igualdade. Esta igualdade verdadeira, e esta maioria respeitosa entre Pai e Filho, é a graça, em que todos desejamos confirmado o nosso grande príncipe. Que o pai na estimação do filho lhe seja sempre maior, e que o filho na experiência dos vassalos lhe seja sempre igual. Que retrate naquele espelho as reais ações; que imite naquele exemplar as virtudes heroicas; que estude naquele livro aberto as lições que só a sabedoria do divino Espírito lhe pode ensinar: *Ille vos docebit omnia*.

VIII

A terceira e última graça que eu finalmente quisera pedir por parte da rainha nossa senhora, é que pois o mesmo divino Espírito dotou a Sua Majestade de tantas e tão excelentes graças, nos dê graça, para que nos saibamos aproveitar delas. Assim se aproveitava Abraão dos conselhos de Sara; assim Nabal da prudência de Abigail; assim Davi da indústria de Micol; e assim el-rei Assuero do valor e sabedoria da rainha Ester.[ii] Para esta última petição reservei duas palavras, que só nos restam por ponderar em todo o Evangelho: *Et suggeret vobis omnia, quaecumque dixcero vobis*.[iii] Nas duas cláusulas desta sentença distingue Cristo dois ofícios, um seu, outro do Espírito Santo. O primeiro é mandar, o segundo é sugerir. Ninguém pode mandar só, se houver de mandar como convém. Ao lado do ofício de mandar, deve andar sempre o ofício de sugerir, ou como companheiro, ou como instrumento inseparável. A obrigação e exercício deste segundo e tão importante ofício, é o que significa a mesma palavra sugerir; que vem a ser, lembrar, advertir, inspirar, aconselhar, conferir, persuadir, despertar, instar. Os talentos que para o mesmo ofício se requerem, são maiores e mais relevantes: grande entendimento, grande compreensão, grande juízo,

---

[i] Athan. Serm. contra Arian. Hilarius L. 9. de Trin. Nazian. orat. 4. de Teol. Cyrillus lib. 2. — Thesaur. cap. 1. Leontius, Chrysost. Theophilat. Euthimius hic. — Clement. Alex. ad Ortortox, Basil. 2. contra. Eunom. Athan. de Decret. Nicaen. Synod. Nazianzen, eadem orat. 4. — Jansen. Cornel. Maldon. ibi.

[ii] *Gênes.*, XXI, 12*; 1.º Livro dos Reis*, XXV, 18; Ibid., XIX, 13; *Est*., IV, 12.

[iii] *João*, XIV, 26.

grande conselho, grande zelo, grande fidelidade, grande vigilância, grande cuidado, grande valor. As disposições e os meios com que se exercita, ainda são de mais altas e mais interiores prerrogativas: suma comunicação, suma confiança, íntima amizade, íntima familiaridade, íntimo amor; e não só perfeita união, senão ainda unidade. De sorte que os dois sujeitos em que concorrerem estes dois ofícios, de tal maneira hão de ser dois, que verdadeiramente sejam um: de tal maneira hão de ser diversos, que verdadeiramente sejam o mesmo. Há-se de multiplicar neles o número, mas não se há de dividir a unidade. É o que temos no mesmo exemplo divino do Evangelho. O Filho, a quem pertence o ofício de mandar, e o Espírito Santo, a quem pertence o ofício de sugerir quantos são? Considerados quanto às pessoas, são dois: considerados quanto à essência, são um; considerados quanto às pessoas, são diversos; considerados quanto à essência, são o mesmo E tal há de ser necessariamente, quem tiver o ofício de sugerir, em respeito de quem tem o de mandar.

Mas dir-me-á alguém, que isto só o pode haver nas pessoas divinas, mas não em sujeitos humanos. Sim, pode. Também há sujeitos humanos, que sendo diversos, são o mesmo; e sendo dois, são um só. E que sujeitos são estes? Os dois de que falo, sem os nomear. O esposo e a esposa. O mesmo Deus que os formou o disse: *Erunt duo in carne una.*[i] Notável foi a ordem e artifício com que o supremo Autor da natureza se houve na criação dos dois primeiros homens. No princípio criou um só; logo de um formou dois; ultimamente de dois tornou a fazer um. Ao princípio criou um só, que foi Adão: *Formavit Deus hominem*: logo de um formou dois, porque de Adão fez o homem, e a mulher: *Masculum, et faeminam fecit eos*: ultimamente de dois tornou a fazer um; porque o homem e a mulher, unidos pelo matrimônio, ficam sendo uma coisa: *Erunt duo in carne una.* É advertência tudo de S. Cipriano: *Duo, inquit, erunt in carne una, ut in unum, redeat, quod unum fuerat.*[ii] E como o esposo e a esposa, pela virtude natural daquele vínculo divino, sendo dois, são verdadeiramente um; e sendo diversos, são propriamente o mesmo, só o esposo e a esposa (juntamente) podem exercer os dois ofícios de mandar e de sugerir; e só a esposa (divisamente) o de sugerir, sem o de mandar.

Perguntar-se-me-á, porém, e com muito fundamento, por que razão é necessária esta mútua união, e identidade; e que os dois que exercitam os ofícios do mandar e sugerir sejam a mesma coisa? Digo que é necessário serem ambos a mesma coisa, porque só os que são a mesma coisa têm o mesmo fim e os mesmos interesses. Onde há diferença de pessoas, há diferença e distinção de

---

[i] *Gênes.*, II, 7.
[ii] Ciprian. *De Bono Pudicitiae.*

bens: onde há diferença e distinção de bens, há também diferentes fins, e diferentes interesses; e estes são os que perturbam a luz, e corrompem a pureza dos verdadeiros conselhos. Necessário é logo, que o que tem o ofício de sugerir, seja a mesma coisa com quem tem o ofício de mandar, para que tendo os mesmos interesses, e o mesmo fim, nem haja outro fim que lhe divirta o entendimento, nem outro interesse que lhe suborne a vontade. Mas esta vontade sem suborno, e este entendimento sem diversão, só o pode achar o príncipe seguramente na esposa, e não no vassalo. O fim e o interesse do príncipe é o comum; o fim e o interesse do vassalo é o particular; e sendo os fins e os interesses do príncipe e do vassalo tão diversos, só o do príncipe e da esposa é o mesmo. Possível é, Senhor, haver vassalo tão fiel, tão amigo, e tão generoso, que o fim do príncipe seja o seu fim, e os interesses do príncipe os seus interesses: mas isto que no vassalo é continente, na esposa é necessário; isto que no vassalo é sempre duvidoso, na esposa é sempre certo; isto que no vassalo é sobrenatural, na esposa é natureza. Porque entre o príncipe e o vassalo há diferença de pessoa a pessoa, e distinção de bens a bens: entre a esposa e o esposo não há distinção de bens a bens, nem de pessoa a pessoa. A razão e o discurso tudo temos em um só lugar.

 Perguntou a esposa dos Cantares ao seu esposo, onde passava, ou descansava a sesta, para que o pudesse buscar naquela hora sem errar o caminho: *Indica mihi ubi pascas, ubi cubes in meridie, ne vagari incipiam.*[i] E respondeu o esposo: *Si ignoras te, abi post vestigia gregum tuorum:* Se não sabes de ti, segue as pisadas do teu rebanho. Notável resposta, e totalmente encontrada! O que o esposo havia de responder era: Se não sabes de mim, segue as pisadas do meu rebanho; porque pelas pisadas do rebanho se vai logo dar com o pastor. Pois se havia de dizer: Sse não sabes de mim, por que diz se não sabes de ti? E se havia de dizer: o meu rebanho; por que diz: o teu rebanho? Porque isso é serem esposos. Entre esposo e esposa, como não há diferença de pessoas, *eu* quer dizer *tu*, e *tu* quer dizer *eu:* e como não há distinção de bens, *meu* quer dizer *teu*, e *teu* quer dizer *meu.* Por isso o Esposo (sem equivocação, nem impropriedade) havendo de dizer: Se não sabes de mim, disse: Se não sabes de ti: *Si ignoras te*: e havendo de dizer: Segue o meu rebanho, disse: Segue o teu rebanho: *Abi post vestigi gregum tuorum.* E desta mesma unidade, ou união de pessoas e bens, se seguia manifestamente, que a esposa não podia errar o caminho para o esposo; porque onde não há diferença de mim a ti, nem de meu a teu, logo se acerta o caminho. Quando as pessoas são diversas, e os rebanhos diversos, os interesses, os fins e os caminhos também são diversos; e na diversidade de caminhos pode-se errar.

---

[i] *Cânt.* I, 6.

Porém quando a pessoa é uma, e o rebanho um; o interesse, o fim, e o caminho, também é um; e onde o caminho é um só, não pode haver erro.

Mas depois de acertados verdadeiramente os caminhos, e conhecidos com toda a conveniência os meios que se hão de sugerir; ainda é necessária a confiança, a comunicação, a autoridade, e talvez uma resolução, valor e constância grande, para se haverem de sugerir. E tudo isto não pode concorrer no vassalo, por maior e mais qualificado que seja, nem se pode achar nele, como convém, senão só na esposa. Pediu José ao copeiro-mor de Faraó, quisesse sugerir ao rei a sua inocência, e a sua miséria: *Ut facias mecum misericordiam, et suggeras Pharaoni*;[i] mas o copeiro, sendo tão obrigado a José, não sugeriu. Todos o acusam de ingrato e esquecido: eu não creio que foi só falta de memória, nem de agradecimento, senão de confiança e de poder. Isto de sugerir a Faraó, requer maior confiança e maior autoridade, que a de ministrar de joelhos uma copa dourada. Amã, que era aquele grande valido, e primeiro ministraço de el-rei Assuero, é verdade que tinha a confiança e as entradas para sugerir: *Intraverat, ut suggereret regi*;[ii] mas a roda de sua fortuna no dia destas mesmas entradas, e a tragédia de sua mal-acabada privança, antes deixou o exemplo de temores, que de ambições ao ofício. Entrou a sugerir, saiu a morrer.

Notemos, porém, no mesmo caso a diferença com que sugeriu Ester, rainha e esposa.[iii] Tinha alcançado Amã, por ódio de Mardoqueu Israelita, um decreto universal de el-rei Assuero, para que todos os daquela nação em qualquer parte de sua monarquia que fossem achados, sem exceção de sexo, nem de idade, morressem à espada. O decreto estava firmado com o anel e selo real, as provisões estavam passadas em diversas línguas a todas as cento e dezessete províncias que Assuero dominava; só se esperava com irremediável tristeza o dia da tremenda execução; porque em toda a parte se havia de executar em um dia. Oh, valha-me Deus! Em tanto aperto, em tanta desesperação, não haveria quem valesse à inocência, quem apelasse da injustiça, quem alumiasse a cegueira do rei, quem se opusesse à ira e privança do privado, quem provasse sua tirania, quem descobrisse seus enganos? Antes estavam tão fechadas as portas a toda a luz e remédio, que sobre a crueldade do primeiro decreto se tinha publicado outro mais cruel, que ninguém pudesse falar ao rei, nem entrar à sua presença, com pena da vida. No meio porém de todo este aparato de horrores, e por meio de todos eles, sem reparar na severidade dos reis assírios, nem no estilo inexorável de suas cominações, entra contudo animosamente Ester, e aparece

---

[i] *Gênes.*, XL, 14.
[ii] *Est.*, VI, 4.
[iii] Ibid., III, 13.

diante de Assuero.[i] Propõe-lhe o ódio e vingança de Amã, e as soberbas causas dela; estranha o decreto, afeia a injustiça, pondera a impiedade; e reduzido sem resistência o rei pela manifesta informação e conhecimento da causa, revoga-se o decreto, anulam-se as provisões, suspende-se a execução, muda-se a sentença, depõe-se do ofício e autoridade Amã, tira-se-lhe no mesmo dia a vida, a fazenda, a honra, de que era tão indigno; justifica-se o rei, dá-se satisfação à monarquia, emenda-se para com Deus a consciência, restaura-se para com o mundo a fama. Está bem-feito tudo isto? Ninguém o pode negar. Mas quem fie atreveria a sugerir a um rei potentíssimo, severíssimo e deliberado, uma informação (posto que justa) tão contrária à majestade de seus decretos; e (o que é mais) à vontade, à paixão e aos interesses do seu grande valido, mais respeitado em toda a monarquia, e mais temido que o mesmo rei, se não fosse unicamente Ester, pela autoridade de rainha e pela confiança de esposa?

Quantas vezes será importante e necessário em um reino sanear a ruim informação, dar novos olhos à sentença injusta, acudir ao decreto pernicioso, atalhar a ruína pública ou particular, depor o ministro grande e pôr em grandes lugares ao que não é ministro; moderar a ira do rei, ter mão na sua constância, desenganar-lhe o afeto (que tantas vezes se cega), impugnar-lhe o parecer, e ainda contrariar-lhe descobertamente a vontade? E quem há que tenha a confiança e autoridade, nem possa ter o valor e resolução necessária para sugerir as razões de tudo isto, oportuna e eficazmente, senão Ester? Quem, senão unicamente aquele espírito, que é a metade da alma do mesmo príncipe, cuja conservação, cujo aumento, cujo interesse, fama, coroa e glória não só é comum de ambos, senão a mesma?

Oh, ditoso príncipe, e três e quatro vezes bem-aventurado (que assim lhe chama à boca cheia o Espírito Santo)[ii] aquele que, não por testemunho incerto da opinião ou informação suspeitosa da lisonja, senão por experiências presentes e tão provadas, logra a felicidade de tal companhia! Contente Adão da que Deus lhe tinha dado, e julgando que formada de uma parte tão dura do homem, como os ossos, não podia deixar de ser muito semelhante a ele na fortaleza e no valor, pôs-lhe por nome Virago, dizendo que assim se havia de chamar dali por diante: *Vocabitur Virago, quoniam de viro sumpta est*.[iii] E contudo, nem o mesmo Adão, nem algum de seus descendentes chamou nunca tal nome a Eva. E por que razão perdeu Eva o elogio de tão honrado nome? Porque lho pôs Adão sem exame, nem testemunho da experiência: e na primeira ocasião que se ofereceu,

---

[i] *Est.*, V, 11.
[ii] *Ecles.*, XXVI, 11.
[iii] *Gênes*, II, 2.

viu que não tinha nada de varonil, e que era indigna do nome de Virago. Quem não teve valor para resistir a uma cobra, nem peito para rebater uma maçã (vede que bala) por que se havia de chamar Virago? Vagou a dignidade ou a valentia do nome desde aquele tempo: e posto que se opuseram a ele com grandes atos, primeiro Jael e Débora e depois Judite, ficou enfim reservado para Maria: não Maria, a irmã do primeiro Moisés, senão Maria, a esposa do segundo Pedro. Ele foi sem dúvida aquele venturoso (não nomeado) de quem perguntava Salomão: *Mulierem fortem quis inveniet?*[i] Quem será o venturoso a quem cairá em sorte a mulher valorosa? E dando logo os sinais para que se conhecesse quem era, quão preciosa, e donde havia de vir, acrescenta: *Procul, et de ultimis finibus pretium ejus:* Que não havia de ser do reino próprio, nem dos vizinhos, mas que havia de vir de além dos fins da terra. O Texto não nomeia França, mas França, a respeito de nós, é a que está além dos fins da terra: e de França, passando o cabo dos fins da terra, é que veio aportar felizmente ao Tejo a herdeira valorosa do nome de Virago.

Mas que há de fazer o venturoso esposo depois de lhe caber em sorte tão generosa companhia? O mesmo Salomão o diz, fechando a sua sentença: *Confidit in ea cor viri sui, et spoliis non indigebit*. Porá nela o esposo toda a confiança do seu coração: e o que conseguirá por meio desta confiança, é que lhe sobejarão despojos. Parece que não prometiam tanta consequência as premissas: mas tanto importa fiar de quem só se não pode desconfiar. Os despojos que o Texto promete por efeito desta confiança, ou podem ser da guerra, ou também da paz: *Et spoliis non indigebit*: se são da paz, não terá necessidade de despojos, porque não terá guerra: se são da guerra, não terá necessidade de despojos, porque terá vitória. Vitória contra os inimigos de fora, e paz com os inimigos, e com os amigos de dentro, que às vezes são os mais belicosos. Estes são os despojos que promete o divino Oráculo ao esposo da mulher valorosa, se puser nela a confiança do seu coração, valendo muito mais o seguro que lhe dá da confiança, que a promessa que lhe faz dos despojos.

Não há ponto mais dificultoso a um príncipe, que saber de quem se há de fiar. Se se fia de todos, perde-se de contado: se se não fia de ninguém, também vai perdido: se se fia de quem não deve fiar-se, já se perdeu: se se não fia de quem se deve fiar, última perdição. Pois que remédio nesta perplexidade? Que seguro em tantas ondas, ou sirtes de desconfianças? Fiar-se de quem o Espírito Santo diz que se fie: *Confidit in ea cor viri sui*. O esposo fie-se da esposa. E não bastará, ou não será melhor fiar-se só de si? Não será esta a mais certa e a mais segura confiança? Não. Fiar-se só de si, e aconselhar-se só consigo, tem o perigo

---

[i] *Pron.*, XXXI, 10.

do amor próprio: fiar-se só de outro, e aconselhar-se só com outro, tem o risco do interesse alheio. Haja logo um tribunal supremo, e um conselho íntimo e secreto, que compondo-se de dois, seja juntamente um, e formando-se de diversos, seja juntamente o mesmo: para que nesta recíproca diferença se segurem os perigos da primeira desconfiança, e nesta recíproca identidade os riscos da segunda. O perigo da desconfiança de si, segura-se na diferença, porque sou eu, e mais outro: o risco da desconfiança de outro segura-se na identidade, porque esse outro sou eu. Eu, como eu, posso cegar-me: pois seja eu juntamente outro, para que me guie. Outro, como outro, pode desencaminhar-me: pois esse outro seja juntamente eu, para que me não engane. E sobre estes seguros de tão íntima e indubitável confiança, diz o rei mais sábio de todos os homens, que o coração de esposo se fie da esposa: *Confidit in ea cor viri sui.* Se o príncipe se fia do vassalo, fia-se um coração de outro coração: se o esposo se fia da esposa, fia-se um coração, não de outro, senão de si mesmo. E de quem mais seguramente se deve fiar uma metade do coração, que da outra metade também sua? Sua sem ser só, porque é outra: outra sem ser alheia, porque é sua; e sua sem ser diversa, porque é a mesma: *Fecit Deus, ut si homo, unus duo, duo unus, alter ipse,* disse com resumida elegância S. Pedro Crisólogo.[i] Para o conselho são dois, *duo*: para o segredo são um, *unus*: para o desinteresse são outro, *alter*: para o amor são o mesmo, *ipse*: e para a confiança são tudo: *Confidit in ea cor viri sui.* Assim o ensinou o Espírito Santo por boca de Salomão há tantos anos, e assim peço eu por última felicidade dos anos que vêm, se sirva de no-lo ensinar o mesmo Espírito: *Spiritus Paraclitus, ille vos docebit omnia.*

IX

Espírito Consolador e Mestre Divino: infinitas graças vos damos, e vos sejam eternamente dadas, pelo que nos consolou vossa bondade, e pelo que nos ensinou vossa sabedoria neste ano: ano tão trabalhoso e arriscado nos princípios, e tão venturoso em seus progressos até o fim. Com a paz, verdadeiramente vossa, nos consolastes o temor e aflição da guerra: com a esperança tão pronta da real descendência, nos consolastes a antiga desconfiança da sucessão: com o governo presente de príncipe soberano, justo, e por si mesmo, nos consolastes as desatenções e sujeições do passado. Por estas graças, que vos damos, e por estes mesmos benefícios tão singulares de vós recebidos, nos concedei, Senhor, as que para os anos futuros, com igual confiança em vossa divina bondade e

---

[i] Petr Crisól. *serm.* 99.

sabedoria, humildemente vos pedimos. É hoje o dia que, entre todos os do ano, se levanta vulgarmente com o nome de maior, por chegar nele o Sol a seu auge, e encher o mais dilatado giro de sua carreira. Amanhã começam outra vez a decrescer os dias, com pregão de público desengano a todas as coisas do mundo (ainda às que estão acima das sublunares) que nenhuma há tão firme, que não se mude; nenhuma tão levantada, que não se abata; nenhuma tão grande, que não diminua, e torne atrás pelos mesmos passos de seu aumento. Não seja assim em nossas fortunas, soberano e onipotente Autor da natureza, que assim como a criastes, a podeis emendar e fazer constante.[i] Conservai, Senhor, perpetuamente vossos dons e prorrogai sem mudança nem fim, por todos os anos futuros, as felicidades de que tão liberalmente nos fizestes mercê no presente. Não as percamos depois de logradas, para que não ressuscitem com dobrada mágoa em nós aquelas mesmas desconsolações, de que tão eficaz e cumpridamente, e com tão esquisitos remédios nos livrastes. Uni nos vassalos o amor do príncipe; confirmai no príncipe a imitação do pai; prosperai na esposa a continuação dos felicíssimos anos, competindo neles a felicidade com o número, e o número com os herdeiros de seus soberanos dotes, para que o sejam digníssimos da mesma coroa. Sobretudo, ensinando-nos a todos a passar de tal maneira os anos breves e incertos desta vida, que saibamos, por meio dela, conseguir as consolações dos anos eternos: pois para ser eternamente nosso Consolador, vos dignastes ser temporalmente nosso Mestre: *Spiritus Paraclitus ille vos docebit omnia.*

---

[i] Rom., XI, 20 e 21.

SERMÃO DO SANTÍSSIMO SACRAMENTO

Pregado no Real Convento da Esperança,
em Lisboa, no Ano de 1669

Hic est panis qui de Coelo descendit.[i]

I

Que satisfeita está hoje a Fé, e que satisfeita a Caridade! Só a Esperança parece que não está nem pode estar satisfeita. Está satisfeita a Fé, porque se vê sublimada a crer a verdade do mais alto, do mais profundo e do mais escondido mistério: *Caro mea vere est cibus*,[ii] Está satisfeita a Caridade, porque se vê abraçada intimamente com Deus no laço da mais estreita e da mais amorosa união, e da mais recíproca: *In me manet, et ego in illo*.[iii] Só a Esperança parece que não está, nem pode estar satisfeita no diviníssimo Sacramento; porque se lhe nega o que deseja, porque se lhe encobre o que suspira, porque se lhe retira o que segue, e porque na mesma presença se lhe ausenta o que espera. Está Deus ali para a Fé, está Deus ali para a Caridade, e só para a Esperança não está ali. Está ali para a Fé, porque o objeto da Fé é Deus crido: está ali para a Caridade, porque o objeto da Caridade é Deus amado, e não está ali para a Esperança, porque o objeto da Esperança, como ensina S. Paulo, é Deus visto. A Deus invisível pode-o crer a Fé, a Deus invisível pode-o abraçar a Caridade, a Deus invisível não o pode lograr a Esperança. Se o objeto da Esperança é Deus visto, e a essência do Sacramento é Deus não visto, nem visível, que por isso se chama Sacramento, como estará a Esperança satisfeita neste desvio, contente neste desengano e sossegada neste impossível? Firme sim, constante sim, animosa e ansiosa sim; mas satisfeita, contente e sossegada, não fora a Esperança, Esperança, se assim estivera. Pois por certo, Senhor, que não é vossa condição tão esquiva, nem o vosso coração tão pouco humano, que o não obriguem desejos. Que o não solicitem ânsias, que o não penetrem suspiros, que o não enterneçam saudades. E se este é o ser e o exercício contínuo da Esperança, como se esqueceu tanto dela

---

[i] *João*, VI.
[ii] Ibid., VI, 56.
[iii] Ibid., 57.

vossa Providência neste mistério, que parece vos sacramentastes somente para acrescentar novos pesares a seus desejos e um perpétuo martírio a suas ânsias?

A satisfação destas queixas será hoje a matéria do nosso discurso: para que o nome e circunstância do lugar dê novidade à celebridade do dia, verá a Esperança queixosa os extremos de fineza que deve a Cristo sacramentado; e nós veremos, sem queixa do mesmo Sacramento, que, posto que se chame mistério da Fé, encerra maiores mistérios da Esperança. *Ave Maria.*

II

Hic est panis qui de Coelo descendit.[i]

Este é o pão que desceu do Céu. E por que desceu do Céu este pão? Só para exercício da Fé, só para aumento da Caridade? Não. Digo que desceu do Céu o pão do Céu para satisfação da Esperança. Ora vede. Perguntam os teólogos se há Esperança no Céu; e resolvem todos com S. Tomás, que nem no Céu nem no Inferno há Esperança. A razão é porque o bem que for objeto da Esperança, há de ter estas duas condições: ser possível, e ser futuro possível; porque o impossível não se deseja: futuro, porque o presente não se espera. E como o Sumo Bem, que é o objeto da Esperança sobrenatural, no Inferno já não é possível, e no Céu já não é futuro; por isso, nem no Céu, nem no Inferno pode haver Esperança. A alma, se vai ao Céu, salva-se; se vai ao Inferno, perde-se; mas a Esperança, ou no Céu ou no Inferno, sempre se perde: no Céu pela vista de Deus, no Inferno pela desesperação da mesma vista. Sucede-lhe à alma com a Esperança o que a Moisés com a Terra de Promissão, e às virgens prudentes com as companheiras. Moisés levou à Terra de Promissão os Israelitas, mas não entrou lá: as virgens prudentes entraram no Céu, mas as companheiras, ainda que tenham chegado à porta, ficaram de fora. A mais fiel companheira da alma é a Esperança; porém é tal a ventura da alma, e tal a sorte da Esperança, que quando à alma se lhe abrem as portas do Céu, à Esperança fecham-se: a alma entra, e a Esperança fica de fora. E como a Esperança não podia subir nem entrar no Céu, que fez Deus para satisfazer a Esperança? Desceu e saiu do Céu em disfarces de pão: *Hic est panis, qui de Coelo descendit*: para que a Esperança, que o não podia gozar da parte de dentro, o gozasse da parte de fora.

Levado o profeta Ezequiel em espírito, desde Babilônia, onde estava cativo, à cidade e Templo de Jerusalém, mostrou-lhe um anjo o santuário com a

---

[i] *João*, VI, 59.

porta fechada e disse-lhe que fora daquela porta assim fechada se assentaria o Príncipe à mesa para comer o pão na presença do Senhor: *Et convertit me ad viam portae Sanctuarii; et arat clausa, et dixit Dominus ad me: porta haec clausa erit; Princeps ipse sedebit in ea, ut comedat panem coram Domino.*[i] Entram agora os expositores sagrados a declarar este enigma e dizem que o Santuário é o Céu, o Príncipe Cristo e por conseguinte a mesa o altar, e o pão o Santíssimo Sacramento. Em que não há dificuldade. Mas se o Santuário é o Céu, e o Príncipe, o Príncipe do Céu, e o pão, o pão do Céu, por que está a porta do Céu fechada, e se diz que há de estar fechada sempre, e o Príncipe e a mesa não dentro, senão fora da porta? Verdadeiramente, que se não pudera pintar com maior propriedade de circunstâncias tudo o que queremos provar. A mesa do diviníssimo Sacramento, em que assiste realmente o Príncipe da Glória, foi instituída para os homens não no estado da pátria, senão no estado da Esperança: e como a Esperança não pode entrar das portas do Céu para dentro, por isso se pôs a mesa das portas afora. Andou Cristo tão fino com a Esperança, que porque ela não podia entrar no Céu, para se assentar à mesa da Bem-Aventurança, pôs outra mesa e fez outra Bem-Aventurança fora do Céu, só para que a Esperança a lograsse. Ouçamos a Davi.

No salmo trinta e três convida Davi a todos os fiéis para a mesa dos Pães da Proposição da lei da Graça (como notam no mesmo lugar os Padres gregos). E diz assim: *Gustate, et videte, quoniam suavis est Dominus.*[ii] Comei e vede quão suave é o Senhor. Não diz, comei e vede quão suave é o pão; senão, comei e vede quão suave é o Senhor; porque o Senhor é o pão que ali se come. E ditas estas palavras, exclama o profeta: *Beatus vir, qui sperat in eo.*[iii] Oh, bem-aventurados homens que esperam nele! Nesta exclamação, e nesta consequência reparo. Suposto que Davi nos convida a comer a Deus no Sacramento, e gozar nele a suavidade do mesmo Deus: *Gustate, et videte, quoniam suavis est Dominus*, parece que havia de inferir e exclamar: oh, bem-aventurados os que o comem, e não bem-aventurados os que esperam nele: *Beatus vir, qui sperat in eo!* Na bem-aventurança do Céu, que consiste em ver a Deus, são bem-aventurados os que o veem: logo também na bem-aventurança da Terra, que consiste em comer a Deus, são bem-aventurados os que o comem. Assim é. Pois por que não diz Davi aqui: Bem-aventurados os que comem, senão bem-aventurados os que esperam? Porque não só quis o profeta revelar o mistério, senão também declarar o motivo. Nas primeiras palavras: *Gustate, et videte, quoniam suavis*

---

[i] *Ezeq.*, XLIV, 1, 2 e 3.
[ii] *Sal.*, XXXIII, 9.
[iii] Ibid.

est Dominus: revelou o mistério, que é o Sacramento: nas segundas palavras: *Beatus vir, qui sperat in eo*: declarou o motivo, que é a Esperança. E com razão exclamou Davi, admirado mais ainda do motivo, que do mistério, porque não pode haver fineza digna de maior admiração, que tendo Deus feito uma bem-aventurança universal para prêmio e satisfação de todas as outras virtudes, para prêmio e satisfação da Esperança fizesse outra bem-aventurança particular. Para todas as outras virtudes uma bem-aventurança no Céu; para a Esperança outra bem-aventurança na Terra; para todas uma bem-aventurança futura, para a Esperança, outra bem-aventurança presente: para todas uma bem-aventurança que consiste em Deus visto, para a Esperança, outra bem-aventurança que consiste em Deus comido: para todas uma bem-aventurança, que se goza sem esperança, para a Esperança, outra bem-aventurança, que só a gozam os que esperam: *Beatus vir, qui spera in eo*.

III

Mas para que me detenho eu em referir profecias de Davi, e visões de Ezequiel, se tenho o testemunho do mesmo Autor e Instituidor do Sacramento — o Senhor, que está presente? No capítulo doze de S. Lucas, chama Cristo bem-aventurados a certos servos seus: *Beati sunt servi illi*.[i] E como se a bem-aventurança, que lhes promete, fosse incrível, confirma a mesma promessa com juramento, dizendo: *Amen dico vobis, quod praecinget se, et faciet illos discumbere, et transiens ministrabit illis*:[ii] De verdade vos digo, que o Senhor se cingirá e os fará assentar à mesa, e ele em pessoa os servirá a ela. Saibamos agora que mesa e que bem-aventurança é esta. A comum exposição dos intérpretes é que falou Cristo aqui da mesa e bem-aventurança do Céu. Mas esta sentença se impugna fortemente com as mesmas palavras do Texto: *Praecinget se, et transiens ministrabit illis*. Deus no banquete da Glória comunica-se aos bem-aventurados em toda a largueza de sua imensidade: logo não se pode dizer daquele banquete que Deus se cinge e se estreita nele: *Praecinget se*. Demais: o banquete da Glória é permanente, porque dura e há de durar por toda a Eternidade: logo, não se pode dizer que é transeunte e de passagem: *Et transiens ministrabit illis*. Que banquete é logo este, em que Deus se comunica não permanentemente, senão de passagem, e com a imensidade de sua grandeza não dilatada, senão abreviada e cingida? Santo Agostinho como águia de mais aguda vista diz que é

---

[i] *Luc.*, XII, 38.
[ii] *Luc.*, XII, 37.

o banquete do Santíssimo Sacramento: *Quid nobis ministravit, nisi quod hodie manducamus et bibimus?*

Bastava que esta exposição fosse de Agostinho para nós a venerarmos e recebermos: mas porque é singular, e o Santo a não provou, eu a provo. E não só a demonstrarei com a propriedade do mistério, senão também com a mesma instituição dele. Que diz o Texto? *Praecinget se*: que Cristo se cingirá? Isso fez Cristo antes da instituição do Sacramento: *Praecinxit se*.[i] Que mais diz? Que ele o administrará por sua própria pessoa: *Ministrabit illis?*[ii] Isso fez Cristo na ceia: *Fregit, deditque Discipulis suis.*[iii] Que mais? Que o fará em trânsito: *Transiens?* Assim foi: *Sciens quia venit hora ejus, ut transeat ex hoc mundo ad Patrem.* E a mesma festa que então celebrou Cristo se chamava *Phase, idest, transitus Domini.*[iv] E se confirma tudo com o texto da mesma parábola: *Quando revertatur a nuptiis:*[v] porque se instituiu o Sacramento quando Cristo, depois de ter vindo a celebrar as bodas com a natureza humana, tornava outra vez para o Céu. Isto quanto à história, e no modo e tempo e circunstâncias da instituição. E quanto ao mistério, não pode haver propriedade mais natural. Porque Cristo no Sacramento tem abreviada e estreitada sua grandeza, e reduzida não só ao círculo de uma hóstia, senão a qualquer parte dela: *Praecinget se*. E porque o Sacramento é viático de caminhantes, em que somente se nos dá Cristo enquanto dura a peregrinação e passagem desta vida: *Et transiens*: e finalmente, porque ainda que o sacerdote pronuncie as palavras da consagração, Cristo é o principal ministro do Sacrifício e do Sacramento, como dizem todos os Padres e concílios: *Ministrabit illis*. Bem se prova logo a sentença de Santo Agostinho e bem se demonstra que a mesa e bem-aventurança que o Senhor prometeu neste lugar é a mesa e bem-aventurança não do Céu, senão de fora do Céu, não da Glória, senão do Sacramento.

Mas a quem se fez esta promessa, a quem se prometeu este prêmio, e por que merecimentos? Grão caso! Não se prometeu a outros, senão aos que esperam, nem por outros merecimentos, senão os da Esperança. O mesmo Texto o diz: *Et vos similes hominibus expectantibus Dominum suum.*[vi] Sede semelhantes, diz Cristo, aos servos, que esperam por seu senhor, e se assim o fizerdes, o mesmo Senhor vos porá à sua mesa, e vos servirá a ela, dando-se a si mesmo: *Amen dico vobis, quod praecinget se, et faciet illos discumbere, et*

---

[i] *João*, XIII, 4.
[ii] *Mat.*, XXVI, 26.
[iii] *João*, XIII, 1.
[iv] *Êxod.*, XII, 11.
[v] *Luc.*, XII, 36.
[vi] Ibid.

transiens ministrabit illis. Oh, admirável fineza de Cristo! Oh, singular privilégio da virtude da Esperança! Porque não podia dar à Esperança o que ela espera no Céu, deu aos que esperam na Terra o que eles não esperavam, nem podiam esperar. Esperavam os servos, ou podiam esperar que seu senhor lhes pusesse e os pusesse à mesa? Não: e isso é o que ele faz: *Faciet illos discumbere.* Esperavam ou podiam esperar que ele por sua própria pessoa os servisse? Não: e ele é o que os serve: *Et transiens ministrabit illis.* Esperavam, ou podiam esperar que se lhe desse a comer a si mesmo? Muito menos. Só esperavam e podiam esperar que se lhe desse a ver no Céu; mas ele antecipando o tempo, e satisfazendo o desejo da Esperança sobre a mesma Esperança, para que o pudessem comer na Terra, desce do Céu transubstanciado no pão: *Hic est panis qui de Coelo descendit.*

IV

Provado assim o que digo com a visão de Ezequiel, com a profecia de Davi, e com a parábola do mesmo Cristo, se alguém ainda deseja o exemplo da experiência, também este nos não falta. Aparece Cristo em trajes de peregrino aos dois discípulos, que na manhã da ressurreição caminhavam para Emaús; e assentado à mesa, para que o conhecessem, parte o pão e consagra-se nele: *Et cognoverunt eum in fratione panis.*[i] Não sei se reparais, não só no admirável, senão muito mais no singular deste caso. A outros muitos apareceu o Senhor e se deu a conhecer neste mesmo dia, mas a nenhum com semelhante favor, nem com tão extraordinário modo. Apareceu à Madalena, apareceu às outras Marias, apareceu a S. Pedro, apareceu a todos os Discípulos juntos, e comeu com eles, e tendo aqui a mesma ocasião o Senhor de consagrar o pão, e repetir o mistério do Sacramento, não o fez, parecendo supérflua a presença sacramental, onde a natural estava com eles. Depois que todos passaram a Galileia também apareceu e comeu o Senhor com os Discípulos muitas vezes: e sendo a mesa, como muitos querem, a de sua Mãe Santíssima, também ali não consagrou seu corpo. Pois que merecimento concorreu nos dois discípulos de Emaús, ou que maior razão teve Cristo para se lhe dar a eles sacramentado e não aos demais? Lembrai-vos do que diziam e logo vereis que foi obrigação e não favor; necessidade e não excesso. O que diziam estes discípulos, dando a causa da sua tristeza, é que esperavam desconfiados: *Nos autem sperabamus.*[ii] E como a sua esperança ia tão enfraquecida e quase desmaiada; com que lhe havia de acudir o Senhor, senão com o alimento

---

[i] *Luc.*, XXIV, 35.
[ii] Ibid., 21.

da Esperança, que é o Sacramento? Remédio foi logo e não favor; necessidade e não excesso. E notai que esta foi a primeira vez que o pão natural se consagrou em corpo de Cristo depois de instituído o Sacramento na ceia, para que desde logo se desse princípio ao fim porque se instituíra. Como o fim particular da instituição do Sacramento foi alentar e alimentar nesta vida a nossa esperança, por isso o mesmo Senhor que tinha instituído o remédio quis também ser o primeiro que nos mostrasse a sua eficácia na primeira enfermidade que necessitava dele.

E para que se não duvide que o remédio da Esperança foi a maior razão desta diferença, diz o evangelista que no mesmo ponto em que o Senhor partiu e consagrou o pão, se fez juntamente invisível e se escondeu aos olhos dos dois discípulos: *Et ipse evanuit ab oculis eorum*.[i] Mas se o fim desta consagração foi para que os dois discípulos o conhecessem, por que desaparece no mesmo ponto, e se esconde a seus olhos? Encobrir-se, para se manifestar? Esconder-se, para se dar a conhecer? Sim: e não podia ser de outro modo. Porque sendo mistério do Sacramento, e remédio da Esperança, nem a Esperança remediada podia ver, nem o Senhor sacramentado podia ser visto. Se o sacramentado fosse visto, deixava de ser Sacramento; se a Esperança o visse, deixava de ser Esperança: e porque verdadeiramente era Sacramento, e Sacramento para remédio da Esperança; por isso foi não só conveniente mas necessário que o Senhor se escondesse a seus olhos: *Et ipse evanuit ab oculis eorum.* Isto é o que sucedeu naquele grande dia, e isto o que todos estes oito dias tivemos presente: Cristo alentando e alimentando, não desmaios, mas saudades da Esperança: escondido porém o Senhor, e encoberto a nossos olhos: *Et ipse evanuit ab oculis eorum.* Porque nem a Esperança fora Esperança, nem o Sacramento Sacramento, se assim não fora. Goza, pois, a Esperança por meio do Sacramento na Terra o que não podia gozar no Céu: e Deus por meio do Sacramento desce do Céu: *Hic est panis, qui de Coelo descendit*: para que a Esperança o possa gozar na Terra.

V

É tanto assim verdade que, só enquanto durar a Esperança, há de durar o Sacramento, e tanto que acabar a Esperança, também o Sacramento se há de acabar. O Sacramento do altar há de durar somente até o fim do mundo, conforme a promessa de Cristo: *Ecce ego vobiscum sum usque ad consummationem saeculi.*[ii] E depois do mundo por que não? Cristo não é sacerdote eterno? Sim, é;

---

[i] Ibid., 31.
[ii] *Mat.*, XXVIII, 20.

e sacerdote eterno, não segundo a ordem de Aarão, que sacrificava cordeiros, senão segundo a ordem de Melquisedeque, que sacrificou em pão e vinho: *Tu es sacerdos in aeternum secundum ordinem Melchisedech*:[i] *Melchisedech proferens panem, et vinum.*[ii] Pois se o sacerdote é eterno, por que não será também eterno o Sacrifício e o Sacramento? Porque o sacrifício foi instituído para propiciação do pecado, e o Sacramento, para satisfação da Esperança. E assim como no fim do mundo há de cessar o sacrifício, porque há de ter fim o pecado, assim no fim do mundo há de cessar o Sacramento, porque há de ter fim a Esperança. Agora entendereis o mistério do maná, quando se acabou, e por quê?

Enquanto os filhos de Israel caminhavam para a Terra de Promissão, chovia-lhes o maná todos os dias. Chegaram finalmente à terra desejada, começaram a comer os frutos dela, e diz o Texto sagrado que no mesmo ponto cessou o maná: *Defecit manna postquam comederunt de frugibus terrae, nec usi sunt ultra cibo illo filii Israel.*[iii] De maneira que, enquanto os filhos de Israel iam peregrinando pelo deserto com os desejos e esperanças de chegar à pátria prometida, sustentavam-se do maná; porém depois que chegaram ao fim de suas esperanças, aonde teve fim a Esperança, teve também fim o maná: *Defecit manna.* E que maná é este, senão o Diviníssimo Sacramento? Ouçamos a Ruperto: *Nunc pascimur ore manducando panem vitae aeternae: at ubi venerimus in terram viventium, ubi in sua specie videbitur Deus, jam non is istis speciebus, sed in propria substantia videndo, manducabimus panem angelorum. Igitur postquam manducaverunt terrae fruges, defecit manna.* Sabeis por que cessou o maná, quando os filhos de Israel entraram na Terra de Promissão? Foi porque também há de cessar o Sacramento, quando nós entrarmos na bem-aventurança da Glória. Todos nesta vida somos peregrinos daquela pátria bem-aventurada: os que foram diante já chegaram, nós vamos caminhando agora, e assim caminharão depois os que nos sucederem, todos com a esperança de a gozar. No fim do mundo estarão recolhidos à pátria todos os predestinados, e quando todos chegarem ao fim da sua esperança, e a mesma esperança tiver fim, também terá fim o maná, também terá fim o Sacramento. Se a Esperança houvera de durar eternamente, também o Sacramento seria eterno; mas como a Esperança há de parar com a roda do tempo, e do mundo, também o Sacramento há de durar somente até o fim do mundo: *Usque ad consummationem saeculi.* Tão vinculado deixou Cristo o pão do Céu ao morgado da Esperança!

---

[i] *Sal.*, CIX, 4.
[ii] *Gênes.*, XIV, 18.
[iii] *Josué*, V, 12.

E se alguém me perguntar a razão natural desta mútua correspondência e conexão, como necessária, do Sacramento com a Esperança, e da Esperança com o Sacramento, assim na duração, como no fim, na natureza da mesma Esperança, e do mesmo Sacramento, a acharemos. A Esperança é um afeto, que, suspirando sempre por ver, vive de não ver e morre com a vista. É teologia de S. Paulo, falando da mesma Esperança de que nós tratamos: *Spes quae videtur, non est spes: nam quod videt quis, quid sperat?*[i] A Esperança que chegou a ver o Sumo Bem esperado já não é Esperança; porque quem espera ainda não vê, e quem vê já não espera. Esta é a natureza da Esperança. E a do Sacramento qual é? É a presença da humanidade e divindade de Cristo, encoberta debaixo daquele véu, o qual de tal maneira a faz invisível, que se se pudesse ou deixasse ver, já não seria Sacramento. E como a Esperança, sendo desejo de ver a Deus, já não seria Esperança se o visse; e o Sacramento, tendo dentro de si a Deus, já não seria Sacramento se o deixasse ver; daqui vem ser tal a conexão que há entre a Esperança e o Sacramento, e a duração de um e outro, que, quando Deus franquear a sua vista a todos os que a esperam (o que será no fim do mundo), necessariamente se hão de acabar a Esperança e mais o Sacramento: a Esperança, porque já veremos a Deus; o Sacramento, porque já Deus não será invisível.

As estrelas vivem de noite, e morrem de dia. O mesmo nos sucederá nesta noite da Esperança, quando amanhecer o dia da Glória. Não debalde instituiu Cristo o divino Sacramento de noite, quando, por uma presença que nos levou da vista, nos deixou muitas à fé. Mete-se o Sol no ocidente, escurece-se o mundo com as sombras da noite; mas se olharmos para o Céu, veremos o mesmo Sol multiplicado em tantos sóis menores quantas são as estrelas sem número em que ele substitui a sua ausência, e não só se retrata, mas vive. Assim se ausentou Cristo de nós sem se ausentar, deixando-se, abreviado sim, no Sacramento, mas multiplicado em tantas presenças quantas são as hóstias consagradas em que o adoramos e temos realmente conosco. Nesta ausência, pois, e nesta noite escura da Esperança, em que não vemos a Deus, que outra coisa é a Igreja com o Divino Sacramento multiplicado em todas as partes do mundo, senão um Sol estrelado, esperando nós com Jó a que amanheça: *Post tenebras spero lucem?*[ii] Mas assim como com o mesmo nascimento do Sol, a noite acaba, e as estrelas desaparecem; assim com a mesma vista clara de Deus, o Sacramento há de desaparecer, e a Esperança acabar.

Quando Cristo expirou na cruz, rasgou-se o véu do Templo, com que estava coberto o *Sancta Sanctorum*, em sinal de que então se abriram as portas

---

[i] *Rom.*, VIII, 24.
[ii] *Jó*, XVII, 12.

da Glória até ali fechadas: e no mesmo ponto se acabaram em Jerusalém, e no Limbo, duas coisas notáveis: em Jerusalém os sacrifícios da Lei velha, no Limbo as esperanças dos Patriarcas. Da mesma maneira quando este mundo se acabar, entrarão no Céu todos os predestinados a gozar a vista clara de Deus, e no mesmo ponto se acabará o Sacrifício e Sacramento da lei da Graça, e a esperança de todos os que professamos a mesma lei. E este será o último testemunho, e a prova então evidente, como agora certa, de que para satisfação da mesma Esperança tinha descido do Céu aquele pão: *Hic est panis qui de Coelo descendit.*

VI

Mas se a Esperança é um afeto que sempre anela a ver, e está suspirando pela vista, e no Sacramento não vê, nem pode ver o Sumo Bem que deseja, como pode o Sacramento, e Deus invisível nele, ser satisfação da Esperança? Este é o último mistério, e o mais escuro ponto do nosso discurso, para cuja inteligência será necessário desentranhar mais interiormente, e fazer uma exata anatomia da Esperança. É questão célebre entre os teólogos, se a Esperança reside no entendimento, ou na vontade: os mais defendem que é ato da vontade, os menos, que é ato do entendimento; mas a opinião mais provável, e para mim sem dúvida, é que a Esperança compreende ambas as potências, firmando-se com um pé no entendimento e com outro na vontade. Por isso a Esperança se chama âncora, nome que lhe deu S. Paulo: *Ad tenendam propositam spem, quam sicut ancoram habemus animae tutam, ac firmam.*[i] E assim como a âncora para estar segura há de prender de uma e da outra parte, assim a Esperança para se firmar bem na alma não só há de estar fundada em uma das potências, senão em ambas juntamente. É a Esperança um composto de desejo e confiança: com a vontade deseja, e com o entendimento confia: se desejara sem confiança de alcançar, seria somente desejo; mas como deseja e confia juntamente, por isso é Esperança. Daqui se segue, que para a Esperança estar inteiramente satisfeita, parte da satisfação há de pertencer ao desejo, e parte à confiança: ao desejo para o alívio: à confiança para o seguro: e tudo isto tem a Esperança no Sacramento. Tem seguro para a confiança, porque o Sacramento é penhor: tem alívio para o desejo, porque o mesmo Sacramento é posse: penhor, enquanto o temos fechado naquela custódia; posse, enquanto dentro do peito o temos em nós, e conosco. Está dito tudo, vamos à prova por partes.

---

[i] *Hebr.*, VI, 18 e 19.

Tem primeiramente a esperança no Sacramento o seguro da confiança; porque é penhor da mesma glória, que espera, como nos ensina a Igreja: *Et futurae gloriae nobis pignus datur.* Mas quem pediu jamais, nem deu, nem ainda imaginou tal sorte de penhor? Quando Elias se houve de partir para o Céu, pediu-lhe Eliseu o seu espírito dobrado: e como Elias lho não podia logo dar, prometeu-lho e deixou-lhe em penhor a sua capa. Drogo Hostiense reconheceu nesta capa, e neste penhor, o mistério do Sacramento, em que Cristo se nos encobre com a capa dos acidentes. Mas quanto vai de capa a capa, e de penhor a penhor? Elias deixou a capa e levou a pessoa, e quando se ausenta a pessoa, não é bastante penhor a capa. Cristo deixou-nos em penhor a capa, e mais a pessoa: a capa nos acidentes, a pessoa na substância. Pode haver mais seguro penhor? Só um penhor houve no mundo quase semelhante a este, mas muito desigual.

Quando José viu a seus irmãos no Egito, faltava naquele número Benjamim, que era sobre todos o que mais amava; e desejando com grandes ânsias vê-lo, prometeram os irmãos que lho trariam. Não se deu contudo por satisfeita a confiança de José com esta promessa: vieram a partido, que em penhor de Benjamim ficasse Simeão preso, e debaixo de chave: *Frater vester unus ligetur in carcere*:[i] e assim se fez. Agora pergunto: qual esperança podia estar mais satisfeita, e qual confiança mais segura, a de José ou a nossa? Já me arrependo de o ter perguntado; porque é agravo de tão soberano e nunca imaginado penhor. A confiança de José muito segura podia estar, porque tinha em custódia, e debaixo da chave, um irmão em penhor de outro irmão; mas os seguros da nossa confiança são incomparavelmente muito mais firmes; porque o penhor da promessa (de que também temos as chaves) é o mesmo prometido. A esperança de José estava muito confiada, porque o penhor de Benjamim era Simeão: a nossa confiança está muito mais segura, porque em penhor de Benjamim tem o mesmo Benjamim. Que espera a nossa Esperança? Ver a Deus? Pois em penhor de ver a Deus temos debaixo da chave ao mesmo Deus, e em forma de pão e sustento nosso, para maior firmeza. Se Deus se dá a comer, não se dará a ver? Se Deus faz de si prato, não fará de si espelho? Segura está a confiança.

E se por parte da confiança está tão satisfeita a Esperança no penhor, por parte do desejo não deve estar menos satisfeita no alívio. S. Tomás chamou ao Diviníssimo Sacramento: *Solatium singulare:* alívio singular. E por que é singular este alívio? Discretamente por certo. Porque nas outras esperanças, e nos outros desejos, o alívio sempre é menor que o bem desejado: aqui o mesmo bem desejado é menor que o que se nos dá por alívio. Qual é o bem que a Esperança deseja? A vista de Deus no Céu. Qual é o alívio que dá Cristo a essa

---

[i] *Gênes.*, XLII, 19.

Esperança? O Sacramento do altar na Terra. Logo, maior é o bem que se nos dá por alívio do desejo que o mesmo bem desejado; porque mais se dá Deus a quem comunga, do que se comunica no Céu a quem o vê. Os bem-aventurados no Céu veem a Deus, mas não o compreendem: de maneira que lhes comunica Deus o que veem, mas o que não compreendem não lhos comunica: porém no mistério do Sacramento o que o bem-aventurado vê, e o que o bem-aventurado não compreende, tudo recebe quem comunga. Diremos, logo, que a comunhão é compreensão de Deus? Por este modo não se cansara muito em o dizer, mas quero que o diga S. Epifânio.

Concebeu a Deus a Virgem Maria (que na maior solenidade do Filho não era bem que nos faltasse a Mãe, e mais em sua casa), concebeu a Deus a Virgem Maria em suas puríssimas entranhas, e admirado da grandeza e profundidade do mistério, exclamou assim S. Epifânio: *Oh uterum Coelo ampliorem, qui incomprehensum Deum vere comprehensum portasti!* Oh, ventre virginal, maior que o Céu, pois verdadeiramente compreendeste em ti o que no Céu é incompreensível! Note-se muito a palavra *vere*: não só compreendido de qualquer modo, senão verdadeiramente compreendido: *Vere comprehensum*. Mas saibamos: A Virgem, Senhora nossa, no Céu compreende a Deus? Não; porque ainda que o lume da glória da Senhora, e a visão beatífica com que vê a Deus excede em supremíssimo grau à de todos os bem-aventurados; contudo não compreende a Deus, porque Deus, por sua infinita perfeição e essência, é incompreensível a todo o conhecimento criado. Pois se a Mãe de Deus não compreende a Deus no Céu, quando o vê, como diz Epifânio, que o compreendeu quando o concebeu e trouxe em suas entranhas? Falou o grande Padre como tão grande teólogo. Para compreender a Deus, é necessário vê-lo todo e totalmente: *Totum et totaliter*. Assim o definem as três maiores escolas da teologia — S. Tomás, Escoto, Soares. E como os bem-aventurados (entrando também neste número a Virgem Maria) ainda que veem a todo Deus, não o veem totalmente; por isso não o compreendem. Agora pergunto: E, quando a Virgem Maria concebeu e trouxe a Deus em suas entranhas, teve-o nelas todo e totalmente? Sim. Pois por isso diz S. Epifânio que o compreendeu verdadeiramente: *Vere comprehensum portasti*: não por compreensão intelectual, senão por compreensão corporal, ao modo que S. Paulo disse da humanidade de Cristo: *In ipso inhabitat omnis plenitudo divinitatis corporaliter.*[i]

Isto suposto, diga-me agora a nossa fé: Deus no Sacramento está menos inteiramente do que esteve nas entranhas de sua Mãe? Não por certo. Todo e totalmente nas entranhas de Maria: todo e totalmente no Sacramento. Pois

---

[i] *Coloss.*, II, 9.

se Maria, porque teve a Deus todo e totalmente no peito, o compreendeu, quem o comunga e o recebe todo e totalmente no Sacramento, por que o não compreende? É verdade que o peito de Maria é sem comparação mais capaz, sem comparação mais puro e sem comparação mais digno; mas, como douta e gravemente notou o Padre Soares, a esfera do Sol, que é a quarta, tanto a compreende o quinto Céu, como o oitavo, ainda que o oitavo seja maior, e esteja matizado de inumeráveis estrelas, e o quinto não. E se Deus no Sacramento se compreende, e no Céu não se compreende, se Deus no Sacramento se dá todo e totalmente ao peito dos que o comungam, e no Céu se dá todo, mas não totalmente, aos olhos dos que o veem; vede se tem a Esperança mais no alívio, do que espera no desejo? Satisfeita está logo a Esperança, e mais que satisfeita, tanto pela parte da confiança no seguro, como pela parte do desejo no alívio, pois para um ter o penhor, e para outro a posse do Pão, que desceu do Céu: *Hic est panis qui de Coelo descendit.*

VII

Estas são (voltemos agora sobre nós), estas são as finezas soberanas com que Deus no Sacramento satisfaz a nossa esperança: mas não sei se esta satisfação é recíproca. A nossa esperança está satisfeita de Deus; o que importa é que Deus esteja também satisfeito da nossa esperança. E como será isto? A única e verdadeira satisfação que a nossa esperança pode dar a Deus é pôr-se toda nele. Se não esperamos só em Deus e de Deus, que esperamos, e em quem esperamos? Esperou Davi em Saul como rei, esperou em Jônatas como amigo, esperou em Absalão como filho, e todas estas esperanças, ou lhe mentiram ou lhe faltaram, porque eram esperanças postas em homens. Por isso tomou Davi duas resoluções, ambas dignas de quem ele era, como homem e como profeta. Como homem, de esperar só em Deus: *Mihi autem adhaerere Deo bonum est; ponere in Domino Deo spem meam.*[i] Como profeta, de pregar a todo o homem que ninguém ponha a sua esperança e confiança em homens, por grandes que sejam ou pareçam: *Nolite confidere in principibus, in filiis hominum, in quibus non est salus.*[ii] Para prova deste desengano não quero outra consideração, mais que a do nosso Texto: *Hic est panis qui de Coelo descendit.* Quem bem considerar estas palavras pelo direito e pelo avesso verá que Deus é merecedor de que se

---

[i] *Sal.*, LXXII, 28.
[ii] Ibid., CXLV, 2 e 3.

ponham nele todas as esperanças, e que todo o homem é indigno de que outro homem espere nele.

Primeiramente, diz o nosso Texto, que desceu Deus: *Descendit:* E donde desceu? *De Coelo*: desceu do Céu, desceu da Glória, desceu do Trono altíssimo e imenso de sua majestade: e não só desceu uma vez na encarnação, para nos remir, mas desce infinitas vezes todos os dias no Sacramento, para nos alimentar, para nos remediar, para nos enriquecer, para nos divinizar. Que homem há que desça um degrau de sua autoridade, ou de sua conveniência, ou de sua vaidade, por amor de outro homem? Deus desce para vos levantar, e os homens derrubam-vos para subir. Que homem há que não derrube, se pode, o que está mais acima, para fazer dele degrau à sua fortuna? Se fordes como Abner, tereis um amigo como Joab, que com um abraço vos tire a vida para suceder no vosso ofício: se fordes como Mefiboseth, tereis um criado como Ciba, que vos levante um falso testemunho, para herdar a vossa fazenda: se fordes como Esaú, tereis um irmão como Jacó, que com engano vos furte a bênção, para entrar no vosso morgado: se fordes como Davi, tereis um filho como Absalão, que rebele contra vós os vassalos, para pôr na cabeça a vossa coroa. E se pudésseis ser como Cristo, não vos faltaria um discípulo como Judas, que vos vendesse pelo menor interesse, e vos entregasse nas mãos de vossos inimigos, e vos pusesse em uma cruz. Deste homem disse o mesmo Cristo: *Homo pacis meae, in quo speravi: manignificavit super me supplantationem.*[i] O homem em que esperei me fez a maior traição. Esperai lá e fiai-vos de homens, com quem não vale a obrigação, nem a amizade, nem o sangue, nem a mesma fé, para vo-la guardarem. Só vos não fazem mal enquanto não esperam algum bem da vossa ruína. O primeiro e o melhor homem deu com todo o gênero humano a través, só por subir aonde não podia, e ainda ele e nós estivéramos caídos, se Deus, para nos levantar, não descera: *Descendit.*

E como desceu? Em pão: *Panis qui de Coelo descendit.* Deus faz-se pão, para vos sustentar, e os homens fazem de vós pão, para vos comer. Não sou eu o que o digo. Quando Josué e Caleb foram por espias à terra dos Cananeus, as novas que trouxeram, e as alvíssaras que pediram aos seus, foi que os podiam comer como pão: *Sicut panem eos, possumus devorare.*[ii] Assim o disseram, e assim o fizeram os Hebreus. Comeram-lhes as fazendas, comeram-lhes as cidades, comeram-lhes as liberdades, comeram-lhes as vidas. Mas, enfim, eram diversas nações, e inimigos contra inimigos. O pior é que na mesma nação, no mesmo povo, e talvez na mesma família, se comem os homens uns aos outros. Este é o pão usual, e

---

[i] *Sal.*, XL, 10.
[ii] *Núm.*, XIV, 9.

esta a queixa de Deus por Davi: *Qui devorant plebem meam sicut escam panis:*[i] O meu povo, a quem eu me dei em pão, vejo que mo comem como pão. Nota aqui Genebrardo que fala o profeta dos grandes e dos poderosos: *Loquitur de magnatibus.* Os pequenos não comem, nem podem comer os grandes; os grandes, porque podem, são os que comem os pequenos. Por isso os povos estão tão despovoados e tão comidos, e os comedores tão cheios e tão fartos.

Parece que competiu a potência e maldade humana com a onipotência e bondade divina a fazer outro Sacramento às avessas do seu. O Todo-Poderoso converteu a substância do pão em substância de carne e sangue, para que comêssemos seu corpo: os todo-poderosos convertem a substância da carne e sangue do povo em substância de pão, para o comerem eles. Ouçam os que isto padecem, a Jó, para que peçam a Deus semelhante paciência: *Quare persequimini me sicut Deus, et carnibus meis saturamini?*[ii] Por que me perseguis como Deus e vos fartais de minha carne? Reparai-me naquele *sicut Deus.* Diz Jó que seus perseguidores se fartavam da sua carne, e que nisso se queriam fazer semelhantes a Deus. Pois semelhantes a Deus em se fartarem da carne de Jó? Onde está aqui o *sicut Deus?* No milagre da transubstanciação, o qual ainda não tinha nome, e lho deu o mistério do Sacramento: só Deus pode converter uma substância em outra. E nisto são perversamente como Deus os que da substância alheia fazem substância própria, e da carne dos pobres, pão. Tais eram os perseguidores de Jó. Assim como Deus converte a substância de pão na de sua carne, para que o comamos, assim eles, às avessas, convertiam a substância e carne de Jó em pão, para o comerem. E quem eram estes, para que melhor conheçamos o que são homens? Eram os mais obrigados a Jó, eram os de quem ele mais se fiava, eram os da sua família e da sua casa: *Dixerunt viri tabernaculi mei: quis det de carnibus ejus, ut saturemur?*[iii] Eis aqui o que chegam a fazer os homens; para que vejais o que se pode esperar deles, e se está mais bem-posta a esperança em quem se vos dá a comer, ou em quem vos come.

A conclusão seja a que tomou o profeta Jeremias em uma e outra consideração: *Maledictus homo qui confidit in homine:*[iv] Maldito seja o homem que confia em homem. *Benedictus vir qui confidit in Domino:*[v] Bem-aventurado o homem que confia em Deus. No dia do último desengano a uns se dirá: *Ite maledicti:*[vi] e estes serão os loucos e mal-aventurados que puseram a sua esperança nos

---

[i] *Sal.*, XIII, 4.
[ii] *Jó*, XIX, 22.
[iii] Ibid., XXXI, 31.
[iv] *Jerem.*, XVII, 5.
[v] Ibid., 7.
[vi] *Mat.*, XXV, 41.

homens: *Maledictus homo qui confidit in homine*. A outros, pelo contrário, se dirá: *Venite benedicti*: e estes serão os sisudos, e bem-aventurados que puseram a sua esperança em Deus: *Benedictus vir qui confidit in Domino*.

Não me parece que haverá nenhum homem tão enganado consigo e com os homens, que, enquanto pode escolher, não escolha antes a sorte dos que esperam em Deus e só em Deus. Então verão que se Deus fez uma bem-aventurança nesta vida para a Esperança, ainda tem guardada outra bem-aventurança na outra vida para os que nele esperam: *Expectantes beatam spem, et adventum gloriae magni Dei.*[i] Duas coisas diz S. Paulo nestas palavras, dignas de grande ponderação, uma presente, outra futura. De presente diz que a nossa esperança já é bem-aventurada: *Beatam spem*. E que bem-aventurança é esta, senão a que está encerrada, como vimos, no Diviníssimo Sacramento, bem-aventurança própria da Esperança e própria da vida presente? A que o apóstolo promete de futuro ainda a declarou por termos de maior reparo, porque diz que a bem-aventurança que está por vir, é a glória de Deus grande: *Et adventum gloriae magni Dei*. Deus não é sempre igual, sempre grande, sempre o mesmo? Pois que glória de Deus grande é esta? Há uma glória de Deus grande e outra glória de Deus pequeno? Sim. A glória de Deus no Sacramento é glória de Deus pequeno, porque no Sacramento estreitou, encolheu e abreviou Deus a sua grandeza a tão pequena esfera, como a daquela hóstia: a glória de Deus no Céu é glória de Deus grande, porque lá se nos mostrará a grandeza e majestade de Deus em toda a largueza infinita de sua imensidade. Cá encolhida e abreviada para poder caber e entrar em nós: lá dilatada e estendida, para que, não podendo caber em nós, nós entremos nela: *Intra in gaudium Domini tui.*[ii] Quem haverá logo que, podendo ser bem-aventurado nesta vida, e bem-aventurado na outra, só com esperar em Deus, não espere só nele? Esperemos só em Deus renunciando de uma vez e para sempre às esperanças de todas as criaturas: e enquanto não subirmos ao Céu a gozar a bem-aventurança, que nos espera, goze a nossa Esperança a bem-aventurança que tem presente no pão que desceu do Céu: *Hic est panis qui de Coelo descendit*.

---

[i] *Epíst. a Tito*, II, 13.
[ii] *Mat.*, XXV, 21.

SERMÃO DE SANTO INÁCIO

FUNDADOR DA COMPANHIA DE JESUS

Pregado no Real Colégio de Santo Antão, em 1669

*Et vos similes hominibus
expectantibus Dominum suum.*[i]

I

Admirável é Deus em seus santos; mas no santo que hoje celebra a Igreja singularmente admirável. A todos os santos manda Cristo neste Evangelho, que sejam semelhantes a homens: *Et vos similes hominibus:*[ii] mas assim como há grande diferença de homens a homens, assim vai muito de semelhanças a semelhanças. Aos outros santos manda Cristo que sejam semelhantes aos homens, que servem aos senhores da Terra: *Hominibus expectantibus Dominum suum*: a Santo Inácio manda-lhe Cristo, que seja semelhante aos homens que serviram ao Senhor do Céu. Quanto vai do Céu à Terra, tanto vai de semelhança a semelhança. Aos outros santos meteu-lhes Cristo na mão este Evangelho, e disse-lhes: servi-me assim como os homens servem aos homens: a Santo Inácio mete-lhe na mão um livro das vidas de todos os santos, e diz-lhe: serve-me assim como estes homens me serviram a mim. Foi o caso. Jazia Santo Inácio (não digo bem). Jazia Dom Inácio de Loiola malferido de uma bala francesa no sítio de Pamplona; e picado como valente de ter perdido um castelo, fabricava no pensamento outros castelos maiores, pelas medidas de seus espíritos. Já lhe parecia pouca defensa Navarra, pouca muralha os Pireneus, e pouca conquista França. Considerava-se capitão, e espanhol, e rendido; e a dor lhe trazia à memória, como Roma em Cipião, e Cartago em Aníbal, foram despojos de Espanha: os Cids, os Pelaios, os Viriatos, os Lusos, os Geriões, os Hércules, eram os homens com cujas semelhanças heroicas o animava e inquietava a fama: mais ferido da reputação da pátria que das suas próprias feridas. Cansado de lutar com pensamentos tão vastos, pediu um livro de cavalarias para passar o tempo; mas, oh, Providência Divina! Um livro que só

---

[i] *Luc.*, XII.
[ii] Ibid., XII, 36.

se achou, era das vidas dos santos. Bem pagou depois Santo Inácio em livros o que deveu a este. Mas vede quanto importa a lição de bons livros. Se o livro fora de cavalarias, sairia Inácio um grande cavaleiro: foi um livro de vidas de santos, saiu um grande santo. Se lera cavalarias, sairia Inácio um cavaleiro da ardente espada: leu vidas de santos, saiu um santo da ardente tocha: *Et lucernae ardentes in manibus vestris*. Toma Inácio o livro nas mãos, lê-o, ao princípio com dissabor, pouco depois sem fastio, ultimamente com gosto, e dali por diante com fome, com ânsia, com cuidado, com desengano, com devoção, com lágrimas.

Estava atônito Inácio do que lia, e de ver que havia no mundo outra milícia para ele tão nova e tão ignorada, porque os que seguem as leis do apetite, como se rendem sem batalha, não têm conhecimento da guerra. Já lhe pareciam maiores aqueles combates, mais fortes aquelas resistências, mais ilustres aquelas façanhas, mais gloriosas aquelas vitórias, e mais para apetecer aqueles triunfos. Resolve-se a trocar as armas e alistar-se debaixo das bandeiras de Cristo; e a espada de que tanto se prezava foi o primeiro despojo que ofereceu a Deus e a sua Mãe nos altares de Monserrate. Aceitai, Senhora, essa espada, que, como se hão de rebelar contra Vós tantos inimigos, tempo virá em que seja bem necessária para a defesa de vossos atributos. Lia Inácio as vidas dos confessores, e começando como eles, pelo desprezo da vaidade, tira o colete, despe as galas, e assim como se ia despindo o corpo, se ia armando o espírito. Lia as vidas dos anacoretas, e já suspirava pelos desertos, e por se ver metido em uma cova de Manresa, onde sepultado acabasse de morrer ao mundo, e começasse a viver, ou a ressuscitar a si mesmo. Lia as vidas dos doutores e pontífices e (ainda que o não afeiçoaram as mitras, nem as tiaras) delibera-se a aprender para ensinar, e a começar os rudimentos da gramática entre os meninos, conhecendo que em trinta e três anos de corte e guerra, ainda não começara a ser homem. Lia as vidas, ou as mortes valerosas dos mártires, e com sede de derramar o sangue próprio, quem tinha derramado tanto alheio, sacrifica-se a ir buscar o martírio a Jerusalém, oferecendo as mãos desarmadas às algemas, os pés aos grilhões, o corpo às masmorras, e o pescoço aos alfanges turquescos. Lia finalmente as vidas e as perseguições dos Apóstolos, e soando-lhe melhor que tudo aos ouvidos as trombetas do Evangelho, toma por empresa a conquista de todo o mundo, para dilatar a Fé, para o sujeitar à Igreja e para levantar novo edifício sobre os alicerces e ruínas do que eles tinham fundado. Isto era o que Inácio ia lendo; e isto o que juntamente ia trasladando em si e imprimindo dentro na alma. Mas quem lhe dissera então ao novo soldado de Cristo, que notasse naquele livro o dia de trinta e um de julho; que advertisse bem, que aquele lugar estava vago, e que soubesse que a vida de santo, que ali faltava, havia de ser a sua, e que este dia feriado e sem nome havia de ser o dia de Santo Inácio de Loiola, fundador e patriarca da Companhia de Jesus! Tais são os segredos da Providência, tão grandes os poderes da graça, e tanta a capacidade da nossa natureza!

Para satisfazer às obrigações de tamanho dia, nem quero mais matéria, que o caso que propus, nem mais livros, que o mesmo Livro, nem mais texto, que as mesmas palavras: *Et vos similes hominibus.* Veremos em dois discursos: Inácio semelhante a homens, e Inácio homem sem semelhante. Mais breve ainda: o semelhante sem semelhante. Este será o assunto. Peçamos a graça. *Ave Maria.*

II

Temos a Santo Inácio com o seu livro nas mãos, com os exemplares de todos os santos diante dos olhos, e Deus dizendo-lhe ao ouvido: *Et vos similes hominibus.* Tantos instrumentos juntos? Grande obra intenta Deus. Quando Deus quer converter homens e fazer santos, lavra um diamante com outro diamante, e faz um santo com outro. Santo foi Davi; converteu-o Deus com outro santo, o profeta Natã: santo foi Cornélio Centurião; converteu-o Deus com outro santo, S. Pedro: santo foi Dionísio Areopagita; converteu-o Deus com outro santo, S. Paulo; santo foi Santo Agostinho; converteu-o Deus com outro santo, Santo Ambrósio: santo foi S. Francisco Xavier; converteu-o Deus com outro santo, o mesmo Santo Inácio. Pois se para fazer um santo basta outro santo, por que ajunta Deus os santos de todas as idades do mundo, por que ajunta os santos de todos os estados da Igreja, por que ajunta as vidas, as ações, as virtudes, os exemplos de todos os santos, para fazer a Santo Inácio? Porque tanto era necessário para fazer um tão grande santo. Para fazer outros santos, basta um só santo: para fazer um Santo Inácio são necessários todos. Para ser santo Henós, basta que seja semelhante a Seth: para ser santo José, basta que seja semelhante a Jacó: para ser santo José, basta que seja semelhante a Moisés: para ser santo Tobias, basta que seja semelhante a Jó: para ser santo Eliseu, basta que seja semelhante a Elias: para ser santo Timóteo, basta que seja semelhante a Paulo; mas para Inácio ser santo tão grande e tão singular, como Deus o queria fazer, não basta ser semelhante a um santo, não basta ser semelhante a muitos santos, é necessário ser semelhante a todos. Por isso lhe mete Cristo nas mãos em um livro as vidas e ações heroicas de todos os santos, para que os imite, e se forme à semelhança de todos: *Et vos similes hominibus.*

Falando Deus de seu unigênito Filho por boca de Davi, diz que O gerou nos resplandores de todos os santos: *In splendoribus Sanctorum genui te.*[i] Estas

---

[i] *Sal.*, CIX, 3.

palavras, ou se podem entender da geração eterna do Verbo antes da Encarnação, ou da geração temporal do mesmo Verbo, enquanto encarnado. E neste segundo sentido as entendem Santo Agostinho, Tertuliano, Hesíquio, S. Justino, S. Próspero, Santo Isidoro e muitos outros. Diz, pois, o Eterno Padre, que quando mandou seu Filho ao mundo, O gerou nos resplandores de todos os santos, porque Cristo (como ensina a teologia) não só foi a causa meritória de toda a graça e santidade, mas também a causa exemplar, e protótipo de todos os santos, enquanto todos foram santos à semelhança de Cristo, imitando n'Ele e d'Ele todas as virtudes e graças, com que resplandeceram, e isto quer dizer: *In splendoribus Sanctorum.* Assim como todos os astros recebem a luz do Sol, e cada um deles é juntamente um espelho e retrato resplandecente do mesmo rei dos planetas, assim todos os santos recebem de Cristo a graça, e do mesmo Cristo retratam em si todos os dotes e resplandores da santidade, com que se ilustram. Por isso o anjo, quando anunciou a Encarnação, não disse: *Qui nascetur ex te sanctus,* senão: *Quod nascetur ex te sanctum*:[i] porque Cristo não só foi santo, mas o Santo dos Santos. O Santo dos Santos, como fonte de toda a santidade por origem, e o Santo dos Santos, como exemplar de toda a santidade para a imitação.

Este é o modo universal com que Cristo faz a todos os santos. Mas a Santo Inácio, a quem quis fazer tão singular santo, fê-lo também por modo singular, podendo dizer dele em tão excelente sentido, como verdadeiro: *In splendoribus Sanctorum genui te.* Cristo foi gerado nos resplandores de todos os santos, porque é o exemplar de todos os santos; e Santo Inácio foi gerado nos resplandores de todos os santos, porque todos os santos foram o exemplar de Santo Inácio. Cristo não só santo, mas Santo dos Santos, porque de sua imitação receberam todos os santos a santidade, e Inácio não só santo, mas santo dos santos, porque todos os santos concorreram a formar a santidade de Santo Inácio. Bem sei que é melhor exemplar Cristo só, que todos os santos juntos, mas também sei que para ser santo basta imitar um só santo que imitou a Cristo. Assim dizia S. Paulo a todos os que vieram depois dos Apóstolos: *Imitatores mei estote, sicut et ego Christi.*[ii] Mas Cristo, para formar a Santo Inácio, ajuntou as imitações de todos os santos, para que O imitasse ele só como todos.

Houve-se Deus na formação de Santo Inácio como Zêuxis na pintura de Juno, deusa das deusas. Fez vir diante de si aquele famoso pintor todas as formosuras que então havia mais celebradas em Agrigentina, e imitando de cada uma a parte mais excelente de que as dotara a natureza, venceu a mesma

---

[i] *Luc.*, I, 35.
[ii] *1.ª Epist. ad Cor.*, XI, 1.

natureza com a arte, porque ajuntando o melhor de cada uma, saiu com uma imagem mais perfeita que todas.[i] Se assim sucedeu, foi caso e fortuna, mas não ciência; porque como a formosura consiste na proporção, ainda que cada uma das partes em si fosse de extremada beleza, todas juntas podiam compor um todo que não fosse formoso. Na formosura das virtudes é o contrário. Como todas as virtudes entre si são concordes, e não podem deixar de fazer harmonia; de qualquer parte que sejam imitadas, sempre há de resultar delas um composto excelente e admirável, qual foi o que Deus quis formar em Santo Inácio. E aqui entra com toda a sua propriedade a versão do mesmo texto: *In pulchritudinibus Sanctorum genui te.* Pôs Deus diante dos olhos a Inácio estampados naquele livro os mais famosos e os mais formosos originais da santidade, não de um reino ou de uma idade, senão de todas as idades e de toda a Igreja; e copiando Inácio em si mesmo, de um a humildade, de outro a penitência; de um a temperança, de outro a fortaleza; de um a paciência, de outro a caridade: e de todos e cada um aquela virtude e graça em que foram mais eminentes, saiu Inácio; com quê? Com um Santo Inácio: com uma imagem da mais heroica virtude: com uma imagem da mais consumada perfeição: com uma imagem da mais prodigiosa santidade: enfim, com um santo, não semelhante e parecido a um só santo, senão semelhante e parecido a todos: *Et vos similes hominibus.*

Perguntou Cristo uma hora a seus Discípulos: *Quem dicunt homines esse Filium hominis:*[ii] Quem dizem os homens, que sou eu? E responderam os Discípulos: *Alii Joannem Batistam; alii vero Eliam; alii vero Jeremiam; aut unum ex prophetis:* Senhor, uns dizem que sois o Batista, outros que sois Elias, outros que sois Jeremias, ou algum dos outros profetas e santos antigos. Notáveis pareceres dos homens, e mais notável o parecer de Cristo! Se Cristo se parecia com o Batista, como se parecia com Elias? Se se parecia com Elias, como se parecia com Jeremias? Se se parecia com Jeremias, como se parecia com o Batista? Nos outros santos e profetas antigos: *Aut unum ex prophetis,* ainda é maior a admiração, porque era maior o número e a diferença. Pois se Cristo era um só homem; como se parecia com tantos homens? Porque não só no natural, senão também no moral (como logo veremos) era feito à semelhança de muitos: *In similitudinem hominum factus, et habitu inventus ut homo.*[iii] Onde nota S. Bernardo que disse o apóstolo: *Hominum, non hominis.* E se era feito à semelhança de muitos; que muito se parecesse com eles? Quem via a Cristo instituir

---

[i] *Plínio*, Liv. 35, Cap. 9.
[ii] *Mat.*, XVI, 13.
[iii] *Ad Philip.*, II, 7.

o Batismo, dizia: este é o Batista: *Alii Joannem Batistam.* Quem via a Cristo jejuar quarenta dias em um deserto, dizia: este é Elias: *Alii vero Eliam.* Quem via a Cristo chorar sobre Jerusalém dizia: este é Jeremias: *Alii vero Jeremiam.* Do mesmo modo filosofavam os que diziam que era algum dos outros santos, ou profetas antigos: *Aut unum ex prophetis.* Quem via a sabedoria admirável de Cristo, não estudada, senão infusa, dizia: este é Salomão. Quem O via publicar lei nova em um monte, dizia: este é Moisés. Quem O via converter os homens com parábolas, dizia: este é Natã. Quem O via admitir os obséquios de uma mulher pecadora, dizia: este é Oseias. Quem O via passar as noites em oração, dizia: este é Davi. Quem O via aplaudido do povo e perseguido dos grandes, dizia: este é Daniel. Quem O via sofrer as afrontas com tanta humildade, dizia: este é Miqueias. Quem O via sarar os enfermos, e ressuscitar os mortos, dizia: este é Eliseu. De maneira que a multidão e maravilha das obras causava a diversidade das opiniões: e sendo Cristo na realidade um só homem, na opinião era muitos homens. Mas era muitos homens na opinião, sendo um só na realidade; porque verdadeiramente, ainda que era um, era feito à semelhança de muitos: *In similitudinem hominum factus.*

Ah, glorioso patriarca meu! Se a vida de Santo Inácio se escrevera sem nome, e se dele se excitara a questão: *Quem dicunt homines?* Não há dúvida que o mundo se houvera de dividir em opiniões, e que ninguém havia de atinar facilmente, que santo era aquele! Eram tão contínuas as lágrimas que Santo Inácio chorava pelos pecados da vida passada, que de puro chorar chegou a perder a vista; e havia de dizer o mundo: este é S. Pedro. Oito dias inteiros esteve Santo Inácio arrebatado em um êxtase em que Deus lhe revelou o instituto da Religião que havia de fundar; e havia de dizer o mundo: este é S. Paulo. Nenhum santo teve maiores inimigos, nem mais pertinazes. Mas como a vingança que Santo Inácio tomava de seus inimigos, e a que deixou por instituto a seus filhos, era rogar por eles a Deus, havia de dizer o mundo: este é Santo Estêvão. Era tal o magistério espiritual de Santo Inácio, e as regras de perfeição que ensinou tão fundadas e sólidas, que todos os santos, quantos depois canonizou a Igreja, ou foram discípulos do seu espírito, ou se conformaram com ele; e havia de dizer o mundo: este é S. Basílio.[i] Era tal o domínio que Santo Inácio tinha sobre o Inferno, que em ouvindo o seu nome os demônios, uns se prostravam de joelhos, outros começavam a tremer, outros caíam amortecidos, e todos saíam dos corpos; e havia de dizer o mundo: este é Santo Antônio, o Grande. Quando os pecadores tinham repugnância de confessar seus pecados, contava-lhes Santo Inácio os pecados da sua vida passada, confessando-se pri-

---

[i] *Euseb. in ejus vita.*

meiro o confessor ao penitente, para que o penitente se confessasse ao confessor; e à vista destas confissões havia de dizer o mundo: este é Santo Agostinho. Não houve gênero de necessidade ou de miséria, que a caridade de Santo Inácio não remediasse: os pobres, os enfermos, os órfãos, as viúvas, as mulheres perdidas, e as que estavam a risco de se perder; e havia de dizer o mundo: este é S. Nicolau. Aquele grande varão, doutíssimo e religiosíssimo, o padre Frei Luís de Granada, dizia que uma das maiores maravilhas que Deus fez no mundo, foi Santo Inácio, e o seu Instituto. E como a esta Religião, por tantos títulos grande, deu Santo Inácio o nome não de sua, mas de mínima, havia de dizer o mundo: este é S. Francisco de Paula.

Mas antes que vá por diante, se a alguém parecerem muitos estes pareceres do mundo, e grande o encontro e variedade de opiniões, para se ajuntarem todas em um homem; lembre-se da multidão dos exemplares, a que Deus o mandou ser semelhante, quando com aquele livro nas mãos lhe disse: *Et vos similes hominibus*. Em cada página daquele livro se podia ler indecisamente uma nova opinião deste glorioso e numeroso problema. Não uma vez, senão muitas, viu Santo Inácio (quanto se pode ver nesta vida) a essência, os atributos, as pessoas e processões divinas. E quem não cuidaria e diria: este é S. Bento? Foi tal a compreensão que das Escrituras Sagradas teve Santo Inácio, ainda antes de estudar, que se as Escrituras (como no tempo de Esdras) se perdessem, se achariam na sua memória. E quem não cuidaria e diria: este é S. Bernardo? Obedeciam ao império de Santo Inácio os incêndios, as tempestades, a terra, o mar, o fogo, os ventos. E quem não cuidaria e diria: este é S. Gregório Taumaturgo? No mesmo tempo esteve Santo Inácio em Roma e em Colônia, só para satisfazer à devoção de um seu filho, que muito o desejava ver. E quem não cuidaria e diria: este é Santo Antônio de Pádua? Ressuscitou Santo Inácio não menos que nove mortos. E quem não cuidaria e diria: este é S. Patrício? Ele foi o Marte da Igreja, e o martelo das heresias: e diriam com razão: este é Santo Atanásio. Ele foi o diamante da constância contra o poder dos vícios, e contra a resistência dos poderosos: e diriam: este é S. Crisóstomo. Ele foi o reformador do culto divino, e da frequência dos Sacramentos: e diriam: este é S. Silvestre. Ele foi o que instituiu seminários da Fé em Roma, e em toda a cristandade: e diriam: este é S. Gregório. Ele foi o que abraçou a conquista de todas as gentilidades em ambos os mundos: e diriam e perguntariam de novo ambos os mundos: que santo é este, ou que santos em um santo? Enfim, que se o mundo não soubera que este grande santo era Inácio, não havia de haver santo insigne na Igreja, que não tivesse opinião por si, de que era ele. Mas eram todos parecidos a Inácio; porque era Inácio semelhante a todos: *Et vos similes hominibus*.

III

Mal pudera eu provar de uma vez tão grande discurso, se o Céu (cujo é o assunto) não tornara por sua conta a prova. Vede se o provou evidente, elegante, e engenhosamente. Enfermo, Inácio, e já nos últimos dias da vida, veio visitá-lo seu grande devoto, o eminentíssimo Cardeal Pacheco; e trouxe consigo um pintor insigne, o qual de parte donde visse o santo, e não fosse visto dele, a furto de sua humildade o retratasse. Põe-se encoberto o pintor; olha para Santo Inácio; forma ideia; aplica os pincéis ao quadro, e começa a delinear-lhe as feições do rosto. Torna a olhar (coisa maravilhosa!) o que agora viu já não era o mesmo homem; já não era o mesmo rosto, já não era a mesma figura, senão outra muito diferente da primeira. Admirado o pintor, deixa o desenho que tinha começado; lança segundas linhas, começa segundo retrato, e segundo rosto: olha terceira vez (nova maravilha!) o segundo original já tinha desaparecido, e Inácio estava outra vez transformado com novo aspecto, com novas feições, com nova cor, com nova proporção, com nova figura. Já o pintor se pudera desenganar e cansar: mas a mesma maravilha o instigava a insistir. Insta repetidamente; olha, e torna a olhar; desenha, e torna a desenhar; mas sendo o objeto o mesmo, nunca pôde tornar a ver o mesmo que tinha visto; porque quantas vezes aplicava e divertia os olhos, tantos eram os rostos diversos, e tantas as figuras novas em que o santo se lhe representava. Pasmou o pintor, e desistiu do retrato: pasmaram todos, vendo a variedade dos desenhos que tinha começado: e eu também quero pasmar um pouco à vista deste prodígio.

Santo Inácio nunca teve dois rostos, quanto mais tantos. Foi cortesão, foi soldado, foi religioso, e nunca mudou de cores, nem de semblante. Serviu em palácio a el-rei Dom Fernando, o Católico, e a sua maior gala era trajar sempre da mesma cor, e trazer o coração no rosto. Os amigos viam-lhe no rosto o amor; os inimigos, a desafeição; o príncipe, a verdade; e ninguém, lisonja. Quando soldado, nunca entre as balas mudou as cores: na comédia e na batalha estava com o mesmo desenfado. Teve uma pendência com certo poderoso, e diz a história, que contra uma rua de espadas, sem fazer um pé atrás se sustentou só com a sua: o braço mudava os talhos e os reveses; mas o rosto não mudou as cores. Depois de religioso, ficou fora da jurisdição da Fortuna; mas nem por isso fora das variedades do mundo. Era porém tão igual a constância e serenidade de seu ânimo, que ninguém lhe divisou jamais perturbação, nem mudança no semblante: o mesmo nos sucessos prósperos, o mesmo nos adversos: nos prósperos, sem sinal de alegria: nos adversos, sem sombra de tristeza. Pois se Inácio teve sempre o mesmo rosto, cortesão, soldado, religioso: se teve sempre, e conservou o mesmo semblante; como agora se transfigura em tantas formas?

Como se transforma em tantas figuras, quando querem copiar o seu retrato? Por isso mesmo. Era Inácio um, mas semelhante a muitos: e quem era semelhante a muitos, só se podia retratar em muitas figuras.

Antes de Cristo vir e aparecer no mundo, mandou diante o seu retrato, para que O conhecessem e amassem os homens. E qual foi o retrato de Cristo? Admirável caso ao nosso intento! O retrato de Cristo (como ensinam todos os Padres) foi um retrato composto de muitas figuras. Uma figura de Cristo foi Abel, outra figura de Cristo foi Noé: uma figura foi Abraão, outra figura foi Isaac: uma figura José, outra figura Moisés; outra Sansão, outra Jó, outra Samuel, outra Davi, outra Salomão, e outros. Pois se o retratado era um só, e o retrato também um, como se retratou em tantas e tão diversas figuras? Porque as perfeições de Cristo, ainda em grau muito inferior, não se achavam, nem se podiam achar juntas em um só homem; e como estavam divididas por muitos homens, por isso se retratou em muitas figuras. Era Cristo a mesma inocência; por isso se retratou em Abel. Era Cristo a mesma pureza; por isso se retratou em José. Era a mesma mansidão; por isso se retratou em Moisés. Era a mesma fortaleza; por isso se retratou em Sansão. Era a mesma caridade, a mesma obediência, a mesma paciência, a mesma constância, a mesma justiça, a mesma piedade, a mesma sabedoria; por isso se retratou em Abraão, em Isaac, em Noé, em Jó, em Samuel, em Davi, em Salomão. De sorte que sendo o retrato um só, estava dividido em muitas figuras; porque só em muitas figuras podiam caber as perfeições do retrato. Tal o retrato de Santo Inácio, como feito à semelhança de muitos: *Et vos similes hominibus.* Mas não me detenho na acomodação, porque estou vendo, que aconteceu a Ezequiel com o retrato de Santo Inácio, o mesmo que ao pintor de Roma.

Viu Ezequiel um carro misterioso, que se movia sobre quatro rodas vivas, e tinha por nome o carro da Glória de Deus. Tiravam por este carro quatro animais enigmáticos, cada um com quatro rostos: de homem, de águia, de leão, de boi, com que olhavam para as quatro partes do Mundo. Em cima sobre trono de safiras, aparecia um homem todo abrasado em fogo, ou vestido de lavaredas. *A lumbis desuper, et a lumbis deorsum, quasi species ignis splendentis.*[i] Que representasse este carro a Religião da Companhia de Jesus, muitos autores o disseram. Chamava-se carro da Glória de Deus; porque essa foi a empresa de Santo Inácio: *Ad majorem Dei gloriam.* Assentava sobre quatro rodas; porque essa é a diferença da Companhia. As outras religiões geralmente estribam em três rodas, isto é, em três votos essenciais: mas a Companhia em quatro. Em voto de pobreza: em voto de castidade: em voto de obediência, como as demais:

---

[i] *Ezequ.*, I, 27.

e em quarto voto de obediência particular ao sumo pontífice. Olhavam os animais juntamente para as quatro partes do Mundo; porque este é o fim e Instituto da Companhia. Ir viver ou morrer em qualquer parte do Mundo, onde se espera maior serviço de Deus, e proveito das almas. Tinham rosto de homem, de águia, de leão, de boi: de homem, pelo trato familiar com os próximos: de águia, pela ciência com que ensinam e escrevem: de leão, pela fortaleza com que resistem aos inimigos da Fé: de boi, pelo trabalho com que cultivam a seara de Cristo, passando tantas vezes do arado ao sacrifício. No povoado, homens; no campo, bois; no bosque, leões; nas nuvens, águias. E para que a explicação não fique à cortesia dos ouvintes, onde a Escritura falando destes animais, diz: *Animalia tua,*[i] leu Arias Montano *Viri Societatis tuae*. Os varões da vossa Companhia, Senhor. O homem abrasado em fogo, que se via no alto do carro, não tem necessidade de declaração: isso quer dizer Inácio, o fogoso, o abrasado, o ardente. Isto suposto.

Viu Ezequiel este homem de fogo, que ia triunfante no carro, e querendo descrever a semelhança que tinha: *Et de medio ignis quasi species*: escreveu estas sete letras: C. H. A. S. M. A. L. Assim estão no original hebreu, em cujo texto falo. E posto que estas letras juntas fazem *Chasmal,* palavra de duvidosa significação, e que só esta vez se acha nas Escrituras; os cabalistas, como refere Cornélio, querem que sejam letras simbólicas, de que se acham muitos exemplos e mistérios no Texto sagrado. Nas letras que viu Baltasar, e interpretou Daniel, três palavras significavam três sentenças; e não estava escrito mais que o princípio de cada uma. Nas quatro letras do nome Adão (como notou S. Justino, e depois dele, em diversos lugares, Santo Agostinho) significou Moisés as quatro partes do Mundo; porque as quatro letras do nome Adão, conforme o texto grego, são as quatro primeiras com que se escreve oriente, poente, setentrião e meio-dia. Do mesmo modo lemos no terceiro Livro dos Reis, que Semei amaldiçoou a Davi: *Maledictione pessima*:[ii] e no hebreu, como declara S. Jerônimo, contém esta palavra cinco letras, cada uma das quais significa dicção inteira: e cada uma, uma maldição particular, que começa pela mesma letra. Finalmente (se havemos de dar fé a Corásio),[iii] este foi o mistério com que as sibilas escreveram aquelas quatro letras S. P. Q. R., as quais os Romanos aplicaram às suas bandeiras, entendendo por elas: *Senatus Populus Que Romanus:* sendo que a verdadeira significação era: *Salva populum quem redemisti*. Ao nosso ponto agora, e às nossas letras. Seja o sentido alegórico, ou acomodatício, como mais quiserem

---

[i] *Sal.*, LXVII, 11.
[ii] *3º Livro dos Reis*, II, 8.
[iii] Apud Theoph. in *Cabala*.

os doutos. Viu Ezequiel o homem de fogo que ia no alto do carro: quis escrever a semelhança que tinha: *De medio ignis quasi species:*[i] e o que fez foi deixar somente apontado naquelas letras misteriosas, não a semelhança que tinha, senão os princípios das semelhanças com que se lhe representara; como se sucedera a Ezequiel com Inácio, o mesmo que ao pintor de Roma. Ide comigo.

Pôs os olhos Ezequiel no homem de fogo, pôs os olhos em Inácio, e viu-o primeiro que tudo cercado de perseguições: perseguido dos naturais, e perseguido dos estranhos: perseguido dos hereges, e perseguido dos católicos; perseguido dos viciosos, e perseguido dos espirituais: perseguido em si, e perseguido em seus filhos: perseguido na vida, e perseguido depois da morte: perseguido na Terra, e até no Céu perseguido. E como os olhos proféticos penetram todos os tempos, pareceu-lhe que aquele santo tão perseguido era S. Clemente; e escreveu um C. Torna a olhar, para se firmar mais no que via; e já a representação era outra. Viu a Inácio em uma cova, com uma cruz e uma caveira diante, lançado em terra, cingido de cilícios, chorando infinitas lágrimas, jejuando, vigiando, orando, disciplinando-se com cadeias de ferro, lutando fortemente contra as tentações, e ferindo os peitos nus com uma pedra dura: persuadiu-se Ezequiel que era S. Jerónimo, e já tinha escrito um H., quando Inácio de repente transfigurado se lhe mostrou em nova aparência. Era o santo naquele tempo tão leigo, que não sabia mais que as letras do A B C, mas alumiado com um raio do Céu, estava escrevendo um livro do mistério altíssimo da Santíssima Trindade, com a definição da essência, com o número e unidade dos atributos, com a igualdade das pessoas, com a distinção das relações, com a propriedade das noções, com a ordem das emanações e processões divinas; e tudo com umas inteligências tão claras e tão profundas, que se resolveu o profeta, que devia ser Santo Atanásio, que estava compondo o Símbolo. Pôs um A., mas apenas tinha formado a letra, quando já Inácio estava outra vez transformado. Representava-se vestido em ornamentos sacerdotais, e com um Menino Jesus vivo nas mãos (caso que lhe sucedeu muitas vezes). Naquele passo da missa, em que com maiores afetos de devoção havia de consumir a sagrada hóstia, corria o Senhor a cortina dos acidentes e, para se mostrar mais amoroso a seu servo, era em forma de menino. Como Ezequiel o viu revestido de sacerdote, com o Menino Jesus nas mãos, entendeu que era o Santo Simeão, e escreveu um S. Porém logo o desenganou o prodigioso original, porque já se tinha mudado em outra figura. Mostrava-se em hábito de soldado bizarro, Inácio, trajado de galas e plumas: tinha junto a si um pobre mendigo: tirava o chapéu, tirava a capa, e despojando-se das próprias roupas, cobria com elas o pobre. Soldado, e despindo-se a si, para cobrir o

---

[i] *Ezequ.*, I, 4.

pobre: Este é S. Martinho, diz o profeta. Formou um M., se bem já com receio de alguma nova transformação, e de que se lhe variasse outra vez o objeto; e assim foi. Estava Inácio arrebatado no ar com os braços caídos, com o rosto inflamado, com os olhos pregados no céu, acusando com suspiros a brevidade da noite, e dando queixas ao Sol, de que havendo tão poucos momentos, que lhe amanhecera no ocidente, já lhe anoitecia no oriente. Persuadido o profeta, que o grande Inácio, era o grande Antônio, escreveu o segundo A. Mas o divino Proteu não se descuidava. Viu subitamente um incêndio que chegava da Terra ao Céu, e no meio dele a Inácio abrasado em vivas chamas de fogo e zelo de amor de Deus; de fogo e zelo de amor do próximo. E ainda que Ezequiel, parecendo-lhe que seria S. Lourenço, formou um L., foram tantas as transfigurações, e tão diversas as figuras em que Inácio variou o rosto, o gesto e as ações, que acabaram de se desenganar os olhos do profeta, como se tinham desenganado os do pintor. Assim ficaram ambos os retratos suspensos e imperfeitos; e acabou de conhecer o Céu e a Terra, que o retrato de Inácio se não podia reduzir a uma só figura; e que não podia ser copiado em uma só imagem, como os outros santos, quem era feito à semelhança de todos: *Et vos similes hominibus.*

IV

Temos visto a Inácio semelhante a homens: resta ver a Inácio homem sem semelhante. Mas do mesmo que temos dito, nasce a dificuldade e a dúvida do que temos para dizer. Se Inácio foi semelhante a tantos homens; como pode ser que Inácio fosse homem sem semelhante? Se era tão semelhante, e a tantos; como não tinha, nem teve semelhante? S. Tomás dando a razão por que a Igreja aplica a muitos santos aquelas mesmas palavras, que o Eclesiástico disse de Abraão: *Non est inventus similis illi, qui conservavit legem excelsi*:[i] diz que se verificam daquela graça, ou prerrogativa particular, em que Deus costuma singularizar a cada um dos santos, e fazê-lo respectivamente mais excelente que os outros. Mas esta razão não tem lugar em Santo Inácio; porque já vimos que lhe deu Deus por exemplar a todos os santos, e que ele foi semelhante, não a um, senão a todos, imitando a cada um naquela graça e perfeição em que foi mais excelente. Hugo Cardeal diz que se hão de entender as palavras: *Non est inventus similis illi*, daquela idade em que cada um dos santos floresceu: e assim vemos que tendo-se dado este elogio a Abraão, se deu também a Jó: *Quod non sit similis*

---

[i] *Ecles.*, XLIV, 20.

illi in terra:[i] porque cada um na sua idade foi singular, e não teve semelhante. Mas também esta razão não convém a Santo Inácio: porque os santos que Deus lhe propôs naquela crônica universal, em cujo espelho ele compôs e retratou a sua vida, não foram os santos particulares de uma só idade, senão os de todas as idades, e de todos os séculos. Pois se Santo Inácio foi semelhante a tantos; como pode ser que não tivesse semelhante? Digo que muito facilmente, se distinguirmos as partes e o todo. Tomado Santo Inácio por partes, era semelhante: todo o Santo Inácio, não tinha semelhante. Vede se o provo.

Criado o Céu e os elementos, no Céu criou Deus os anjos, no ar as aves, no mar os peixes, na terra as plantas, os animais, e ultimamente o homem. Estando porém desta maneira o universo cheio, povoado, e ornado de tanta imensidade e variedade de criaturas, diz o Texto sagrado, que em todas elas não se achava uma que fosse semelhante ao homem: *Adae vero non inveniebatur adjutor similis ejus*.[ii] A mim parecia-me que antes se havia de dizer o contrário. Porque demonstrativamente se convence, que não se acha criatura alguma em todo o mundo, que não tenha semelhança com o homem. Todas as criaturas deste mundo (não falando no homem) ou são viventes, ou não viventes. Se não são viventes; são os Céus, os elementos, as pedras. Se são viventes, ou vivem vida vegetativa, e são as plantas; ou vivem vida sensitiva, e são os animais; ou vivem vida racional, e são os anjos: e tudo isto se acha no homem. Porque o homem, dos elementos tem o corpóreo; das plantas tem o vegetativo; dos animais tem o sensitivo; dos anjos tem o racional. Essa foi a razão e o sentido (como notou Santo Agostinho) com que Cristo chamou ao homem toda criatura, quando disse aos Apóstolos: *Praedicate omni creaturae*:[iii] porque o homem é um compêndio universal de todas as criaturas; e todas as criaturas, cada uma, segundo sua própria natureza, estão recopiladas e retratadas no homem. Pois se todas as criaturas quantas Deus criou neste mundo, têm tanta semelhança com o homem, e o homem por sua própria natureza é semelhante, não a uma, ou a algumas, senão a todas as criaturas; como diz o Texto sagrado, que entre todas as criaturas não se achava semelhante ao homem: *Non inveniebatur similis ejus*? Porque ainda que o homem, considerado por partes, era semelhante a todas as criaturas; considerado todo o homem, ou o homem todo, nenhuma outra criatura era semelhante a ele. As partes eram semelhantes; o todo não tinha semelhante. De maneira que a mesma semelhança que as criaturas tinham com Adão, dividida e por partes, era semelhança; unida e por junto, era diferença.

---

[i] *Jó*, I, 8.
[ii] *Gênes.*, II, 20.
[iii] *Marc.*, XVI, 15.

Assim também Santo Inácio em respeito dos outros santos, a quem eu sempre respeito. Santo Inácio, parte por parte, era semelhante: todo Santo Inácio não tinha semelhante. Adão semelhante sem semelhante entre todas as criaturas: Inácio semelhante sem semelhante entre todos os santos.

No mesmo texto do Eclesiástico, que se nos opunha, temos uma confirmação admirável desta dessemelhança, composta e fundada em muitas semelhanças. Diz o texto que Abraão não teve semelhante: *Non est inventus similis illi*:[i] e em prova deste elogio, e desta proposição tão singular, vai logo o mesmo Texto contando as excelências e prerrogativas de Abraão. Mas é muito digno de notar, que em todas as coisas que ali se dizem deste grande patriarca, houve outros patriarcas que foram semelhantes a ele. Diz o texto que recebeu Abraão, e observou o pacto da circuncisão: *In carne ejus stare fecit testamentum*:[ii] e isso mesmo fez Moisés. Diz que foi fiel em sacrificar a seu filho: *Fidelis in tentatione inventus est*: e isso mesmo fez Jefté. Diz que o fez crescer no mundo: *Crescere illum dedit quasi terrae cumulum*:[iii] e isso mesmo teve José. Diz que lhe deu Deus por herança de mar a mar, e do rio até os fins da terra: *Haereditare a mari usque ad mare, et a flumine usque ad terminos terrae*: e isso mesmo se lê expressamente de Salomão. Diz que lhe deu Deus a bênção de todas as gentes: *Benedictionem omnium gentium dedit illi*: e essa mesma bênção pelas mesmas palavras deu o mesmo Deus a Isaac. Pois se Moisés, Jefté, José, Salomão, Isaac foram semelhantes a Abraão nas mesmas graças, nas mesmas excelências, nas mesmas prerrogativas, como diz o oráculo divino: *Non es inventus similis illi*: que nenhum se achou que fosse semelhante a Abraão? Porque vai muito de se acharem as prerrogativas divididas em muitos, ou estarem juntas em um só: *Et quae divisa beatus officiunt, collecta tenes*.[iv] Abraão, dividido e por partes, teve muitos semelhantes; todo Abraão, e por junto, ninguém lhe foi semelhante. As semelhanças de Abraão divididas faziam a cada um semelhante a Abraão; as semelhanças de Abraão, unidas faziam a Abraão dessemelhante a todos: *Non est inventus similis illi*. Oh, Abraão, oh, Inácio! Abraão semelhante a todos os patriarcas, mas entre todos os patriarcas sem semelhante. Inácio semelhante a todos os santos; mas entre todos os santos sem semelhante. E senão vejamo-lo nos efeitos.

---

[i] *Ecles.*, XLIV, 20.
[ii] Ibid., 21.
[iii] *Ecles.*, XLIV, 22; *Juízes*, XI, 34; *Ecles.*, XLIV, 22; *Gênes.*, XLIX, 22; *Ecles.*, XLIV, 23; *Sal.*, LXXI, 8; *Ecles.*, XLIV, 25; *Gênes.*, XXVI,4.
[iv] *Claudian.*

Para prova efetiva desta diferença tenho um testemunho muito legal e muito desapaixonado, por ser testemunho do maior inimigo. Em Germânia, tendo-se o Demônio apoderado de um homem, estava tão forte e tão rebelde, que a tudo resistia: aplicaram-se-lhe todos os remédios naturais e divinos; repetiram-se por muitas vezes os exorcismos; mas o Demônio sem se render a nada. Resolveu-se o exorcista a invocar todo o exército do Céu contra aquele soberbo espírito, e começou assim pela ordem das ladainhas: *Sancte Michael. Sancte Gabriel. Omnes sancti Angeli et Archangeli.* O Demônio zombando. *Sancte Joannes Batista. Omnes sancti Patriarchae et Prophetae.* O Demônio sem fazer caso. *Sancte Petre. Sancte Paule. Omnes sancti Apostoli et Evangelistae.* Nenhum efeito. *Sancte Stephane. Sancte Laurenti. Omnes sancti Martyres.* Cada vez mais rebelde. *Sancte Gregori. Sancte Ambrosi. Omnes Sancti Pontifices et Confessores. Omnes Sancti Doctores.* Mais aferrado, mais pertinaz, mais furioso. *Sancte Antoni.* Nada. *Sancte Benedicte.* Como dantes. *Sancte Bernarde.* Nenhum abalo. *Sancte Dominice.* A ter mão fortemente. *Sancte Francisce.* A mesma pertinácia. *Sancte Ignati.* Em soando o nome de Santo Inácio, desampara o Demônio, deixa o homem, desaparece, e nunca mais tornou. Torna cá, Demônio, espera. Ainda que maligno e soberbo, tu não és racional? Não és entendido? Sim. Pois se resistes aos anjos, que te lançaram do Céu, se resistes aos Apóstolos, a quem Cristo deu domínio sobre ti, se resistes aos patriarcas e profetas, aos confessores, aos pontífices, aos doutores, aos mártires, como te rendes só ao nome de Inácio? Se cuidas que hei de cuidar por isso, que Santo Inácio é maior que os outros santos, enganas-te; nem eu cuido tal coisa, nem seria filho de Santo Inácio se o cuidara. Ser sem semelhante (que é o que eu digo) não significa maioria, significa somente diferença. E esta é a diferença que o Demônio, muito a seu pesar, confessou com o efeito, não obedecendo à invocação dos outros santos, e rendendo-se só ao nome de Inácio; para que conhecesse o mundo por este testemunho público do Inferno (ou verdadeiramente da providência e onipotência divina) que ainda no concurso de todos os santos é Inácio sem semelhante.

Aquela espada com que Davi matou o gigante Golias, disse o mesmo Davi, que não havia outra semelhante a ela: *Non est alter huic similis.*[i] E que fez aquela espada, para que se diga dela que não tinha semelhante? Fez no desafio de Davi, o que neste caso fez Santo Inácio (que também em algum tempo foi espada do mesmo a quem depois cortou a cabeça). Plantou-se armado no campo o soberbíssimo gigante, desafiou a todo o exército de Saul, a todas as doze tribos de Israel; e em todas não houve uma espada que se atrevesse contra tão poderoso, deliberado e belicoso inimigo. Entre os Demônios também há

---

[i] *1.º Livro dos Reis*, XXI, 9.

gigantes, e tão belicosos, que contra o poder dos maiores santos se mostram invencíveis. Assim o experimentaram os Apóstolos naquele terrível Demônio, de quem disseram a Cristo, que o não puderam arrancar do posto: *Non potuimos ejicere eum.*[i] O Golias destes gigantes do Inferno era este soberbíssimo espírito a quem rendeu Santo Inácio. Provocou o exorcista contra ele a todo o exército dos bem-aventurados e a todas as doze tribos do Céu. Contai se foram doze. Provocou os anjos e os arcanjos, os patriarcas e os profetas, os apóstolos e os evangelistas, os confessores e os pontífices, os doutores e os mártires, os sacerdotes e os levitas. E houve algum neste caso, que o rendesse, que o sujeitasse, que o vencesse? Nenhum. Só Inácio, sendo tão rebelde, o rendeu. Só Inácio, sendo tão obstinado, o sujeitou. Só Inácio, sendo tão invencível, o venceu. Confesse logo o Demônio, confesse o Inferno, e também o Céu que Inácio, entre todos os santos, é espada de Davi, e que a ele (como a ela) se deve o elogio e glória de não ter semelhante: *Non est alter huic similis.*

V

E para que esta diferença e dessemelhança se conheça com toda a evidência, e se veja com os olhos, olhemos para o verdadeiro retrato de Santo Inácio. Ninguém pode retratar a Santo Inácio, como vimos: mas só Santo Inácio se retratou a si mesmo. E qual é o verdadeiro retrato? Qual é a vera efígie de Santo Inácio? A vera efígie de Santo Inácio é aquele livro de seu Instituto, que tem nas mãos. O melhor retrato de cada um é aquilo que escreve. O corpo retrata-se com o pincel, a alma com a pena. Quando Ovídio estava desterrado no Ponto, um seu amigo trazia-o retratado na pedra do anel, mas ele mandou-lhe os seus versos, dizendo que aquele era o seu verdadeiro retrato: *Grata tua est pietas, sed carmina maior imago, sunt mea, quae mando.*[ii] Sêneca, quando lia as cartas de Lucílio, diz que o via: *Video te mi Lucili, cum maxime audio.*[iii] E melhor autor que estes, Santo Agostinho, disse altamente que enquanto não vemos a Deus em sua própria face, o podemos ver como em imagem nas suas Escrituras: *Pro facie Dei pone interim Scripturam Dei.*[iv] A primeira imagem de Deus é o Verbo gerado; a segunda o Verbo escrito. O Verbo gerado é retrato de Deus *ad intra*: o Verbo escrito é retrato de Deus *ad extra*. E assim como Deus se retratou no livro

---

[i] *Marc.*, IX, 27.
[ii] *Ovid. de Ponto.*
[iii] *Sêneca*, Ep. 55.
[iv] *Aug., Serm. 109 de Temp.*

das suas Escrituras, a si Inácio se retratou no livro das suas. Retratou-se Inácio por um livro em outro livro. O livro das vidas dos santos foi o original de que Santo Inácio é a cópia: o livro do Instituto da Companhia é a cópia de que Santo Inácio é o original. Mas com isso ser assim, é certo que o Instituto de Santo Inácio é muito diferente e muito dessemelhante dos outros Institutos. Pois se o Patriarca foi feito à semelhança dos outros patriarcas, e o Instituto à semelhança dos outros institutos; como saiu o patriarca tão diferente, e o Instituto tão dessemelhante? Porque Santo Inácio, no que imitou dos outros patriarcas, e no que imitou dos outros institutos, ainda que tomou os gêneros, não tomou as diferenças: os gêneros eram alheios; as diferenças foram suas.

Fez-se Deus homem pelo mistério altíssimo da Encarnação, e notou profundamente S. Tomás (como já o tinha notado S. João Damasceno) que fazendo-se Deus homem, não só tomou e uniu a si a natureza humana, senão também todas as outras naturezas que tinha criado.[i] Pela criação saíram de Deus todas as naturezas: pela Encarnação tornaram todas as naturezas a unir-se a Deus. Mas como se fez esta universal união? Como uniu Deus a si todas as naturezas? S. Tomás: *Communicavit se Christo homini, et per consequens omnibus generibus singulorum.* Tomou Deus no homem (diz S. Tomás) não só a natureza humana, senão também todas as naturezas; mas não tomou as diferenças delas, senão os gêneros. Tomou o gênero dos elementos no corpóreo; e ainda que pudera ser um elemento, como o fogo da sarça, não tomou a diferença de elemento. Tomou o gênero das plantas no vegetativo: e ainda que pudera ser uma planta, como a árvore da vida, não tomou a diferença de planta. Tomou o gênero dos animais no sensitivo; e ainda que pudera ser um animal, como a pomba do Jordão, não tomou diferença de animal. Tomou o gênero dos anjos no racional; e ainda que pudera ser um anjo, como Gabriel, não tomou a diferença de anjo. De maneira que tomou Deus no homem todas as outras naturezas quanto aos gêneros, mas não quanto às diferenças; porque os gêneros eram das criaturas: as diferenças eram de Cristo. Assim o fez o grande imitador de Cristo, Inácio. Uniu em si todos os patriarcas, uniu no seu Instituto todos os institutos; mas o que tomou, foram os gêneros, o que acrescentou, foram as diferenças; o que tomou, foram os gêneros, e por isso é semelhante; o que acrescentou, foram as diferenças, e por isso não tem semelhante.

Para glória universal de todos os patriarcas, e para glória singular do nosso patriarca (pois o dia é seu), vejamos, em uma palavra, estes gêneros e estas diferenças. Falarei só dos patriarcas que têm Religião em Portugal, e seguirei a ordem da antiguidade.

---

[i] *D. Th. Opusc.* 60 et 3. p. q. 1. Art. 1. *Dam. Serm. I de Nativit. Virg.*

Do grande patriarca, e pai de todos os patriarcas, Elias, tomou Santo Inácio o zelo da honra de Deus. Ambos tinham espada de fogo: mas o fogo de Elias queimava; o fogo de Inácio acendia: o fogo de Elias abrasava; o fogo de Inácio derretia. Ambos, como dois raios artificiais, subiam direitos ao Céu; mas o de Elias acabava em estrondo; o de Inácio em lágrimas. De S. Paulo, primeiro pai dos eremitas, tomou Santo Inácio a contemplação: mas Paulo no deserto para si; Inácio no povoado para todos. Ambos elegeram o meio mais alto, e mais divino; mas com diferentes fins: Paulo para evitar a perseguição de Décio; Inácio para resistir aos Décios, e às perseguições. Paulo recolheu-se ao sagrado da contemplação, para escapar da tirania; Inácio armou-se do peito forte da contemplação, para debelar os tiranos. Do Patriarca e Doutor Máximo, S. Jerônimo, tomou Santo Inácio a assistência inseparável da Sede Apostólica no serviço universal da Igreja. S. Jerônimo era a mão direita da Igreja, com que os pontífices escreviam: Santo Inácio é o braço direito da Igreja, com que os pontífices se defendem. Assim o disse o papa Clemente VIII à Companhia: *Vos estis brachium dextrum Ecclesiae Dei*: Vós sois o braço direito da Igreja de Deus. Do único sol da Igreja, Santo Agostinho (porque os raios do entendimento não eram imitáveis), tomou Inácio as lavaredas do coração. O amor de Agostinho chegou a dizer que se ele fora Deus, deixara de o ser, para que Deus o fosse: Inácio, com suposição menos impossível dizia, que entre a certeza e a dúvida de ver a Deus, escolheria a dúvida de O ver pela certeza de O servir. Do patriarca, pai de tantos patriarcas, S. Bento, estendendo o Monte Cassino por todo mundo, tomou Santo Inácio as escolas, e a criação dos moços. Para quê? Para que na prensa das letras se lhes imprimam os bons costumes, e estudando as humanas aprendam a ser homens. O senhor arcebispo último de Lisboa, tão grande português como prelado, e tão grande prelado como douto, dizia que todos os homens grandes que teve Portugal no século passado saíram do Pátio de Santo Antão. Agora não o frequentam tanto seus netos: depois veremos se são tão grandes como seus avós. Do patriarca S. Bruno, aquele horror sagrado da natureza, que tomaria Santo Inácio? Tomou o perpétuo cilício. Não o cuida assim o mundo; mas sabem-no as enfermarias e as sepulturas. O cilício que anda entre o corpo e o linho, não é o que mais pica: o que cega o entendimento e nega a vontade, este é o que afoga a alma e tira a vida. Os outros cilícios mortificam: este mata. Do patriarca S. Bernardo, anjo em carne, e por isso irmão de leite de Cristo, tomou Santo Inácio a angélica pureza. Em ambos foi favor especial da Mãe de Deus; mas em Santo Inácio tão singular que, desde o dia de sua conversão, nunca mais, nem no corpo, nem na alma sentiu pensamento contrário. E sendo os maiores inimigos da castidade os olhos, naqueles em quem punha os olhos Santo Inácio, infundia castidade. Dos gloriosos patriarcas S. João e

S. Félix (a cuja Religião deu o seu nome a mesma Trindade) tomou Santo Inácio o ofício de redentor. E porque a esta trindade humana faltava a terceira pessoa, quis ele ser a terceira. Desta maneira (permiti-me que o explique assim), o Redentor do gênero humano, que tinha só uma subsistência divina, ficou como subsistindo em três subsistências humanas: redentor em João, redentor em Félix e redentor em Inácio: mas naqueles imediatamente redentor dos corpos: neste imediatamente redentor das almas. Do ilustríssimo patriarca S. Domingos (a quem com razão podemos chamar o grande pai das luzes) tomou Santo Inácio a devoção da Rainha dos Anjos, e a doutrina do Doutor Angélico. A primeira devoção que fazia Santo Inácio todos os dias, era rezar o rosário; e o farol que quis seguissem na teologia as bandeiras da sua Companhia, foi a doutrina de S. Tomás. Mas concordou Santo Inácio essa mesma doutrina, e essa mesma devoção, com tal preferência, que no caso em que uma se encontrasse com a outra, a devoção da Senhora prevalecesse à doutrina, e não a doutrina à devoção. Assim se começou a praticar nas primeiras conclusões públicas que em Roma defendeu a Companhia, e depois sustentou com tantos livros. Do serafim dos patriarcas, S. Francisco, tomou Santo Inácio por dentro as chagas, por fora a pobreza. E estimou tanto Inácio a estreiteza da pobreza seráfica, que atou a pobreza com um voto, e a estreiteza com outro. Fazemos um voto de guardar a pobreza, e outro voto de a estreitar. Aos professores mandou Santo Inácio que pedissem esmola; aos não professores que lhes desse a esmola a Religião, para que a não fossem buscar fora dela. Por isso têm rendas os Colégios, e não as Casas. Do patriarca S. Caetano, ilustre glória do estado clerical, e quase contemporâneo de Santo Inácio (ainda que em algumas partes da Europa quiseram honrar com o mesmo nome a seus filhos) não tomou Santo Inácio o nome; porque o tinha dado a Jesus. O que tomou deste apostólico Instituto, foi a Divina Providência. E porque não fosse menos providência, nem menos divina, não só a tomou entre a caridade dos fiéis, senão entre a barbaria dos gentios. Finalmente, do nosso insigne português, S. João de Deus, tomou Santo Inácio a caridade pública dos próximos. Ambos se uniram na caridade, e a caridade se dividiu em ambos. Tomaram ambos por empresa o remédio do gênero humano enfermo: João de uma parte curando o corpo; Inácio de outra parte curando a alma; João com o nome de Deus, que formou o barro: Inácio com o nome de Jesus, que reformou o espírito. Não falo naquele grande prodígio da nossa idade, a Santa Madre Teresa de Jesus, porque veio ao mundo depois de Inácio. Mas assim como Deus para dar semelhante a Adão, do lado do mesmo Adão formou a Eva; assim para dar semelhante a Santo Inácio, do lado do mesmo Santo Inácio formou a Santa Teresa. O texto desta gloriosa verdade é a mesma Santa. Assim o deixou escrito de sua própria mão, afirmando que do espírito de

Santo Inácio, formou parte do seu espírito, e do Instituto de Santo Inácio parte do seu Instituto.[i] E este foi o modo maravilhoso com que o patriarca Santo Inácio veio a sair semelhante sem semelhante: semelhante, porque tomou os gêneros; sem semelhante, porque acrescentou as diferenças. Semelhante, porque imitou a semelhança de cada um: sem semelhante, porque uniu em si as semelhanças de todos: *Et vos similis hominibus*.

VI

Tenho acabado as duas partes do meu discurso. Mas temo que não falte quem me argua, de que nesta última excedi os limites dele; porque as diferenças que acrescentei às semelhanças, parece que desfazem as mesmas semelhanças. Comparei Santo Inácio com os patriarcas santíssimos das outras religiões sagradas; e na mesma comparação parece que introduzi ou distingui alguma vantagem; mas isso é o que eu nego. Ainda que faço de meu santo patriarca a estimação que devo, e sua santidade merece; e ainda que sei as licenças que concede o dia próprio ao encarecimento dos louvores dos santos, conheço, porém, e reconheço, que nem eu lhe podia pretender tal vantagem, nem desejar-lhe maior grandeza que a semelhança de tão esclarecidos exemplares; e isto é o que só fiz. Digo, pois, e protesto, que as diferenças que ponderei, posto que pareçam vantagens, não são mais que semelhanças; antes acrescento, que nenhuma delas fora semelhança, se não tivera alguma coisa de vantagem; porque essa é a prerrogativa dos que vieram primeiro. Santo Inácio veio depois, e muito depois daqueles gloriosíssimos patriarcas; e quem vem depois, se não excede, não iguala, se não é mais que semelhante, não é semelhante.

No capítulo 44 e 45 do Eclesiástico, faz o Texto sagrado um elogio geral de todos os patriarcas antigos, começando desde Henoch. E chegando a Moisés, diz assim: *Similem illum fecit in gloria Sanctorum*.[ii] Fê-lo Deus semelhante aos outros santos, na glória de suas obras. Este é o elogio de Moisés, que não só parece moderado e curto, senão muito inferior, e quase indigno da fama e das ações de um herói tão singularmente grande. Se lermos as histórias dos antigos patriarcas, acharemos que as ações e as maravilhas de Moisés, excederam quase incomparavelmente às de todos os passados. Não me detenho em o demonstrar; porque fora matéria muito dilatada, e me mortifico assaz em não fazer um

---

[i] S. *Thereza in epistol. propria manu scripta apud Eusebium in Vila S. Ignat. c. 40, et saepe se vocat filiam Societatis. A Puente in vita P. Balthazaris Alvares et alii*.
[ii] *Ecles*., XLV, 2.

largo paralelo de Moisés com Santo Inácio. Um, que falava com Deus: *Facie ad faciem*:[i] outro, que o viu tantas vezes. Um, legislador famoso; outro, singularíssimo legislador. Um, conquistador da Terra de Promissão; outro, conquistador de novos mundos. Um, domador do mar Vermelho; outro, do Oceano e de tantos mares. Um, que cedeu a glória de seus trabalhos a Josué; outro, a Jesus. Um, que tirou do cativeiro seiscentas mil famílias; outro, famílias, cidades e reinos sem conta. Um, que pelo zelo das almas não duvidou em ser riscado dos livros de Deus; outro, que não ficou atrás em semelhante excesso. Pois se Moisés excedeu tanto as glórias dos outros patriarcas, como não diz a Escritura, que lhes foi avantajado, senão somente semelhante: *Similem illum fecit in gloria Sanctorum?* Tudo isto não avançou mais que a fazer uma semelhança? Não. Porque os outros patriarcas foram primeiro; Moisés veio depois: e ainda que excedesse muito aos primeiros, não chegou mais que a ser semelhante. Se não excedera, fora menor; porque excedeu, foi igual. O excesso fez a semelhança; a maioria a igualdade. De todos os patriarcas das sagradas religiões, só um temos na Escritura, que é Elias. S. João Batista foi o maior dos nascidos, e essa maioria, comparada com Elias, onde o chegou? Não a ser maior que Elias, senão a ser como ele: *Venite Joannes Batista in spiritu, et virtute Eliae*.[ii] Os que vêm depois, comparados com os que vieram antes, não se medem tanto por tanto, senão tanto por mais. Se fizestes mais, sois igual, se fizestes tanto, sois menos.

E qual é a razão deste modo de medir, que verdadeiramente parece desigual? O igual ficar menor, e o maior ficar igual, não é desigualdade? Não, quando a comparação se faz com os que foram primeiro, porque essa é a prerrogativa da prioridade. Os primeiros sempre têm a vantagem de ser primeiros, e esta primazia, ou prioridade tem de si mesma tal excelência, que comparada entre igual e igual, sempre fica superior, e é necessário que a mesma igualdade se supra com algum excesso, para não ser ou parecer menos que igualdade. Não há, nem se pode conceber maior igualdade, que a das Pessoas divinas. Vede agora o que fez a segunda Pessoa, não para ser, mas para provar que é igual à primeira: *Non rapinam arbitratus est esse se aequalem Deo; sed semetipsum exinanivit, formam servi accipiens*.[iii] Sendo o Verbo eterno (diz S. Paulo) imagem substancial do Padre, e igual a Ele em tudo, para mostrar que esta igualdade era sua e não alheia; própria e não roubada; natural, verdadeira e não fingida; tomou a forma de servo: fez-se homem, padeceu, e remiu o mundo. Esta consequência de S. Paulo tem dado muito que entender a todos os Padres e expositores. Porque

---

[i] *Gênes.*, XXXII, 30.
[ii] *Luc.*, I, 17.
[iii] *Ad Philip.*, II, 6.

para o Verbo mostrar a igualdade que tem com o Pai, parece que se havia de deixar estar à sua direita no mesmo trono; e para mostrar que era imagem e vera efígie sua (como leu Tertuliano) parece que como espelho do mesmo Padre havia de retratar em si mesmo todas as suas ações somente, e nenhuma outra. Se o Padre criou o mundo, crie-o também (como criou) o Filho: se o governa, governe: se decreta, decrete: se manda, mande. E se o Padre se não fez homem, nem remiu o mundo, não seja Ele também homem, nem Redentor, porque tomar o Filho outra forma (isto é a forma humana) que o Padre não tomou; e fazer o que Ele não fez, parece que era desigualar a igualdade, e desfazer a proporção, e mudar a semelhança de verdadeira e perfeita imagem. Pois se o Verbo se quer mostrar igual, por que se desiguala? Se se quer mostrar semelhante, por que se desassemelha, e por que faz o que o Padre não fez? Porque o Padre era a primeira Pessoa, e o Filho a segunda: e para se mostrar igual e semelhante, havia de fazer mais. No Padre não há prioridade de tempo, nem de natureza; mas há prioridade de origem: o Pai é a primeira fonte da divindade, de quem o Filho a recebeu: o Pai é o primeiro exemplar de quem o Filho é imagem: enfim, o Pai é a primeira Pessoa, e o Filho a segunda: e é tal a prerrogativa da prioridade (qualquer que seja, ainda que não seja, nem possa ser maioria) que para o Verbo mostrar ao mundo a inteireza da sua igualdade, e a perfeição da sua semelhança, foi conveniente que fizesse mais do que o Padre fizera. Desta maneira (a nosso modo de entender) supriu o Verbo com o excesso das ações a prioridade da origem, e proporcionou a prerrogativa do exemplar com os novos resplandores da semelhança. E se isto foi decente e conveniente, na igualdade de Deus entre a segunda Pessoa e a primeira, bem se vê quão necessário será na desigualdade dos homens. Excedeu o Batista a Elias, para lhe ser igual; excedeu Moisés aos outros patriarcas, para lhes ser semelhante. Logo, ainda que Santo Inácio pareça que excedeu aos exemplares santíssimos, que imitou, necessariamente havia de ser assim, sendo eles primeiro: para que no excesso ficasse proporcionada a igualdade, e na diferença a semelhança: *Et vos similes hominibus.*

VII

Acabemos com o fim. O fim para que Deus ajuntou em Santo Inácio as semelhanças e perfeições de todos os santos, foi para que neste grande santo achássemos junto, o que nos outros santos se acha dividido. Santo Inácio (se bem se consideram os princípios e fins de sua vida) foi o fruto do *Flos Sanctorum*. O *Flos Sanctorum* era a flor, Santo Inácio foi o fruto. Se de todas as flores se compusesse uma só flor, esta flor havia de ter o cheiro de todas as flores; e se desta flor nascesse um fruto, este fruto havia de ter os sabores de todos os frutos. E esta maravilha fez Deus em Santo Inácio. O livro foi a flor, ele o fruto; um fruto que contém em si todos os sabores; um santo que sabe a tudo o que cada um deseja e há mister. O Maná era semelhante sem semelhante: semelhante, porque tinha o sabor de todos os manjares: sem semelhante, porque nenhum manjar sabia a tudo, como ele. Por isso se chamou *Maná*, ou *Manhú,* que quer dizer: *Quid est hoc?*[i] Que é isto? E a esta pergunta se respondia: é tudo o que quiserdes. O mesmo digo eu de Santo Inácio. Tudo o que quiserdes, tudo o que desejardes, tudo o que houverdes mister, achareis neste santo ou neste compêndio de todos os santos. Essa foi a razão, por que ordenou a Providência Divina que concorressem e se ajuntassem neste grande exemplar tanta diversidade de estados, de exercícios, de fortunas. Nasceu fidalgo, foi cortesão, foi soldado, foi mendigo, foi peregrino, foi perseguido, foi preso, foi estudante, foi graduado, foi escritor, foi religioso, foi pregador, foi súdito, foi prelado, foi legislador, foi mestre de espírito, e até pecador foi em sua mocidade; depois arrependido, penitente e santo. Para quê? Para que todos achem tudo em Santo Inácio: *Omnibus omnia factus sum.*[ii] O fidalgo achará em Santo Inácio uma ideia de verdadeira nobreza: o cortesão, os primores da verdadeira polícia: o soldado, os timbres do verdadeiro valor. O pobre achará em Santo Inácio que o não desejar é a mais certa riqueza: o peregrino, que todo o mundo é pátria: o perseguido, que a perseguição é o caráter dos escolhidos: o preso, que a verdadeira liberdade é a inocência. O estudante achará em Santo Inácio o cuidado sem negligência: o letrado, a ciência sem ambição: o pregador, a verdade sem respeito: o escritor, a utilidade sem afeite. O religioso achará em Santo Inácio a perfeição mais alta: o súdito a obediência mais cega: o prelado, a prudência mais advertida: o legislador, as leis mais justas. O mestre de espírito achará em Santo Inácio muito que aprender, muito que exercitar, muito que ensinar, e muito para onde crescer. Finalmente, o pecador (por mais metido que se veja no mundo e nos enganos de suas vaidades) achará em Santo Inácio o verdadeiro norte de sua salvação: achará o exemplo mais raro da conversão e mudança de vida: achará o espelho mais vivo da resoluta e constante penitência: e achará o motivo mais eficaz da confiança em Deus, e na sua misericórdia, para pretender, para conseguir, para perseverar e para subir e chegar ao mais alto cume da santidade e graça com a qual se mede a Glória.

---

[i] *Êxod.*, XVI, 15.
[ii] *1.ª Ep. ad Cor.*, IX.

SERMÃO DAS LÁGRIMAS DE S. PEDRO

PREGADO NA CATEDRAL DE LISBOA, EM SEGUNDA-FEIRA
DA SEMANA SANTA, NO ANO DE 1669

*Cantavit gallus, et conversus Dominus respexit
Petrum, et egressus foras flevit amare.*[i]

I

Cantou o galo, olhou Cristo, chorou Pedro. Que pregador haverá em tal dia que não fale com confiança de converter? Que ouvinte haverá em tal hora que não ouça com esperança de chorar? Na ceia de Betânia e na do Cordeiro (que foram as duas ocasiões últimas em que Cristo teve juntos a seus Discípulos) sete vezes falou o Senhor com Judas, e sete vezes lhe pregou para o converter. As palavras umas foram de amor, outras de compaixão, outras de terror; e porventura que nenhumas disse jamais Cristo tão temerosas. *Vae autem homini illi, per quem Filius Hominis tradetur.*[ii] Ai daquele homem por quem for entregue o Filho do Homem: *Bonum erat ei, si natus non fuisset homo ille:* Melhor lhe fora a tal homem nunca haver nascido. Ainda ditas a Judas fazem tremer estas palavras. Mas nem as amorosas o abrandaram, nem as compassivas o enterneceram, nem as temerosas o compungiram: a nada se rendeu Judas. Negou S. Pedro na mesma noite a Cristo: negou uma, negou duas, negou três vezes: cantou na última negação o galo: *Et statim gallus cantavit:*[iii] e no mesmo ponto sai Pedro da casa de Caifás convertido e põe-se a chorar amargamente seu pecado: *Egressus foras flevit amare.*[iv] Notável caso! De maneira que faz Cristo sete pregações a Judas, e não se converte Judas: canta o galo uma vez, e converte-se Pedro? Sim: Porque tanto vai de olhar Cristo ou não olhar. A Pedro pôs-lhe os olhos Cristo: *Respexit Petrum:*[v] a Judas não lhe pôs os olhos. Se Cristo põe os olhos, basta a voz irracional de um galo para converter pecadores: se Cristo não põe os olhos, não basta a voz, nem bastam sete vozes do mesmo Cristo para converter: *Non est*

---

[i] *Luc.*, XXII.
[ii] *Mat.*, XXVI, 24.
[iii] *João*, XVIII, 27.
[iv] *Luc.*, XXII, 63.
[v] Ibid., 61.

satis concionatoris vox, nisi simul adsit Christi in peccatorem respectus, disse gravemente neste caso S. Gregório Papa. Do pregador são só as vozes; dos olhos de Cristo é toda a eficácia. E quando temos hoje os olhos de Cristo tão propícios, que pregador haverá tão tíbio, e que ouvinte tão duro, que não espere grandes efeitos ao brado de suas vozes? Senhor, os vossos olhos são os que hão de dar as lágrimas aos nossos.

As mais bem nascidas lágrimas que nunca se choraram no mundo foram as de S. Pedro, porque tiveram o seu nascimento nos olhos de Cristo: nos olhos de Cristo nasceram, dos olhos de Pedro manaram: nos de Cristo, quando viu: *Respexit Petrum*; dos de Pedro quando chorou: *Flevit amare*. Rios de lágrimas foram hoje as lágrimas de S. Pedro; mas as fontes desses rios foram os olhos de Cristo. Ao Nilo antigamente viam-se-lhe as correntes, mas não se lhe sabia a origem; tais em Pedro hoje os dois rios, ou os dois Nilos de suas lágrimas. A origem era oculta, porque tinham as fontes nos olhos de Cristo; as correntes eram públicas, porque manavam dos olhos de Pedro. Para o dilúvio universal (diz o Texto sagrado) que se abriram as janelas do Céu, e se romperam as fontes do abismo: *Apertae sunt cataractae Coeli, rupti sunt fontes abyssi*.[i] Assim também para este dilúvio (em que hoje fora ditoso o mundo se se afogara) abriram-se as janelas do Céu, que são os olhos de Cristo: romperam-se as fontes do abismo, que são os olhos de Pedro. Desta maneira inundou aquele imenso dilúvio em que, depois de fazer naufrágio, se salvou o melhor Noé.

Esta é a lastimosa e gloriosa representação com que a Igreja dá feliz princípio neste dia a uma semana que devera ser tão santa na compunção, como é santa no nome. Faltando água no deserto a um povo, que era figura deste nosso, chegou-se Moisés a um penhasco, deu-lhe um golpe com a vara, e não saiu água: deu o segundo golpe e saíram rios: *Egressae sunt aquae largissimae*.[ii] Que penhasco duro é este senão o meu coração e os vossos? Deu a Igreja o primeiro golpe no dia das lágrimas da Madalena; mas não deram as pedras água: dá hoje o segundo golpe no dia das lágrimas de S. Pedro, e no dia em que também chorou Pedro, como não chorarão as pedras? Mas não são estes os golpes em que eu trago posta a confiança. Os dos vossos olhos, Senhor, que fizeram rios os olhos de Pedro, são os que hão de abrandar a dureza dos nossos. Pelas lágrimas daquela Senhora, que não teve pecados que chorar, nos concedei hoje lágrimas com que choremos nossos pecados. E pois ela chorou só por nós, e para nós, sua piedade nos alcance de vossos piedosos olhos esta graça: *Ave Maria*.

---

[i] *Gênes.*, VII, 11.
[ii] *Núm.*, XX, 11.

II

Egressus foras Petrus flevit amare.

Notável criatura são os olhos! Admirável instrumento da natureza; prodigioso artifício da Providência! Eles são a primeira origem da culpa; eles a primeira fonte da graça. São os olhos duas víboras, metidas em duas covas, em que a tentação pôs o veneno, e a contrição, a triaga. São duas setas com que o Demônio se arma para nos ferir e perder; e são dois escudos com que Deus depois de feridos nos repara para nos salvar. Todos os sentidos do homem têm um só ofício; só os olhos têm dois. O ouvido ouve, o gosto gosta, o olfato cheira, o tato apalpa, só os olhos têm dois ofícios: ver e chorar. Estes serão os dois polos do nosso discurso.

Ninguém haverá (se tem entendimento) que não deseje saber por que ajuntou a natureza ao mesmo instrumento as lágrimas e a vista; e por que uniu na mesma potência o ofício de chorar, e o de ver? O ver é a ação mais alegre; o chorar, a mais triste. Sem ver, como dizia Tobias,[i] não há gosto, porque o sabor de todos os gostos é o ver; pelo contrário, o chorar é o estilado da dor, o sangue da alma, a tinta do coração, o fel da vida, o líquido do sentimento. Por que ajuntou logo a natureza nos mesmos olhos dois efeitos tão contrários — ver e chorar? A razão e a experiência é esta. Ajuntou a natureza a vista e as lágrimas porque as lágrimas são consequência da vista; ajuntou a Providência o chorar com o ver, porque o ver é a causa do chorar. Sabeis por que choram os olhos? Porque veem. Chorou Davi toda a vida, e chorou tão continuamente, que com as lágrimas sustentava a mesma vida: *Fuerunt mihi lacrimae meae panes.*[ii] E por que chorou tanto Davi? Porque viu: *Vidit mulierem.*[iii] Chorou Siquém, chorou Jacó, chorou Sansão, um príncipe, outro pastor, outro soldado: e por que pagaram este tributo tão igual às lágrimas os que tinham tão desigual fortuna? Porque viram. Siquém a Dina, Jacó a Raquel, Sansão a Dalila. Choraram os que com suas lágrimas acrescentaram as águas do dilúvio; e por que choraram? Porque, tendo o nome de filhos de Deus, viram as que se chamavam filhas dos homens: *Videntes Filii Dei, filias hominum.*[iv] Mas para que são exemplos particulares em uma causa tão comum e tão universal de todos os olhos? Todas as lágrimas que se choram, todas as que se têm chorado, todas as que se hão de chorar até o fim

---

[i] *Tob.* v, 12.
[ii] *Sal.*, XLI, 4.
[iii] *2.º Livro dos Reis*, XII, 2.
[iv] *Gênes.*, VI, 2.

do mundo, onde tiveram seu princípio? Em uma vista: *Vidit mulier, quod bonum esset lignum ad vescendum*:[i] Viu Eva o pomo vedado, e assim como aquela vista foi a origem do pecado original, assim foi o princípio de todas as lágrimas que choramos os que também então começamos a ser mortais. Digam-me agora os teólogos: se os homens se conservaram na justiça original em que foram criados os primeiros pais, havia de haver lágrimas no mundo? Nem lágrimas, nem uma só lágrima. Nem havíamos de entrar neste mundo chorando, nem havíamos de chorar enquanto nele vivêssemos, nem havíamos de ser chorados quando dele partíssemos. Aquela vista foi a que converteu o Paraíso de deleites, em vale de lágrimas; por aquela vista choramos todos. Mas que diriam sobre esta ponderação os que neste dia fazem panegíricos às lágrimas? Diriam que estima Deus tanto as lágrimas choradas por pecados, que permitiu Deus o pecado de Adão, só por ver chorar pecadores. Diriam que permitiu Deus o pecado da sua parte, para que os homens vissem a Deus derramar sangue; da nossa parte, para que Deus visse aos homens derramar lágrimas. Não é o meu intento dizer estas coisas. Que importa em semelhantes dias que as lágrimas fiquem louvadas, se os olhos ficam enxutos? O melhor elogio das lágrimas é chorá-las.

Chorou Eva, porque viu; e choramos os filhos de Eva, porque vemos. Mas eu não me admiro de que os nossos olhos chorem, porque veem; o que me admira muito é que sejam tão cegos os nossos olhos, que vejam para chorar. Só os olhos racionais choram; e se é efeito da razão, chorar, porque viram; não pode haver maior sem-razão, que verem para chorar. É queixa do Espírito Santo, e invectiva que fez contra os nossos olhos no capítulo trinta e um do Eclesiástico: *Nequius oculo quid creatum est?*[ii] Entre todas as coisas criadas, nenhuma há mais desarrazoada no mundo, nenhuma mais perversa que os olhos. E por quê? Porque são tais (diz o mesmo Espírito Santo) que veem para chorar: *Ab omni facie sua lacrimabitur, cum viderit*.[iii] Põem-se os olhos a ver a uma parte e a outra, e depois põem-se a chorar, porque viram. Pois olhos cegos, olhos mal advertidos, olhos inimigos de vós mesmos, se a vossa vista vos há de custar lágrimas, se vedes para chorar, ou haveis de chorar, por que vistes, para que vedes? É possível que haveis de chorar, porque vistes, e que haveis de ver para chorar: *Lacrimabitur, cum viderit?* Assim é; e estes são os nossos olhos: choram porque veem, e veem para chorar. O chorar é o lastimoso fim do ver; e o ver é o triste princípio do chorar. Chorou hoje S. Pedro, e chorou tão amargamente, como logo veremos: e donde nasceu este chorar? Nasceu do ver. Naquela trágica noite

---

[i] Ibid., III, 6.
[ii] *Ecles.*, XXXI, 15.
[iii] Ibid., XXI, 15.

da paixão de Cristo, entrou Pedro no átrio do pontífice Caifás; e o fim com que entrou foi para ver: *Ut videret finem*.[i] E vós, Pedro, entrais aqui para ver? Pois vós saireis para chorar. Quisestes ver o fim? Vereis o fim do ver: *Egressus foras flevit amare*.

III

Basta o dito para sabermos que o chorar é efeito ou consequência do ver. Mas como se segue esta consequência? Segue-se de um meio-termo terrível, que se complica com o ver e com o chorar, sendo consequente de um, e antecedente de outro. Do ver segue-se o pecar; do pecar segue-se o chorar; e por isso o chorar é consequência do ver. Depois que Eva e Adão pecaram, diz o Texto que a ambos se lhes abriram os olhos: *Aperti sunt oculi amborum*.[ii] Pergunto. Antes desta hora Adão e Eva não tinham os olhos abertos? Sim, tinham; viram o Paraíso, viram a serpente, viram a árvore, viram o pomo, viram-se a si mesmos; tudo viram e tudo viam. Pois se viam e tinham os olhos abertos, como diz o Texto que agora se lhes abriram os olhos? Abriram-se-lhes para começar a chorar, porque até ali não tinham chorado: *Aperti sunt oculi ad quod antea non patebant*, diz Santo Agostinho. Criou Deus os olhos humanos com as portas do ver abertas, mas com as portas do chorar fechadas. Viram e pecaram; e o pecado que entrou pelas portas do ver, saiu pelas portas do chorar. Estas são as portas dos olhos que se abriram: *Aperti sunt oculi amborum*. Pecaram, porque viram; choraram, porque pecaram. Pagaram os olhos o que fizeram os olhos, porque justo era que se executasse nos olhos o castigo, pois os olhos foram a causa e ocasião do delito.

Dir-me-eis porventura que em Eva e no seu pecado teve lugar esta consequência; em nós, e nos nossos olhos não, ao menos em todos. Em Eva sim, porque entrou o seu pecado pelos olhos; em nós não, porque ainda que alguns dos nossos pecados entrem pelos olhos, muitos têm outras entradas. Digo que em todos os pecados é o chorar consequência do ver; e não quero outra prova senão as mesmas lágrimas. Dai-me atenção.

Coisa é digna não só de reparo, senão de espanto, que queira Deus e aceite as lágrimas por satisfação de todos os pecados. É misericórdia grande, mas misericórdia que não parece justiça. Que paguem os olhos os pecados dos olhos; que paguem os olhos chorando o que os olhos pecaram vendo, castigo é muito

---

[i] *Mat.*, XXVI, 58.
[ii] *Gênes.*, III, 7.

justo, e justiça muito igual: mas que os olhos hajam de pagar pelos pecados de todas as potências da alma, e pelos pecados de todos os sentidos e membros do corpo; que justiça e que igualdade é esta? Se o homem peca nos maus passos, paguem os pés; se peca nas más obras, paguem as mãos; se peca nas más palavras, pague a língua; se peca nos maus pensamentos, pague a memória; se peca nos maus juízos, pague o entendimento; se peca nos maus desejos, e nos maus afetos, pague a vontade: mas que os tristes olhos hajam de pagar tudo, e por todos? Sim; porque é justo que pague por todos quem é causa ou instrumento dos pecados de todos. Lede as Escrituras, e lede-as todas (que não é necessária menos lição para este assunto) e achareis que, em todos os pecados do corpo e da alma, são cúmplices os olhos. Pecou a alma, os olhos são os culpados. *Oculus meus depraedatus est animam meam.*[i] Pecou o corpo, os olhos são os delinquentes: *Si oculus tuus fuerit nequam, totum corpus tuum tenebrosum erit.*[ii] Todos os pecados do homem, os de pensamento, os de palavra, os de obra, saem imediatamente do coração: *De corde exeunt cogitationes malae:*[iii] Eis aí os pecados do pensamento. *Homicidia, adulteria, furta*: Eis aí os pecados de obra. *Falsa testimonia, blasphemiae*: Eis aí os pecados de palavra. E para todos esses pecados, a quem segue o coração? Aos olhos: *Si secutum est oculos meos cor meum.*[iv] Se seguis com tantas ânsias as vaidades do mundo, os vossos olhos são os que vos levam à vaidade: *Averte oculos meos, ne videant vanitatem.*[v] Se seguis tão insaciavelmente as riquezas, os vossos olhos são os hidrópicos desta sede insaciável: *Nec satiantur oculi ejus divitiis.*[vi] Se vos cegais e vos deixais arrebatar e enfurecer da paixão, os vossos olhos são os apaixonados: *Turbatus est a furore oculus meus.*[vii] Se vos vingais e não perdoais o agravo, os vossos olhos são os vingativos, e os que não perdoam: *Non parcet eis oculus tuus.*[viii] Se estais preso e cativo da má afeição, os vossos olhos são os laços que vos prenderam e vos cativaram: *Capiatur laqueo oculorum suorum.*[ix] Se desejais o que não deveis desejar, e apeteceis o que não deveis apetecer, os vossos olhos são os que desejam: *Desideraverunt oculi mei:*[x] e os vossos olhos são os que apetecem: *Concupiscen-*

---

[i] *Tren.*, III, 51.
[ii] *Mat.*, VI, 23.
[iii] Ibid., XV, 19.
[iv] *Jó*, XXXI, 7.
[v] *Sal.*, CXVIII, 37.
[vi] *Ecl.*, IV, 8.
[vii] *Sal.*, VI, 8.
[viii] *Deut.*, VII, 16.
[ix] *Judite*, IX, 13.
[x] *Ecl.*, II, 10.

tia oculorum suorum.[i] Se desprezais o que deveis estimar, e aborreceis o que devêreis amar, os vossos olhos são os que desprezam: *Despexit oculus meus*;[ii] os vossos olhos são os que aborrecem: *Non rectis oculis aspiciebat.*[iii] Infinita matéria fora se houvéramos de discorrer por todos os movimentos viciosos e por todas as ações de pecado em que são cúmplices os olhos. Mas, pois, todos os pecados e suas espécies estão reduzidos a sete cabeças; vede como pecam os olhos em todos os pecados capitais. Se pecais no pecado da soberba, os vossos olhos são os soberbos: *Oculos superborum humiliabis.*[iv] Se pecais no pecado da avareza e da cobiça, os vossos olhos são os avarentos e os cobiçosos: *Insatiabilis oculus cupidi.*[v] Se pecais no pecado da luxúria, os vossos olhos são os torpes e sensuais: *Oculos eorum fornicantes.*[vi] Se pecais no pecado da ira, os vossos olhos são os impacientes e irados: *Conturbatus est in ira, oculus meus.*[vii] Se pecais no pecado da inveja, os vossos olhos são os invejosos do bem alheio: *Nequam est oculus lividi.*[viii] Se pecais no pecado da gula, os vossos olhos são os apetitosos e os mal satisfeitos: *Nihil respiciunt oculi nostri nisi man.*[ix] Se pecais no pecado da acídia, os vossos olhos são os negligentes e os tíbios: *Oculi mei languerunt.*[x] Finalmente, se ofendeis a Deus e a sua Lei em qualquer pecado, os vossos olhos são os que ofendem: *Offensiones oculorum abjiciat.*[xi] E não há pecado tão feio, nem maldade tão abominável no mundo, que não sejam os olhos a causa dessa abominação: *Abominationes oculorum suorum.*[xii] E pois os olhos pecam em todos os pecados, vendo; que muito é que paguem em todos e por todos chorando?

Assim como provei a verdade da culpa com toda a Escritura, assim hei de provar a justificação da pena com toda a Igreja. *Quo fonte manavit nefas, fluent perennes lacrimae*: Sabeis, filhos (diz a Igreja), por que vos manda Deus que chorem os olhos por todos os pecados? É porque os olhos são a fonte de todos: *Quo fonte manavit nefas, fluent perennes lacrimae.* Chorai, pois (diz a Santa Igreja), chorai e chorem perenemente os vossos olhos: e, pois, esses olhos foram a

---

[i] *Ezequ.*, XXIII, 16.
[ii] *Sal.*, LIII, 9.
[iii] *1.º Livro dos Reis*, XVIII, 9.
[iv] *Sal.*, XVII, 28.
[v] *Ezequ.*, XIV, 9.
[vi] Ibid., VI, 9.
[vii] *Sal.*, XXX, 10.
[viii] *Ecles.*, XIV, 8.
[ix] *Núm.*, XI, 6.
[x] *Sal.*, LXXXVII, 10.
[xi] *Ezequ.*, XX, 7.
[xii] Ibid., 8.

fonte do pecado, sejam também a fonte da contrição: pois esses olhos foram a fonte da culpa, sejam também a fonte da penitência: foram a fonte da culpa, enquanto instrumentos do ver; sejam a fonte da penitência, enquanto instrumentos do chorar: e já que pecaram vendo, paguem chorando. De maneira que são os nossos olhos (se bem se considera) duas fontes, cada uma com dois canais e com dois registros: um canal que corre para dentro e se abre com o registro do ver: outro canal que corre para fora e se solta com o registro do chorar. Pelos canais que correm para dentro, se os registros se abrem, entram os pecados: pelos canais que correm para fora, se os registros, ou as presas se soltam, saem as lágrimas. E pois as correntes do pecado entram pelos olhos vendo, justo é que as correntes das lágrimas saiam pelos mesmos olhos chorando.

Vede que misteriosamente puseram as lágrimas nos olhos a natureza, a justiça, a razão, a graça. A natureza para remédio; a justiça para castigo; a razão para arrependimento; a graça para triunfo. Como pelos olhos se contrai a mácula do pecado, pôs a natureza nos olhos as lágrimas, para que com aquela água se lavassem as manchas: como pelos olhos se admite a culpa, pôs a justiça nos olhos as lágrimas para que estivesse o suplício no mesmo lugar do delito: como pelos olhos se concebe a ofensa, pôs a razão nos olhos as lágrimas, para que onde se fundiu a ingratidão, a desfizesse o arrependimento: e como pelos olhos entram os inimigos à alma, pôs a graça nos olhos as lágrimas, para que pelas mesmas brechas por onde entraram vencedores, os fizesse sair correndo. Entrou Jonas pela boca da baleia pecador; saía Jonas pela boca da baleia arrependido. Razão é logo e justiça, e não só graça, senão natureza, que, pois os olhos são a fonte universal de todos os pecados, sejam os rios de suas lágrimas a satisfação também universal de todos; e que paguem os olhos por todos chorando, já que pecaram em todos vendo: *Quo fonte manavit nefas, fluent perennes lacrimae.*

IV

Agora se entenderá facilmente uma dúvida não fácil, entre as negações de S. Pedro e as suas lágrimas. As negações de S. Pedro todas foram pecados da língua. A língua foi a que na primeira negação disse: *Non sum.*[i] A língua foi a que na segunda negação disse: *Non novi hominem.*[ii] A língua foi a que na terceira negação disse: *Homo nescio, quid dicis.*[iii] Pois se a língua foi a que pecou, por

---

[i] *Luc.*, XXII, 59.
[ii] *Mat.*, XXVI, 72.
[iii] *Luc.*, XXII, 60.

que foram os olhos os que pagaram o pecado? Por que não condenou S. Pedro a língua a perpétuo silêncio, senão os olhos a perpétuas lágrimas? Porque ainda que a língua foi a que pronunciou as palavras, os olhos foram os primeiros culpados nas negações: a língua foi o instrumento, os olhos deram a causa.

Na parábola da vinha, foram chamados os cavadores a diferentes horas. Ao pôr do Sol mandou o pai de famílias que se pagasse a todos o seu jornal: mas vendo os primeiros que lhes igualavam os últimos: *Murmurabant adversus patrem familias*:[i] Começaram a murmurar contra o pai de famílias. O que agora noto (e não sei se se notou até agora) é que, repreendendo o pai de famílias aos murmuradores, não se queixou das suas línguas, senão dos seus olhos: *An oculus tuus nequam est, quia ego bonus sum?*[ii] Basta que, porque eu sou bom, os vossos olhos hão de ser maus? Assim o disse, e assim se queixou o pai de famílias; mas eu não vejo a razão desta sua queixa. A sua queixa era dos murmuradores e da murmuração: os olhos não são os que murmuram, senão a língua. Pois por que se não queixa da língua, senão dos olhos? Porque, ainda que das línguas saiu a murmuração, os olhos, e maus olhos, deram a causa. Muitos murmuradores murmuram o que não veem; mas estes só murmuraram o que viram. Viram que eles tinham trabalhado todo o dia; isso murmuraram: *Portavimus pondus diei, et aestus.*[iii] Viram que os outros vieram tarde, e muito tarde; isso murmuraram: *Hi novissimi una hora fecerunt.*[iv] Viram que, sendo desiguais no trabalho, lhes igualavam no prêmio; isso murmuravam: *Pares illos nobis fecisti.*[v] E como a murmuração, ainda que saiu pela língua, teve a ocasião nos olhos, por isso são repreendidos e castigados os olhos, e não a língua: *An oculus tuus nequam est?* Assim o julgou contra os olhos daqueles murmuradores o pai de famílias; e assim se sentenciou também S. Pedro contra os seus. As suas negações saíram pela língua, mas a causa e a ocasião deram-na os olhos. Negou porque quis ver; porque se não quisera ver, não negara, pois ainda que a língua foi o instrumento da negação, castiguem-se os olhos, que foram a causa. Se os olhos não foram curiosos para ver, não fora a língua fraca para negar. E pois os olhos, por quererem ver, puseram a língua em ocasião de negar, paguem os olhos por si, e paguem pela língua; pela língua paguem o negar, e por si paguem o ver.

---

[i] *Mat.*, XX, 11.
[ii] Ibid., 15.
[iii] *Mat.*, XX, 12.
[iv] Ibid.
[v] Ibid.

E senão pergunto. Por que dizem os Evangelistas, com tão particular advertência, que chorou Pedro amargamente: *Flevit amare?* Se queriam encarecer as lágrimas de Pedro pela cópia, digam que se fizeram seus olhos duas fontes perenes de lágrimas: digam que chorou rios: digam que chorou mares: digam que chorou dilúvios. E se queriam encarecer esses dilúvios de lágrimas, não pela cópia, senão pela dor, digam que chorou tristemente; digam que chorou sentidamente, digam que chorou lastimosamente, digam que chorou irremediavelmente, ou busquem outros termos de maior tristeza, de maior lástima, de maior sentimento, de maior pena, de maior dor. Mas que deixado tudo isto só digam e ponderem, que chorou amargamente: *Flevit amare?* Sim, e com muita razão; porque o chorar pertence aos olhos, a amargura pertence à língua; e como os olhos de Pedro choravam por si, e mais pela língua, era bem que a amargura se passasse da língua aos olhos, e que não só chorasse Pedro, senão que chorasse amargamente: *Flevit amare.* Como a culpa dos olhos em ver se ajuntou com a culpa da língua em negar, ajuntou-se também o castigo da língua, que é a amargura, com o castigo dos olhos, que são as lágrimas, para que as lágrimas pagassem o ver, e a amargura pagasse o negar, e os olhos chorando amargamente pagassem por tudo: *Flevit amare.*

V

Mas se o ver em Pedro foi ocasião de negar, e o negar foi a causa de chorar, por que não chorou Pedro quando negou, senão depois que saiu: *Egressus foras flevit?* Negou a primeira vez e ficou com os olhos enxutos como dantes; negou a segunda vez e ficou do mesmo modo; negou a terceira vez, e nem ainda então chorou. Sai Pedro finalmente fora, e depois que saiu, então saíram também as lágrimas: *Egressus foras, flevit amare.* Pois se Pedro chora por que negou; por que não chora quando negou, ou depois de negar, senão quando saiu, e depois de sair? Porque enquanto Pedro não saiu fora, persistia na ocasião de ver, e querer ver; e os olhos enquanto veem não podem chorar. O ver e o chorar (como dizíamos) são os dois ofícios dos olhos, mas são ofícios incompatíveis no mesmo tempo: enquanto veem não podem chorar; e se querem chorar, hão de deixar de ver. Por isso saiu fora Pedro, não só para chorar, senão para poder chorar; porque, para os seus olhos exercitarem o ofício de chorar, haviam de cessar do exercício de ver.

Notável filosofia é a dos nossos olhos no chorar e não chorar. Se choramos, o nosso ver foi a causa; e se não choramos, o nosso ver é o impedimento. Como estes nossos olhos são as portas do ver e do chorar, encontram-se nestas portas as lágrimas com as vistas; as vistas para entrar, as lágrimas para sair. E porque as lágrimas são mais grossas, e as vistas mais sutis, entram de tropel as vistas, e não podem sair as lágrimas. Vistes já, nas barras do mar, encontrar-se a força da maré com as correntes dos rios; e porque o peso do mar é mais poderoso, vistes como as ondas entram, e os rios param? Pois o mesmo passa nos nossos olhos. Todos os objetos deste mar imenso do mundo, e mais os que mais amamos, são as ondas, que umas sobre outras entram pelos nossos olhos; e ainda que as lágrimas dos mesmos olhos tenham tantas causas para sair, como o sentido do ver, pode mais que o sentido do chorar, vemos quando havíamos de chorar, e não choramos, porque não cessamos de ver. Vejamos tudo nos olhos de Davi, que do ver nos deixou tantos desenganos, e do chorar tantos exemplos.

Morto lastimosamente o príncipe Abner, mandou Davi que todo o exército vestido de luto e arrastando as armas o acompanhasse até a sepultura, e o mesmo rei o acompanhou também: *Porro Davi sequebatur feretrum.*[i] Desta maneira foi marchando e continuando o enterro até o lugar do sepulcro, mas ninguém chorava. Tiram o corpo do esquife, e ainda aqui se não viram nem ouviram lágrimas: metem finalmente o cadáver na sepultura, cerram a porta, eis que começa Davi a rebentar em lágrimas, e todos com ele em pranto desfeito: *Cumque sepelissent Abner, levavit David vocem suam, et flevit super tumulum: flevit autem et omnis populus.*[ii] Pois se no enterro, e antes de enterrado Abner, nem Davi nem o exército chora, por que chora tanto Davi, e choram todos com ele no mesmo ponto em que foi metido na sepultura? Porque no enterro, e antes de enterrado, viam a Abner, depois de enterrado já o não viam. Como a ação de chorar se impede pela resistência do ver, enquanto os olhos viram, estiveram represadas as lágrimas; tanto que não tiveram que ver, começaram as lágrimas a sair. Não puderam chorar os olhos enquanto viram; tanto que não viram, choraram. Sirvam as letras humanas às divinas, e ouçamos aquele engenho que melhor que todos soube exprimir os afetos da dor e da natureza: *Jamque oculis ereptus eras; tum denique flevit.*[iii] A história pode ser fabulosa, mas a filosofia é verdadeira. Enquanto Ariadne pôde seguir com os olhos a Teseu, estiveram as lágrimas suspensas, embargadas pela vista; mas tanto que já o não pôde ver: *Jamque oculis ereptus eras,* tirado o impedimento da vista, começaram as lágrimas a correr: *Tum denique flevit.*

---

[i] *2.º Livro dos Reis*, III, 31.
[ii] Ibid. 32.
[iii] Ovíd. *Ep.*, 10.

Esta foi a razão ainda natural por que Pedro saiu do lugar onde via, e onde entrara para ver. Saiu, para que as suas lágrimas saíssem: *Et egressus foras flevit amare*. Entrou para ver, saiu para chorar; porque enquanto a vista tinha entrada não podiam as lágrimas ter saída. E para que o mesmo S. Pedro nos prove a verdade desta filosofia, diz S. Marcos[i] no texto grego (conforme a interpretação de Teofilato) que saindo S. Pedro do átrio, lançou a capa sobre o rosto, e então começou a chorar: *Cum caput obvelasset, flevit*. Para Pedro poder chorar cobriu primeiro os olhos para não ver. Saiu para não ver o que via e cobriu os olhos para que nenhuma coisa vissem; e quando não viu, nem pôde ver, então pôde chorar, e chorou: *Flevit*. O pranto mais público que se viu na nação portuguesa foi quando chegaram à Índia as novas da morte de el-rei D. Manuel, primeiro e verdadeiro pai daquela monarquia. Estava o vizo-rei na Sé (como nós agora) ouvindo sermão, e tanto que lhe deram a triste nova, diz a história, que lançou a capa sobre o rosto, e que fazendo todo o auditório o mesmo, começaram a chorar em grita, e se levantou o maior e mais lastimoso pranto que jamais se vira. Este era o uso dos capuzes portugueses, quando também se usava o chorar. Metiam os capuzes na cabeça até o peito, cobriam e escureciam os olhos, e assim choravam e lamentavam o defunto. Depois que as mortes se não choram, trazem-se os capuzes detrás das costas, para que nem os olhos os vejam. Não foi assim o luto que Pedro fez pela morte da sua alma; mas porque a quis logo chorar, cobriu os olhos para não ver: *Cum caput obvelasset, flevit*.

VI

Assim saiu Pedro do lugar da sua desgraça. Mas para onde saiu? Diz Nicéforo, e outros autores eclesiásticos, mais vizinhos daquele tempo, que se foi S. Pedro meter em uma cova, entre Jerusalém e o monte Sião. Tinha prometido morrer com Cristo; mas porque não tivera ânimo para morrer, teve resolução para se sepultar. Nesta sepultura triste, solitária, escura, como os olhos não tiveram luz para ver, tiveram maior liberdade para chorar. Só na suposição de um paralelo se pode conhecer este excesso, ou este artifício das lágrimas de S. Pedro. Os dois exemplares da penitência, que Deus pôs neste mundo em uma e outra Lei, foi S. Pedro, e Davi. Davi foi o Pedro da Lei escrita: Pedro foi o Davi da Lei da Graça. E assim como S. Pedro escolheu lugar particular para as suas lágrimas, assim Davi escolheu tempo particular para as suas. Mas qual escolheu melhor, e mais finamente? Agora o veremos.

---

[i] *Marc.*, XIV, 30.

O tempo que Davi escolheu para as suas lágrimas foi o que diz mais com os tristes, o tempo escuro da noite: *Per singulas noctes lacrimis meis stratum meum rigabo.*[i] De dia governava, de noite chorava: o dia dava aos negócios, a noite às lágrimas. Oh, que exemplo este para reis, para ministros e para todos os que gastam o dia em ocupações, ou públicas ou particulares! As flores anoitecem murchas e quase secas; mas com o orvalho da noite amanhecem frescas, vigorosas, ressuscitadas. Assim o fazia Davi, e assim regava a sua alma todas as noites: *Per singulas noctes lacrimis meis stratum meum rigabo*. Mas tornemos ao motivo desta eleição. E por que razão escolhia Davi o tempo escuro da noite para chorar? Porque de dia com a luz, como está livre o uso do ver, fica embaraçado o exercício do chorar: mas de noite, com a sombra e escuridade das trevas, fica livre e desembaraçado o exercício de chorar; porque está impedido o uso de ver. A mesma razão seguiu S. Pedro na eleição da sua cova, mas com maior crédito da sua dor, e para maior excesso das suas lágrimas. Davi escolheu o tempo da noite, e assim chorava de noite, mas de dia não chorava: porém Pedro escolheu uma cova escura, em que de dia e de noite sempre fosse noite, para que de dia e de noite sempre chorasse. Os olhos de Davi, alternando o dia com a noite, alternavam também o ver com o chorar; porém os olhos de Pedro, metidos naquela noite sucessiva e continuada, nem de dia nem de noite viam; e de dia e de noite sempre choravam.

Só Pedro pôde conseguir para as suas lágrimas o que só Jeremias soube desejar para as suas: *Quis dabit capiti meo aquam, et oculis meis fontem lacrimarum, et plorabo die, ac nocte!*[ii] Oh, quem dera fontes de lágrimas a meus olhos (dizia Jeremias) para chorar de dia e de noite! Vede quão discreta e quão encarecidamente pedia Jeremias. Não só pedia lágrimas, senão fontes de lágrimas: *Fontem lacrimarum*. E por que pedia fontes? Porque desejava chorar de dia e de noite: *Et plorabo die, ac nocte*. As fontes não fazem diferença de noite a dia: de dia e de noite sempre correm: e como Jeremias desejava chorar de dia e de noite: *Plorabo die, ac nocte:* por isso pedia fontes de lágrimas, ou lágrimas como fontes: *Et oculis meis fontem lacrimarum*. Tais eram as fontes dos olhos de Pedro naquela cova escura. Não havia ali diferença de noite a dia, porque não havia luz; e como a luz não interrompia a noite, a vista não interrompia as lágrimas: a noite suspendia perpetuamente o ver: as lágrimas continuavam perpetuamente o chorar. Chorava amargamente, porque vira: chorava continuamente, porque não via: fora do paço onde vira, para não ver; dentro da cova, onde não via, para sempre chorar: *Egressus foras, flevit amare*.

---

[i] *Sal.*, VI, 7.
[ii] *Jerem.*, IX, 1.

VII

Até agora falamos com os olhos de Pedro: agora falem os olhos de Pedro com os nossos. Os olhos também falam: *Neque taceat pupilla oculi tui.*[i] E que dizem os olhos de Pedro? Que dizem aqueles dois grandes pregadores aos nossos olhos? Olhos, aprendei de nós: nós vimos, e porque vimos, choramos: do nosso ver aprendei a não ver: do nosso chorar aprendei a chorar. Oh, que grandes duas lições para os nossos olhos!

Se Pedro, quando quis ver a Cristo, negou três vezes a Cristo; os olhos que querem ver as criaturas, quantas vezes o negarão? Se nega a Cristo Pedro, quando quer ver, levado do amor de Cristo, como não negarão a Cristo os que querem ver, levados de outro amor? Se quem entrou a ver uma tragédia da paixão do Cristo teve tanto que chorar, os que entram a ver outras representações e outros teatros, que fruto hão de colher daquelas vistas? Diz S. Leão Papa, que os olhos de S. Pedro se batizaram hoje nas suas lágrimas. Bem se podem batizar os nossos olhos outra vez, porque não têm nada de cristãos. Comparai aquela cova de Chipre com a de Jerusalém: comparai as nossas vistas, ou as nossas cegueiras, com a de S. Pedro. Não digo que se metam os nossos olhos em uma cova, porque não há hoje tanto espírito no mundo; mas ao menos não comporemos os nossos olhos? Não faremos ao menos com os nossos olhos aquele concerto que fez Jó com os seus?

Pepigi foedus cum oculis meis, ut ne cogitarem quidem de virgine.[ii] Falava Jó do vício contra a honestidade, em que tanta parte têm os olhos; e diz que fez concerto com os seus, para não admitir o pecado no consentimento, nem ainda na imaginação. Este concerto parece que não se havia de fazer com os olhos, senão com o entendimento e com a vontade. O consentimento pertence à vontade, a imaginação pertence ao entendimento: faça-se logo o concerto com a vontade, que consente, e com o entendimento, que cuida e imagina, e não com os olhos, que somente veem. Não (diz Jó). Com os olhos se há de fazer o concerto; porque o pecado, ou o que há de ser pecado, entra pela vista, da vista passa à imaginação, e da imaginação ao consentimento: logo (para que não chegue ao consentimento) nos olhos, onde está o primeiro perigo, se há de pôr a cautela, nos olhos a resistência, nos olhos o remédio. Notou advertidamente Salmeirão, que sucede aos homens nos pecados desta casta, o mesmo que sucedeu a S. Pedro nas suas negações. Para as negações de S. Pedro concorreram duas tentadoras e um tentador: a primeira e a segunda tentadora foram

---

[i] *Tren.*, II, 18.
[ii] *Job*, XXXI, 1.

as duas ancila, e o terceiro tentador foi o soldado da guarda de Caifás. Assim também nas nossas negações. A primeira ancila e a primeira tentadora é a vista: a segunda ancila e a segunda tentadora é a imaginação: e o terceiro tentador é o consentimento, em que se consuma o pecado. E assim como nas negações de Pedro a primeira tentadora foi a ancila ostiária, a porteira; assim nas nossas negações a primeira tentadora é a vista, que é a porteira, e a que tem nos olhos as chaves das outras potências. Por isso Jó fez concerto com os seus olhos, para que estas portas estivessem sempre fechadas.

Não fecharemos estas portas tão arriscadas da nossa alma, ao menos nestes dias, em reverência dos olhos de Cristo? No mesmo tempo em que Pedro estava negando a Cristo, estava Cristo com os olhos tapados padecendo tantas afrontas. Consente Cristo que lhe tapem os olhos tão afrontosamente por amor de mim, e eu por amor de mim, e por amor de Cristo, não fecharei os olhos? Consente Cristo que lhe tapem os olhos para me salvar, e eu abrirei os olhos para me perder?

Olhai quanto mais encarecida é a doutrina de Cristo neste caso. *Si oculus tuus scandalizat te, erue eum, et projice abs te.*[i] Se os vossos olhos vos servem de escândalo, se vos fazem cair, arrancai-os e lançai-os fora. Se fora resolução muito bem empregada arrancar os olhos por amor da salvação, e para esses mesmos olhos verem a Deus; por que há de ser causa dificultosa o fechá-los? A Sansão arrancaram-lhe os olhos os Filisteus, porque os entregou a Dalila.[ii] Não lhe fora melhor a Sansão fechar os olhos para não ver, que perdê-los por que viu? Não lhe fora melhor a Siquém não ver a Dina?[iii] Não lhe fora melhor a Ámnon não ver a Tamar?[iv] Não lhe fora melhor a Holofernes não ver a Judite?[v] Todos esses pereceram às mãos de seus olhos. Demócrito, filósofo gentio (como diz Tertuliano), arrancou voluntariamente os olhos por se livrar de pensamentos menos honestos. Que tivesse resolução um gentio para arrancar os olhos por amor da pureza, e que não tenha ânimo nem valor um cristão para os fechar! Cristãos, por amor daqueles olhos, que Cristo hoje pôs em S. Pedro, e para que ele os ponha em nós, que se havemos de fazer esta semana alguma penitência, se havemos de fazer esta semana alguma mortificação, se havemos de fazer esta semana algum ato de cristandade, seja cerrar os olhos por amor de Cristo. Aquelas pestanas cerradas sejam as sedas de que teçamos um cilício muito apertado a

---

[i] *Mat.*, XII, 9.
[ii] *Juízes*, XIV, 1, 16 e 21.
[iii] *Gênes.*, XXXIV, 2 e 26.
[iv] *2.º Livro dos Reis*, XIII.
[v] *Judite*, X, 19.

nossos olhos. Não são os olhos aqueles grandes pecadores, que pecam em todos os pecados? Pois tragam esta semana este cilício.

VIII

Como os olhos estiverem cerrados (que é o segundo documento dos olhos de S. Pedro), como os nossos olhos não virem, logo chorarão. Lembremo-nos que estamos em um vale de lágrimas: lembremo-nos que esta vida não é lugar de ver, senão de chorar: *Locus flentium*.[i] Esta vida, diz S. Crisóstomo, é para os nossos olhos chorarem; a outra é para verem. Nós nesta vida trocamos aos nossos olhos os tempos e os lugares: mas também na outra vida os acharemos trocados. Os olhos que chorarem na Terra verão no Céu: os olhos que quiserem ver na Terra chorarão no Inferno: *Ibi erit fletus*.[ii] Também no Inferno há lágrimas, mas lágrimas sem fruto. Não é melhor chorar aqui poucos dias para nosso remédio que chorar eternamente no Inferno sem nenhum remédio? Que contas lhe fazemos? Que contas faz a nossa fé com a nossa vida? Que contas fazem os que fazem conta de dar conta a Deus? Olhai as contas que Deus faz com as nossas lágrimas e com os nossos pecados. É passo admirável e que, podendo ser de grande consolação, é de grande terror.

Posuisti lacrimas meas in conspectu tuo:[iii] diz Davi: Senhor, vós sempre tendes postas as minhas lágrimas diante dos vossos olhos. E estas lágrimas que Deus tem postas diante dos olhos, onde estão? Elas correm, elas passam, elas enxugam-se, elas secam-se: onde estão postas estas lágrimas? O texto original o declarou admiravelmente: *Posuisti lacrimas meas in libro rationum tuarum*. Tem Deus posto as nossas lágrimas nos seus livros da razão: tem Deus posto as nossas lágrimas nos seus livros de *Deve* e de *Há de Haver*. Estes são os livros dos quais diz S. João, que se hão de abrir no dia do Juízo: *Et libri aperti sunt*:[iv] e assim o resolvem todos os teólogos. Um é o livro do *Deve*, outro o livro do *Há de Haver*, um o livro das dívidas, outro o livro das satisfações: no das dívidas, estão os pecados: no das satisfações, estão as lágrimas: *In libro rationum tuarum*. Faça agora cada um as suas contas, pois há de dar conta a Deus por estes livros. Some cada um quantos pecados tem no livro das dívidas, e some quantas lágrimas tem no livro das satisfações. Haverá, quando menos, para cada pecado

---

[i] *Juízes*, II, 5.
[ii] *Mat.*, VIII, 12.
[iii] *Sal.*, LV, 6.
[iv] *Apoc.*, XX, 12.

uma lágrima? Oh, tristes dos nossos olhos! Oh, miseráveis das nossas almas! S. Pedro, no livro do *Deve*, tem três negações, e no livro do *Há de Haver* tem infinitas lágrimas. Quantos cristãos haverá que no livro do *Deve* tenham infinitos pecados, e no livro do *Há de Haver* não tenham três lágrimas choradas do coração! Pois como havemos de aparecer diante do tribunal de Deus? Como lhe havemos de dar boa conta? E se estamos tão alcançados nas contas, como não nos resolvemos a chorar nossos pecados desde logo, pois o não fizemos até agora? S. Pedro não chegou a estar duas horas no seu pecado e chorou toda a vida até a morte: e nós que toda a vida temos gastado em pecados, e muitos estamos no cabo da vida, e todos não sabemos quanto nos há de durar a vida, quando fazemos conta de chorar? S. Pedro sabia decerto que Deus lhe tinha perdoado, e contudo não cessava de chorar continuamente. Sabemos decerto que Deus nos tem perdoado? Sabemos decerto que temos ofendido a Deus, e muitos sabem também, decerto, que não estão perdoados, porque também sabem decerto que estão atualmente em pecado mortal: e com toda esta evidência, nem uns, nem outros choram.

Dizei-me, pelas chagas de Cristo: fazeis conta de vos salvar, como S. Pedro? Sim. Pecastes como S. Pedro? Muito mais. Chorastes como S. Pedro? Não. Pois se pecastes como Pedro e não chorais como Pedro, como fazeis conta de vos salvar como Pedro? Tem Deus para vós outra lei? Tem Deus para vós outra justiça? Tem Deus para vós outra misericórdia? Cristo perdoou a Pedro, porque chorou; e se Pedro não chorara, não lhe havia Cristo de perdoar, como não perdoou a Judas. Pois se Cristo não perdoa a Pedro sem chorar, como nos há de perdoar a nós, se não choramos? Somos mais discípulos de Cristo que Pedro? Somos mais favorecidos de Cristo que Pedro? Somos mais mimosos de Cristo que Pedro? Somos mais de casa e do seio de Cristo? Somos mais amigos, e mais amados, e mais prezados de Cristo que Pedro? Pois que confiança cega e diabólica é esta nossa?

Senhor, Senhor, Judas não chorou, porque lhe não pusestes os olhos; Pedro chorou, porque lhe pusestes os olhos: *Respice in nos et miserere nostri.* Olhai para nós, piedoso Jesus, olhai para nós com aqueles piedosos olhos com que hoje olhastes para Pedro. Abrandai esta dureza impenetrável de nossos corações. Alumiai esta cegueira obstinada de nossos olhos. Fechai-nos estes olhos para que não vejam as vaidades e loucuras do mundo. Abri-nos estes olhos, para que se desfaçam em lágrimas por vos terem negado, e por vos terem tanto ofendido. S. Pedro, divino apóstolo, divino penitente, pontífice divino, lembrai-vos desta vossa Igreja, que tão cega está, e tão impenitente. Lembrai-vos destas vossas ovelhas. Lembrai-vos destes vossos filhos; e dessas lágrimas que vos sobejaram, derramai sobre nós as que tanto havemos mister. Alcançai-nos daqueles olhos que tão benignamente vos viram, que imitemos vossa contrição, que choremos nossos pecados, que façamos verdadeira penitência, que acabemos uma vez de nos arrepender e emendar de todo coração. E nesta semana tão sagrada, lançai-nos do Céu uma bênção e concedei-nos uma indulgência plenária, que nos absolva de todas nossas culpas. Sobretudo perseverança na graça, nos propósitos, na dor, no arrependimento, para que, chorando o que só devemos chorar, vejamos, finalmente, o que só devemos desejar ver, que é a Deus nessa Glória.

SERMÃO DA TERCEIRA QUARTA-FEIRA DA QUARESMA

Pregado na Capela Real, no Ano de 1669

Nescitis, quid petatis.[i]

I

Dois lugares e dois pretendentes, um memorial e uma intercessora, um príncipe e um despacho, são a representação política, e a história cristã deste Evangelho. Nos lugares temos as mercês, nos pretendentes, as ambições, na intercessora, as valias, no memorial os requerimentos, no príncipe, o poder e a justiça, no despacho, o desengano e o exemplo. Este último há de ser a veia que hoje havemos de sangrar. Queira Deus que a acertemos, que é muito funda. A enfermidade mais geral de que adoecem as cortes, e a dor ou o achaque de que todos comumente se queixam, é de mal despachados. Em alguns se queixa o merecimento, em outros, a necessidade, em muitos, a própria estimação, e em todos, o costume. O benemérito chama-lhe sem-razão, o necessitado diz que é crueldade, o presumido toma-o por agravo e o mais modesto dá-lhe o nome de desgraça e pouca ventura. E que não houvesse até agora no púlpito, quem tomasse por assunto a consolação desta queixa, o alívio desta melancolia, o antídoto deste veneno e a cura desta enfermidade! Muitos dos enfermos bem haviam mister um hospital. Mas a obrigação desta cadeira (que é de medicina das almas) só lhe toca disputar a doença, e receitar o remédio. E se este for provado e pouco custoso, será fácil de aplicar. Ora eu movido da obrigação e da piedade; e parecendo-me esta matéria uma das mais importantes para todas as cortes do mundo, e a mais necessária para a nossa no tempo presente, determino pregar hoje a consolação dos mal despachados. Nem com a ambição dos Zebedeus hei de condenar os pretendentes, nem com a negociação da mãe hei de arguir os príncipes e os ministros; só com o desengano do requerimento: *Nescitis quid petatis*, pretendo consolar eficazmente a todos os que se queixem dos seus despachos, ou se sentem dos alheios. Consolar um mal despachado é o assunto do sermão. Se com a graça divina se conseguir o intento, sairão hoje

---

[i] *Mat.*, XX.

daqui os pretendentes comedidos, os ministros aliviados, os bem despachados confusos, e os mal despachados contentes. Ajude Deus o zelo, com que Ele sabe que fiz eleição deste ponto.

II

Nescitis quid petatis

Havendo pois de consolar hoje os mal despachados, aquela gente muita, e não vulgar, de quem se pode dizer: *Non est qui consoletur eam*;[i] para que procedamos distintamente, e falemos só com quem devemos falar, é necessário excluir primeiro desta honrada lista os que importunamente, e sem razão, se querem meter nela. E quem são estes? São aqueles, que sendo hoje tanto mais do que eram, e tendo tanto mais do que tinham, e estando tanto mais levantados do que estavam, ainda se queixam, e se chamam mal despachados.

Adão antes de Deus o formar não era nada, formado era uma estátua de barro lançada naquele chão; bafejou-o Deus, pôs-se Adão em pé, começou a ser homem; e foi com tão extraordinária fortuna, que tinha (diz o Texto) ele só três presidências: a presidência da terra sobre todos os animais, a presidência do ar sobre todas as aves, a presidência do mar sobre todos os peixes. Estava bem despachado Adão? Parece que não podia ser mais nem melhor. Contudo, nem ele, nem sua mulher ficaram contentes, ainda pretendiam. E quê? Não mais que ser como Deus: *Eritis sicut Dii*.[ii] Há tal ambição de subir? Há tal desatino de crescer? Anteontem nada, ontem barro, hoje homem, amanhã Deus? Não se lembrará Adão do que era ontem, e muito mais do que era anteontem? Quem ontem era barro, não se contentará com ser hoje homem, e o primeiro homem? Quem anteontem era nada, não se contentará com ser hoje tudo, e mandar tudo? Não; porque já então era Adão como hoje são muitos de seus filhos, que saem como ele ao barro, e ao nada de que foram criados. Malcriados, e maus criados. Por isso descontentes e ingratos, quando deveram estar mui contentes e mui agradecidos. E a razão desta sem-razão é porque dos sentidos perderam a vista, e das potências, a memória; nem olham para o que são, nem se lembram do que foram.

Mas do que éreis e do que sois, passemos ao que tínheis, e ao que tendes. Entronizado José no governo e império do Egito, soube el-rei Faraó que tinha

---

[i] *Jerem., Tren.*, I, 17.
[ii] *Gênes.*, III, 5.

pai e irmãos na terra de Canaã, e mandou-os logo chamar, para que viessem ser companheiros da fortuna de seu irmão. O recado foi notável, e dizia assim: *Properate, ner dimittatis quidquam de supellectilli vestra, quia omnes opes Aegypti vestrae erunt.*[i] Vinde logo e não deixeis coisa alguma das vossas alfaias; porque todas as riquezas do Egito hão de ser vossas. Este porquê, não entendo. Antes por que todas as riquezas do Egito haviam de ser suas, não era necessário, que trouxessem coisa alguma, do que tinham em Canaã. Pois por que lhes manda Faraó que tragam todas as suas alfaias? Por isso mesmo: para que cotejando as alfaias da fortuna presente com as da fortuna passada, conhecessem melhor a mercê que o rei lhes fizera. Eram os irmãos de José uns pobres lavradores e pastores; saíam de cabanas, e telhados de colmo, para virem morar em palácios dourados debaixo das pirâmides e obeliscos do Egito. Pois tragam as suas peles, as suas mantas, os seus pelotes de pano da serra; tragam as suas samarras, as suas alparcas, as suas gualteiras; tragam as suas escudelas de pau, e os seus tarros de cortiça, para que quando se virem com as paredes ricamente entapizadas, a prata rodar pelas mesas, a seda e ouro das galas, as pérolas e os diamantes das joias, os criados, os cavalos, e as carroças, conheçam quanto vai de tempo a tempo, e de fortuna a fortuna, e deem muitas graças a Faraó. Quer cada um conhecer, e ver, e apalpar a muita mercê que o rei lhe tem feito? Coteje as suas alfaias; as de casa, e as da rua; as suas e as dos seus. A comparação deste muito com aquele pouco, oh, quanto serviria para o agradecimento e para a modéstia, e ainda para fazer lastro à mesma fortuna!

Visto já o que éreis, e o que sois; o que tínheis, e o que tendes, resta a combinação dos lugares onde estáveis e onde estais. No segundo Livro dos Reis, capítulo sétimo, estão registradas as mercês que Deus tinha feito a Davi, e diz assim o registro: *Ego tuli te de pascuis sequentem greges, ut esses dux super populum meum.*[ii] Eu (diz Deus) tirei a Davi de entre os pastores, onde guardava as ovelhas de seu pai, e o fiz capitão e governador sobre todo o meu povo. Não só diz Deus o lugar onde o pôs, senão também o lugar de onde o tirou; o onde e mais o de onde. Pois (Senhor meu, que tão grandioso sois) se quereis que fiquem registradas em vossos livros as mercês que fizestes a Davi, por que mandais que se registrem também neles o exercício de que vivia, e o lugar humilde, de que o levantastes? Para que à vista deste lugar conheça melhor Davi a grande mercê que lhe tenho feito. Quando se vir com o bastão na mão, lembre-se que na mesma mão trazia o cajado. Se algum dia (que tudo se pode temer dos homens) lhe parecerem pequenas a Davi as mercês que lhe fiz, lembrar-se-á do

---

[i] Ibid., XLV, 20.
[ii] *2.º Livro dos Reis*, VII, 8.

lugar que tinha antes, e do que tem agora; lembrar-se-á de onde o tirei, e onde o pus; e logo lhe parecerão grandes. Estes ondes, e estes de ondes, não se costumam registrar nos livros das mercês. Seria bem que ao menos se registrassem nas memórias dos que as recebem. Já que tivestes tanta estrela, ponde-lhe uma estrelinha à margem. Lembre-se o descontente, com Davi, onde estava e onde está; lembre-se, com os irmãos de José, do que tinha e do que tem; lembre-se com Adão, do que era e do que é, e logo verá qual deve ser o queixoso, se o despacho, ou o despachado?

Não despachou Cristo hoje os nossos pretendentes; mas eu noto que nenhum deles se queixou. Pediram as duas supremas cadeiras do Reino; pediram que Cristo os despachasse logo, com três letras: *Dic: Dic, ut sedeant hi duo filii mei*. E foram respondidos logo com outras três: *Non: Non est meum dare vobis*. E sendo este *não* tão claro, tão seco, tão desenfeitado, queixou-se porventura a intercessora? Queixaram-se os pretendentes? Nem uma palavra disseram. E por quê? Porque eram gente, que sabia tomar as medidas à sua fortuna. Compararam o que tinham sido, com o que eram; e o que eram com o que pretendiam ser. Na comparação do que tinham sido, com o que eram, viam a melhoria do seu estado; na comparação do que eram, com o que pretendiam ser, reconheciam o excesso da sua ambição. E estas duas comparações lhe taparam a boca de maneira que não teve por onde brotar a queixa. Ontem remando a barca, e remendando as redes, hoje despachados cada um de nós com uma das doze cadeiras do reino de Cristo; e que ainda não estejamos contentes, e nos atrevamos a pretender os dois lugares supremos? Mais razão tem logo nosso Mestre de negar, do que teve nossa mãe, e nós de pedir. Ele negou como justo, nós pedimos como demasiados e néscios: *Nescitis quid petatis*.

III

Excluídos já os queixosos e descontentes sem causa (e que porventura são a causa de haver tantos descontentes) ouçam agora os beneméritos, mal despachados, a muita razão que têm de se consolar. A do Evangelho, como logo mostrarei, é a mais forte de todas. Mas sem recorrer a motivos da fé; se eu fora um dos beneméritos, em mim mesmo e no meu próprio merecimento achara tão grandes razões de me consolar, que sem outra mercê, nem despacho, me dera por mui contente e satisfeito. Discorrei um pouco comigo.

Ou mereceis os prêmios que vos faltam, e com que vos faltam, ou não: se os não mereceis, não tendes de que vos queixar; se os mereceis muito menos. Ainda não sabíeis, que não há virtude, nem merecimento, sem prêmio? Assim como o vício é o castigo, assim a virtude é o prêmio de si mesma. O maior prêmio das ações heroicas é fazê-las. Com melhores palavras o disse Sêneca, porque falava em melhor língua: *Quid consequar (inquis) si hoc fortiter, si hoc grate fecero? Quod feceris.*[i] Se me perguntas, que hás de conseguir pelo que fizeste, ou forte, ou generosamente? Respondo-te, que tê-lo feito. *Rerum honestarum pretium in ipsis est.* O prêmio das ações honradas, elas o têm em si, e o levam logo consigo; nem tarda, nem espera requerimentos, nem depende de outrem; são satisfação de si mesmas. No dia em que as fizestes, vos satisfizestes.

E se fora de vós mesmo esperáveis outro prêmio, contentai-vos com o da opinião e da honra. Se vossos serviços são mal premiados, baste-vos saber que são bem conhecidos. Este prêmio mental assentado no juízo das gentes, ninguém vo-lo pode tirar, nem diminuir. Que importa que subais mal consultados dos ministros, se estais bem julgado da fama? Que importa que saísses escusado do tribunal, se o tribunal fica acusado? Passai pela chancelaria esse despacho, deixai-o por brasão a vossos descendentes, e sereis duas vezes glorioso. Só vos dou licença que vos arrependais de ter pretendido. Pouco fez, ou baixamente avalia suas ações, quem cuida que lhes podiam pagar os homens.

Se servistes a pátria, que vos foi ingrata, vós fizestes o que devíeis, ela o que costuma. Mas que paga maior para o coração honrado, que ter feito o que devia? Quando fizestes o que devíeis, então vos pagastes. Ouvi ao Mestre Divino que tudo nos ensinou. Dizia Cristo a seus soldados, a quem encarregou não menos, que a conquista do mundo, em que todos eram a vida: *Cum feceritis omnia, dicite: servi inutiles sumus.*[ii] Quando fizerdes tudo, dizei que sois servos inúteis. Notável sentença! O servo inútil é aquele que não faz nada; mas o que faz muito, e muito mais o que faz tudo, há de cuidar, e dizer que é servo inútil? Sim. Ninguém entendeu melhor este Texto que o venerável Beda. Não fala Cristo da utilidade que recebe o senhor, senão da utilidade que não recebe o servo. O servo não recebe utilidade do seu serviço, porque é obrigado a servir: e assim há de servir quem serve generosamente. O mesmo Cristo se declarou, e deu a razão muito como sua: *Quod debuimus facere, fecimus*: O que devíamos fazer, isso fizemos. Quem fez o que devia, devia o que fez; e ninguém espera pagamento de pagar o que deve. Se servi, se pelejei, se trabalhei, se venci, fiz o que devia ao rei, fiz o que devia à pátria, fiz o que me devia a mim mesmo: e quem se desempenhou de tamanhas dívidas, não há de esperar outro pagamento. Alguns há tão desvanecidos, que cuidam que fizeram mais do que deviam. Enganam-se. Quem mais é, e mais pode, mais deve. O Sol e as estrelas servem

---

[i] Sên., *De Beneficis*, lib. IV, cap. 1.
[ii] *Luc.*, XVII, 10.

sem cessar, e sempre com grande utilidade; mas essa toda é do universo, e nada sua. Prezai-vos lá de filhos do Sol, e tão ilustres como as estrelas, e abatei-vos a mendigar outra paga!

Eu não pretendo com isto escusar os que vós acusais. Porque vós sois benemérito, não devem eles ser injustos: antes aprender da vossa generosidade a ser generosos, e liberais. Que dão, ou que podem dar, a quem deu por eles o sangue? Mas porque ainda com o pouco que podem, faltam ao agradecimento, quero eu que vos falte a consolação. Se vossos feitos foram romanos, consolai-vos com Catão, que não teve estátua no Capitólio. Vinham os estrangeiros a Roma, viam as estátuas daqueles varões famosos, e perguntavam pela de Catão. Esta pergunta era a maior estátua de todas. Aos outros pôs-lhes estátua o Senado; a Catão, o mundo. Deixai perguntar ao mundo, e admirar-se de vos não ver premiado. Essa pergunta, e essa admiração é o maior e melhor de todos os prêmios. O que vos deu a virtude, não lhe pode tirar a inveja, o que vos deu a fama, não lhe pode tirar a ingratidão. Deixai-os ser ingratos, para que vós sejais mais glorioso. Um grande merecimento sobre uma grande ingratidão fica muito mais subido. Se não houvesse ingratidões, como haveria finezas? Não deis logo queixas ao desagradecimento, dai-lhe graças.

Dir-me-eis que vedes diferentemente premiados os que fizeram menos, ou não fizeram nada. Dor verdadeiramente grande! Já disse uma rainha de Castela[i] que os seus serviam como vassalos, os nossos, como filhos. E não pode deixar de ser grande escândalo do amor, e grande monstruosidade da natureza, que fossem uns os filhos, e sejam outros os herdeiros. Mas essa mesma injustiça vos deve servir de consolação. Se o mundo e o tempo fora tão justo, que distribuíra os prêmios pela medida do merecimento, então tínheis muita razão de queixa, porque vos faltava o testemunho da virtude, para que os mesmos prêmios foram instituídos. Mas quando as mercês não são prova de ser homem, senão de ter homem, e quando não significam valor, senão valia, pouca injúria se faz a quem se não fazem. Dizia com verdadeiro juízo Marco Túlio,[ii] que as mercês feitas a indignos não honram os homens, afrontam as honras. E assim é. As comendas em semelhantes peitos não são cruz, são aspa: e quando se veem tantos ensambenitados da honra, bem vos podeis honrar de não ser um deles. Sejam esses embora exemplo da fortuna, sede-o vós da virtude. *Virtutem ex me, Fortunam ex aliis.*[iii]

---

[i] *In Vita Joan.*, II.
[ii] Sent. Tul. laudo e D. Hier.
[iii] Virg., *Eneid.*, 12.

Finalmente se os homens vos são ingratos, não sejais vós ingrato a Deus. Se os reis vos não dão o que podem, contentai-vos com que vos deu Deus o que não podem dar os reis. Os reis podem dar títulos, rendas, estados; mas ânimo, valor, fortaleza, constância, desprezo da vida e as outras virtudes, de que se compõe a verdadeira honra, não podem. Se Deus vos fez estas mercês, fazei pouco caso das outras, que nenhuma vale o que custa. Sobretudo lembre-se o capitão e soldado famoso de quantos companheiros perdeu, e morreram nas mesmas batalhas, e não se queixam. Os que morreram, fizeram a maior fineza, porque deram a vida por quem lha não pode dar. E quem por mercê de Deus ficou vitorioso, e vivo, como se queixará de mal despachado? Se não beijastes a mão real pelas mercês, que vos não fez, beijai a mão da vossa espada, que vos fez digno delas. Olhe o rei para vós como para um perpétuo acredor: e gloriai-vos de que se não possa negar de devedor vosso, o que é senhor de tudo. Se tivestes ânimo para dar o sangue, e arriscar a vida, mostrai que também vos não falta para o sofrimento. Então batalhastes com os inimigos, agora é tempo de vos vencer a vós. Se o soldado se vê despido, folgue de descobrir as feridas, e de envergonhar com elas a pátria, por quem as recebeu. Se depois de tantas cavalarias se vê a pé, tenha essa pela mais ilustre carroça de seus triunfos. E se enfim se vê morrer à fome, deixe-se morrer, e vingue-se. Perdê-lo-á quem o não sustenta, e perderá outros muitos com esse desengano. Não faltará quem diga por ele: *Quanti mercenarii abundant panibus, ego autem hic fame pereo!*[i] E este ingrato, e escandaloso epitáfio será para sua memória muito maior, e mais honrada comenda, de quantas podem dar os que as dão em uma e muitas vidas.

IV

Estes são os motivos gloriosos, com que eu não só me consolara, mas ainda me desvanecera, se fora um dos mais beneméritos. Mas (porque: *Non omnes capiunt verbum istud*)[ii] vamos à razão divina do Evangelho, com que se não podem deixar de consolar, e conformar todos os que têm fé, e ainda os que a não têm. Ouvi-me ao princípio como homens, e depois como cristãos.

Nescitis quid petatis: Não sabeis o que pedis. Nenhum homem há neste mundo (falando do Céu abaixo) que saiba o que deseja, nem o que pede. Fundemos esta verdade na experiência, para que as consequências dela sejam de

---

[i] *Luc.*, XV, 17.
[ii] *Mat.*, XIX, 11.

maior, e mais segura consolação. E porque a petição do Evangelho foi de uma mãe, e dois filhos, ponhamos também o exemplo em dois filhos, e uma mãe.

A mais encarecida, a mais empenhada, e a mais importuna, e impaciente petição, que fez mulher neste mundo, foi a de Raquel a seu marido Jacó: *Da mihi liberos, alioquin moriar*:[i] Jacó, dai-me filhos, senão hei de morrer. Respondeu-lhe Jacó, que os filhos só Deus os dá, e só Ele os pode dar. E com ser esta razão tão certa, e tão experimentada, não se conformava com ela Raquel. Instava: *Da mihi liberos*. Dizia-lhe que advertisse, como estava na primavera de seus anos, e que ainda lhe restavam muitos, em que podia ter, naturalmente, o que tanto desejava. Mas esta mesma esperança a inquietava mais: *Da mihi liberos*. Animava-a com o exemplo de sua avó Sara, que depois de tão comprida esterilidade houvera a Isaac seu pai. Mas Raquel sempre mais impaciente: *Da mihi liberos*. Ajuntava Jacó a estas razões as da lisonja, mais poderosa muitas vezes com a fraqueza, e presunção daquele sexo: dizia-lhe que olhasse para si, e se consolasse com a rosa, a qual sendo a beleza dos prados, e a rainha das flores, é flor que não dá fruto. Mas nem a lisonja, nem a razão, nem o exemplo, nem a esperança bastava a lhe moderar as ânsias, nem as vozes: *Da mihi liberos: Da mihi liberos*. Esta era a petição, este o aperto, estas as instâncias. Mas qual foi o despacho, e o sucesso? Caso verdadeiramente admirável! O despacho foi assim como Raquel, pedia, e o sucesso em tudo contrário ao que pedia. O que pedia Raquel não só era filho, senão filhos: *Da mihi liberos*; e assim lhe concedeu Deus, porque a fez mãe de José e de Benjamim. Mas o sucesso foi em tudo contrário ao que pedia, porque parindo felizmente o primeiro filho, morreu de parto, e no mesmo parto do segundo. Lembrai-vos agora dos termos com que Raquel pedia os filhos: *Da mihi liberos, alioquin moriar*: Dai-me filhos (dizia), senão hei de morrer. E quando cuidava que havia de morrer se não tivesse filhos, porque teve filhos, no mesmo ponto em que os teve, morreu. Cuidava que pedia a vida, e pedia a morte; cuidava que pedia a alegria sua, e de sua casa, e pedia a tristeza, o luto, a orfandade dela, e os que lhe haviam de trocar a mesma casa em sepultura. Tão errados são os pensamentos, e desejos humanos; e tão certo é, que no que pedimos com maiores ânsias, não sabemos o que pedimos: *Nescitis quid petatis!*

Confirmado o desengano da mãe dos Zebedeus com o exemplo desta mãe, confirmemos o de seus dois filhos com o exemplo de outros dois, posto que filhos de diferentes pais. Sabida é a história de Sansão, e sabida a do Pródigo; ambos famosos por seus excessos. Deixados pois os princípios, e progressos de uma e outra tragédia, ponhamo-nos ao fim de ambas, e vejamos o estado de

---

[i] *Gênes.*, XXX, 1.

extrema miséria, a que os passos de cada um os levaram por tão diversos caminhos. Vedes aquele homem robusto e agigantado, que com aspecto ferozmente triste, tosquiados os cabelos, cavados os olhos, e correndo sangue, atado dentro de um cárcere a duas fortes cadeias, anda moendo em uma atafona? Pois aquele é Sansão. Vedes aquele mancebo macilento e pensativo, que roto, e quase despido, com uma corneta pendente do ombro, arrimado sobre um cajado, está guardando um rebanho vil do gado mais asqueroso? Pois aquele é o Pródigo. Quem haverá que se não admire de uma tal volta de fortuna em dois sujeitos tão notáveis; um tão valente, outro tão altivo! É possível que nisto pararam as riquezas e bizarrias do Pródigo? Nisto pararam, ou para melhor dizer, não pararam só nisto; porque o Pródigo perecendo à fome no meio do montado, não tinha licença para se sustentar das bolotas, com que apascentava o seu gado: e Sansão tirado em público para ludíbrio do povo, foi tratado com tais escárnios, e indecências, que de corrido e afrontado, com suas próprias mãos se tirou a vida. Mas qual seria a causa destes sucessos, e de duas mudanças tão estranhas? Agora não vos peço admiração, senão pasmo. Ambas estas mudanças de fortuna não tiveram outra causa que o bom despacho de duas petições, em que Sansão, e o Pródigo se empenharam. Pediu Sansão a seus pais que lhe dessem por mulher uma filisteia: *Quam quaeso ut accipiatis mihi uxorem.*[i] Concederam-lhe os pais o que pediu; e essa filisteia foi a causa das guerras que Sansão teve com os Filisteus, e dos enganos e traições de Dalila, e da sua prisão, e do seu cativeiro, e da sua cegueira, e das suas afrontas, e do fim lastimoso e trágico de seu valor. Da mesma maneira pediu o Pródigo a seu pai lhe desse em vida a herança que lhe havia de caber em sua morte: *Da mihi portionem substantiae, quae me contingit.*[ii] Concedeu-lhe o pai o que pedia: e esta herança consumida em larguezas e vícios da mocidade, foi causa da sua pobreza, da sua vileza, da sua miséria, da sua fome, da sua servidão, da sua desonra, que só tiveram de desconto o pesar e arrependimento. Torne agora Raquel, e perguntemos àquela mãe, e a estes dois filhos, se pediriam depois de tão pesadas e contrárias experiências, o que antes delas pediram? Pediria Raquel filhos, se soubesse que o ter filhos lhe havia de custar a vida? Pediria Sansão a filisteia, se soubesse que ela havia de ser a causa de sua afronta, de sua morte e de perder os olhos com que a vira? Pediria o Pródigo a herança antecipada, se soubera que com ela havia de comprar a miséria, a servidão, a desonra? Claro está que não. Pois se agora não haviam de pedir nada do que pediram, senão antes o contrário, por que o pediram então? Já sabeis a resposta. Pediram-no, porque não sabiam

---

[i] *Juízes*, XIV, 2.
[ii] *Luc.*, XV, 12.

o que pediam: pediram-no, porque ninguém sabe o que pede: e pediram-no, porque foram aquela mãe, e aqueles dois filhos, como a mãe, e os dois filhos do nosso Evangelho: *Nescitis quid petatis.*

Suposto este princípio certo e infalível, que ninguém sabe o que pede, tirem agora a consequência os que se têm por mal despachados. Se vós soubésseis que vos estava bem o que pedistes, então tínheis razão de estar contente se vo-lo concederam, ou descontente se vo-lo negaram. Mas quando ignorais igualmente se vos estava bem ou mal, o que pretendíeis, por que vos desconsolais? Se me desconsolo, porque cuido que me podia estar bem, por que me não consolo considerando que me podia estar mal; e mais quando nas coisas deste mundo o mal é mais certo? Consolai-vos com a desgraça de Raquel, consolai-vos com a tragédia de Sansão, consolai-vos com o arrependimento do Pródigo. E se estes exemplos vos movem menos por serem de longe, consolai-vos com os de mais perto, e com os que vistes, e vedes com vossos olhos. Quantos vistes, que cuidavam que estava o seu remédio onde acharam a sua perdição? Quantos vistes, que cuidavam que estava a sua honra donde tiraram o seu descrédito? Quantos vistes, que cuidavam que estava o seu argumento onde experimentaram a sua ruína? Quantos finalmente vistes, que os esperava a morte, onde eles esperavam os maiores interesses, e felicidades da vida? Alcançaram o que pediram; aceitaram muito contentes o parabém do despacho; mas o despacho não era para bem: *Paenam pro munere poscis:*[i] disse o Sol a Faetonte, quando lhe pediu o governo do seu carro. Olha, filho, que cuidas que pedes mercê, e pedes castigo. O autor é fabuloso, mas a sentença verdadeira. E senão perguntai-o aos nossos faetontes: aos do Oriente na Ásia: aos do Meio-Dia na África: aos do Ocidente na América. O mesmo carro que pediram foi o seu precipício, e o mesmo excesso dos raios o seu incêndio. Se lhes buscardes os ossos fulminados (como se buscaram os de Faetonte), uns achareis nas ondas, outros nas areias, outros nos hospitais, outros nos cárceres e nos desterros, e poucos nas mesmas terras, que perderam, que fora mais honrada sepultura. Estes são os vossos bem despachados. Quando partiram, levavam após si as invejas; quando tornaram, ou não tornaram, trouxeram as lágrimas. E se eles se enganaram com o seu desejo, e com a sua fortuna, porque não souberam o que pediram, vós que também o não sabeis, por que vos haveis de enganar? Desenganai-vos com o seu engano, e consolai-vos com o seu erro, pois nem eles, nem vós sabeis o que pedis: *Nescitis quid petatis.*

---

[i] Ovid., *Metamorf.*, II.

V

Oh, se soubéssemos o que pedimos! Oh, se soubéssemos o que nos está bem, ou mal, como nos havíamos de dar muitas vezes por bem despachados com aquele mesmo que chamamos mau despacho! O que nos está bem ou mal, só Deus o sabe, todos os mais o ignoramos. E esta ciência de Deus, e esta ignorância nossa, são os dois polos em que há de estribar toda a indiferença de nossas petições, e também a resignação nos despachos. As petições havemo-las de fazer, como quem não sabe o que pede; e os despachos havemo-los de aceitar, como de quem só sabe o que dá. Cuidamos que os homens são os que nos despacham, e por isso murmuramos, e nos queixamos deles; e não advertimos, que em todos os conselhos assiste invisivelmente Deus, como presidente supremo; e que Ele é o que nos dá, ou nega o que pedimos, como quem só sabe o que nos será bem ou mal. As sortes (diz Salomão) não dependem da mão do homem que as tira, senão da mão de Deus que as governa: *Sortes mittuntur in sinum, et a Domino temperantur.*[i] Se vos saiu a sorte em branco, se vos não responderam como pedíeis, consolai-vos, e aceitai esse despacho como da mão de Deus, que só sabe o que vos convém. Os homens só fazem mercê quando dão; Deus não só faz mercê quando dá senão também quando nega.

Petite, et dabitur vobis,[ii] pedi e recebereis, diz Cristo. E para maior confirmação desta promessa, acrescenta: *Omnis enim qui petit, accipit;*[iii] porque todo o que pede recebe. A proposição não pode ser mais universal nem mais clara, mas tem a réplica e a instância muito à flor da terra; e apenas haverá neste mesmo auditório, quem não possa testemunhar nela com a própria experiência. Quantos senhores de ricas e grandes casas pediram a Deus um herdeiro e não o alcançaram? Quantos pobres carregados de filhos pediram para eles o sustento, e não têm com que lhes matar a fome? Quantos na enfermidade fizeram votos pela saúde e morreram sem remédio? Quantos na tempestade bradando ao Céu, foram comidos das ondas! Quantos no cativeiro, orando continuamente pela liberdade, acabaram a miserável vida nos ferros e nas masmorras? E para que não vamos mais longe, e no mesmo caso do nosso Texto temos a mãe dos filhos de Zebedeu pedindo e pedindo de joelhos: *Adorans, et petens aliquid ab eo.* E a resposta da sua petição (sendo o mesmo Cristo a quem pediam) foi um *não*, muito desenganado e muito liso; *Non est meum dare vobis.* Pois se é verdade, certa e evangélica, experimentada, ordinária e manifesta, que muitos pedem a

---

[i] *Prov.*, XVI, 33.
[ii] *Luc.*, XI, 9.
[iii] Ibid.

Deus, e não alcançam o que pedem, como diz Cristo: pedi e recebereis? E como afirma absoluta e universalmente que todos os que pedem recebem? A dúvida não pode ser mais apertada, mas é da casta daquelas que se fundam na falsa inteligência, ou errada apreensão do Texto. Ponderai e reparai bem no que dizem as palavras, e no que não dizem: *Petite, et accipietis: omnis enim qui petit, accipit.* Não diz Cristo: pedi e recebereis o que pedis, senão: pedi e recebereis. Nem diz, todo o que pede recebe o que pede, senão: todo o que pede recebe. E que é o que recebe? O que Deus sabe que lhe está melhor. Se pedis o que vos convém, recebeis o que pedis, mas se pedis o que vos não convém, recebeis o não se vos dar o que pedíeis. Deste modo todo o que pede recebe: *Omnis qui petit, accipit*, porque ou recebe o que pede; ou recebe o que havia de pedir, se soubera o que pedia. Quando um homem pede o que lhe não convém, se soubera o que pedia, havia de pedir que lhe negassem; e porque só Deus sabe o que nos convém, supre com a sua ciência a nossa ignorância, e por isso nos responde como aos Zebedeus com um *não*, e nos nega o que pedimos.

O mesmo Cristo declarou a sua proposição, e a fez evidente com três exemplos familiares e caseiros, que se eu os trouxera havíeis de dizer que eram baixos. Tão altiva é a nossa rudeza, e tão humana a sabedoria divina: *Quis autem ex vobis patrem petit panem, nunquid dabit illi? aut piscem, nunquid pro pisce serpentem dabit illi? aut si petierit ovum, nunquid porriget illi scorpionem?* Se um filho (diz Cristo) pedir pão a seu pai, dar-lhe-á uma pedra? Se lhe pedir peixe, dar-lhe-á uma serpente? Ou se lhe pedir um ovo, dar-lhe-á um escorpião? Pois esta é a razão porque Deus, que nos trata como filhos, nos diz muitas vezes de *não*, e nos nega o que pedimos; porque pedimos pedras, porque pedimos serpentes, porque pedimos escorpiões. Cuidamos que pedimos o necessário, e pedimos o inútil; cuidamos que pedimos o proveitoso, e pedimos o nocivo; e isto é pedir pedras. Cuidamos que pedimos sustento, e pedimos veneno; cuidamos que pedimos o que havemos de comer, e pedimos o que nos há de comer; cuidamos que pedimos com que viver, e pedimos o que nos há de matar; e isto é pedir serpentes e escorpiões. Quando somos tão néscios ou tão meninos, que não distinguimos o escorpião do ovo, nem a serpente do peixe, nem o pão da pedra, Deus, que é pai e tão bom pai, por que nos não há de negar o que tão ignorante e tão perigosamente pedimos? Oh, ditosos aqueles a quem Deus assim despacha, porque sabe que não sabem o que pedem: *Nescitis quid petatis!*

E porque vos consoleis dobradamente, não tendo nenhumas invejas aos que o mundo chama bem despachados; sabei, e saibam eles que Deus assim como tem um *não* para as mercês, também tem um *sim* para os castigos. Entre os homens o melhor despacho das petições é: *como pede*; no tribunal de Deus muitas vezes é o contrário. Deus nos livre de um *como pede* de Deus, quando os homens não sabem o que pedem. Caminhavam pelo deserto os filhos de Israel, e enfastiados do maná, e lembrados das olhas do Egito, pediram carne. Levou Moisés a Deus a petição, não porque ele a aprovasse, mas importunado do povo. E que responderia Deus? Pedem carne? Sou muito contente; faça-se assim como pedem. Não só lhes darei carne, senão muita, e muito regalada. No mesmo ponto à maneira de chuva começaram a cair sobre os arraiais infinitas aves de pena, que assim fala o Texto: *Pluit super eos sicut pulverem carnes, et sicut arenam maris volatilia pennata.*[i] Ora grande é a paciência e liberalidade de Deus! A uns homens tão ingratos, desprezadores do maná do Céu, assim lhes concede o que pedem? A um apetite tão desordenado tanto favor? A uma petição tão descomedida tanta mercê? Esperai um pouco pelo fim, e logo vereis. Muito contente o povo com a chuva nunca vista das aves de pena, começam a matar, a depenar, a guisar de vários modos; assentam-se às mesas com grande festa: e que sucedeu? *Adhuc escae sorum erant in ore ipsorum, et ira Dei ascendit super eos.*[ii] Ainda tinham o comer na boca, quando veio a ira de Deus sobre eles. Comiam das aves, e como se foram serpentes, ou escorpiões, cada bocado era outro tanto veneno, e caíam mortos. Eis aqui o fim do *como pedem*. Parecia favor, e era castigo, parecia mercê de Deus, e era ira de Deus: *Et ira Dei ascendit super eos.* Por este e outros exemplos disse altamente Santo Agostinho: *Multa Deus concedit iratus, quae negaret propitius:* Deus irado concede muitas coisas, as quais havia de negar se estivera propício. Se Deus estivera propício ao povo havia-lhe de negar o que pedia; concedeu-lho porque estava irado contra ele. Cuidais que esse despacho tão venturoso e tão invejado é mercê? Esperai-lhe pelo fim e vereis que é castigo.

E se Deus concede por pecados, para que os bem despachados se não desvaneçam; também nega por merecimentos para que os mal despachados se consolem. Ouvi um grande reparo sobre o nosso Evangelho. Pedem os Zebedeus as cadeiras, não lhas quer Cristo conceder, porque não sabiam o que pediam, como pouco há dissemos, mas antes de lhas negar, pergunta-lhes se se atreviam a beber o cálix, isto é, se se atreviam a morrer por Ele, e como Ele: *Potestis bibere calicem, quem ego bibiturus sum?* Responderam ambos animosamente, que sim. E porque o testemunho deste valor e serviço não ficasse só na fé dos pretendentes, o mesmo Cristo o qualificou e justificou, e lhes deu certidão autêntica de que assim era ou havia de ser: *Calicem quidem meum bibetis*; e depois destas provanças, tão miúdas e tão exatas, então lhes respondeu: *Non est meum dare vobis.* Pois se o Senhor lhes havia de negar o que pediam, para que lhes pede

---

[i] *Sal.*, LXXVIII, 27.

[ii] Ibid., 30.

serviços? Para que lhes examina merecimentos? Para que lhes prova o valor? Para que lhes certifica a morte, e o sangue do cálix? Se todas estas diligências foram feitas para sobre elas lhes fazer a mercê, bem estava; mas para lhes negar o que pediam? Sim. Porque também o negar é mercê. E porque mercês, e mais se são grandes, se não devem fazer senão por grandes serviços e muito justificados, por isso Cristo lhes pediu primeiro os serviços e os justificou por verdadeiros, para lhes fazer a mercê de lhes negar o que pediam. De maneira que aos filhos de Israel concedeu-lhes Deus a sua petição por pecados, e aos filhos de Zebedeu negou-lhes Cristo a sua por merecimentos, porque no primeiro caso o conceder era castigo, e no segundo o negar foi mercê. E como o despacho dos que se têm por bem despachados, pode ser castigo e grande castigo, e pelo contrário os dos que se têm por mal despachados pode ser mercê e grande mercê, tão pouca razão têm uns de se desvanecer como outros de se desconsolar, pois uns e outros não sabem o que lhes deram, assim como não sabem o que pedem. *Nescitis quid petatis.*

VI

Estou vendo, senhores, que já me haveis por desempenhado do que ao princípio prometi: entendendo que na primeira parte deste discurso vos preguei como a homens, e na segunda como a cristãos. Não é assim, posto que nesta segunda parte falei tantas vezes em Deus, atribuindo à sua justiça e providência os vossos bons ou maus despachos. Até os gentios falaram deste modo, e conheceram isto mesmo só pelo lume da razão, e por serem homens, posto que sem fé. Sócrates, aquele grande filósofo da Grécia, dizia que nenhuma coisa em particular se havia de pedir aos deuses, senão em geral o que estivesse bem a cada um, porque isto só eles o sabem, e os homens ordinariamente apetecemos o que nos fora melhor não alcançar. *Nihil ultra petendum a diis immortalibus arbitrabatur, quam ut bona tribuerent: quia ii demum scirent, quid unicuique esset utile? Nos autem plerumque id votis expetere, quod non impetrasse melius foret,* diz Valério Máximo, falando de Sócrates. E Platão para ensinar o método com que havíamos de pedir a Deus compôs esta oração: *Jupiter da nobis bona, sive ea petamus, sive non: arce vero mala, etiam si ea ex errore petamus.* Quer dizer: Júpiter, dai-me o bem ainda que vo-lo não peça, e livrai-me do mal, ainda que vo-lo peça. Sabiamente por certo. Não conheciam a Deus aqueles filósofos, mas sabiam o que se deve pedir, e como se deve pedir a Deus. Pedir-Lhe que nos dê o bem, ainda que Lhe não peçamos, porque muitas vezes pedimos o mal cuidando que é bem, e não pedimos o bem cuidando que é mal; e só Deus, que sabe o que nos está bem ou mal, não pode dar o que nos convém. Assim que até agora somente preguei como a homens, e por isso todos os bens ou males de que falei, foram do Céu abaixo: agora subamos mais acima, e dai-me atenção como cristãos ao que brevemente me resta por dizer, que é o que sobretudo importa.

Nescitis quid petatis. São tão néscias, cristãos, as nossas petições, são tão arriscadas e tão perigosas muitas vezes, que cuidando que pedimos os bens temporais, pedimos os males eternos; cuidando que pedimos nossas conveniências, pedimos a nossa condenação. Não é consequência ou consideração minha, senão doutrina e conclusão expressa do mesmo Cristo: *Sedere autem ad dexteram meam, vel sinistram, non est meum dare vobis, sed quibus paratum est a Patre meo.* Notável e profunda resposta! Os dois discípulos e sua mãe, pediam as duas primeiras cadeiras do reino temporal de Cristo, entendendo erradamente que o Senhor havia de reinar temporalmente neste mundo, assim como Davi, Salomão e os outros reis seus primogênitos. Este era o seu pensamento, e esta a sua petição conforme a esperança vulgar, a que todos estavam persuadidos, ainda depois da ressurreição de Cristo, quando perguntaram: *Domine, si in tempore hoc restitues regnum Israel?*[i] Pois se pediam lugares e dignidades temporais, como lhes responde Cristo quando lhes nega com os decretos da predestinação do Padre: *Sed quibus paratum est a Patre meo?* Porque os despachos das nossas petições, ainda que sejam de coisas temporais, são efeitos muitas vezes da predestinação eterna. Muitas vezes sai despachado o pretendente, porque é precito, e não sai despachado, porque é predestinado. Pediu o Demônio a Deus que lhe desse poder sobre os bens e pessoa de Jó, e concedeu Deus ao Demônio o que pedia o Demônio. Pediu S. Paulo a Deus, e pediu-lhe três vezes, que o livrasse de uma tentação, e negou Deus a S. Paulo o que pedia S. Paulo. Pois a Paulo se nega o que pede, e ao Demônio se concede? Sim, diz Santo Agostinho. Ao Demônio para maior confusão, a Paulo para maior glória; a Paulo como a predestinado; ao Demônio como a precito. Quantos precitos estão hoje no Inferno arrenegando dos seus despachos! E quantos predestinados estão no Céu dando eternas graças a Deus porque os não despacharam! Dois destes predestinados não despachados eram os dois apóstolos do nosso Evangelho, que por isso lhes disse Cristo, que não sabiam o que pediam. Cuidavam que pediam dignidades e honras do mundo, e pediam, sem saber o que pediam, a sua condenação: *Unus ad dexteram, ad unus et sinistram.* A mão direita de Cristo, como se verá no Dia do Juízo, é o lugar dos que se hão de salvar; a mão esquerda é o lugar dos que se hão de condenar. E como cada um dos dois apóstolos pedia indiferentemente a mão direita ou esquerda, ambos se expunham e se ofereciam sem o saberem

---

[i] *At.*, I, 6.

ao lugar da condenação. S. João Crisóstomo: *Ego vos elegi ad dexteram, et vos vestro judicio curritis ad sinistram:* eu (diz Cristo) escolhi-vos para a mão direita, e vós por vosso juízo, e por vossa vontade (sem saber o que pedis) pedis e fazeis instâncias pela mão esquerda. Oh, quantos requerentes da mão esquerda, oh, quantos pretendentes da condenação andam hoje em todas as cortes da cristandade, sem saberem o que pedem e o que requerem! Andam requerendo, e solicitando, e contendendo sobre quem há de levar o Inferno. E os que o alcançam ficam muito contentes, e os que o não conseguem muito tristes.

Então tudo é queixar e infamar os ministros, e talvez com tanto excesso e atrevimento, que ainda sobem as queixas mais acima. Eu não tenho tanta opinião dos nossos tribunais na justiça distributiva, como noutras espécies desta virtude; mas para o fim da predestinação e salvação (que é o último despacho e o que só importa) tanto se serve Deus de ministros justos, como dos injustos; e tanto da sua justiça, se a observam, como da sua injustiça. Quis Deus salvar o gênero humano naquele dia fatal em que deu a vida por ele; e de que ministros se serviu Sua Providência? Caso estupendo! Serviu-se de Judas, de Anás, de Caifás, de Pilatos, de Herodes; e por meio da injustiça e impiedade de homens tão abomináveis, se conseguiu a salvação de todos os predestinados. Se esperais ser um deles, não vos queixeis. E se me dizeis que foram injustos os ministros convosco, também vo-lo concedo, posto que o não creio. Mas que importa que ou neste conselho fossem Judas, ou naquele Anases e Caifases, ou no outro Herodes e Pilatos, se por meio da sua injustiça tinha Deus predestinado a vossa salvação? Eles irão ao Inferno pela injustiça que vos fizeram, e vós por ocasião da mesma injustiça ireis ao Céu.

Notai neste mesmo dia dois concursos dignos de toda a ponderação, para que vos não queixeis de ver preferidos os que concorreram convosco. O primeiro concurso foi de Cristo com Barrabás, e ambos foram julgados com suma injustiça; porque Barrabás, ladrão, adúltero, homicida e traidor, saiu absolto; e Cristo sumamente inocente e sumamente benemérito, condenado. O segundo concurso foi de Dimas e Gestas (o bom e o mau ladrão) e ambos foram condenados com igual justiça, porque ambos como ladrões mereciam a forca. E que tirou Deus destes dois concursos, e destes dois juízos tão encontrados? O primeiro foi por ambas as partes injusto, o segundo por ambas as partes justo, e de ambos tirou Deus igualmente a condenação dos precitos, e a salvação dos predestinados. Do primeiro tirou a condenação de Barrabás e a glória de Cristo, do segundo tirou a glória do bom ladrão e o Inferno do mau; porque para salvar ou não salvar tanto se serve Deus da justiça dos homens, como da sua injustiça. Concedo-vos que podeis ser consultado, julgado e despachado, ou injustamente, como vós dizeis, ou justamente, como não confessais; mas nem da justiça, nem da injustiça dos ministros, vos deixeis queixar, se tendes fé, porque tanto pode pender dessa justiça a vossa condenação, saindo bem despachados para o Inferno, como depender dessa injustiça a vossa salvação, saindo mal despachados para o Céu.

E se não tendes razão para vos queixar dos ministros, muito menos a tem a vossa temeridade, para subirem talvez as queixas até o sagrado, onde se decretam as resoluções. E por quê? Porque ainda que os reis são homens, Deus é o que tem nas suas mãos os corações dos reis: *Cor regis in manu Domini: quocumque voluerit, inclinabit illud:*[i] O coração do rei (diz Salomão) está na mão de Deus, e a mão de Deus é a que o move e inclina a uma ou a outra parte, segundo a disposição de sua providência. Como o coração do rei está na mão de Deus, se Deus abre e alarga a mão, alarga-se também o coração do rei, e faz-vos mercê com grande liberalidade; e se Deus aperta e estreita a mão, estreita-se do mesmo modo o coração do rei, e, ou vos dá muito menos, ou nada do que pedíeis. De maneira que ainda que o rei é o senhor que dá ou não dá, tem sobre si outro Senhor maior, que é o que lhe alarga ou estreita o coração, para que dê ou não dê. Rei era Ciro e rei era Faraó; Ciro dominava os Hebreus no cativeiro de Babilônia; e Faraó dominava os mesmos Hebreus no cativeiro do Egito; mas a causa superior de serem tão diferentemente tratados, não foi Ciro nem Faraó, senão Deus. Como Deus tinha na mão o coração daqueles reis alargou a mão ao coração de Ciro, e deu Ciro liberdade aos Hebreus, e estreitou a mão ao coração de Faraó, e não só os não libertou Faraó, antes lhes apertou mais o cativeiro. Adverti porém para consolação vossa, que este mesmo aperto, e esta mesma estreiteza e dureza do coração de Faraó, foi a última recordação que Deus traçava para levar os Hebreus (como levou) à Terra de Promissão. Se o coração do rei, tão largo e tão liberal com outros, é para convosco estreito e ainda duro, alargai vós o vosso coração, e consolai-vos, e entendei que por esse meio vos quer Deus levar à Terra de Promissão do Céu, para que vos tem predestinado. Pode haver maior consolação que esta? Não pode.

Agora acabaremos de entender a providência que está escondida em uma desigualdade, que cada dia experimentamos, e não sei se advertimos bem nela? Requer um pretendente; solicita, negocia, insta, e talvez peita e suborna, e sai despachado. O outro seu competidor, que não tem tanta valia, nem tanto do que vale, encomenda o seu negócio a Deus, mete a sua petição na mão de Santo Antônio, manda dizer missas a Nossa Senhora do Bom Despacho, e sai escusado. Pois este é o fruto de negociar com Deus? Estes são os poderes da oração? Esta é a valia e a intercessão dos santos? Sim: esta é. Porque eles inter-

---

[i] *Prov.*, XXI, 1.

cederam por vós, por isso não saístes despachado. Um santo que pregou neste mesmo púlpito, nos há de dar a prova. Havia na Índia um fidalgo mui devoto de S. Francisco Xavier; tinha suas pretensões com o senhor rei D. João, o III, pediu uma carta de favor ao santo para seu companheiro, o padre-mestre Simão, que era mestre do príncipe, e muito bem-visto de el-rei. Escreveu S. Francisco Xavier, e dizia assim o capítulo da carta: Dom Fulano é muito amigo da Companhia, tem requerimentos com Sua Alteza; peço a Vossa Reverência, pelas obrigações que devemos a este fidalgo, que procure desviar os seus despachos, quanto for possível, porque todo o que vem bem despachado para a Índia, vai bem despachado para o Inferno. Eis aqui as intercessões dos santos. Sabeis por que saiu o outro despachado, e vós não? Porque ele teve a valia dos homens, e vós a intercessão dos santos. Esperáveis que vos despachassem bem para o Inferno, quando tínheis encomendado o vosso requerimento à Senhora do Bom Despacho? Dai graças a Deus e a sua Mãe, e ouvi tudo o que tenho dito, e tudo o que se pode dizer nesta matéria, em um Texto estupendo de S. Paulo.

Quid oremus, sicut oportet, nescimus: ipse autem Spiritus postulat pro nobis gemitibus inenarrabilibus:[i] Nós não sabemos o que pedimos: *Nescitis quid petatis:* Nós não sabemos pedir o que nos convém: *Quid oremus, sicut oportet, nescimus.* E que faz Deus, autor da nossa predestinação e salvação, quando pedimos o que é contrário a ela? *Ipse autem Spiritus postulat pro nobis gemitibus inenarrabilibus:* O mesmo Espírito Santo (diz S. Paulo), por sua infinita bondade e misericórdia, troca, emenda e ordena as nossas petições; e Ele mesmo pede por nós a si mesmo com gemidos que se não podem declarar: *Gemitibus inenarrabilibus.* De sorte que quando pretendemos o que encontra a nossa salvação, nós pedimos na Terra, e o Espírito Santo geme no Céu; nós fazemos instâncias, e Ele dá ais. Ai, homem cego, que não sabes o perigo em que te metes! Ai, que se quer perder aquela pobre alma! Ai, que anda solicitando sua condenação! Ai, que pretende aquele ofício! Ai, que pretende aquela judicatura! Ai, que pretende aquele conselho! Ai, que pretende aquele governo! Ai, que se alcança o que pretende se vai ao Inferno! Pretende o Brasil; se vai ao Brasil, perde-se: pretende Angola; se vai a Angola, condena-se: pretende a Índia; se passa o cabo da Boa Esperança, lá vai a esperança da sua salvação. Assim geme o Espírito Santo por nos desviar do que pretendemos com tantas ânsias, porque não sabemos o que pedimos. *Quid oremus, sicut oportet, nescimus.*

Pois que há de fazer um homem depois de servir tantos anos? Não há de pretender? Não há de requerer? Pode ser que esse fora o melhor conselho. Mas não digo tanto, porque não vejo tanto espírito. O que só digo é, pelo que

---

[i] *Ad Rom.*, VIII, 2.

cada um deve à sua salvação, que o nosso modo de requerer seja este. Ponde a petição na mão do ministro e o despacho nas mãos de Deus. Senhor, eu não sei o que peço: o que mais convém a minha salvação só Vós o sabeis, Vós o encaminhai, Vós o disponde, Vós o resolvei. Com isto ou saireis despachado, ou não: se sairdes despachado, aceitai embora a vossa portaria ou a vossa provisão, e começai a temer e tremer; porque pode ser que aquela folha de papel seja uma carta de Urias.[i] Urias levava no seio a sua carta, cuidando que era um grande despacho, e era a sentença da sua morte. Cuidais que levais no vosso despacho o vosso remédio e o vosso aumento, e pode ser que leveis nele a sentença de vossa condenação. Não lhe fora melhor a Pilatos não ser julgador? Não lhe fora melhor a Caifás não ser pontífice? Não lhe fora melhor a Herodes não ser rei? Todos estes se condenaram pelo ofício, e mais com Cristo diante dos olhos. Mas se fordes tão venturosamente desgraçado que não consigais o despacho, consolai-vos com estes exemplos, e com o de S. João e Sant'Iago. Se Cristo não despacha a dois vassalos tão beneméritos, folgai de ser assim beneméritos. Se Cristo não despacha a dois criados tão familiares de sua casa, folgai de ser assim da casa de Cristo. Se Cristo não despacha os dois discípulos tão amados, folgai de ser assim amado seu; e entendei que vos não despachou Deus, nem quis que vos despachassem, porque não sabíeis o que pedíeis, porque sois predestinado. Lá na outra vida haveis de viver mais do que nesta: se aqui tiverdes trabalhos, lá tereis descanso; se aqui não tiverdes grandes lugares, lá tereis o lugar que só é grande; se aqui vos faltar a graça dos homens, lá tereis a graça de Deus e o prêmio desta graça, que é a Glória.

---

[i] *2.º Livro dos Reis*, XVII, 15.

SERMÃO DA QUINTA QUARTA-FEIRA DA QUARESMA ("SERMÃO DO CEGO")

PREGADO NA MISERICÓRDIA DE LISBOA, NO ANO DE 1669

Vidit hominem caecum.[i]

I

Um cego e muitos cegos: um cego curado e muitos cegos incuráveis: um cego que não tendo olhos viu, e muitos cegos que tendo olhos não viram, é a substância resumida de todo este largo Evangelho. Deu Cristo vista milagrosa em Jerusalém a um cego de seu nascimento: examinaram o caso os escribas e fariseus como coisa nunca vista, nem ouvida até aqueles tempos; convenceu-os o mesmo cego com argumentos, com razões, e muito mais com a evidência do milagre. E quando eles haviam de reconhecer e adorar ao obrador de tamanha maravilha por verdadeiro Filho de Deus e Messias prometido (como fez o cego), cegos da inveja, obstinados na perfídia, e rebeldes contra a mesma Onipotência, negaram, blasfemaram e condenaram a Cristo. De maneira que a mesma luz manifesta da Divindade a um homem deu olhos, e aos outros deu nos olhos: para um foi luz, e para os outros foi raio: a um alumiou, aos outros feriu: a um sarou, aos outros adoeceu: ao cego fez ver, e aos que tinham vista cegou. Não é a ponderação minha nem de alguma autoridade humana, senão toda do mesmo Cristo. Vendo o milagroso Senhor os efeitos tão encontrados daquela sua maravilha, concluiu assim: *Ego in hunc mundum veni, ut qui non vident videant: et qui vident, caeci fiant.*[ii] Ora o caso é (diz Cristo) que eu vim a este mundo para que os cegos vejam, e os que têm olhos ceguem. Não porque este fosse o fim de sua vinda, senão porque estes foram os efeitos dela. Os cegos viram, porque o cego recebeu vista, e os que tinham olhos cegaram, porque os escribas e fariseus ficaram cegos.

Supostas estas duas partes do Evangelho, deixando a primeira, tratarei só da segunda. O homem que não tinha olhos e viu já está remediado: os que têm olhos e não veem, estes são os que hão mister o remédio, e com eles se empre-

---

[i] *João*, IX.
[ii] *João*, IX, 39.

gará todo o meu discurso: *Vidit hominem caecum*: Cristo viu um homem cego, sem olhos: nós havemos de ver muitos homens cegos com olhos. Cristo viu um homem sem olhos, que não via, e logo viu: nós havemos de ver muitos homens com olhos, que não veem e também poderão ver se quiserem. Deus me é testemunha de que fiz eleição deste assunto para ver se se pode curar hoje alguma cegueira. Bem conheço a fraqueza e a desproporção do instrumento, mas o mesmo com que Cristo obrou o milagre me anima a esta esperança. Inclinou-se o Senhor à terra, fez com a mão onipotente um pouco de lodo, aplicou-o aos olhos do cego e, quando parece que lhos havia de escurecer e cegar mais com o lodo, com o lodo lhos abriu e alumiou. Se Cristo com lodo dá vista, que cego haverá tão cego, e que instrumento tão fraco e inábil, que da eficácia e poderes de sua graça não possa esperar semelhantes efeitos? Prostremo-nos (como fez o cego) a seus divinos pés e peçamos para nossos olhos um raio da mesma luz, por intercessão da Mãe de misericórdia, em cuja casa estamos. *Ave Maria*.

II

Vidit hominem caecum. O cego que hoje viu Cristo padecia uma só cegueira: os cegos que nós havemos de ver, sendo as suas cegueiras muitas, não as padecem, antes as gozam e amam: delas vivem, delas se alimentam, por elas morrem e com elas. Estas cegueiras irá descobrindo o nosso discurso. Assim o ajude Deus como ele é importante.

O maior desconcerto da natureza, ou a maior circunstância de malícia, que Cristo ponderou na cegueira dos escribas e fariseus (que será o triste exemplar da nossa) foi ser cegueira de homens que tinham os olhos abertos: *Ut videntes caeci fiant*. Os escribas e fariseus eram os sábios e letrados da Lei, eram os que liam as Escrituras, eram os que interpretavam os profetas e por isso mesmo eram mais obrigados que todos a conhecer o Messias, e nunca tão obrigados como no caso presente. Isaías no capítulo trinta e dois, falando da divindade do Messias, e de sua vinda ao mundo, diz assim (ouçam este Texto os incrédulos): *Deus ipse veniet, et salvabit vos. Tunc aperientur oculi caecorum*.[i] Virá Deus em Pessoa a salvar-vos; e em sinal de sua vinda, e prova de sua divindade, dará vista a cegos. O mesmo tinha já dito no capítulo vinte e nove: *De tenebris, et caligine oculi caecorum videbunt*.[ii] E o mesmo tornou a dizer no capítulo quarenta e

---

[i] *Isaías*, XXXV, 4 e 5.
[ii] Ibid., XXIX, 18.

dois: *Dedi te faedus populi, in lucem gentium, ut aperires oculos caecorum.*[i] Por isso quando o Batista mandou perguntar a Cristo se era Ele o Messias: *Tu es, qui venturus es, an alium expectamus?*[ii] Querendo o Senhor antes responder com obras que com palavras, o primeiro milagre que obrou diante dos que trouxeram a embaixada foi dar vista a cegos: *Renuntiate Joanni quae audistis, et vidistis: caeci vident.* Pois se o primeiro e mais evidente sinal da vinda do Messias — se a primeira e mais evidente prova de sua divindade e Onipotência, era dar vista a cegos; e se entre todos os cegos a que Cristo deu vista, nenhum era mais cego que este, e nenhuma vista mais milagrosa, por ser cego de seu nascimento, e a vista não restituída, senão criada de novo, como se alucinaram tanto os escribas e fariseus, que, vendo o milagre, não viam nem conheciam o milagroso? Aqui vereis qual era a cegueira destes homens. A cegueira que cega cerrando os olhos não é a maior cegueira; a que cega deixando os olhos abertos, essa é a mais cega de todas: e tal era a dos escribas e fariseus. Homens com os olhos abertos e cegos. Com olhos abertos, porque, como letrados, liam as Escrituras e entendiam os profetas; e cegos, porque, vendo cumpridas as profecias, não viam nem conheciam o profetizado.

Um destes letrados cegos era Saulo antes de ser Paulo, e vede como lhe mostrou o Céu qual era a sua cegueira. Ia Saulo caminhando para Damasco, armado de provisões e de ira contra os Discípulos de Cristo, quando, ao entrar já da cidade, eis que, fulminado da mão do mesmo Senhor, cai do cavalo em terra, assombrado, atônito e subitamente cego. Mas qual foi o modo desta cegueira? *Apertis oculis* (diz o Texto) *nihil videbat.*[iii] Com os olhos abertos nenhuma coisa via. A cidade, os muros, as torres, a estrada, os campos, os companheiros à vista, e Saulo com os olhos abertos sem ver nenhuma coisa destas, nem se ver a si! Aqui esteve o maravilhoso da cegueira. Se o raio lhe tirara os olhos ou lhos fechara, não era maravilha que não visse: mas não ver nada estando com os olhos abertos: *Apertis oculis nihil videbat.* Tal era a cegueira de Saulo, quando perseguia a Cristo, tal a dos escribas e fariseus, quando O não criam, e tal a nossa (que é mais) depois de O crermos. Muito mais maravilhosa é esta nossa cegueira, que a mesma vista do cego do Evangelho. Aquele cego, quando não tinha olhos não via, depois que teve olhos, viu; nós temos olhos e não vemos. Naquele cego houve cegueira e vista, mas em diversos tempos; em nós no mesmo tempo está junta a vista com a cegueira, porque somos cegos com os olhos abertos, e por isso mais cegos que todos.

---

[i] Ibid., XLII, 6 e 7.
[ii] *Mat.*, XI, 3.
[iii] *At.*, IX, 8.

Se lançarmos os olhos por todo o Mundo, acharemos que todo ou quase todo é habitado de gente cega. O gentio cego, o judeu cego, o herege cego e o católico (que não devera ser) também cego. Mas de todos estes cegos, quais vos parece que são os mais cegos? Não há dúvida de que nós os católicos. Porque os outros são cegos com os olhos fechados, nós somos cegos com os olhos abertos. Que o gentio corra sem freio após os apetites da carne: que o gentio siga as leis depravadas da natureza corrupta, cegueira é; mas cegueira de olhos fechados: não lhe abriu a fé os olhos. Porém o cristão, que tem fé, que conhece que há Deus, que há Céu, que há Inferno, que há Eternidade, e que viva como gentio! É cegueira de olhos abertos e por isso mais cego que o mesmo gentio. Que o judeu tenha por escândalo a cruz, e por não confessar que crucificou a Deus, não queira adorar a um Deus crucificado? Cegueira é manifesta; mas cegueira de olhos fechados. Por isso mordidos das serpentes no deserto só saravam os que viam a serpente de Moisés exaltada, e os que não tinham olhos para a ver não saravam.[i] Porém que o cristão (como chorava S. Paulo) seja inimigo da Cruz:[ii] e que adorando as chagas do Crucificado, não sare das suas? É cegueira de olhos abertos, e por isso mais cego que o mesmo judeu. Que o herege sendo batizado, e chamando-se cristão, se não conforme com a lei de Cristo, e despreze a observância de seus mandamentos? Cegueira é, mas cegueira também de olhos fechados. Crê erradamente que basta para a salvação o sangue de Cristo e que não são necessárias obras próprias. Porém o católico, que crê e conhece evidentemente pelo lume da fé e da razão, que fé sem obras é morta, e que, sem obrar e viver bem, ninguém se pode salvar; que viva nos costumes como Lutero e Calvino? É cegueira de olhos abertos, e por isso mais cego que o mesmo herege. Logo nós somos mais cegos que todos os cegos.

E se a alguém parecer que me alargo muito em dizer que a nossa cegueira dos católicos é maior que a do herege, e a do judeu, e a do gentio: que seria se eu dissesse que, entre todas as cegueiras, só a nossa é a cegueira, e que entre todos esses cegos só nós somos os cegos? Pois assim o digo, e assim é, para maior horror e confusão nossa. Ouvi ao mesmo Deus por boca de Isaías: *Quis caecus, nisi servus meus? Quis caecus, nisi qui venundatus est? Quis caecus, nisi servus Domini?*[iii] Fala Deus com o povo de Israel, o qual naquele tempo (como nós hoje) era o que só tinha a verdadeira fé; e diz não uma, senão três vezes, que só ele entre todas as nações do Mundo era o cego. Não reparo no *cego*, senão no *só*. Que fosse cego aquele povo no tempo de Isaías, ele e todos os outros profe-

---

[i] *Núm.*, XXI, 8.
[ii] *Fil.*, III, 18.
[iii] *Isaías*, XLII, 19.

tas o lamentam; porque devendo servir e adorar ao verdadeiro Deus, serviam e adoravam aos ídolos. Mas dessa mesma cegueira, e dessa mesma idolatria, se segue que não eram só os Hebreus os cegos, senão também todas as nações daquele tempo, e daquele mundo. Cegos e idólatras eram no mesmo tempo os Assírios;[i] cegos e idólatras os Babilônios, cegos e idólatras os Egípcios, os Etíopes, os Moabitas, os Idumeus, os Árabes, os Tírios, contra os quais todos profetizou e denunciou castigos o mesmo Isaías, em pena de sua idolatria. Pois se a idolatria era a cegueira; e não só os Hebreus, senão todas as nações de que estavam cercados, e também as mais remotas, eram idólatras; como diz Deus, que só o povo de Israel é o cego: *Quis caecus, Quis caecus, Quis caecus, nisi servus Domini?* Todos os outros são cegos, e só o povo de Israel é o cego? Sim. Porque todos os outros povos eram cegos com os olhos fechados; só o povo de Israel era cego com os olhos abertos. O mesmo profeta o disse: *Populum caecum, et oculos habente*:[ii] Povo cego e com olhos. Os outros povos adoravam os ídolos e os deuses falsos, porque não tinham conhecimento do Deus verdadeiro; e isso mais era ignorância que cegueira. Porém o povo de Israel era o que só tinha fé e conhecimento do verdadeiro Deus: *Notus in Judaea Deus*.[iii] E que um povo com fé e conhecimento do Deus verdadeiro adorasse os deuses falsos? Isso nele não era nem podia ser ignorância, senão mera cegueira, e por isso só ele o cego: *Quis caecus, nisi servus Domini?* Deixai-me agora fazer a mesma pergunta, ou as mesmas três perguntas ao nosso mundo e ao nosso tempo: *Quis caecus?* Quem é hoje o cego? O gentio? Não. *Quis caecus?* Quem é hoje o cego? O judeu? Não. *Quis caecus?* Quem é hoje o cego? O herege? Não. Pois quem é hoje este cego que só merece o nome de cego? Triste e temerosa coisa é que se diga, mas é forçosa consequência dizer-se que somos nós os católicos. Porque o gentio, o judeu e o herege são cegos sem fé, e com os olhos fechados; e só nós os católicos somos cegos com a verdadeira fé, e com os olhos abertos: *Populum caecum, et oculos habent.* Grande miséria e confusão para todos os que dentro do grêmio da Igreja professamos a única e verdadeira religião católica, e para nós os Portugueses (se bem olharmos para nós) ainda maior.

No Salmo cento e treze, zomba Davi dos ídolos da gentilidade; e uma das coisas de que principalmente os mantemos, é que têm olhos e não veem: *Oculos habent, et non videbunt*.[iv] Bem pudera dizer que não tinham olhos; porque olhos abertos em pedra, ou fundidos em metal, ou coloridos em pintura, verdadei-

---

[i] Ibid., X, 15, 17, 19, 21, 22 e 23.
[ii] *Isaías*, XLIII, 8.
[iii] *Sal.*, LXXV, 1.
[iv] Ibid., CXIII, 5.

ramente não são olhos. Também pudera dizer, e mais brevemente, que eram cegos. Mas disse com maior ponderação e energia que tinham olhos e não viam: porque o encarecimento de uma grande cegueira não consiste em não ter olhos, ou em não ver; senão em não ver, tendo olhos: *Oculos habent, et non videbunt.* Depois disto volta-se o profeta com a mesma galanteria contra os fabricadores e adoradores dos ditos ídolos, e a bênção que lhes deita, ou a maldição que lhes roga, é que sejam semelhantes a eles, os que os fazem: *Similes illis fiant, qui faciunt ea.* Porque assim como a maior bênção que se pode desejar aos que adoram o verdadeiro Deus é serem semelhantes ao Deus que os fez, assim a maior praga e maldição que se pode rogar aos que adoram os deuses falsos é serem semelhantes aos deuses que eles fazem: *Similes illis fiant, qui faciunt ea.* Agora dizei-me: e não seria muito maior desgraça; não seria miséria, e sem-razão nunca imaginada, se esta mesma maldição caísse não já sobre os adoradores dos ídolos, senão sobre os que creem e adoram o verdadeiro Deus? Pois isso é o que com efeito nos tem sucedido. Que coisa são pela maior parte hoje os cristãos, senão umas estátuas mortas do cristianismo, e umas semelhanças vivas dos ídolos da gentilidade, com os olhos abertos e cegos: *Oculos habent, et non videbunt?* Miséria é grande, que sejam semelhantes aos ídolos os que os fazem; mas muito maior miséria é, e muito mais estranha, que sejam semelhantes aos ídolos os que os desfazem: e estes somos nós. Estes somos nós (torno a dizer) por cristãos, por católicos, e muito particularmente por Portugueses. Para que fez Deus Portugal, e para que levantou no mundo esta monarquia, senão para desfazer ídolos, para converter idólatras, para desterrar idolatrias? Assim o fizemos, e fazemos, com glória singular do nome cristão nas Ásias, nas Áfricas, nas Américas. Mas como se os mesmos ídolos se vingaram de nós, nós derrubamos as suas estátuas, e eles pegaram-nos as suas cegueiras. Cegos e com olhos abertos, como ídolos: *Oculos habent, et non videbunt.* Cegos e com olhos abertos, como o povo de Israel: *Populum caecum, et oculos habent.* Cegos e com olhos abertos, como Saulo: *Apertis oculis nihil videbat.* E cegos, finalmente, e com os olhos abertos, como os escribas e fariseus: *Ut videntes caeci fiant.*

III

Está dito em comum o que basta: agora para maior distinção e clareza, desçamos ao particular. Esta mesma cegueira de olhos abertos divide-se em três espécies de cegueira, ou, falando medicamente, em cegueira da primeira, da segunda e da terceira espécie. A primeira é de cegos, que veem e não veem juntamente; a segunda de cegos que veem uma coisa por outra: a terceira de cegos que, vendo o demais, só a sua cegueira não veem. Todas estas cegueiras se acharam hoje nos escribas e fariseus: e todas (por igual ou maior desgraça nossa) se acham também em nós. Vamos discorrendo por cada uma e veremos no nosso ver muita coisa que não vemos.

Começando pela cegueira da primeira espécie, digo que os olhos abertos dos escribas e fariseus eram olhos que juntamente viam e não viam. E por quê? Não porque vendo o milagre, não viam o milagroso, como já dissemos; mas porque, vendo o milagre, não viam o milagre, e vendo o milagroso, não viam o milagroso. O milagre viam-no nos olhos do cego, o milagroso viam-no em sua própria Pessoa, e muito mais nas suas obras (que é o mais certo modo de ver) e, contudo, nem viam o milagre, nem viam o milagroso. O milagre, porque o não queriam ver; o milagroso, porque o não podiam ver. Bem sei que ver e não ver, implica contradição; mas a cegueira dos escribas e fariseus era tão grande, que podiam caber nela ambas as partes desta contraditória. Os filósofos dizem que uma contraditória não cabe na esfera dos possíveis, eu digo que cabe na esfera dos olhos. Não me atrevera a dizer se não fora proposição expressa da Primeira e Suma Verdade. Assim o disse Cristo, falando destes mesmos homens, no capítulo quarto de S. Marcos: *Ut videntes videant, et non videant.* Para que vendo, vejam e não vejam. Agora esperáveis que eu saísse com grandes espantos. Se viam, como não viam?! E se não viam, como viam?! Dificultar sobre tal autoridade seria irreverência, Cristo o diz, e isso basta. Eu porém não me quero escusar por isso de dar a razão deste que parece impossível. Mas antes que lá cheguemos, vejamos esta mesma implicação, de ver e não ver, praticada em dois casos famosos, ambos da História Sagrada.

Estando el-rei de Síria em campanha[i] sobre o reino de Israel, experimentou por muitas vezes que, quanto deliberava no seu exército, se sabia no do inimigo. E imaginando ao princípio que devia haver no seu conselho alguma espia comprada, que fazia estes avisos, soube dos capitães e dos soldados mais práticos daquela terra, que o profeta Eliseu era o que revelava e descobria tudo ao seu rei. Oh, se os reis tiveram a seu lado profetas! Achava-se neste tempo Eliseu na cidade de Dotan: resolve o rei mandá-lo tomar dentro nela por uma entrepresa: e marchando a cavalaria secretamente em uma madrugada, eis que sai o mesmo Eliseu a encontrar-se com eles: diz-lhes que não era aquele o caminho de Dotan; leva-os à cidade fortíssima de Samaria, mete-os dentro dos muros; fecham-se as portas; e ficaram todos tomados e perdidos. É certo que estes soldados de el-rei de Síria conheciam muito bem a cidade de Dotan, e a de Samaria, e as estradas que iam a uma e a outra, e muitos deles ao mesmo

---

[i] *4.º Livro dos Reis*, VI, 18.

profeta Eliseu. Pois se conheciam tudo isto, e viam as cidades e os caminhos, e ao mesmo profeta, como se deixaram levar onde não pretendiam ir? Como não prenderam a Eliseu quando se lhes veio meter nas mãos? E como consentiram que ele os metesse dentro dos muros, e debaixo das espadas de seus inimigos? Diz o Texto sagrado que toda esta comédia foi efeito da oração de Eliseu, o qual pediu a Deus que cegasse aquela gente: *Percute, oro, gentem hanc caecitate*.[i] E foi a cegueira tão nova, tão extraordinária, e tão maravilhosa, que juntamente viam e não viam. Viam a Eliseu, e não viam a Eliseu: viam a Samaria, e não viam a Samaria: viam os caminhos, e não viam os caminhos: viam tudo, e nada viam. Pode haver cegueira mais implicada, e mais cega, e de homens com os olhos abertos? Tal foi por vontade de Deus a daqueles bárbaros, e tal é contra a vontade de Deus a nossa, sendo cristãos. Eliseu quer dizer saúde de Deus: Samaria quer dizer cárcere e diamante. E que é a saúde de Deus, senão a salvação? Que é o cárcere de diamante, senão o Inferno? Pois assim como os Assírios indo buscar a Eliseu se acharam em Samaria, assim nós, buscando a salvação, nos achamos no Inferno. E se buscarmos a razão deste erro e desta cegueira, é porque eles e nós vemos e não vemos. Não vês, cristão, que este é o caminho do Inferno? Sim. Não vês que este outro é o caminho da salvação? Sim. Pois como vais buscar a salvação pelo caminho do Inferno? Porque vemos os caminhos, e não vemos os caminhos: vemos onde vão parar, e não vemos onde. Tanta é com os olhos abertos a nossa cegueira! *Percute gentem hanc caecitate.*

Segundo caso, e maior. Mandou Deus dois anjos à cidade de Sodoma, para que salvassem a Loth, e abrasassem a seus habitantes: e eram eles tão merecedores do fogo, que lhes foi necessário aos mesmos anjos defenderem a casa onde se tinham recolhido. Mas como a defenderam? Diz o Texto sagrado que o modo que tomaram para defender a casa foi cegarem toda aquela gente desde o maior até o menor: *Percusserunt eos caecitate a maximo usque ad minorem.*[ii] Quando eu li que os anjos cegaram a todos, cuidei que lhes fecharam os olhos, e que ficaram totalmente cegos, e sem vista. E que a razão de cegarem não só os homens, senão também os meninos, fora para que os meninos não pudessem guiar os homens. Mas não foi assim. Ficaram todos com os seus olhos abertos e inteiros como dantes. Viam a cidade, viam as ruas, viam as casas; e só com a casa, e com a porta de Loth (que era o que buscavam) nenhum deles atinava. Buscavam na cidade a rua de Loth, viam a rua e não atinavam com a rua: buscavam na rua a casa de Loth, viam a casa, e não atinavam com a casa: buscavam na casa a porta de Loth, viam a porta, e não atinavam com a porta: *Ita ut ostium*

---

[i] *4.º Livro dos Reis*, VI, 18.
[ii] *Gênes.*, XIX, 11.

invenire non possent, diz o Texto. E para que cesse a admiração de um caso tão prodigioso, isto que fizeram naqueles olhos os anjos bons fazem nos nossos os anjos maus. Estamos na Quaresma, tempo de rigor e penitência; e sendo que a penitência é a rua estreita por onde se vai para o Céu: *Arcta via est, quae ducit ad vitam*,[i] vemos a rua, e não atinamos com a rua. Entramos e frequentamos agora mais as igrejas; pomos os pés por cima dessas sepulturas; e sendo que a sepultura é a casa onde havemos de morar para sempre: *Sepulchra corum domus illorum in aeternum*,[ii] vemos a casa, e não atinamos com a casa. Sobem os pregadores ao púlpito, põem-nos diante dos olhos tantas vezes a lei de Deus, esquecida e desprezada; e sendo que a lei de Deus é a porta por onde só se pode entrar à bem-aventurança: *Haec porta Domini, justi intrabunt in eam*:[iii] vemos a porta, e não atinamos com a porta: *Ita ut ostium invenire non possent*.

Paremos a esta porta ainda das telhas abaixo. Andam os homens cruzando as cortes, revolvendo os reinos, dando voltas ao mundo; cada um em demanda das suas pretensões, cada um para se introduzir ao fim dos seus desejos; todos aos encontrões uns sobre os outros; os olhos abertos, a porta à vista, e ninguém atina com a porta. Andais buscando a honra com olhos de lince; e, sendo que para a verdadeira honra não há mais que uma porta (que é a virtude), ninguém atina com a porta. Andais-vos desvelando pela riqueza com mais olhos que um Argos; e sendo que a porta certa da riqueza não é acrescentar fazenda, senão diminuir cobiça, ninguém atina com a porta. Andais-vos matando por achar a boa vida; e sendo que a porta direita por onde se entra à boa vida, é fazer boa vida, ninguém atina com a porta. Andais-vos cansando por achar o descanso; e sendo que não há, nem pode haver outra porta para o verdadeiro e seguro descanso, senão acomodar com o estado presente, e conformar com o que Deus é servido, não há quem atine com a porta. Há tal desatino! Há tal cegueira! Mas ninguém vê o mesmo que está vendo; porque todos, desde o maior ao menor, somos como aqueles cegos: *Percusserunt eos caecitate a maximo usque ad minorem*.

Sobre estes dois exemplos tão notáveis, entre agora a razão, porque estais esperando. Que seja possível ver e não ver juntamente, já o tendes visto. Direis que sim, mas por milagre. Eu digo que também sem milagre, e muito fácil e naturalmente.[iv] Não vos tem acontecido alguma vez ter os olhos postos e fixos em uma parte, e porque no mesmo tempo estais com o pensamento divertido,

---

[i] *Mat.*, VII, 14.
[ii] *Sal.*, XLVIII, 12.
[iii] Ibid., CXVII, 20.
[iv] Arist. *Polít.*, 10.

ou na conversação, ou em algum cuidado, não dar fé das mesmas coisas que estais vendo? Pois esse é o modo e a razão por que naturalmente, e sem milagre, podemos ver e não ver juntamente. Vemos as coisas, porque as vemos: e não vemos essas mesmas coisas, porque as vemos divertidos.

Iam para Emaús os dois discípulos, praticando com grande tristeza na morte de seu Mestre, e foi coisa maravilhosa que aparecendo-lhes o mesmo Cristo, e indo caminhando e conversando com eles, não O conhecessem. Alguns quiseram dizer que a razão deste engano ou desta cegueira foi por que o Senhor mudara as feições do rosto, e ainda a voz ou tom da fala. Mas esta exposição (como bem notou Santo Agostinho) é contra a propriedade do Texto, o qual diz expressamente que o engano não foi da parte do objeto, senão da potência; não da parte do visto, senão da vista: *Oculi illorum tenebantur, ne eum agnoscerent.*[i] Como é possível logo, que não conhecessem a quem tão bem conheciam, e que não vissem a quem estavam vendo? Na palavra *tenebantur* está a solução da dúvida. Diz o Evangelista que não conheceram os discípulos ao mesmo Senhor que estavam vendo, porque tinham os olhos presos. Isto quer dizer *tenebantur*. E da mesma frase usa o Evangelista, falando da prisão de Cristo: *Ipse est, tenete eum. Tenuerunt cum. Non me tenuistis.*[ii] Mas se os olhos estavam presos, como viam? E se viam, como estavam presos? Não estavam presos pela parte da vista: estavam presos pela parte da advertência. Iam os discípulos divertidos na sua prática, e muito mais divertidos na sua tristeza: *Qui sunt hi sermones, quos confertis ad invicem, et estis tristes?*[iii] E esta diversão do pensamento era a que lhes prendia a advertência dos olhos. Como tinham livre a vista, viam a Cristo: como tinham presa a advertência, não conheciam que era Ele. E desta maneira, estando os olhos dos discípulos juntamente livres e presos, vinham a ser um composto de vista e de cegueira: de vista, com que viam; e de cegueira, com que não viam. Vede a força que tem o pensamento para a diversão da vista! Os olhos estavam no caminho com Cristo vivo, o pensamento estava na sepultura com Cristo morto: e pode tanto a força do pensamento, que o mesmo Cristo ausente, em que cuidavam, os divertia do mesmo Cristo presente, que estavam vendo. Tanto vai de ver com atenção e advertência, ou ver com desatenção e divertimento!

Por isso Jeremias bradava: *Attendite, et videte.*[iv] Atendei e vede. Não só pede o profeta vista, mas vista e atenção, e primeiro a atenção que a vista; por-

---

[i] *S. Agost.*, n.º 16.
[ii] *Mat.*, XXVI, 48, 50 e 55.
[iii] *Luc.*, XXV, 17.
[iv] *Jerem.*, I, 12.

que ver sem atenção é ver e não ver. Ainda é mais próprio este ver e não ver do que o modo com que viam e não viam aqueles cegos tão cegos nos dois casos milagrosos que referimos. Eles não viam o que viam; porque lhes confundiu Deus as espécies. Nós, sem confusão nem variedade das espécies, não vemos o que vemos, só por desatenção e divertimento da vista. Agora entendereis a energia misteriosa e discreta com que o profeta Isaías nos manda olhar para ver: *Intuemini ad videndum*.[i] Quem há que olhe senão para ver? E quem há que veja senão olhando? Porque diz logo o profeta, como se nos inculcara um documento particular: *Intuemini ad videndum*: olhai para ver? Porque assim como há muitos que olham para cegar, que são os que olham sem tento, assim há muitos que veem sem olhar, porque veem sem atenção. Não basta ver para ver, é necessário olhar para o que se vê. Não vemos as coisas que vemos; porque não olhamos para elas. Vemo-las sem advertência, e sem atenção, e a mesma desatenção é a cegueira da vista. Divertem-nos a atenção os pensamentos; suspendem-nos a atenção os cuidados; prendem-nos a atenção os afetos; e por isso, vendo a vaidade do mundo, imos após ela, como se fora muito sólida: vendo o engano da esperança, confiamos nela como se fora muito certa: vendo a fragilidade da vida, fundamos sobre ela castelos, como se fora muito firme: vendo a inconstância da fortuna, seguimos suas promessas, como se foram muito seguras: vendo a mentira de todas as coisas humanas, cremos nelas como se foram muito verdadeiras. E que seria se os afetos que nos divertem a atenção da vista, fossem da casta daqueles que tanto divertiram e perturbaram hoje a dos escribas e fariseus? Divertia-os o ódio; divertia-os a inveja; divertia-os o interesse; divertia-os a soberba; divertia-os a autoridade e ostentação própria: e como estava a atenção tão divertida, tão embaraçada, tão perturbada, tão presa, por isso não viam o que estavam vendo: *Ut videntes caeci fiant*.

IV

A cegueira da segunda espécie, ou a segunda espécie da cegueira dos escribas e fariseus, era serem tais os seus olhos, que não viam as coisas às direitas, senão às avessas: não viam as coisas como eram, senão como não eram. Viam os olhos milagrosos, e diziam que era engano: viam a virtude sobrenatural, e diziam que era pecado: viam uma obra que só podia ser do braço de Deus, e diziam que não era de Deus, senão contra Deus: *Non est hic homo a Deo*.[ii] De

---

[i] *Isaías*, XLI, 18.
[ii] *João*, IX, 10.

maneira que não só não viam as coisas como eram, mas viam-nas como não eram; por isso muito mais cegos, que se totalmente as não viram.

Na cidade de Betsaida, curou Cristo outro cego como este de Jerusalém; mas não o curou pelo mesmo modo; porque as mesmas enfermidades, quando os sujeitos não são os mesmos, muitas vezes requerem diversa cura. Pôs o Senhor a mão nos olhos a este cego e perguntou-lhe se via. Olhou ele e disse: *Video homines, velut arbores ambulantes.*[i] Senhor, vejo os homens como umas árvores que andam de uma parte para outra. Torna Cristo a aplicar-lhe outra vez a mão, e diz o Texto que desta segunda vez começou o homem a ver: *Iterum imposuit manus super oculos ejus, et coepit videre*. Neste *coepit videre* reparo, e é muito para reparar. Este homem é certo que começou a ver da primeira vez que Cristo lhe pôs a mão nos olhos, porque até ali não via nada e então começou a ver os homens como árvores. Pois se o cego da primeira vez começou a ver os homens como árvores, como diz o Evangelista, que não começou a ver senão da segunda vez: *Iterum imposuit manus super oculos ejus, et coepit videre?* Porque da primeira vez via as coisas como não eram: da segunda vez já as via como eram: da primeira vez via os homens como árvores: da segunda vez via as árvores como árvores, e os homens como homens. E ver as coisas como são, isso é ver: mas vê-las como não são não é ver, é estar cego.

Sim. Mas se este homem estava cego quando não via nada; e se estava também cego quando via as coisas como não eram; quando estava mais cego, quando as via, ou quando as não via? Quando as via estava muito mais cego, porque, quando não via nada, tinha privação da vista: quando via as coisas às avessas, tinha erro na vista: e muito maior cegueira é o erro que a privação. A privação era um defeito inocente, que não mentia nem enganava: o erro era uma mentira com aparência de verdade, era um engano com representação e certeza, era um falso testemunho com assinado de vista. E senão vamos ao caso. É filosofia bem fundada de Filo Hebreu que os olhos não só veem a cor, senão a cor, a figura, e o movimento: e em todas estas três coisas errou a primeira vista daquele homem, representando-lhe os homens como árvores. Errou na cor; porque as árvores são verdes, e os homens cada um é da cor do seu rosto, e do seu vestido. Errou na figura; porque as árvores têm um pé, e os homens dois: os homens têm dois braços, e as árvores muitos. Errou no movimento; porque os homens movem-se progressivamente, e mudam lugares, e as árvores estão sempre firmes, e se se movem com o vento, não mudam de lugar. Eis aqui quantos erros, quantos enganos, e quantas cegueiras se envolviam naquela primeira vista. Por isso o Evangelista disse que, quando o cego via desta maneira,

---

[i] *Marc.*, VIII, 24.

ainda não tinha começado a ver, porque ver umas coisas por outras não é vista, é cegueira, e mais que cegueira.

Os mais cegos homens que houve no mundo foram os primeiros homens. Disse-lhes Deus, não por terceira pessoa, senão por Si mesmo, e não por enigmas ou metáforas, senão por palavras expressas, que aquela fruta da árvore que lhes proibia era venenosa; e que no mesmo dia em que a comessem haviam de perder a imortalidade em que foram criados, não só para si, senão para todos seus filhos e descendentes; e contudo comeram. Há homem tão cego que coma o veneno conhecido, como veneno, para se matar? Há homem tão cego que dê o veneno conhecido, como veneno, a seus filhos, para os ver morrer diante de seus olhos? Tal foi a cegueira dos primeiros homens, e não cegueira de olhos meio abertos como a daquele cego, senão de olhos totalmente abertos, porque tudo isto viam muito mais clara, e muito mais evidentemente, do que nós vemos e admiramos. Pois como caíram em uma cegueira tão estranha; como foram, ou como puderam ser tão cegos? Não foram cegos, porque não viram que tudo viram; mas foram cegos porque viram uma coisa por outra. O mesmo Texto o diz: *Vidit mulier, quod bonum esset lignum ad vescendum*.[i] Viu a mulher que aquela fruta era boa para comer. Mulher cega, e cega quando viste, e porque viste, vê o que vês, e não vejas o que não vês. Assim havia de ser. Mas Eva com os olhos abertos estava tão cega, que não via o que via, e via o que não via. A fruta vedada era má para comer, e boa para não comer. Má para comer, porque comida era veneno, e morte: boa para não comer, porque não comida era vida e imortalidade. Pois se a fruta só para não comer era boa, e para comer não era boa, senão muito má, como viu Eva que era boa para comer: *Vidit, quod bonum esset ad vescendum?* Porque era tão cega a sua vista, ou tão errada a sua cegueira, que olhando para a mesma fruta não via o que era, e via o que não era. Não via que era má para comer, sendo má; e via que era boa para comer, não sendo boa: *Vidit, quod bonum esset*.

Esta foi a cegueira de Eva, e esta é a dos filhos de Eva: *Vae qui dicitis malum bonum, et bonum malum*.[ii] Andam equivocados dentro em nós o mal com o bem, e o bem com o mal; não por falta de olhos, mas por erro e engano da vista. No Paraíso havia uma só árvore vedada, no mundo há infinitas. Tudo o que veda a lei natural, a divina, e as humanas, tudo o que proíbe a razão e condena a experiência, são árvores e frutas vedadas. E é tal o engano e ilusão da nossa vista, equivocada nas cores com que se disfarça o veneno, que em vez de vermos o mal certo, para o fugir, vemos o bem que não há, para o apetecer: *Vidit, quod bonum*

---

[i] *Gênes.*, III, 6.
[ii] *Isaías*, V, 20.

esset. Daqui nasce como da vista de Eva, a ruína original do mundo, não só nas consciências e almas particulares, mas muito mais no comum dos estados e das repúblicas. Caiu a mais florente e bem fundada república que houve no mundo, qual era antigamente a dos Hebreus, fundada, governada, assistida, defendida pelo mesmo Deus. Qual vos parece que foi a origem, ou causa principal de sua ruína? Não foi outra senão a cegueira dos que tinham por ofício ser olhos da república. E não que fossem olhos de tal maneira cegos que não vissem, mas porque viam trocadamente uma coisa por outra, e em vez de verem o que era, viam o que não era. Assim o lamentou o profeta Jeremias nas lágrimas que chorou em tempo do cativeiro de Babilônia sobre a destruição e ruína de Jerusalém: *Prophetae tui viderunt tibi falsa.*[i]

Os olhos daquela república, que não só tinham por ofício ver o presente, senão também o futuro, eram os profetas, que por isso se chamavam *Videntes*. E diz Jeremias à enganada e já desenganada Jerusalém que os seus profetas lhe viam as coisas falsas: *Prophetae tui viderunt tibi falsa*. Notai muito a palavra *viderunt*. Se dissera que profetizavam ou pregavam ou aconselhavam, ou, finalmente, diziam coisas falsas, bem estava: mas dizer que as viam: *Viderunt tibi?* Se as coisas eram falsas, não eram; e se não eram, como as viam? Porque essa era a cegueira dos olhos da triste república. Olhos que não viam o que era, e viam o que não era, nem havia de ser. Os profetas verdadeiros viam o que era; os profetas falsos viam o que não era: e porque a cega república se deixou governar por estes olhos, por isso se perdeu. Jeremias, profeta verdadeiro, dizia que se sujeitassem a Nabucodonosor, porque se assim o não fizessem, havia de tornar segunda vez sobre Jerusalém, e destruí-la de todo.[ii] Pelo contrário, Ananias, profeta falso, pregava e prometia que Nabuco não havia de tornar, antes havia de restituir os vasos sagrados do Templo que havia saqueado. E porque estes oráculos falsos, como mais plausíveis, foram os cridos, foi Jerusalém de todo destruída e assolada, e as relíquias de sua ruína levadas a Babilônia.[iii] Miqueias, profeta verdadeiro, consultado sobre a guerra de Ramoth Galaad, disse que via o exército de Israel derramado pelos campos, como ovelhas sem pastor. Pelo contrário, Sedecias, com outros quatrocentos profetas falsos, persuadia a guerra e assegurava a vitória. E porque el-rei Acab quis antes seguir a falsidade lisonjeira dos muitos, que a verdade provada e conhecida de um, posto que entrou na batalha sem coroa e disfarçado para não ser conhecido, um só tiro de uma seta perdida matou o rei, desbaratou o exército e sentenciou a vitória pelos inimigos.

---

[i] *Tren.*, II, 14.
[ii] *Jerem.*, XXVIII, toto cap.
[iii] *3.º Livro dos Reis*, XXII, toto cap.

Assim viram Miqueias e Jeremias o que havia de ser, e os demais o que não foi. Para que abram os olhos os príncipes, e vejam quais são os olhos, por cuja vista se guiam. Guiem-se pelos olhos dos poucos que veem as coisas como são, e não pelos dos muitos e cegos, que veem uma coisa por outra: *Viderunt tibi falsa.*

Mas como pode ser (para que demos a razão desta segunda cegueira, como a demos da primeira), como pode ser que haja homens tão cegos, que com os olhos abertos não vejam as coisas como são? Dirá alguém que este engano de vista procede da ignorância. O rústico, porque é ignorante, vê que a Lua é maior que as estrelas; mas o filósofo, porque é sábio, e mede as quantidades pelas distâncias, vê que as estrelas são maiores que a Lua. O rústico, porque é ignorante, vê que o céu é azul; mas o filósofo, porque é sábio, e distingue o verdadeiro do aparente, vê que aquilo que parece céu azul nem é azul nem é céu. O rústico, porque é ignorante, vê muita variedade de cores, no que ele chama arco-da-velha; mas o filósofo, porque é sábio e conhece que até a luz engana (quando se dobra), vê que ali não há cores, senão enganos corados, e ilusões da vista. E se a ignorância erra tanto, olhando para o céu, que será se olhar para a terra? Eu não pretendo negar à ignorância os seus erros; mas os que do céu abaixo padecem comumente os olhos dos homens (e com que fazem padecer a muitos) digo que não são da ignorância, senão da paixão. A paixão é a que erra, a paixão a que os engana, a paixão a que lhes perturba e troca as espécies, para que vejam umas coisas por outras. E esta é a verdadeira razão ou sem-razão, de uma tão notável cegueira. Os olhos veem pelo coração, e assim como quem vê por vidros de diversas cores, todas as coisas lhe parecem daquela cor, assim as vistas se tingem dos mesmos humores, de que estão, bem ou mal, afetos os corações.

Tinham os Moabitas assentado seus arraiais defronte à fronte com os de Josafá e Jorão, reis de Israel e Judá, e vendo, ao amanhecer que por entre eles corria uma ribeira, julgaram que a água, ferida dos raios do Sol, era sangue, e persuadiram-se que os dois reis amigos, por alguma súbita discórdia, tinham voltado as armas um contra o outro: *Dixerunt sanguis gladii est, pugnaverunt reges contra se, caesi sunt mutuo.*[i] Caído da graça de el-rei Assuero seu grande valido Amã, e condenado à morte, lançou-se aos pés da rainha Ester no trono onde estava, pedindo perdão e misericórdia; e como Assuero o visse naquela postura, foi tal o juízo que formou, e tão alheio da sua própria honra, que não há palavras decentes, com que se possa declarar: *Etiam reginam vult opprimere me praesent.*[ii] Corria fortuna a barca de S. Pedro no mar de Tiberíade, derrotada

---

[i] *4.º Livro dos Reis*, III, 23.
[ii] *Ester*, VII, 8.

da fúria dos ventos, e quase soçobrada do peso das ondas, quando apareceu sobre elas Cristo caminhando a grandes passos a socorrê-la. Viram-no os Apóstolos, e então tiveram o naufrágio por certo, e se deram por totalmente perdidos, julgando (diz o Texto) que era algum fantasma: *Putaverunt phantasma esse.*[i] Voltemos agora sobre estes três casos tão notáveis, e saibamos a causa de tantos enganos da vista. Os Apóstolos, Assuero, os Moabitas, todos estavam com os olhos abertos, todos viram o que viam, e todos julgaram uma coisa por outra. Pois se os Apóstolos viam a Cristo, como julgaram que era fantasma? Se Assuero viu a Amã em ato de pedir misericórdia, como julgou que lhe fazia adultério? Se os Moabitas viam a água da ribeira, como julgaram que era sangue? Porque assim confundem e trocam as espécies da vista os olhos perturbados com alguma paixão. Os Apóstolos estavam perturbados com a paixão do temor; Assuero, com a paixão da ira: os Moabitas, com a paixão do ódio e da vingança: e como os Moabitas desejam verter o sangue dos dois exércitos inimigos, a água lhes parecia sangue: como Assuero queria tirar a vida a Amã, a contrição lhe parecia pecado: como os Apóstolos estavam medrosos com o perigo, o remédio e o mesmo Cristo lhes parecia fantasma. Fiai-vos lá de olhos que veem com paixão.

As paixões do coração humano, como as divide e numera Aristóteles, são onze; mas todas elas se reduzem a duas capitais: amor e ódio. E estes dois afetos cegos são os dois polos em que se revolve o mundo, por isso tão mal governado. Eles são os que pesam os merecimentos, eles os que qualificam as ações, eles os que avaliam as prendas, eles os que repartem as fortunas. Eles são os que enfeitam ou descompõem, eles os que fazem, ou aniquilam, eles os que pintam ou despintam os objetos, dando e tirando a seu arbítrio a cor, a figura, a medida e ainda o mesmo ser e substância, sem outra distinção ou juízo, que aborrecer ou amar. Se os olhos veem com amor, o corvo é branco; se com ódio, o cisne é negro; se com amor, o Demônio é formoso; se com ódio, o anjo é feio; se com amor, o pigmeu é gigante; se com ódio, o gigante é pigmeu; se com amor, o que não é, tem ser; se com ódio, o que tem ser, e é bem que seja, não é, nem será jamais. Por isso se veem com perpétuo clamor da justiça os indignos levantados, e as dignidades abatidas; os talentos ociosos, e as incapacidades com mando; a ignorância graduada, e a ciência sem honra; a fraqueza com o bastão, e o valor posto a um canto; o vício sobre os altares, e a virtude sem culto; os milagres acusados, e os milagrosos réus. Pode haver maior violência da razão? Pode haver maior escândalo da natureza? Pode haver maior perdição da república? Pois tudo isto é o que faz e desfaz a paixão dos olhos humanos, cegos quando se fecham, e cegos quando se abrem: cegos quando amam, e cegos quando aborrecem; cegos

---

[i] *Marc.*, VI, 49.

quando aprovam, e cegos quando condenam: cegos quando não veem, e quando veem muito mais cegos: *Ut videntes caeci fiant.*

V

Temos chegado, posto que tarde, à cegueira da terceira espécie, na qual estavam confirmados os escribas e fariseus, porque, sendo tão cegos (como temos visto) não viam, nem conheciam a sua própria cegueira. O cego que conhece a sua cegueira não é de todo cego, porque, quando menos, vê o que lhe falta: o último extremo da cegueira é padecê-la e não a conhecer. Tal era o estado mais que cego destes homens, dos quais disse agudamente Orígenes, que chegaram a perder o sentido da cegueira: *Caecitatis sensu carentes.* A natureza, quando tira o sentido da vista, deixa o sentido da cegueira, para que o cego se ajude dos olhos alheios. Porém os escribas e fariseus estavam tão cegos dos seus, e tão rematadamente cegos, que não só tinham perdido o sentido da vista, senão também o sentido da cegueira: o da vista, porque não viam, o da cegueira, porque a não viam. Arguiu-os Cristo hoje tacitamente dela, e eles que entenderam o remoque, responderam: *Nunquid, et nos caeci sumus?*[i] Porventura somos nós também cegos? Como se disseram: os outros são os cegos, porém nós, que somos os olhos da república, nós que somos as sentinelas da casa de Deus, nós que temos por ofício vigiar sobre a observância da fé e da lei, só nós temos luz, só nós temos vista, só nós somos os que vemos. Mas por isto mesmo era maior a sua cegueira que todas as cegueiras, e eles mais cegos que todos os cegos. Porque não pode haver maior cegueira, nem mais cega, que ser um homem cego, e cuidar que o não é.

Introduz Cristo em uma parábola um cego, que ia guiando a outro cego: *Si caecus caecum ducat.*[ii] O que ia guiado era cego: o que ia guiando também era cego. Mas qual destes dois cegos vos parece que era mais cego; o guia ou o guiado? Muito mais cego era o guia. Porque o cego que se deixava guiar, via e conhecia que era cego, mas o que se fez guia do outro tão fora estava de ver e conhecer que era cego, que cuidava que podia emprestar olhos. O primeiro era cego uma vez, o segundo duas vezes cego: uma vez porque o era, outra vez porque o não conhecia. S. João no seu Apocalipse escreve uma carta de repreensão ao bispo de Laudiceia, e diz nela assim: *Nescis, quia miser es, et miserabilis, et caecus?* Não sabes que és miserável, e miserável e cego? No *miser, et miserabilis* reparo.

---

[i] *João*, IX, 40.
[ii] *Mat.*, xv, 14.

Que lhe chame miserável, porque era cego, bem clara está a miséria; mas porque lhe chama, não só uma, senão duas vezes miserável: *Miser, et miserabilis?* Chama-lhe duas vezes miserável, porque era duas vezes cego: uma vez cego, porque o era, e outra vez cego, porque o não conhecia. O mesmo Evangelista o disse: *Nescis, quia miser es, et miserabilis, et caecus.* Notai o *nescis*: era uma vez cego, porque o era: *Caecus*: era outra vez cego, porque o não conhecia: *Nescis*, e porque era duas vezes cego, era duas vezes miserável: *Miser, et miserabilis.* Ser cego era miséria, porque era cegueira; mas ser cego e não o conhecer, era miséria dobrada, porque era cegueira dobrada. A primeira cegueira tirava-lhe a vista das outras coisas, a segunda cegueira tirava-lhe a vista da mesma cegueira, e por isso era cego sobre cego, e miserável sobre miserável: *Miser, et miserabilis, et caecus.*

Oh, quantos miseráveis sobre miseráveis e quantos cegos sobre cegos há como este no mundo! Refere Sêneca um caso notável, sucedido na sua família, e diz a seu discípulo Lucílio, que lhe contara uma coisa incrível, mas verdadeira: *Incredibilem tibi narro rem, sed veram.* Tinha uma criada chamada Harpastes, a qual (sendo fátua de seu nascimento) perdeu subitamente a vista: *Haec fatua subito desiit videre.* E que vos parece que faria Harpastes cega e sem juízo? Aqui entra a coisa incrível. *Nescit esse se caecam:* era cega e não o sabia. *Poedagogum suum rogat, ut migret*: quando o que tinha cuidado dela lhe dava a mão para a guiar, lançava-o de si: *Ait domum tenebrosam esse*: dizia que estava a casa às escuras, que abrissem as janelas; e as janelas que tinha fechadas não eram as da casa, eram as dos olhos. Pode haver cegueira mais fátua e mais digna de riso? Pois hás de saber, Lucílio (diz Sêneca), que desta maneira somos todos cegos e fátuos: cegos porque não vemos, e fátuos porque não conhecemos a nossa cegueira: *Hoc, quod in ea ridemus, omnibus nobis accidere liqueat tibi.* Não é cegueira a soberba? Não é cegueira a inveja? Não é cegueira a cobiça? Não é cegueira a ambição, a pompa, o luxo? Não é cegueira a lisonja e a mentira? Sim. Mas a nossa fatuidade é tanta, como a de Harpastes, que, sendo a cegueira e a escuridão nossa, atribuímo-la à casa, e dizemos que não se pode viver de outro modo neste mundo, e muito menos na corte: *Nemo aliter Romae potest vivere.* Se somos cegos, por que o não conhecemos? Isaac era cego, mas conhecia a sua cegueira, por isso tocou as mãos de Jacob para suprir a falta da vista com o tato. O mendigo de Jericó era cego; mas conhecia que o era, por isso a esmola que pediu a Cristo não foi outra senão a da vista: *Domine ut videam.*[i] Como havemos nós de suprir as nossas cegueiras, ou como lhes havemos de buscar remédio, se as não conhecemos?

---

[i] *Luc.*, XVIII, 41.

Pois por certo que não nos faltam experiências muito claras, e muito caras, para as conhecer, se não fôramos cegos sobre cegos. Olhai para as vossas quedas, e vereis as vossas cegueiras. Quando Tobias ouviu que vinha chegando seu filho, de cuja vinda e vida já quase desesperava, foi tal o seu alvoroço, que, levantando-se, remeteu a correr para o ir encontrar e receber nos braços. Tende mão, velho enganado: não vedes que sois cego! Não vedes que não podeis andar por vós mesmo, quanto mais correr? Não vedes que podeis cair, e que pode ser tal a queda, que funeste um dia tão alegre, e entristeça todo este prazer vosso, e de vossa casa? Assim foi em parte, porque a poucos passos titubeantes e mal seguros tropeçou Tobias, e deu consigo em terra: *Consurgens caecus pater ejus, caepit offendens pedibus currere, et prolapsus est:*[i] diz o Texto grego. Levantado, porém, em braços alheios, deu a mão o cego já menos cego a um criado, e com este arrimo, sem novo risco chegou a receber o filho: *Et data manu puero occurrit filio suo.* De maneira que o alvoroço, a alegria súbita, e o amor cegaram de tal sorte a Tobias, que não viu nem reparou na sua cegueira; porém depois que caiu, a mesma queda o fez conhecer que era cego, e que como cego se devia pôr nas mãos de quem o sustentasse e guiasse. Todas as coisas se veem com os olhos abertos, e só a própria cegueira se pode ver com eles fechados. Mas quando ela é tão cega que não se vê a si mesma, as quedas lhe abrem os olhos, para que se veja. Caíram os primeiros pais tão cegamente como vimos: e quando se lhes abriram os olhos para verem a sua cegueira? Depois que se viram caídos: *Et aperti sunt oculi amborum.*[ii] O apetite os cegou, e a caída lhes abriu os olhos. Que filho há de Adão que não seja cego? E que cego que não tenha caído uma e muitas vezes? E que não bastem tantas caídas e recaídas para conhecermos a nossa cegueira! Se caís em tantos tropeços quantas são as vaidades e loucuras do mundo, por que não acabais de cair em que sois cego; e por que não buscais quem vos levante e vos guie? Só vos digo que se derdes a mão para isso a algum criado, como fez Tobias; que seja tão seguro criado, e de tão boa vista, que saiba por onde põe os pés, e que vos possa guiar e suster. E quando ainda assim lhe derdes a mão, adverti que não seja tanta, que se cegue também ele com a vossa graça, e vos leve a maiores precipícios. Mas já é tempo que demos a razão desta última cegueira como das demais.

Parece coisa incrível e impossível que um cego não conheça que é cego. Mas como já temos visto que há muitos cegos desta espécie, resta saber a causa de tão estranha e tão cega cegueira. Se algum cego pudera haver que se não conhecesse, era o nosso cego do Evangelho; porque era cego de seu nascimento

---

[i] *Tob.* XI, 10.
[ii] *Gênes.*, III, 7.

e quem não conhecia a vista não é muito que não conhecesse a cegueira. Ele, porém, é certo de que a conhecia, e nós falamos de cegos com os olhos abertos, que sabem o que é ver e não ver. Qual é logo, ou qual pode ser a causa por que estes cegos se ceguem tanto com a sua cegueira, que a não conheçam? Outros darão outras causas (que para errar há muitas). A que eu tenho por certa e infalível é a muita presunção dos mesmos cegos. A causa da primeira cegueira, como vimos, é a desatenção: a da segunda a paixão: e a desta terceira, e maior de todas, a presunção. Nos mesmos escribas e fariseus temos a prova. Deles disse Cristo noutra ocasião a seus discípulos: *Sinite eos: caeci sunt, et duces caecorum.*[i] Deixai-os, que são cegos, e guias de cegos. Mas por isso mesmo é bem que nós os não deixemos agora. Se eram cegos e não viam, como eram ou se faziam guias de cegos? Porque tanto como isto era a sua presunção. Para um cego guiar cegos, é necessário que tenha dois conhecimentos contrários: um com que conheça os outros por cegos; e outro com que conheça ou tenha para si que ele o não é. E tal era a presunção dos escribas e fariseus. Nos outros conheciam que a cegueira era cegueira; em si estimavam que a sua cegueira era vista. Por isso sendo tão cegos como os outros cegos, em vez de buscarem guias para si, faziam-se guias dos outros, e se vendiam por tais. Se víssemos que um cego andasse apregoando e vendendo olhos, não seria riso das gentes, e da mesma natureza? Pois essa era a força que representava nos tribunais de Jerusalém, a cegueira e presunção daqueles gravíssimos ministros, e esse era o altíssimo conceito que eles tinham dos seus olhos. Toupeiras com presunção de linces.

Ainda passou muito avante esta presunção no caso de hoje. O cego, depois que Cristo o alumiou, ficou um lince na vista, e as toupeiras queriam guiar o lince. Que um cego queira guiar outro cego, e uma toupeira outra toupeira, cegueira é muito presumida: mas que as toupeiras quisessem guiar o lince, e os cegos dar lições de ver a quem tinha olhos, e olhos milagrosos? Foi a mais louca presunção que podia caber em todas as cegueiras. Todo o intento hoje dos escribas e fariseus, e todas as diligências e instâncias com que perseguiam o cego alumiado, e com que o queriam persuadir que agora estava mais cego que dantes, eram a fim de o apartarem da luz e conhecimento de Cristo, e o tirarem e trazerem à sua errada opinião. Ele dizia: *Scimus, quia peccatores Deus non audit.*[ii] Eles diziam: *Nos scimus, quia hic homo peccator est.* E sendo estas duas proposições tão encontradas, toda a diferença, porque condenavam a ciência do cego e canonizavam a sua, era serem eles os que diziam: *Nos scimus.* Aquele *nós* tão presumido, e tantas vezes inculcado nesta demanda, era todo o

---

[i] *Mat.*, XV, 14.
[ii] *João*, IX, 31 e 24.

fundamento da sua censura. Nós o dizemos, e tudo o mais é ignorância e erro. Nós: como se não houvera nós cegos: e como se não fora certo o que eles já tinham inferido: *Nunquid, et nos caeci sumus?* O homem dos olhos milagrosos confutava-os, confundia-os, e tomava-os às mãos; e eles, porque sabiam responder aos argumentos, tornavam-se contra o argumentante, e fixados no seu *nós,* diziam mui inchados: *Et tu doces nos?* E quem és tu para nos ensinar a nós? Eu perguntara a estes grandes letrados: E quem sois vós para não aprender dele? Ele arrazoa vivamente: vós não dais razão: ele prova o que diz; vós falais, e não provais nada: ele convence com o milagre, que Cristo é santo; vós blasfemais que é pecador: ele demonstra com evidência que é ele; vós buscais testemunhas falsas que digam que é outro: ele é uma águia que fita os olhos no Sol; vós sois aves noturnas que cegais com a luz: ele enfim é lince, e vós toupeiras, e no cabo vós tão vãos, e tão presumidos, que cuidais que vedes mais com a vossa cegueira, do que ele com os seus olhos. Viu-se jamais presunção tão cega? Só uma acho nas Escrituras semelhante; mas também em Jerusalém: que só em uma terra onde se crucifica a Cristo se podem criar e sofrer tais monstros.

Os soldados que guardavam o Calvário, tendo ordem que acabassem de matar aos crucificados, tanto que viram que Cristo estava já morto, passaram adiante: *Ut viderunt eum jam mortuum, non fregerunt ejus crura.*[i] Isto fizeram os soldados que tinham olhos. E Longuinhos, que era cego, que fez? Deu-lhe a Cristo a lançada. Quem mete a lança na mão de um cego quer que ele a meta no peito de Cristo. Pois se os que tinham olhos viram que Cristo estava já morto, o cego, por que o quis ainda matar, como se estivera vivo? Porque sendo cego, e tão cego, era tão presumido da vista, que cuidava que via melhor com os seus olhos fechados que os outros com os olhos abertos. Oh, quantos Longuinhos há destes no mundo, e tão longos, e tão estirados, e tão presumidos! Mas a culpa não é sua, senão dos generais. Se Longuinhos era cego, por que havia de comer praça de soldado? Se acaso tinha muitos anos de serviço, deem-lhe uma mercearia. Já que é cego, seja rezador. Mas sem olhos, e com a lança na mão? Sem vista, e com a praça aclarada? E como não havia de presumir muito dos seus olhos, se sendo cego o não reformavam? Ele foi muito presumido, mas tinha a presunção por si. Ouvi a Isaías, falando com a mesma república de Jerusalém: *Speculatores tui caeci omnes:*[ii] as tuas sentinelas, ó Jerusalém, todas são cegas. A cidade muito fortificada, porque tinha três ordens de muros; mas as sentinelas todas tão mal providas, que em cada uma punham a vigiar um cego. E se o cego se via levantado sobre uma torre, e posto numa guarita, como não havia de presumir

---

[i] *João*, XIX, 33.
[ii] *Isaías*, LVI, 10.

muito da sua vista? Eles tinham a presunção por si, mas a presunção e o posto não lhes diminuía a cegueira. Os postos não costumam dar vista, antes a tiram a quem a tem, e tanto mais, quanto mais altos. Por isso aos escribas e fariseus lhes foi dado o lume dos olhos. Cegos com a presunção do ofício; e porque era ofício de ver, muito mais cegos: *Ut videntes caeci fiant.*

VI

Esta era a última e mais rematada cegueira dos escribas e fariseus. E a nossa qual é? Eles eram cegos sobre cegos, porque não viam as suas cegueiras. E nós acaso vemos as nossas? Se as remediamos, confessarei que as vemos; mas se as não remediamos, é certo e certíssimo que as não vemos. Ver, e não remediar, não é ver. Apareceu Deus a Moisés naquele disfarce da sarça; disse-lhe quem era, e a que vinha; e as palavras com que se declarou a Divina Majestade foram estas: *Vidi afflictionem populi mei in Aegypto, et sciens dolorem ejus, descendi, ut liberem eum:*[i] Vi a aflição do meu povo no Egito, e conhecendo o muito que padece, venho a libertá-lo. E essa aflição que há tantos anos padece o vosso povo, ainda agora a vistes, Senhor! Sei eu que, antes de haver tal povo no mundo, revelastes vós ao avô de seu fundador que o mesmo povo havia de peregrinar quatrocentos anos em terras estranhas; e que nelas havia de ser cativo e afligido. Assim o disse, ou predisse Deus a Abraão muito antes do nascimento de Jacó, que foi o pai das doze tribos, e de todo o povo hebreu, cativo no Egito: *Soito praenoscens quod peregrinum futurum sit semen tuum in terra non sua, et subjicient eos servituti, et affligent eos quadringentis annis.*[ii] Pois se havia mais de quatrocentos anos que Deus tinha revelado este cativeiro; e se desde o primeiro dia em que começou (antes desde toda a sua eternidade) o estava sempre vendo; como diz que agora viu a aflição do seu povo: *Vidi afflictionem populi mei?* Diz que agora a viu, porque agora a vinha remediar: *Vidi, et descendi, ut liberem eum.* O que se vê, e não se remedeia, ainda que se esteja vendo quatrocentos anos, ainda que se esteja vendo uma eternidade inteira, ou não se vê, ou se vê como se se não vira. Por isso Ana, mãe de Samuel, falando com o mesmo Deus, e pedindo-Lhe remédio para outra aflição sua, disse: *Si respiciens videris afflictionem meam:*[iii] Se vendo virdes a minha aflição. E que quer dizer: se vendo virdes? Quer dizer,

---

[i] *Êxod.*, III, 7 e 8.
[ii] *Gênes.*, XV, 13.
[iii] *1.º Livro dos Reis*, I, 11.

se remediardes; porque ver sem remediar não é ver vendo, é ver sem ver.[i] Quem duvida que neste mesmo dia viu Cristo pelas ruas de Jerusalém muitos outros cegos mancos, e aleijados, que concorrem a pedir esmolas às cortes? Mas não dizem os Evangelistas que os viu; porque os não remediou. Só dizem que viu este cego, a quem remediou, e por isso dizem que viu: *Vidit hominem caecum*.

Oh, quem me dera ter agora neste auditório a todo o mundo! Quem me dera que me ouvira agora Espanha, que me ouvira França, que me ouvira Alemanha, que me ouvira a mesma Roma! Príncipes, reis, imperadores, monarcas do mundo: vedes a ruína dos vossos reinos, vedes as aflições e misérias dos vossos vassalos, vedes as violências, vedes as opressões, vedes os tributos, vedes as pobrezas, vedes as fomes, vedes as guerras, vedes as mortes, vedes os cativeiros, vedes a assolação de tudo? Ou o vedes ou o não vedes. Se o vedes, como o não remediais? E se o não remediais, como o vedes? Estais cegos. Príncipes, eclesiásticos, grandes, maiores, supremos, e vós, ó prelados, que estais em seu lugar: vedes as calamidades universais e particulares da Igreja, vedes os destroços da fé, vedes o descaimento da religião, vedes o desprezo das leis divinas, vedes a irreverência dos lugares sagrados, vedes o abuso dos costumes, vedes os pecados públicos, vedes os escândalos, vedes as simonias, vedes os sacrilégios, vedes a falta da doutrina sã, vedes a condenação e perda de tantas almas, dentro e fora da cristandade? Ou o vedes ou o não vedes. Se o vedes, como o não remediais, e se o não remediais, como o vedes? Estais cegos. Ministros da república, da justiça, da guerra, do estado, do mar, da terra: vedes as obrigações que se descarregam sobre o vosso cuidado, vedes o peso que carrega sobre vossas consciências, vedes as desatenções do governo, vedes as injustiças, vedes os roubos, vedes os descaminhos, vedes os enredos, vedes as dilações, vedes os subornos, vedes os respeitos, vedes as potências dos grandes e as vexações dos pequenos, vedes as lágrimas dos pobres, os clamores e gemidos de todos? Ou o vedes ou o não vedes. Se o vedes, como o não remediais? E se o não remediais, como o vedes? Estais cegos. Pais de famílias, que tendes casa, mulher, filhos, criados: vedes o desconcerto e descaminho de vossas famílias, vedes a vaidade da mulher, vedes o pouco recolhimento das filhas, vedes a liberdade e más companhias dos filhos, vedes a soltura e descomedimento dos criados, vedes como vivem, vedes o que fazem, e o que se atrevem a fazer, fiados muitas vezes na vossa dissimulação, no vosso consentimento, e na sombra do vosso poder? Ou o vedes, ou o não vedes. Se o vedes, como o não remediais? E se o não remediais, como o vedes? Estais cegos. Finalmente, homem cristão, de qualquer estado e de qualquer condição que sejas: vês a fé e o caráter que recebestes no batismo, vês a obrigação da lei

---

[i] *Ita omnes Interpretes*.

que professas, vês o estado em que vives há tantos anos, vês os encargos de tua consciência, vês as restituições que deves, vês a ocasião de que te não apartas, vês o perigo de tua alma e de tua salvação, vês que estás atualmente em pecado mortal, vês que se te toma a morte nesse estado, que te condenas sem remédio, vês que se te condenas, hás de arder no Inferno, enquanto Deus for Deus, e que hás de carecer do mesmo Deus por toda a eternidade? Ou vemos tudo isto, cristãos, ou não o vemos. Se o não vemos, como somos tão cegos? E se o vemos, como o não remediamos? Fazemos conta de o remediar alguma hora, ou não? Ninguém haverá tão ímpio, tão bárbaro e tão blasfemo, que diga que não. Pois se o havemos de remediar alguma hora, quando há de ser esta hora? Na hora da morte? Na última velhice? Essa é a conta que lhe fizeram todos os que estão no Inferno, e lá estão e estarão para sempre. E será bem que façamos nós também a mesma conta, e que nos vamos após eles? Não, não, não queiramos tanto mal à nossa alma. Pois se algum dia há de ser, se algum dia havemos de abrir os olhos, se algum dia nos havemos de resolver, por que não será neste dia?

Ah, Senhor, que não quero persuadir aos homens, nem a mim (pois somos tão cegos) a Vós me quero tornar. Não olheis, Senhor, para nossas cegueiras, lembrai-Vos dos vossos olhos, lembrai-Vos do que eles fizeram hoje em Jerusalém. Ao menos um cego saia hoje daqui alumiado. Ponde em nós esses olhos piedosos: ponde em nós esses olhos misericordiosos; ponde em nós esses olhos onipotentes. Penetrai e abrandai com eles a dureza destes corações: rasgai e alumiai a cegueira destes olhos, para que vejam o estado miserável de suas almas, para que vejam quanto lhes merece essa cruz e essas chagas, e para que, lançando-nos todos a vossos pés, como hoje fez o cego, arrependidos com uma firmíssima resolução de nossos pecados, nos façamos dignos de ser alumiados com vossa graça, e de Vos ver eternamente na Glória.

SERMÃO DE QUARTA-FEIRA DE CINZA

Pregado em Roma na Igreja de Santo Antônio dos Portugueses, no Ano de 1672

*Memento homo, quia pulvis es,
et in pulverem reverteris.*

I

Duas coisas prega hoje a Igreja a todos os mortais: ambas grandes, ambas tristes, ambas temerosas, ambas certas. Mas uma de tal maneira certa e evidente que não é necessário entendimento para a crer; outra de tal maneira certa e dificultosa que nenhum entendimento basta para a alcançar. Uma é presente, outra futura: mas a futura veem-na os olhos; a presente não a alcança o entendimento. E que duas coisas enigmáticas são estas? *Pulvis es, et in pulverem reverteris.* Sois pó e em pó vos haveis de converter. Sois pó, é a presente; em pó vos haveis de converter, é a futura. O pó futuro, o pó em que nos havemos de converter, veem-no os olhos: o pó presente, o pó que somos, nem os olhos o veem, nem o entendimento o alcança. Que me diga a Igreja que hei de ser pó: *In pulverem reverteris*, não é necessário fé nem entendimento para o crer. Naquelas sepulturas, ou abertas, ou cerradas, o estão vendo os olhos. Que dizem aquelas letras? Que cobrem aquelas pedras? As letras dizem pó, as pedras cobrem pó, e tudo o que ali há é o nada que havemos de ser: tudo pó. Vamos, para maior exemplo, e maior horror, a esses sepulcros recentes do Vaticano. Se perguntardes de quem são pó aquelas cinzas, responder-vos-ão os epitáfios (que só as distinguem): aquele pó foi Urbano, aquele pó foi Inocêncio, aquele pó foi Alexandre, este que ainda não está de todo desfeito, foi Clemente. De sorte que para eu crer que hei de ser pó, não é necessário fé, nem entendimento, basta a vista. Mas que me diga, e me pregue hoje a mesma Igreja, regra da fé e da verdade, que não só hei de ser pó de futuro, senão que já sou pó de presente; *Pulvis es?* Como o pode alcançar o entendimento, se os olhos estão vendo o contrário? É possível que estes olhos que veem, estes ouvidos que ouvem, esta língua que fala, estas mãos e estes braços que se movem, estes pés que andam e pisam, tudo isto já hoje é pó: *Pulvis es?* Argumento à Igreja com a mesma Igreja: *Memento homo.* A Igreja diz-nos que supõe que sou homem; logo não sou pó. O homem é uma substância vivente, sensitiva, racional! O pó vive? Não. Pois como é pó o vivente? O pó sente? Não. Pois como é pó o sensitivo? O pó entende e discorre? Não. Pois como é pó o racional? Enfim, se me concedem que sou homem: *Memento homo;* como me pregam que sou pó? *Quia pulvis es?* Nada poderia ser melhor que não ter resposta nem solução para essa dúvida. Mas a resposta e a solução dela serão a matéria do nosso discurso. Para que eu acerte ao declarar esta dificultosa verdade e todos nós nos saibamos aproveitar deste tão importante desengano, peçamos àquela Senhora que só foi exceção deste pó, se digne de nos alcançar graça. *Ave Maria.*

II

Enfim, Senhores, que não só havemos de ser pó, mas já somos pó: *Pulvis es.* Todos os embargos que se podiam pôr contra esta sentença universal são os que ouvistes. Porém como ela foi pronunciada definitiva e declaradamente por Deus ao primeiro homem e a todos os seus descendentes, nem admite interpretação, nem pode ter dúvida. Mas como pode ser? Como pode ser que eu que o digo, vós que o ouvis, e todos os que vivemos sejamos já pó: *Pulvis es?* A razão é esta. O homem em qualquer estado que esteja, é certo que foi pó e há de tornar a ser pó. Foi pó e há de tornar a ser pó? Logo é pó. Porque tudo o que vive nesta vida não é o que é, é o que foi, é o que há de ser. Ora vede.

No dia aprazado em que Moisés e os magos do Egito haviam de fazer prova e ostentação de seus poderes diante de el-rei Faraó, Moisés estava só com Arão de uma parte, e todos os magos da outra. Deu sinal o rei; mandou Moisés a Arão que lançasse a sua vara em terra, e converteu-se subitamente em uma serpente viva e tão temerosa como aquela de que o mesmo Moisés no deserto se não dava por seguro. Fizeram todos os magos o mesmo; começam a saltar e a ferver serpentes, porém a de Moisés investiu e avançou a todas elas intrépida e senhorilmente, e assim vivas como estavam, sem matar, nem despedaçar, comeu e engoliu a todas. Refere o caso a Escritura, e diz estas palavras: *Devoravit virga Aaron virgas eorum:*[i] a vara de Arão comeu e engoliu as dos Egípcios. Aqui reparo. Parece que não havia de dizer a vara, senão a serpente. A vara não tinha boca para comer, nem dentes para mastigar, nem garganta para engolir, nem estômago para recolher tanta multidão de serpentes: a serpente em que a vara se converteu, sim, porque era um dragão vivo, voraz e terrível, capaz de tamanha batalha e de tanta façanha. Pois por que diz o Texto que a vara foi a que fez tudo isto, e não a serpente? Porque cada um é o que foi, e o que há de ser. A vara de

---

[i] *Êxod.*, VII, 12.

Moisés antes de ser serpente foi vara, e depois de ser serpente tornou a ser vara; e serpente que foi vara e há de tornar a ser vara não é serpente, é vara: *Virga Aaron.* É verdade que a serpente naquele tempo estava viva e andava, e comia, e batalhava, e vencia, e triunfava; mas como tinha sido vara, e havia de tornar a ser vara, não era o que era, era o que fora e o que havia de ser: *Virga.*

Ah, serpentes astutas do mundo, vivas e tão vivas! Não vos fieis da vossa vida nem da vossa viveza; não sois o que cuidais, nem o que sois; sois o que fostes e o que haveis de ser. Por mais que vos vejais agora um dragão coroado e vestido de armas douradas, com a cauda levantada e retorcida, açoitando os ventos; o peito inchado, as asas estendidas, o colo encrespado e soberbo, boca aberta, dentes agudos, língua trifurcada, olhos cintilantes, garras e unhas rompentes: por mais que se veja esse dragão já tremular nas bandeiras dos Lacedemônios, já passear nos jardins das Hespérides, já guardar os tesouros de Midas: ou seja dragão volante entre os meteoros, ou dragão de estrelas entre as constelações, ou dragão de divindade afetada entre as hierarquias: se foi vara e há de ser vara, é vara; se foi terra e há de ser terra, é terra; se foi nada e há de ser nada, é nada; porque tudo o que vive neste mundo é o que foi e o que há de ser. Só Deus é o que é; mas por isso mesmo. Por isso mesmo: notai.

Apareceu Deus ao mesmo Moisés nos desertos de Madiá: manda-o que leve a nova da liberdade ao povo cativo; e perguntando Moisés quem havia de dizer que o mandava, para que lhe dessem crédito, respondeu Deus, e definiu-se: *Ego sum qui sum.*[i] Eu sou o que sou. Dirás que o que é te manda: *Qui est misit me ad vos? Qui est?* O que é? E que nome ou que distinção é esta? Também Moisés é o que é, também Faraó é o que é, também o povo com que há de falar é o que é. Pois se este nome e esta definição toca a todos e a tudo, como a toma Deus só por sua? E se todos são o que são, e cada um é o que é, por que diz Deus não só como atributo, senão como essência própria da sua Divindade: *Ego sum qui sum*:[ii] Eu sou o que sou? Excelentemente S. Jerônimo, respondendo com as palavras do Apocalipse: *Qui est, et qui erat, et qui venturus est.*[iii] Sabeis por que diz Deus: *Ego sum qui sum?* Sabeis por que só Deus é o que é? Porque só Deus é o que foi, e o que há de ser. Deus é Deus, e foi Deus e há de ser Deus: e só quem é o que foi, e o que há de ser, é o que é: *Qui est, et qui erat, et qui venturus est. Ego sum qui sum.*[iv] De maneira que quem é o que foi e o que há de ser, é o que é: e este é só Deus. Quem não é o que foi, e o que há de ser, não é o que é:

---

[i] *Êxod.*, III, 14.
[ii] *S. Jerônimo.*
[iii] *Apoc.*, I, 4.
[iv] *Sal.*, LXXXI, 6.

é o que foi e o que há de ser; e estes somos nós. Olhemos para trás: que é o que fomos? Pó. Olhemos para diante: que é o que havemos de ser? Pó. Fomos pó e havemos de ser pó? Pois isso é o que somos: *Pulvis es.*

Eu bem sei que também há deuses da terra, e que esta terra onde estamos foi a pátria comum de todos os deuses, ou próprios ou estranhos. Aqueles deuses eram de diversos metais: estes são de barro (ou cru ou malcozido) mas deuses. Deuses na grandeza, deuses na majestade, deuses no poder, deuses na adoração, e também deuses no nome: *Ego dixi, Dii estis.* Mas se houver (que pode haver), se houver algum desses deuses que cuide ou diga: *Ego sum qui sum*; olhe primeiro o que foi e o que há de ser. Se foi Deus e há de ser Deus, é Deus; eu o creio e o adoro; mas se não foi Deus, nem há de ser Deus; se foi pó e há de ser pó: faça mais caso da sua sepultura que da sua divindade: assim lho disse e os desenganou o mesmo Deus, que lhes chamou deuses: *Ego dixi, Dii estis: vos autem sicut homines moriemini.*[i] Quem foi pó e há de ser pó, seja o que quiser, e quanto quiser; é pó: *Pulvis es.*

III

Parece-me que tenho provado a minha razão e a consequência dela. Se a quereis ver praticada em próprios termos, sou contente. Praticaram este desengano dois homens que sabiam mais de nós que nós: Jó e Abraão. Jó com outro *Memento* como o nosso dizia a Deus: *Memento quaeso, quod sicut lutum feceris me, et in pulverem deduces me.*[ii] Lembrai-vos, Senhor, que me fizestes de pó, e que em pó me haveis de retornar. Abraão, pedindo licença ou atrevimento para falar a Deus: *Loquar ad Dominum cum sim pulvis et cinis*:[iii] Falar-vos-ei, Senhor, ainda que seja eu pó e cinza. Já vedes a diferença dos termos, que não pode ser maior nem também mais natural ao nosso intento. Jó diz que foi pó e há de ser pó; Abraão não diz que foi nem que há de ser, senão que já é pó: *Cum sim pulvis et cinis.* Se um destes homens fora morto e outro vivo, falavam muito propriamente, porque todo o vivo pode dizer: eu fui pó, e hei de ser pó: e um morto se falasse, havia de dizer: eu já sou pó. Mas Abraão que disse isto, não estava morto, senão vivo como Jó: e Abraão e Jó não eram de diferente metal, nem de diferente natureza. Pois se ambos eram da mesma natureza, e ambos estavam vivos, como diz um que já é pó, e outro não diz que o é, senão que o

---

[i] *Sal.*, LXXXI, 7.
[ii] *Jó*, X, 9.
[iii] *Gênes.*, XVIII, 27.

foi, e que o há de ser? Por isso mesmo. Porque Jó foi pó, e há de ser pó, por isso Abraão é pó. Em Jó falou a morte, em Abraão a vida, em ambos a natureza. Um descreveu-se pelo passado e pelo futuro, o outro definiu-se pelo presente: um reconheceu o efeito, o outro considerou a causa: um disse o que era, o outro declarou o porquê. Porque Jó, e Abraão, e qualquer outro homem, foi pó e há de ser pó; por isso já é pó. Fostes pó e haveis de ser pó como Jó? Pois já sois pó como Abraão: *Cum sim pulvis, et cinis.*

Tudo temos no nosso Texto, se bem se considera, porque as segundas palavras dele não só contêm a declaração, senão também a razão das primeiras: *Pulvis es*: sois pó. E por quê? Porque *in pulverem reverteris*; porque fostes pó, e haveis de tornar a ser pó. Esta é a força da palavra *reverteris*, a qual não só significa o pó que havemos de ser, senão também o pó que fomos. Por isso não diz: *converteris*: converter-vos-eis em pó, senão: *reverteris*; tornareis a ser o pó que fostes. Quando dizemos que os mortos se convertem em pó, falamos impropriamente, porque aquilo não é conversão, é reversão: *reverteris*; é tornar a ser na morte o pó que fomos no nascimento é tornar a ser na sepultura o pó que fomos no campo Damasceno. E porque fomos pó e havemos de tornar a ser pó: *in pulverem reverteris*; por isso já somos pó: *Pulvis es*. Não é exposição minha, senão formalidade do mesmo Texto com que Deus pronunciou a sentença de morte contra Adão: *Donec reverteris in terram, de qua sumptus es; quia pulvis es*:[i] Até que tornes a ser a terra de que fostes formado, porque és pó. De maneira que a razão e o porquê de sermos pó: *Quia pulvis es*, é porque fomos pó e havemos de tornar a ser pó: *Donec reverteris in terram, de qua sumptus es.*

Só parece que se pode opor ou dizer em contrário que aquele *donec* — até que — significa tempo em meio entre o pó que somos e o pó que havemos de ser, e que neste meio tempo não somos pó. Mas a mesma verdade divina que disse: *donec*, disse também *pulvis es*. E a razão desta consequência está no *reverteris*; porque a reversão com que tornamos a ser o pó que fomos começa circularmente não do último, senão do primeiro ponto da vida. Notai. Esta nossa chamada vida não é mais que um círculo que fazemos de pó a pó: do pó que fomos ao pó que havemos de ser. Uns fazem o círculo maior, outros menor, outros mais diminuto, outros mínimo: *de utero translatus ad tumulum*:[ii] mas ou seja o caminho largo, breve ou brevíssimo, como é círculo de pó a pó, sempre e em qualquer tempo da vida somos pó. Quem vai circularmente de um ponto para o mesmo ponto, quanto mais se distancia dele, tanto mais se

---

[i] *Gênes.*, III, 19.
[ii] *Jó*, X, 19.

aproxima dele: e quem, quanto mais se distancia, mais se aproxima, não se distancia. O pó que foi nosso princípio, esse mesmo e não outro é o nosso fim, e porque caminhamos circularmente deste pó para este pó, quanto mais parece que nos afastamos dele, tanto mais nos aproximamos dele: o passo que nos afasta, esse mesmo nos aproxima; o dia que faz a vida, esse mesmo a desfaz; e como esta roda que anda e desanda juntamente sempre nos vai moendo, sempre somos pó. Por isso quando Deus intimou a Adão a reversão ou resolução deste círculo: *donec reverteris*: das premissas: pó fostes e pó serás, tirou, por consequência, pó és: *Quia pulvis es*. Assim que desde o primeiro instante da vida até o último nos devemos persuadir e assentar conosco, que não só fomos e havemos de ser pó, senão que já o somos, e por isso mesmo. Foste pó e hás de ser pó? És pó: *pulvis es*.

IV

Ora suposto que já somos pó, e não pode deixar de ser, pois Deus o disse: perguntar-me-eis, e com muita razão, em que nos distinguimos logo os vivos dos mortos? Os mortos são pó, nós também somos pó; em que nos distinguimos uns dos outros? Distinguimo-nos os vivos dos mortos assim como se distingue o pó do pó. Os vivos são pó levantado, os mortos são pó caído; os vivos são pó que anda, os mortos são pó que jaz: *Hic jacet*. Estão essas praças no verão cobertas de pó: dá um pé de vento, levanta-se o pó no ar, e que faz? O que fazem os vivos, e muitos vivos. Não aquieta o pó, nem pode estar parado; anda, corre, voa; entra por esta rua, sai por aquela; já vai adiante, já volta atrás; tudo enche, tudo cobre, tudo envolve, tudo perturba, tudo toma, tudo cega, tudo penetra; em tudo e por tudo se mete, sem aquietar nem sossegar um momento, enquanto o vento dura. Acalmou o vento: cai o pó, e onde o vento parou, ali fica; ou dentro de casa, ou na rua, ou em cima de um telhado, ou no mar, ou no rio, ou no monte, ou na campanha. Não é assim? Assim é. E que pó, e que vento é este? O pó somos nós: *Qui pulvis es*: o vento é a nossa vida: *Quia ventus est vita mea*.[i] Bateu o vento, levantou-se o pó: parou o vento, caiu. Bateu o vento, eis o pó levantado; estes são os vivos. Parou o vento, eis o pó caído; estes são os mortos. Os vivos pó, os mortos pó; os vivos pó levantado, os mortos pó caído; os vivos pó com vento, e por isso vãos; os mortos pó sem vento, e por isso sem vaidade. Esta é a distinção, e não há outra.

---

[i] *Jó*, VII, 7.

Nem cuide alguém que é isto metáfora ou comparação, senão realidade experimentada e certa. Formou Deus de pó aquela primeira estátua, que depois se chamou corpo de Adão. Assim o diz o Texto original: *Formavit Deus hominem de pulvere terrae*.[i] A figura era humana, e muito primorosamente delineada; mas a substância, ou a matéria, não era mais que pó. A cabeça pó, o peito pó, os braços pó, os olhos, a boca, a língua, o coração, tudo pó. Chega-se pois Deus à estátua, e que fez? *Inspiravit in faciem ejus*:[ii] Assoprou-a. E tanto que o vento do assopro deu no pó: *Et factus est homo in animam viventem*, eis o pó levantado e vivo; já é homem, já se chama Adão. Ah, pó, se aquietaras e pararas aí? Mas pó assoprado, e com vento, como havia de aquietar? Ei-lo abaixo, ei-lo acima, e tanto acima, e tanto abaixo; dando uma tão grande volta, e tantas voltas. Já senhor do universo, já escravo de si mesmo, já só, já acompanhado, já nu, já vestido, já coberto de folhas, já de peles, já tentado, já vencido, já fugitivo, já desterrado, já pecador, já penitente; e para maior penitência, pai; chorando os filhos, lavrando a terra, recolhendo espinhos por frutos, suando, trabalhando, lidando, fatigando, com tantos vaivéns do gosto e da fortuna, sempre em uma roda viva. Assim andou levantado o pó enquanto durou o vento. O vento durou muito, porque naquele tempo eram mais largas as vidas; mas enfim parou. E que lhe sucedeu no mesmo ponto a Adão? O que sucede ao pó. Assim como o vento o levantou e o sustinha, tanto que o vento parou, caiu. Pó levantado, Adão vivo; pó caído, Adão morto: *Et mortuus est*.

Este foi o primeiro pó, e o primeiro vivo, e o primeiro condenado à morte; e esta é a diferença que há de vivos a mortos, e de pó a pó. Por isso na Escritura o morrer se chama cair, e o viver levantar-se. O morrer cair: *Vos autem sicut homines moriemini, et sicut unus de Principibus cadetis*.[iii] O viver, levantar-se: *Adolescens tibi dico surge*.[iv] Se levantados, vivos; se caídos, mortos; mas ou caídos ou levantados, ou mortos ou vivos, pó; os levantados, pó da vida, os mortos, pó da morte. Assim o entendeu e notou Davi, e esta é a distinção que fez quando disse *In pulverem mortis deduxisti me*. Levastes-me, Senhor, ao pó da morte. Não bastava dizer: *In pulverem deduxisti me*: assim como: *In pulverem reverteris*? Sim, bastava; mas disse com maior energia: *In pulverem mortis*: ao pó da morte; porque há pó da morte e pó da vida: os vivos, que andamos em pé, somos o pó da vida: *Pulvis es*; os mortos, que jazem na sepultura, são o pó da morte: *In pulverem reverteris*.

---

[i] *Gênes.*, II, 7.
[ii] Ibid.
[iii] *Sal.*, LXXXI, 7.
[iv] *Luc.*, VII, 14.

V

À vista desta distinção tão verdadeira, e deste desengano tão certo, que posso eu dizer ao nosso pó, senão o que lhe diz a Igreja: *Mementa homo?* Dois *Mementos* hei de fazer hoje ao pó: um *Memento* ao pó levantado, outro *Memento* ao pó caído; um *Memento* ao pó que somos, outro *Memento* ao pó que havemos de ser; um *Memento* ao pó que me ouve, outro *Memento* ao pó que me não pode ouvir. O primeiro será o *Memento* dos vivos, o segundo o dos mortos.

Aos vivos que direi eu? Digo que se lembre o pó levantado que há de ser pó caído. Levante-se o pó com o vento da vida, e muito mais com o vento da fortuna; mas lembre-se o pó que o vento da fortuna não pode durar mais que o vento da vida, e que pode durar muito menos, porque é mais inconstante. O vento da vida, por mais que cresça, nunca pode chegar a ser bonança; o vento da fortuna, se cresce, pode chegar a ser tempestade, e tão grande tempestade que se afogue nela o mesmo vento da vida. Pó levantado, lembra-te outra vez, que hás de ser pó caído, e que tudo há de cair, e ser pó contigo. Estátua de Nabuco: ouro, prata, bronze, ferro, lustre, riqueza, fama, poder; lembra-te que tudo há de cair de um golpe, e que então se verá o que agora não queremos ver, que tudo é pó, e pó de terra. Eu não me admiro, senhores, que aquela estátua em um momento se convertesse toda em pó; era imagem de homem, isso bastava. O que me admira, e admirou sempre, é que se convertesse, como diz o Texto, em pó de terra: *In favillam aestivae areae.*[i] A cabeça da estátua não era de ouro? Pois por que se não converte o ouro em pó de ouro? O peito e os braços não eram de prata? Por que se não converte a prata em pó de prata? O ventre não era de bronze, e o demais de ferro? Por que se não converte o bronze em pó de bronze, e o ferro em pó de ferro? Mas o ouro, a prata, o bronze, o ferro, tudo em pó de terra? Sim. Tudo em pó de terra. Cuida o ilustre arrogante que é de ouro, e todo esse resplandor em caindo, há de ser pó de terra. Cuida o rico presunçoso que é de prata, e toda essa riqueza em caindo, há de ser pó, e pó de terra. Cuida o robusto que é de bronze, cuida o valente que é de ferro, um petulante, outro arrogante; e toda essa fortaleza, e toda essa valentia em caindo, há de ser pó, e pó de terra: *in favillam aestivae areae.*

Senhor pó: *Nimium ne crede colori.* A pedra que desfez em pó a estátua é a pedra daquela sepultura. Aquela pedra é como a pedra do pintor, que mói todas as cores, e todas as desfaz em pó. O negro da batina, o branco da cota, o pavonaço do mantelete, o vermelho da púrpura, tudo ali se desfaz em pó.

---

[i] *Dan.*, II, 35.

Adão quer dizer: *ruber*,[i] o vermelho: porque o pó do campo Damasceno, de que Adão foi formado, era vermelho; e parece que escolheu Deus o pó daquela cor tão prezada para nela e com ela desenganar a todas as cores. Desengane-se a escarlata mais fina, mais alta e mais coroada, e desenganem-se daí abaixo todas as cores, que todas se hão de moer naquela pedra, e desfazer em pó, e o que é mais, todas em pó da mesma cor. Na estátua o ouro era amarelo, a prata branca, o bronze verde, o ferro negro; mas tanto que a tocou a pedra, tudo ficou da mesma cor, tudo da cor da terra: *In favillam aestivae areae.* O pó levantado, como vão, quis fazer distinções de pó a pó: e porque não pôde distinguir a substância, pôs a diferença nas cores. Porém a morte como vingadora de todos os agravos da natureza a todas essas cores faz da mesma cor, para que não distinga a vaidade e a fortuna os que fez iguais a razão. Ouvi a Santo Agostinho: *Respice sepulchra, et vide, quis Dominus, quis servus, quis pauper, quis dives? Discerne, si potes, regem a vincto, fortem a debili, pulchrum a deformi.*[ii] Abri aquelas sepulturas (diz Agostinho) e vede qual é ali o senhor e qual o servo: qual é ali o pobre, e qual o rico? *Discerne, si potes*: distingui-me ali, se podeis, o valente do fraco, o formoso do feio, o rei coroado de ouro do escravo de Argel carregado de ferro? Distingui-los? Conhecê-los? Não, por certo. O grande e o pequeno, o rico e o pobre, o sábio e o ignorante, o senhor e o escravo, o príncipe e o escavador, o alemão e etíope, todos ali são da mesma cor.

Passa Santo Agostinho da sua África à nossa, e pergunta assim: *Ubi sunt quos ambiebant civium potentatus? Ubi insuperabiles imperatores? Ubi exercituum duces? Ubi satrapae et tyranni?*[iii] Onde estão os cônsules romanos? Onde estão aqueles imperadores e capitães famosos, que desde o Capitólio mandavam no mundo? Que se fez dos Césares? E dos Pompeus, dos Mários e dos Silas? Dos Cipiões e dos Emílios? Os Augustos, os Cláudios, os Tibérios, os Vespasianos, os Titos, os Trajanos, que é deles? *Nunc omnia pulvis*: tudo pó; *Nunc omnia favillae*: tudo cinza; *Nunc in paucis versibus eorum memoria est*: não resta de todos eles outra memória, mais que os poucos versos das suas sepulturas. Meu Agostinho, também esses versos que se liam então já os não há: apagaram-se as letras, comeu o tempo as pedras: também as pedras morrem: *Mors etiam saxis, nominibusque venit.* Oh, que *Memento* este para Roma!

Já não digo como até agora: lembra-te, homem, que és pó levantado, e hás de ser pó caído; o que digo é: lembra-te, Roma, que és pó levantado, e que és pó caído juntamente. Olha, Roma, daqui para baixo, e ver-te-ás caída e

---

[i] *Hieronimus hic in quaest.* Hebruic. Lyran. Hugo Abul. etc.
[ii] *Augustinus in sentent. ultima.*
[iii] Ibid.

sepultada debaixo de ti; olha, Roma, de lá para cima e ver-te-ás levantada, e pendente em cima de ti. Roma sobre Roma, e Roma debaixo de Roma. Nas margens do Tibre a Roma que se vê para cima, vê-se também para baixo; mas aquilo são sombras: aqui a Roma que se vê em cima, vê-se também embaixo, e não é engano da vista, senão verdade: a cidade sobre as ruínas, o corpo sobre o cadáver, a Roma viva sobre a morta. Que coisa é Roma senão um sepulcro de si mesma? Embaixo os ossos, em cima o vulto. Este vulto, esta majestade, esta grandeza é a imagem, e só a imagem, do que está debaixo da terra. Ordenou a Providência Divina que Roma fosse tantas vezes destruída, e depois reedificada sobre suas ruínas, para que a cabeça do mundo tivesse uma caveira em que se ver. Um homem pode-se ver na caveira de outro homem: a cabeça do mundo não se podia ver senão na sua própria caveira. Que é Roma levantada? A cabeça do mundo. Que é Roma caída? A caveira do mundo. Que são esses pedaços de termas e colossos, senão os ossos rotos e truncados desta grande caveira? E que são essas colunas, essas agulhas desenterradas, senão os dentes mais duros desencaixados dela? Oh, que sisuda seria a cabeça do mundo se se visse bem na caveira!

Nabuco, depois de ver a estátua convertida em pó, edificou outra estátua. Louco, que é o que te disse o Profeta? *Tu Rex es caput*:[i] tu, rei, és a cabeça da estátua. Pois se tu és a cabeça e estás vivo, olhe a cabeça viva para a cabeça defunta; olhe a cabeça levantada para a cabeça caída; olhe a cabeça para a caveira. Oh, se a cabeça do mundo olhasse para a caveira do mundo! A caveira é maior que a cabeça: para que tenha menos lugar a vaidade e maior matéria o desengano. Isto fui e isto sou? Nisto parou a grandeza daquele imenso todo, de que hoje sou tão pequena parte? Nisto parou. E o pior é, Roma minha (se me dás licença para que te diga), que não há de parar só nisto. Este destroço e estas ruínas que vês tuas não são as últimas; ainda te espera outra antes do fim do mundo profetizado nas Escrituras. Aquela Babilônia de que fala S. João, quando diz no Apocalipse: *Cecidit, cecidit Babylon*:[ii] é Roma; não pelo que hoje é, senão pelo que há de ser. Assim o entendem S. Jerônimo, Santo Agostinho, Santo Ambrósio, Tertuliano, Ecumênio, Cassiodoro e outros Padres, a quem seguem de comum acordo intérpretes e teólogos.[iii] Roma, a espiritual, é eterna; porque *Portae inferi non praevalebunt adversus eam*.[iv] Mas Roma, a temporal, sujeita está como as outras metrópoles das monarquias, e

---

[i] *Dan.*, II, 38.
[ii] *Apoc.*, XIV, 8.
[iii] Hier. Aug. Ambr. Tertullian. Ecumen. Cassiod. Bellar. *Suar. et plures apud Cornelium ibi.*
[iv] *Mat.*, XVI, 18.

não só sujeita mas condenada à catástrofe das coisas mutáveis, e aos eclipses do tempo. Nas tuas ruínas vês o que foste, nos teus oráculos lês o que hás de ser; e se queres fazer verdadeiro juízo de ti mesma, pelo que foste e pelo que hás de ser estima o que és.

Nesta mesma roda natural das coisas humanas, descobriu a sabedoria de Salomão dois espelhos recíprocos, que podemos chamar do tempo, em que se vê facilmente o que foi e o que há de ser. *Quid est quod fuit? Ipsum quod futurum est. Quid est quod factum est? Ipsum quod faciendum est.*[i] Que é o que foi? Aquilo mesmo que há de ser. Que é o que há de ser? Aquilo mesmo que foi. Pondo estes dois espelhos um diante do outro, e assim como os raios do ocaso ferem o oriente, e os do oriente o ocaso, assim, por reverberação natural e recíproca, achareis que no espelho do passado se vê o que há de ser, e no futuro o que foi. Se quereis ver o futuro, lede as histórias, e olhai para o passado: se quereis ver o passado, lede as profecias, e olhai para o futuro. E quem quiser ver o presente para onde há de olhar? Não o disse Salomão, mas eu o direi. Digo que olhe juntamente para um e para outro espelho. Olhai para o passado e para o futuro, e vereis o presente. A razão ou consequência é manifesta. Se no passado se vê o futuro, e no futuro se vê o passado, segue-se que no passado e no futuro se vê o presente, porque o presente é o futuro do passado e o mesmo presente é o passado do futuro. *Quid est quod fuit? Ipsum quod futurum est. Quid est quod est? Ipsum quod fuit, et quod futurum est.* Roma, o que foste, isso hás de ser; e o que foste e o que hás de ser, isso és. Vê-te bem nestes dois espelhos do tempo, e conhecer-te-ás. E se a verdade deste desengano tem lugar nas pedras, quanto mais nos homens! No passado foste pó? No futuro hás de ser pó? Logo, no presente és pó: *Pulvis es.*

VI

Este foi o *Memento* dos vivos: acabo com o *Memento* dos mortos. Aos vivos disse: lembre-se o pó levantado que há de ser pó caído. Aos mortos digo: lembre-se o pó caído que há de ser levantado. Ninguém morre para estar sempre morto; por isso a morte nas Escrituras se chama sono. Os vivos caem em terra com o sono da morte: os mortos jazem na sepultura dormindo sem movimento nem sentido, aquela profunda e dilatada letargia: mas quando o clamor da trombeta final os chamar a juízo, todos hão de acordar, e levantar-se outra

---

[i] *Ecles.*, I, 9.

vez. Então dirá cada um com Davi: *Ego dormivi et soporatus sum, et exurrexi.*[i] Lembre-se pois o pó caído que há de ser pó levantado.

Este segundo *Memento* é muito mais terrível que o primeiro. Aos vivos disse: *Memento homo quia pulvis es, et in pulverem reverteris*: aos mortos digo com as palavras trocadas, mas com sentido igualmente verdadeiro: *Memento pulvis quia homo es, et in hominem reverteris*: Lembra-te, pó, que és homem, e que em homem te hás de retornar. Os que me ouviram, já sabem que cada um é o que foi, e o que há de ser. Tu que jazes nessa sepultura, sabe-o agora. Eu vivo, tu estás morto: eu falo, tu estás mudo; mas assim como eu, sendo homem, porque fui pó e hei de tornar a ser pó, sou pó, assim tu, sendo pó, porque foste homem e hás de tornar a ser homem, és homem. Morre a águia, morre a Fênix; mas a águia morta não é águia, a Fênix morta é Fênix. E por quê? A águia morta não é águia, porque foi águia, mas não há de tornar a ser águia. A Fênix morta é Fênix, porque foi Fênix e há de tornar a ser Fênix. Assim és tu que jazes nessa sepultura. Morto, sim, desfeito em cinzas, sim; mas em cinzas como as da Fênix. A Fênix desfeita em cinzas é Fênix, porque foi Fênix e há de tornar a ser Fênix: e tu, desfeito também em cinzas, és homem, porque foste homem e hás de tornar a ser homem. Não é a proposição, nem comparação minha, senão da Sabedoria e Verdade Eterna. Ouçam os mortos a um morto, que melhor que todos os vivos conheceu e pregou a fé da imortalidade: *In nidulo meo moriar, et sicut Phaenix multiplicabo dies meos*:[ii] Morrerei no meu ninho (diz Jó) e como Fênix multiplicarei os meus dias. Os dias soma-os a vida, diminui-os a morte e multiplica-os a ressurreição. Por isso Jó como vivo, como morto e como imortal se compara à Fênix. Bem pudera este grande herói, pois chamou ninho à sua sepultura, comparar-se à rainha das aves, como rei que era. Mas falando de si e conosco naquela medida em que todos somos iguais, não se comparou à águia, senão à Fênix; porque o nascer águia é fortuna de poucos, o renascer Fênix é natureza de todos. Todos nascemos para morrer, e todos morremos para ressuscitar. Para nascer antes de ser, tivemos necessidade de pai e mãe, que nos gerasse: para renascer depois de morrer, como é Fênix, o mesmo pó em que se corrompeu e desfez o corpo é o pai e a mãe de que havemos de tornar a ser gerados: *Putredini dixi: pater meus es, mater mea, et soror mea vermibus.*[iii] Sendo pois igualmente certa esta segunda metamorfose como a primeira, preguemos também aos mortos, como pregou Ezequiel,[iv] para que nos ouçam mortos e

---

[i] *Sal.*, III, 6.
[ii] In Textu Graeco. *Job*, XXIX, 18.
[iii] *Jó*, XVII, 14.
[iv] *Ezequ.*, XXXVII, 4.

vivos. Se dissemos aos vivos: lembra-te, homem, que és pó, porque foste pó, e hás de tornar a ser pó; bradamos com a mesma verdade aos mortos, que já são pó: lembra-te, pó, que és homem, porque foste homem, e hás de tornar a ser homem: *Memento pulvis quia homo es, et in hominem reverteris.*

Senhores meus: não seja isto cerimônia: falemos muito seriamente, que o dia é disso. Ou cremos que somos imortais, ou não. Se o homem acaba com o pó, não tenho que dizer; mas se o pó há de tornar a ser homem, não sei o que vos diga, nem o que diga. A mim não me faz medo o pó que hei de ser, faz-me medo o que há de ser o pó. Eu não temo na morte a morte, temo a imortalidade: eu não temo hoje o dia de Cinza, temo hoje o dia de Páscoa, porque sei que hei de ressuscitar, porque sei que hei de viver para sempre, porque sei que me espera uma eternidade ou no Céu ou no Inferno: *Scio enim quod Redemptor meus vivit, et in novissimo die de terra surrectures sum:*[i] *Scio*, diz. Notai. Não diz: creio, senão, *scio*: sei; por que a verdade e certeza da imortalidade do homem não é só fé, senão também ciência. Por ciência e por razão natural a conheceram Platão, Aristóteles e tantos outros filósofos gentios.[ii] Mas que importava que o não alcançasse a razão onde está a Fé? Que importa a autoridade dos homens onde está o testemunho de Deus? O pó daquela sepultura está chamando: *De Terra surrecturus sum, et rursum circumdabor pelle mea, et in carne mea videbo Deum meum, quem visurus sum ego ipse, et oculi mei conspecturi sunt, et non alius.*[iii] Este homem, este corpo, estes ossos, esta carne, esta pele, estes olhos, este eu, e não outro, é o que há de morrer? Sim; mas reviver e ressuscitar à imortalidade. Mortal até o pó, mas depois do pó imortal. *Credie hoc? Utique Domine.*[iv] Pois que efeito faz em nós este conhecimento da morte, e esta fé da imortalidade?

Quando considero na vida que se usa, acho que nem vivemos como mortais, nem vivemos como imortais. Não vivemos como mortais, porque tratamos das coisas desta vida como se esta vida fora eterna. Não vivemos como imortais, porque nos esquecemos tanto da vida eterna, como se não houvera tal vida. Se esta vida fosse imortal, e nós imortais, que havíamos de fazer, senão o que fazemos? Estai comigo. Se Deus, assim como fez um Adão, fizera dois, e o segundo fora mais sisudo que o nosso, nós havíamos de ser mortais, como somos, e os filhos do outro Adão haviam de ser imortais. E estes homens imortais que haviam de fazer neste mundo? Isto mesmo que nós fazemos. Depois que não

---

[i] *Jó*, XIX, 25.

[ii] Plat. in Timaeo. Philabo Menon. Et lib. de Rep. Aristotel. 1. de Anima capo 4 et lib. 3., cap. 4.º et lib. 2 de Gen. anim.

[iii] *Jó*, XIX, 26.

[iv] *João*, XI, 26.

coubessem no Paraíso, e se fossem multiplicando, haviam-se de estender pela Terra; haviam de conduzir de todas as partes do mundo todo o bom, precioso e deleitoso que Deus para eles tinha criado; haviam de ordenar cidades e palácios, quintas, jardins, fontes, delícias, banquetes, representações, músicas, festas, e tudo aquilo que pudesse formar uma vida alegre e deleitosa. Não é isto o que nós fazemos? E muito mais do que eles haviam de fazer; porque o haviam de fazer com justiça, com razão, com modéstia, com temperança; sem luxo, sem soberba, sem ambição, sem inveja; e com harmonia, com caridade, com humanidade. Mas como se ririam então, e como pasmariam de nós aqueles homens imortais! Como se ririam das nossas loucuras, como pasmariam da nossa cegueira, vendo-nos tão ocupados, tão solícitos, tão desvelados pela nossa vidazinha de dois dias, e tão esquecidos e descuidados da morte, como se fôssemos tão imortais como eles? Eles sem dor nem enfermidade; nós enfermos e gemendo; eles vivendo sempre; nós morrendo; eles não sabendo o nome à sepultura; nós enterrando uns aos outros. Eles gozando o mundo em paz; e nós fazendo demandas e guerras pelo que não havemos de gozar. Homenzinhos miseráveis (haviam de dizer), homenzinhos miseráveis, loucos, insensatos, não vedes que sois mortais? Não vedes que haveis de acabar amanhã? Não vedes que vos hão de meter debaixo de uma sepultura, e que de tudo quanto andais afanando e adquirindo, não haveis de lograr mais que seis pés de terra! Que doidice e que cegueira é logo a vossa? Não sendo como nós, quereis viver como nós? Assim é: *Morimur ut mortales: vivimus ut immortales*;[i] morremos como mortais que somos, e vivemos como se fôssemos imortais. Assim o dizia Sêneca gentio à Roma gentia. Vós a isto dizeis que Sêneca era um estoico. E não é mais ser cristão que ser estoico? Sêneca não conhecia a imortalidade da alma; o mais a que chegou foi a duvidá-la, e contudo entendia isto.

VII

Ora, senhores, já que somos cristãos, já que sabemos que havemos de morrer, e que somos imortais, saibamos usar da morte, e da imortalidade. Tratemos desta vida como mortais, e da outra como imortais. Pode haver loucura mais completa, pode haver cegueira mais cega, que empregar-me todo na vida que há de acabar, e não tratar da vida que há de durar para sempre? Cansar-me, afligir-me, matar-me pelo que forçosamente hei de deixar, e do que hei de lograr ou perder para sempre, não fazer nenhum caso! Tantas diligências para

---

[i] Sêneca. *De consolat. ad Marciam* Ep. 57 et Ep. 117.

esta vida; nenhuma diligência para a outra vida! Tanto medo, tanto receio da morte temporal, e da eterna nenhum temor! Mortos, mortos, desenganai estes vivos! Dizei-nos que pensamentos e que sentimentos foram os vossos, quando entrastes e saístes pelas portas da morte. A morte tem duas portas: *Qui exaltas me de portis mortis.*[i] Uma porta de vidro, por onde se sai da vida; outra porta de diamante, por onde se entra à eternidade. Entre estas duas portas se acha subitamente um homem no instante da morte, sem poder voltar atrás, nem parar, nem fugir, nem dilatar, senão entrar para onde não sabe, e para sempre. Oh, que transe tão apertado! Oh, que passo tão estreito! Oh, que momento tão terrível! Aristóteles disse que entre todas as coisas terríveis, a mais terrível é a morte. Disse bem; mas não entendeu o que disse. Não é terrível a morte pela vida que acaba, senão pela eternidade que começa. Não é terrível a porta por onde se sai; a terrível é a porta por onde se entra. Se olhais para baixo, um precipício que vai parar no Inferno. E isto incerto.

Dormindo Jacó sobre uma pedra, viu aquela escada que chegava da Terra até o Céu; e acordou atônito gritando: *Terribilis est locus iste.*[ii] Oh, que terrível lugar é este! E por que é terrível, Jacó? *Non est hic aliud nisi domus Dei, et porta Coeli.* Porque isto não é outra coisa, senão a porta do Céu. Pois a porta do Céu, a porta da bem-aventurança, é terrível? Sim. Porque é uma porta que se pode abrir e que se pode fechar. É aquela porta que se abriu para as cinco virgens prudentes, e que se fechou para as cinco néscias: *Et clausa est janua.*[iii] E se esta porta é terrível para quem olha só para cima; quão terrível será para quem olha para cima, e mais para baixo! Se é terrível para quem olha para o Céu, quanto mais terrível será para quem olhar para o Céu e para o Inferno juntamente? Este é o mistério de toda a escada, em que Jacó não reparou inteiramente, como quem estava dormindo. Bem viu Jacó que pela escada subiam e desciam anjos; mas não reparou que aquela escada tinha mais degraus para descer, que para subir; para subir era escada da Terra até o Céu; para descer era escada do Céu até o Inferno; para subir era escada por onde subiram anjos a ser bem-aventurados; para descer era escada por onde desceram anjos a ser demônios. Terrível escada para quem não sobe, porque perde o Céu e a vista de Deus; e mais terrível para quem desce, porque não só perde o Céu e a vista de Deus, mas vai arder no Inferno eternamente. Esta é a visão mais que terrível que todos havemos de ver; este é o lugar mais que terrível por onde todos havemos de passar, e por onde já passaram todos os que ali jazem. Jacó jazia sobre a pedra; ali a pedra jaz sobre

---

[i] *Sal.*, IX, 15.
[ii] *Gênes.*, XVIII, 17.
[iii] *Mat.*, XXV, 10.

Jacó, ou Jacó debaixo da pedra. Já dormiram o seu sono: *Dormierunt somnum suum*;[i] já viram aquela visão, já subiram ou desceram pela escada; se estão no Céu ou no Inferno, Deus o sabe; mas tudo se averiguou naquele momento.

Oh, que momento (torno a dizer), oh, que passo, oh, que transe tão terrível! Oh, que temores, oh, que aflição, oh, que angústias! Ali, senhores, não se teme a morte, teme-se a vida. Tudo o que ali dá pena é tudo o que nesta vida deu gosto, e tudo o que buscamos por nosso gosto, muitas vezes com tantas penas. Oh, que diferentes parecerão então todas as coisas desta vida! Que verdades, que desenganos, que luzes tão claras de tudo o que neste mundo nos cega! Nenhum homem há, naquele ponto, que não desejara muito uma de duas: ou não ter nascido, ou tornar a nascer de novo para fazer uma vida muito diferente. Mas já é tarde, já não há tempo: *Quia tempus non erit amplius.*[ii] Cristãos e senhores meus: por misericórdia de Deus ainda estamos em tempo. É certo que todos caminhamos para aquele passo, é infalível que todos havemos de chegar, e todos nos havemos de ver naquele terrível momento, e pode ser que muito cedo. Julgue cada um de nós se será melhor arrepender-se agora, ou deixar o arrependimento para quando não tenha lugar, nem seja arrependimento! Deus nos avisa, Deus nos dá estas vozes; não deixemos passar esta inspiração, que não sabemos se será a última! Se então havemos de desejar em vão começar outra vida, comecemo-la agora: *Dixi: nunc caepi.*[iii] Comecemos de hoje em diante a viver como quereríamos ter vivido na hora da morte. Vive assim como quiseras ter vivido quando morras. Oh, que consolação tão grande será então a nossa se o fizermos assim! E, pelo contrário, que desconsolação tão irremediável e tão desesperada, se nos deixarmos levar pela corrente, quando nos acharmos onde ela nos leva! É possível que me condenei por minha culpa e por minha vontade, e conhecendo muito bem o que agora experimento sem nenhum remédio? É possível que por uma cegueira de que me não quis apartar, por um apetite que passou em um momento, hei de arder no Inferno enquanto Deus for Deus? Cuidemos nisto, cristãos, cuidemos nisto. Em que cuidamos e em que não cuidamos? Homens mortais, homens imortais, se todos os dias podemos morrer, se cada dia nos vamos chegando mais à morte, e ela a nós, não se acabe com este dia a memória da morte. Resolução, resolução uma vez, que sem resolução nada se faz. E para que esta resolução dure, e não seja como outras, tomemos cada dia uma hora em que cuidemos bem daquela hora. De vinte e quatro horas que tem o dia, por que se não dará uma hora à triste alma? Esta é a melhor devoção e

---

[i] *Sal.*, LXXV, 6.
[ii] *Apoc.*, X, 6.
[iii] *Sal.*, LXXVI, 11.

mais útil penitência, e mais agradável a Deus, que podeis fazer nesta Quaresma. Tomar uma hora cada dia, em que só por só com Deus e conosco, cuidemos na nossa morte e na nossa vida. E porque espero da vossa piedade e do vosso juízo que aceitareis este bom conselho, quero acabar deixando-vos quatro pontos de consideração para os quatro quartos desta hora: primeiro, quanto tenho vivido? Segundo, como vivi? Terceiro, quanto posso viver? Quarto, como é bem que viva? Torno a dizer para que vos fique na memória: quanto tenho vivido? Como vivi? Quanto posso viver? Como é bem que viva? *Memento homo?*

SERMÃO DAS CADEIAS DE S. PEDRO

Pregado em Roma, na Igreja de São Pedro, em 1674

Tibi dabo claves regni Coelorum.[i]
Vinctus catenis duabus.[ii]

I

Lá viu S. João no seu Apocalipse um anjo, que em uma mão tinha uma chave, e na outra uma cadeia: *Habentem clavem abyssi, et catenam magnam in manu sua.*[iii] E que anjo é este, ó Roma, senão o teu grande guardião, Pedro? Pedro com as chaves nas mãos *Tibi dabo claves regni Coelorum*:[iv] e Pedro com as mãos nas cadeias: *Vinctus catenis duabus.*[v] Lá foi visto com a chave em uma mão, e a cadeia na outra, porque assim devia ser; mas hoje o vemos com as chaves em ambas as mãos, e com ambas as mãos nas cadeias, porque havia de vir tempo em que assim fosse.

Este é, Senhores, o maior espetáculo da sem-razão, que o mundo jamais viu: e este o que eu ao longe, com dor, e vós de perto, com admiração, estamos vendo: Pedro com as chaves nas mãos, e Pedro com as mãos atadas. Cuidas tu, ó Herodes, que deu Cristo ao seu vigário as chaves para padecer juntamente com elas a servidão das cadeias? Senhor e cativo? Livre e atado? Poderoso e sem poder Não: não. Eu bem sei, que as chaves de Pedro também são cadeias; mas cadeias para atar e desatar, e não para ser atado. Notai o Texto: *Tibi dabo claves Regni Coelorum, et quodcumque ligaveris, erit ligatum: quodcumque solveris, erit solutum*:[vi] Eu te darei, diz Cristo, as chaves do meu reino, e o que tu atares, será atado: e o que desatares, desatado. Tal quis o supremo Legislador que fosse o governo do seu reino: governo que atasse e desatasse; e não governos que nem atam, nem desatam. Mas se os poderes de Pedro eram chaves: *Tibi dabo claves*: parece que havia de dizer o Senhor: tudo o que abrires, será aberto; e tudo o que

---

[i] *Mat.*, XVI.
[ii] *At.*, XII.
[iii] *Apoc.*, XX, 1.
[iv] *Mat.*, XVI, 19.
[v] *At.*, XII, 6.
[vi] *Mat.*, XVI, 19.

fechares, será fechado; por que não diz logo: o que fechares ou abrires, senão o que atares ou desatares? Para mostrar que as chaves que dava a Pedro também eram cadeias, mas cadeias para atar ou desatar a outros, quando quisesse, e não cadeias para estar ele atado, como hoje o vemos: *Vinctus catenis duabus.*

Ora, eu à vista destas chaves e destas cadeias, que farei? Se não estivera também atado, e me fora livre a eleição do discurso; de boa vontade o dividiria em duas críticas, armadas de justiça, de razão e de ira contra os dois monstros sacrílegos, que com a primeira e segunda cadeia, em diferentes tempos e lugares, se atreveram a prender e atar a Pedro. Uma invectiva contra ti, ó Herodes, que foste o Nero de Jerusalém; e outra contra ti, ó Nero, que foste o Herodes de Roma. Mas porque é obrigação desta Cadeira neste dia, que o argumento do sermão seja da Providência; a mesma Providência que entregou a Pedro as chaves, o deixou atar nas cadeias, será a gloriosa soltura desta, que nos parecia implicação. Com as cadeias atarei as chaves, com as chaves abrirei as cadeias: e como a matéria das cadeias e mais das chaves toda é de ferro; se a imagem que eu formarei da Providência não for preciosa e de glória, ao menos será forte e sólida. Deus, de quem é a ideia, me assista com sua graça. *Ave Maria.*

II

Tibi dabo claves Regni Coelorum.

A ordem hierárquica da Providência Divina no governo de suas criaturas é governar superiores e súditos: mas os súditos por meio de superiores, e os superiores imediatamente por si mesmo. Uma e outra coisa temos nas chaves e nas cadeias de Pedro. Em todo o mundo cristão não há mais que um superior e um súdito, um Pedro, e uma Igreja: e este superior, e este súdito, este Pedro, e esta Igreja, quem os governa? A Igreja governa-a a providência de Pedro, que tem o poder das chaves: *Tibi dabo claves Regni Coelorum*: a Pedro governa-o a providência de Cristo, que o livrou das cadeias de Herodes: *Ceciderunt catenae de manibus ejus.*[i] Este é o desenho altíssimo, e esta a fábrica seguríssima da suprema Providência. A Igreja segura na providência de Pedro, e Pedro seguro na providência de Cristo.

Caso foi verdadeiramente admirável, e por isso notado e advertido pelo mesmo historiador sagrado, que cercado S. Pedro de guardas, e atado a duas cadeias, na mesma noite daquele dia em que havia de sair a morrer, como homem

---

[i] *At.*, XII, 7.

sem nenhum temor nem cuidado estivesse dormindo: *In ipsa nocte era; Petrus dormiens*.[i] E se passarmos da terra ao mar, não é caso menos digno de admiração que, correndo fortuna a barca de Pedro com uma terrível tempestade, Cristo, que ia na mesma barca, também estivesse dormindo: *Ipse vero dormiebat*.[ii] Cristo e o vigário de Cristo ambos dormindo? Cristo dormindo no meio da tempestade, e Pedro dormindo no meio das guardas e das cadeias, e ambos com a morte à vista, sem nenhum cuidado? Sim. Na tempestade dorme Cristo porque a barca está segura na providência de Pedro; e nas cadeias dorme Pedro porque Pedro está seguro na providência de Cristo. Debaixo da providência de Cristo dorme Pedro ao som das cadeias, e debaixo da providência de Pedro dorme Cristo ao som da tempestade e das ondas.

E se isto que digo vos parece só metáfora, voltemos a cena e o teatro, e troquem-se as figuras: seja Cristo o que esteja nas cadeias, e Pedro na tempestade. Naquela escuríssima noite em que prenderam a Cristo seus inimigos, e naquele mesmo lugar em que foi preso, atingiu tão furiosa tormenta a mesma barca de Pedro, que a barca, o piloto e os companheiros, todos estiveram a ponto de naufragar, e faltou pouco para que não perecessem de todo. E que fez a providência de Cristo em tão extremo perigo, e tão universal? *Ego autem rogavi pro te*:[iii] Eu, diz o Senhor, roguei por ti, ó Pedro. Por ti, Senhor meu? E pelos outros, por que não? Vós não dissestes a todos: *Omnes vos scandalum. patiemini in me, in ista nocte?*[iv] Pois se o perigo e a tempestade ameaçam a todos, e a todos têm derrotado, por que fazeis oração e rogais só por Pedro? Porque Pedro estava à providência de Cristo, os outros ficavam à providência de Pedro. O mesmo Texto o diz: *Ego autem rogavi pro te, ut non deficiat fides tua: et tu aliquando conversus, confirma fratres tuos*.[v] Notai muito aquele *ego* e aquele *tu*. Eu tive cuidado de ti; tu o terás dos outros: *Ego autem rogavi pro te* eis aí a providência de Cristo para com Pedro: *Tu confirma fratres tuos*; eis aí a providência de Pedro para os demais.

E se ainda quisermos ver uma e outra providência, a de Cristo e a de Pedro, maravilhosamente praticada, entremos no golfo do mar e observemos o que faz Cristo e o que faz Pedro, ambos na mesma barca, ou na mesma nau, que assim lhe chamam os Evangelistas, quando se engolfa: *Erat navis in medio mari*.[vi] Estava pois Cristo na nau de S. Pedro, um pouco afastada da terra, e depois de

---

[i] *At.*, XII, 6.
[ii] *Mat.*, VIII, 24.
[iii] *Luc.*, XXII, 32.
[iv] *Mat.*, XXVI, 31.
[v] *Luc.*, XXII, 32.
[vi] *Marc.*, VI, 47.

pregar às turbas, que em confusa multidão o ouviam desde a ribeira, mandou o Senhor zarpar ou levar a âncora, e disse a Pedro que guiasse ao alto: *Duc in altum*.[i] Não é justo que eu passe em silêncio o que aqui advertiu S. Crisóstomo, pois esta Cadeira, no lugar em que está, é sua.[ii] Quem se engolfa e se lança ao alto-mar, perde a terra de vista; e por isso (diz Crisóstomo) manda Cristo a Pedro que guie ao alto: *Duc in altum*. Porque quando a nau de Pedro perder a vista da terra, então navegará felizmente. Assim o pregou o santo arcebispo em Constantinopla, quando o mundo secular tinha duas cabeças, e também o pudera pregar eclesiasticamente em Roma. Mas tornando ao meu intento, o que eu pondero no *Duc in altum* é aquela palavrinha *duc*. Se Cristo está na mesma nau, por que manda a Pedro, que guie, e não guia ele por sua própria Pessoa? Assim como Cristo na oficina de José produzia com as suas próprias mãos pela serra, assim na nau de Pedro podia ele também pegar no leme sem perigo de indecência. Por que faz pois Cristo aqui o ofício de mandador, e não Cristo, senão Pedro, o de timoneiro? Porque esta é a ordem; e esta a subordinação de uma e da outra providência. A nau subordinada à providência de Pedro, e Pedro subordinado à providência de Cristo. Pedro o piloto da nau, e Cristo o piloto do piloto: *Duc in altum*. Oh, admirável providência do governo universal da Igreja! A nau uma, e os mandadores dois. Os Apóstolos manejavam os remos, mas debaixo do mando de Pedro; e Pedro sustentava o leme, mas debaixo do mando de Cristo. Pedro era o que governava, sim; mas governava governado. A nau governada pela direção de Pedro; mas Pedro governado pela direção de Cristo: *Duc in altum*. Dirá, contudo, alguém, e com razão, ou aparência dela, que naquele tempo Cristo e Pedro estavam ambos na mesma nau, e não é maravilha que então fosse ela bem guiada por Pedro. Mas depois que Cristo subiu ao Céu, e Pedro ficou só no mar, como haverá na nau e no piloto esta dobrada providência? As mesmas palavras o dizem: *Duc in altum*. A navegação em alto-mar verdadeiramente é admirável: *Maria undique, et undique coelum*. Não se vê ali mais que mar e céu. E, contudo, naquela campanha imensa sem rastro, sem estrada nem baliza, o piloto leva a nau como por um fio; não só aos horizontes mais remotos deste hemisfério, mas ao porto mais incógnito dos antípodas. E como faz ou pode fazer isto o piloto? Governando ele no mar, e sendo governado do Céu. Toma o piloto o astrolábio na mão, mede a altura do polo, ou pesa o Sol, como eles dizem; e deste modo o piloto governa a nau, e o Sol governa o piloto. De sorte que o que governa a nau está no mar e o que governa o piloto está no Céu. Pois isto mesmo é o que passa no governo da Igreja. Ainda que

---

[i] *Luc.*, V, 4.
[ii] A capela da Igreja de S. Pedro, em que se prega neste dia, é de S. João Crisóstomo.

Cristo tenha subido ao Céu, e Pedro tenha ficado no mundo, Pedro da popa da nau governa o mundo, e Cristo do zodíaco do Céu governa a Pedro.

Vede-o nas mesmas chaves e nas mesmas cadeias de Pedro. Quando deu Cristo a Pedro as chaves, e quando o livrou das cadeias? As chaves deu-lhas Cristo antes de partir deste mundo; porque a providência de Pedro para com a Igreja ficou na Terra: e das cadeias livrou-o quando havia já muito tempo que estava assentado à destra do Padre; porque a providência de Cristo para com Pedro está no Céu. Em suma, que esta é a dobrada providência com que o monarca e a monarquia da Igreja se governa no mundo, e sobre o mundo. No mundo imediatamente por Pedro, como se mostra no poder das suas chaves: *Tibi dabo claves Regni Coelorum*. E sobre o mundo, imediatamente por Cristo, como se prova na soltura das suas cadeias: *Ceciderunt catenae de manibus ejus*.

III

Mas em auditório tão douto, e de tanta perspicácia, vejo quase vacilante a firmeza deste meu discurso, e que das mesmas chaves e das mesmas cadeias se formam dois argumentos fortíssimos, um contra a providência de Cristo em relação a Pedro, e outro contra a providência de Pedro em relação à Igreja.

Começando pelas cadeias, para acabar pelas chaves: é certo que Cristo livrou a S. Pedro das cadeias de Herodes em Jerusalém; mas também é certo que o não livrou das cadeias de Nero em Roma. Logo, a providência que supomos de Cristo para com S. Pedro no mínimo é duvidosa e inadequada, e tal que não parece sua. Porque providência que não é de todo tempo, de todo lugar e de todo perigo; providência que uma vez se lembra, outra se esquece; uma vez acode, outra desampara; uma vez provê, e outra não provê; não é providência. Assim é, mas não foi assim. Tudo concedo, e tudo nego. Concedo que a providência que não é continuada nem permanente, não é providência. Mas nego que a providência de Cristo, que começou e resplandeceu nas cadeias de Herodes, não se continuasse igualmente, e não permanecesse a mesma nas cadeias de Nero. E por quê? Porque tanta providência foi não livrar Cristo a Pedro das cadeias de Nero, como livrá-lo das cadeias de Herodes. Vede se o provo.

José foi duas vezes preso, uma vez em Canaã, por inveja e ódio de seus irmãos, e outra vez no Egito, por castigo e ignorância de seu senhor. Destas segundas prisões o livrou Deus; mas das primeiras não o livrou; porque preso e subjugado, foi vendido e entregue aos Ismaelitas. E que se segue daqui? Segue-se, porventura, que em umas prisões o assistiu a Providência Divina, e nas outras o deixou? De nenhum modo, diz o Texto sagrado. E dá a razão: *In vinculis non dereliquit illum, donec afferret illi sceptrum regni.*[i] Nunca a Providência de Deus deixou nem desamparou a José nas suas cadeias, até que por meio de umas e outras o sublimou ao império. De sorte que os efeitos da Providência não se hão de medir pela diversidade dos meios, senão pela unidade do fim. O fim da Providência Divina era ascender José ao império do Egito, para o qual o tinha destinado: e tanto dependia a fortuna de José de ser livre de umas prisões, como de não ser livre das outras. Se Deus o livrasse das prisões de Canaã, nunca havia de ir ao Egito; e se o não livrasse das prisões do Egito, não havia de ascender ao império. Necessário foi, logo, que José fosse livre de umas cadeias, e não fosse livre das outras. Para quê? Para que Deus e José conseguissem juntamente, José por Deus os meios da sua fortuna, e Deus em José os fins da sua providência. E se a mesma providência livrou e não livrou a José, de umas e outras cadeias, por que não creremos outro tanto das cadeias de Pedro?

Só do fim se pode duvidar, o qual para mim é evidente. O intento de Herodes era cortar a cabeça a S. Pedro, como tinha feito a Sant'Iago: *Occidit autem Jacobum fratrem Joannis gladio*;[ii] e não quis a providência de Cristo que morresse Pedro à espada, porque o quis exaltar consigo à morte de cruz. Na cruz estava o mesmo Senhor encravado quando os Judeus O blasfemavam, dizendo: *Confidit in Deo, liberet nunc, si vult, eum*:[iii] Já que tem tanta confiança em Deus, por que O não livra agora Deus de nossas mãos? Isto disse a infidelidade, e o mesmo pudera dizer ainda mais rigorosamente a fé. Quando a ambição cruel de Herodes quis assegurar em si a coroa com a morte do rei novamente nascido, andou tão vigilante a providência do Eterno Pai sobre a vida de seu Filho, que daquele dilúvio de sangue em que pereceram tantos mil inocentes, só a Ele livrou e pôs em salvo. Pois se O livrou, então, por que O não livrou também agora? Dizer-se que O livrou porque O quis isentar da morte não pode ser; porque desde o instante da sua encarnação, antes desde o princípio sem princípio da Eternidade, tinha decretado o mesmo Pai que morresse. Pois se havia de morrer uma vez, por que O não deixa morrer em Belém a mãos de Herodes? E se O havia de livrar outra vez, por que O não livra em Jerusalém das mãos dos Judeus, como eles diziam: *Liberet eum?* Porque a mesma providência que livrou a Cristo a primeira vez não O livrou para lhe impedir a morte, senão para O guardar de uma morte menos ilustre, para outra morte mais gloriosa. Em Belém, como notou Santo Agostinho, havia de morrer Cristo à espada; em Jerusalém morria na cruz: e porque a providência do Pai, para mais exaltar o

---

[i] *Sap.*, X, 14.
[ii] *At.*, XII, 2.
[iii] *Mat.*, XXVII, 43.

Filho, tinha decretado que morresse em cruz: *Mortem autem crucis: propter quod exaltavit illum*:[i] por isso O livrou em Belém das mãos de Herodes, e O não livrou em Jerusalém das mãos dos Judeus.

Tal foi a providência de Cristo para com S. Pedro quando O livrou e quando o não livrou. Livrou-o das cadeias de Herodes para que não morresse à espada como Jacó, e não o livrou das cadeias de Nero para que morresse em cruz como o mesmo Cristo. A espada e a cruz ambas saíram ao teatro no mesmo dia, e na mesma Roma, ambas foram os instrumentos sacrílegos da impiedade de Nero, ambas tiraram cruelmente a vida aos dois maiores Atlantes da Igreja; mas a espada a Paulo, a cruz a Pedro. Paulo degolado, para que conhecesse a heresia, ainda hoje obstinada, que em Roma e na Igreja não pode haver duas cabeças; e para que o mesmo Paulo: *Capite imminutus*: pregasse e desenganasse o mundo, que na Terra é menor que Pedro. Quando eu agora passei a ponte do Tibre, adverti que Paulo com a espada está à mão direita, e Pedro com as chaves à esquerda; mas isso mesmo é prova do que digo. Dar Pedro a Paulo o melhor lugar é mostrar Pedro que ele é o dono da casa. Este foi o mistério, como dizia, por que Paulo perdeu, ou depôs a cabeça, nos fios da espada de Nero. Morre porém Pedro na cruz inteiro, e em nada diminuído, como aquele de quem estava escrito: *Os non comminuetis ex eo*;[ii] para que a cabeça visível da Igreja se parecesse em tudo com a invisível. Cristo porém na cruz com a cabeça inclinada para baixo, e Pedro na cruz às avessas com a cabeça levantada para cima; porque a cabeça de Cristo e a de Pedro, recíproca e reflexamente, se retratam e se veem uma na outra: bem assim como a mesma cabeça vista e multiplicada no espelho parecem duas cabeças, e é uma só. E como Cristo queria fazer a seu primeiro sucessor tão semelhante a Si em tudo, essa foi a providência continuada e permanente, e não contrária ou diversa, senão a mesma, com que rotas as cadeias de Herodes, o livrou da espada, e não rotas as de Nero, o levou à cruz.

IV

Mas para que é defender ou interpretar eu a unidade desta providência em umas e outras cadeias, se as mesmas cadeias a provam, e com milagrosa demonstração a fizeram evidente aos olhos? Estavam conservadas e veneradas em Roma as cadeias de Nero, quando à imperatriz Eudóxia, peregrina de Constantinopla a Jerusalém, foram apresentadas, como igual tesouro, as de Herodes:

---

[i] *Filip.*, II, 8 e 9.
[ii] *João*, XIX, 36.

vieram estas dali a Roma, mandadas pela mesma Eudóxia a outra também Eudóxia e também imperatriz: e não faltando quem duvidasse, se verdadeiramente eram as mesmas, que sucedeu? Toma o Pontífice nas mãos umas e outras cadeias, e cotejando as que certamente eram de Nero com as que se dizia serem de Herodes, no mesmo ponto aqueles sagrados ferros, como se tiveram sentidos e uso de razão, por si mesmos se abraçaram entre si, e se uniram e ligaram de tal sorte como se nunca tivessem sido duas, senão uma só cadeia, fabricada pelo mesmo artífice. Oh, admirável e portentoso testemunho da providência de Cristo para com seu vigário! Oh, admirável e portentosa confirmação de ser uma, continuada, e a mesma providência aquela que em Jerusalém rompeu as cadeias de Herodes e livrou a Pedro; e aquela que em Roma conservou inteiras as cadeias de Nero, e o não quis livrar delas! Se dividirmos esta providência em duas providências, e combinarmos uma com a outra pelos efeitos, não só parecem diversas, senão totalmente contrárias: uma de cuidado, outra de descuido; uma de estimação, outra de desprezo; uma de liberdade, outra de cativeiro; uma de vida, outra de morte; uma que afrontou e iludiu os intentos de Herodes, e outra que ajudou e fez triunfar os de Nero. Mas assim como as cadeias sendo duas, e tão diversas, se uniram em uma só cadeia, assim a providência, que em Jerusalém as rompeu e livrou a Pedro; e em Roma as conservou inteiras e fortes, e o não quis livrar, foi também uma e a mesma cadeia; porque foi uma e a mesma providência.

Boécio, a quem segue S. Tomás, e comumente os teólogos, definindo a providência, diz que é a série de todas as coisas, e suas causas ordenadas na mente divina, e encadeadas e ligadas entre si com uns nós maravilhosos e secretos, que ninguém pode desatar: *Providentia est series causarum; rerumque in mente Dei, quae omnia suis nectit ordinibus miris, arctisque, sed arcanis nodis*. E Cornélio, comentando o mesmo Boécio, ainda o declara com maior expressão: *Deus per congruos Providentiae suae modos, quos in thesauris sapientiae suae reconditos habet, facit ut omnes rerum, temporumque successus invicem apposite nectantur, ac velut ansulae sibi invicem inserantur, et catenam elegantem efficiant*. De sorte que os sucessos dos tempos e das coisas, ainda que pareçam diversos e opostos, estão na mente e providência divina ordenados, e atados entre si de tal modo, que como anéis ou elos enlaçados uns nos outros, compõem uma uniforme e elegante cadeia. Tal foi em um e outro caso a do supremo artífice Cristo, o qual livrando em diversos tempos, e não livrando a Pedro, soltando-o em Jerusalém e deixando-o prender em Roma, tirando-o milagrosamente das mãos de Herodes e consentindo que natural e cruelmente morresse nas mãos de Nero; das cadeias rotas de um, e das cadeias não rotas de outro formou uma uniforme e elegantíssima cadeia de sua providência para maior ornamento e glória do mesmo Pedro.

A Aarão, que era o Pedro da Lei escrita, como Pedro o Aarão da Lei da graça, mandou Deus fazer, para ornato das vestiduras pontificais, duas cadeias de ouro, as quais, porém, com dois anéis da mesma matéria se uniam uma na outra, e sendo duas cadeias, formavam uma só: *Facies in rationali catenas sibi invicem cohaerentes ex auro purissimo: catenasque aureae junges annulis, qui sunt in marginibus ejus.* [i] Não reparo em serem aquelas cadeias de ouro, e estas de ferro; porque já disse Crisóstomo que por isso se honrava mais delas, e se ornava mais com elas o nosso Pontífice: *His catenis Apostolus ornabatur, et tanquam regalem aliquem ornatum circumferens exultabat.* O que só noto é a unidade, ou a união e coerência de umas e outras cadeias: *Catenas sibi invicem cohaerentes.* Moisés andou coerente nas cadeias de Aarão, porque as formou pelos mesmos moldes; Cristo não andou coerente nas cadeias de Pedro, porque as traçou e dispôs com sucessos e efeitos contrários. Isso é romper umas cadeias e não romper outras: isso é livrar a Pedro, e não o livrar. Mas assim como a coerência daquelas cadeias a fazia a semelhança, assim a coerência destas a fez a contrariedade. E que sendo tão contrários os atos da Providência, saísse a providência tão uniforme; e sendo uma cadeia tão diversa da outra, saíssem ambas as cadeias entre si tão coerentes: *Catenas sibi invicem cohaerentes?* Essa foi a maravilha.

Mas nesta mesma uniformidade e coerência da Providência de Cristo, se alguma curiosidade douta perguntar qual foi maior providência, se aquela que livrou a Pedro das cadeias em Jerusalém, ou aquela que o não livrou em Roma? Não faltará quem diga que a de Jerusalém foi maior, porque lá foi miraculosa e cá não. Lá quebrou as cadeias, cegou as guardas, abriu as portas, ou franqueou passagem por elas sem as abrir (que é mais), cá não operou milagre algum, antes totalmente não operou; porque foi uma mera suspensão de todo o ato e concurso. Contudo, digo, que foi maior e mais alta providência não livrar Cristo a Pedro das cadeias de Nero, que livrá-lo das cadeias de Herodes. E por quê? Porque nas cadeias de Herodes conseguiu a Providência o seu fim contra vontade de Herodes, e nas cadeias de Nero conseguiu também o seu fim; mas não contra, senão pela vontade do mesmo Nero. O nobre, o alto, o fino, o maravilhoso da Providência Divina não é fazer a sua vontade violentando a minha, é deixar livre e absoluta a minha vontade, e com a minha e pela minha conseguir a sua.

A maior obra da Providência de Deus foi a redenção do mundo por meio da morte de Cristo. E como conseguiu a mesma Providência este altíssimo fim, tão estupendo como necessário? Não de outro modo que entregando o mesmo Cristo por decreto do injusto juiz à vontade de todos aqueles que lhe queriam

---

[i] *Êxod.*, XXVIII, 22 e 24.

tirar a vida: *Jesum vero tradidit voluntati eorum*.[i] Fez a sua vontade Judas, fez a sua vontade Caifás, fez a sua vontade Pilatos, fizeram a sua vontade os escribas e fariseus, fez finalmente a sua vontade mesmo o Demônio, que os instigava. E que por meio de tantas vontades, e todas contrárias à divina, o fim da divina se conseguisse? Esta foi a providência mais nobre, esta a mais sábia, esta a mais sublime, esta a mais divina, esta a mais providência. E qual é a razão? A razão é: porque a providência que violenta a vontade e poder humano é providência que se ajuda da onipotência; porém, a providência que deixa realizar à potência humana tudo quanto pode, e deixa executar à vontade humana tudo quanto quer, é providência sem ajuda de outro atributo, e por isso pura providência. A potência e a vontade, de que se serve a Providência em tal caso, não é a divina e sua senão a humana e contrária: e quanto mais permite à contrária, tanto é mais Providência; quanto mais concede à humana, tanto é mais divina. Tal foi pois a providência de Cristo em não livrar a Pedro das cadeias de Nero. Na prisão de Herodes, para que a Providência conseguisse o seu fim, rompeu a Onipotência as cadeias; porém, na prisão de Nero deixou a Providência as cadeias inteiras sem usar da onipotência, e contudo conseguiu o seu fim. Logo não só foi providência, senão maior e mais gloriosa providência não livrar a Pedro das cadeias de Nero, que livrá-lo das cadeias de Herodes. E com as mesmas cadeias temos já solto ou atado o primeiro argumento.

V

O segundo, que é contra a providência de Pedro, fundado nas suas chaves e em respeito de todos aqueles que por elas lhe são sujeitos, parece mais dificultoso. Assim como Deus deu a S. Pedro as chaves do Céu, assim as tinha dado por seu modo antigamente a Elias, e com poder e autoridade universal e privativa, de que só ele pudesse abrir ou fechar os tesouros celestes: isto é, as chuvas e orvalhos do céu, com que se fecunda a terra e vive o mundo. Mas que fez Elias com estas chaves na mão, e como usou delas? *Vivit Dominus* (disse ele, falando com el-rei Acab) *si erit annis his ros, et pluvia, nisi juxta oris mei verba*:[ii] Eu tenho na minha mão as chaves do Céu; e tu, ó rei, desengana-te, que nestes anos do meu governo, nem uma só gota há de cair de água, ou pingar de orvalho sobre a terra, senão pelo império da minha voz. A terra abrasada e ardendo abrirá mil bocas, com que gemerá e gritará ao Céu; mas o Céu debaixo

---

[i] *Luc.*, XXIII, 25.
[ii] *3.º Livro dos Reis*, XVII, 1.

das minhas chaves não se moverá a brados, nem a gemidos, e se mostrará tão seco e duro como se fosse de bronze. Parece-vos boa providência esta das chaves do Céu entregues ao arbítrio de um homem? Pois ainda não ouvistes outra circunstância mais terrível, para não dizer desumana. No mesmo tempo, diz o Texto, morava Elias muito descansado sobre as ribeiras do rio Carith, e um corvo manhã e tarde lhe trazia pão e carnes: *Panem, et carnes mane, panem, et carnes vespere.* De maneira que nos mesmos anos em que o povo encomendado à providência de Elias andava caindo e expirando à fome, Elias, com provisão sempre nova e abundante, comia e se regalava duas vezes ao dia. Nos campos não se via uma folha, nas searas não se colhia uma espiga; e a Elias sobejava-lhe o pão. As aves não tinham mais que as penas, nem os gados mais que os ossos, e a mesa de Elias abastecida de carne sobre carne. As fontes secas e mudas, sem correr ou suar delas uma só gota, e Elias com a água a rios. É boa ou será boa esta providência das chaves do Céu? E mais se as mãos que tiverem o domínio das chaves não forem as de Elias? Logo (argumenta o herege e porventura também o político), logo o mesmo poderá acontecer às chaves do Céu entregues à providência de Pedro.

Primeiramente digo que não poderá. E por quê? Porque se a providência de Pedro faltasse ao ofício de vigário de Cristo, a providência de Cristo faria o ofício de vigário de Pedro. Estava Cristo na cruz pouco antes de render o espírito, quando o ladrão convertido lhe apresentou o seu memorial, dizendo: *Domine, memento mei, cum veneris in regnum tuum.*[i] Respondeu-lhe o Senhor incontinenti: *Hodie mecum eris in Paradiso.*[ii] E esta foi a primeira vez que se abriram as portas do Céu, até àquela hora cerrada. Mas vede como Arnoldo Carnotense replica e acode pela jurdição de Pedro. O ofício e jurdição de abrir as portas do Céu, vós Senhor, não a tendes dado a Pedro? Sim. Como logo não remeteis este memorial ao vosso vigário? Porventura porque vos negou no átrio do pontífice, tendê-lo privado do cargo? Não; que Pedro já estava arrependido, e emendado, e restituído à graça. Como logo usa Cristo das chaves de Pedro, e abre por si mesmo a porta do Céu? Agudamente o mesmo Arnoldo: *Absens eras, o Patre, et ministerii tui claves modo non profers: supplet vicem tuam* (notai as palavras) *supplet vicem tuam Summus Sacerdos, apertisque seris antiquis, aperiente Christo, introducitur latro in regnum Coelorum.* Quando o ladrão apresentou o seu memorial, estava Pedro ausente; e como o tempo era brevíssimo, e o negócio tão urgente, que não sofria dilação; fez-se Cristo substituto do seu vigário, e supriu a ausência de Pedro com a sua presença. Trocou o crucificado Senhor os

---

[i] *Luc.*, XXIII, 42.
[ii] Ibid., 43.

cravos com as chaves, abriu as portas do Paraíso ao repentino penitente. E porque Pedro não acudiu à obrigação de seu ofício como vigário de Cristo, acudiu Cristo a ela como vigário de Pedro: *Supplet vicem tuam, o Petre.*

Eis aqui como nunca pode faltar a providência das chaves de Pedro, ainda no caso em que ele por si mesmo faltasse. Mas antes que desçamos em particular ao cuidado, vigilância e admirável circunspecção desta universal providência, quero eu acudir pela honra de Pedro, e não refutando a sua improvidência neste caso com a sua providência em todos, mas sarando gloriosamente uma improvidência com outra. Dai atenção ao sucesso tão digno de ser ouvido como imitado.

Entrou Cristo em casa de S. Pedro: *Introivit Jesus in domum Simonis,*[i] e havia muito tempo que estava na mesma casa a sogra do mesmo Pedro, tão enferma e prostrada de umas gravíssimas febres, que nem para receber ao Senhor se pôde levantar. Essa força tem a palavra *tenebatur* do evangelista: *Socrus autem Simonis tenebatur magnis febribus.*[ii] Grande febre, e grande caso! Quem haverá que não repare e note aqui muito a pouca providência de S. Pedro, antes o demasiado descuido e negligência de atender ao remédio de sua casa e à necessidade dos seus domésticos e parentes? A sogra de Pedro em casa de Pedro ardendo em febres e sem cura, padecendo dores e sem alívio, atada tanto tempo a um leito, sem saúde nem sequer melhoria? Não é este aquele mesmo Pedro, que, passando pelas ruas e pelas praças, só com a sombra sarava todos os enfermos? Como logo abusa de tal modo do seu poder, que curando a todos, só aos seus domésticos não cura? Tantos milagres para as casas dos outros, e só para a sua casa nenhum milagre? Sim. E este creio eu que foi o maior milagre de S. Pedro. Entre todos os milagres deste grande prodígio do mundo, o maior milagre foi não ser milagroso em sua casa. Fora de casa, e ao sol, fazia sombra e operava milagres; chegado a sua casa, não operava milagres, porque já não tinha sombra.

Mas que farão em tal caso os domésticos de Pedro, e que será deles? Vós, Senhores, que servis a S. Pedro desta sua casa, sois mais propriamente os seus domésticos. E que será de tantos que somente vivem da sua sombra? Não tenhais medo. Porque como Cristo, nos casos de necessidade, é vigário do seu vigário, se vos faltar a sombra de Pedro não vos faltará a mão de Cristo. Assim foi. Chega-se o Senhor ao leito da enferma: *Stans super illam:*[iii] dá-lhe e toma-lhe a mão: *Apprehensa manus ejus:*[iv] e no mesmo momento não só ficou livre da

---

[i] *Luc.*, IV, 38.
[ii] Ibid.
[iii] *Luc.*, IV, 39.
[iv] *Marc.*, I, 31.

febre, mas sã, e com todas as suas forças: *Surgens ministrabat illis.*[i] Assim provê a providência de Cristo milagrosamente, onde a providência de Pedro, com maior milagre, não provê. Antes digo que assim como o não prover, em Pedro foi milagre, porque é obrigação natural da providência de Cristo prover ele onde Pedro não provê. Se Pedro, por excesso de generosidade, se descuidar dos seus domésticos, Cristo, por excesso de providência, tomará o cuidado deles; e se Pedro, abusando gloriosamente do poder das suas chaves fechar a porta da sua casa a todo o favor, Cristo, tomando-lhe as chaves, abrirá a mesma porta, e cheio de favores e graças entrará em casa de Pedro: *Introivit Jesus in domum Simonis.* Assim que seguros estão sempre os efeitos da providência de Pedro; porque quando ele por qualquer acidente, ou como homem, ou como mais que homem, não usar dos poderes das chaves por si mesmo, fá-lo-á melhor por Cristo, ou Cristo por ele.

VI

E que se segue ou se prova disto? Segue-se, e prova-se o que eu prometi dizer, posto que pareça que disse o contrário. Desta improvidência de Pedro para com a sua casa se prova altissimamente a providência do mesmo Pedro para com a Igreja, que lhe foi encomendada. Era o espírito soberano de Pedro como o daquela excelentíssima alma que disse por boca de Salomão: *Posuerunt me custodem in vineis: vineam meam non custodivi.*[ii] Puseram-me por guarda das vinhas, e eu não guardei a minha vinha. Pois isto diz e isto faz uma alma unicamente perfeita, que é a ideia e exemplar de todas as almas santas? Se disse puseram-me por guarda das vinhas, parece que havia de acrescentar: e eu guardei-as com grande cuidado e vigilância; mas em lugar de dizer que guardou as vinhas que lhe encomendaram, diz que não guardou a sua vinha: *Vineam meam non custodivi?* Sim. Porque o maior testemunho, e a maior prova de guardar com todo o cuidado as vinhas, que lhe encomendaram, era não ter nenhum cuidado de guardar a sua. A vinha (como Cristo lhe chamou) composta de tantas vinhas é a igreja universal: e porque a providência de Pedro se descuidou totalmente da sua vinha, por isso teve tanto cuidado com a de seu Senhor.

Notável coisa é ver o zelo e providência universal com que S. Pedro tomava sobre si o que pertencia a todos, como se ele fosse todos, ou estivesse em todos, e todos nele. Mas por isso lhe entregou Cristo as chaves e o cuidado do

---

[i] *Luc.*, IV, 39.
[ii] *Cânt.*, I, 5.

universo. As duas maiores dificuldades, ou mais dificultosas questões, que se incitaram na escola do Apostolado foram a da divindade de Cristo e a da verdade do Sacramento. Sobre a questão da divindade, depois de ouvidas várias opiniões, todas negativas, perguntou o Senhor: *Vos autem quem me esse dicitis?*[i] E falando a pergunta com todos, Pedro respondeu por todos, como se falara só com ele: *Tu es Christus Filius Dei vivi.*[ii] Na questão do Sacramento pareceu tão dura a doutrina, que muitos por amor ou por horror dela deixaram a escola: então perguntou o Senhor aos demais: *Nunquid et vos vultis abire?*[iii] E falando também a pergunta com todos, Pedro do mesmo modo respondeu por todos: *Domine, ad quem ibimus? Verba vitae aeternae habes.*[iv] E homem que toma por si, o que se pergunta a todos, e responde por todos quando se não fala só com ele; este homem tem zelo e providência universal; a este homem, e não a outro, hei de dar as chaves da minha Igreja: *Tibi dabo claves regni Coelorum.*

Mas não assentou a eleição de Pedro sobre estas duas experiências somente. No monte Tabor, quando viu a glória, disse: *Bonum est nos hic esse*:[v] e quando ouviu que para entrar na mesma glória era necessário dar esmola, como ele tinha deixado tudo, instou dizendo: *Ecce nos reliquimus omnia: quid ergo erit nobis?*[vi] Não sei se reparais neste *nobis* e naquele *nos*, uma e outra vez repetido. Em tudo mostrou Pedro ser Pedro. Se alega serviços, alega por todos: *Ecce nos reliquimus*: se procura prêmios, procura por todos: *Quid erit nobis*; se deseja bens, deseja para todos: *Bonum est nos hic esse*. Uma vez fala do passado: *Reliquimus*; outra vez do futuro: *Quid erit*; outra vez do presente: *Bonum est*; mas sempre de todos, por todos, e para todos. Não se ouve da boca de Pedro nem *ego*, nem *mihi*, nem *me*: senão *nos* no primeiro caso, *nobis* no terceiro, e *nos* no quarto: *Nos reliquimus, nobis erit, nos esse*: porque a providência de Pedro não sabe o nome a si, nem trata ou cuida de si, senão de todos. Se alguma vez se lembra Pedro só de si, é para ele só tirar a espada no Horto, e defender a seu Mestre; é para ele só O seguir até o átrio de Caifás cercado de guardas; é para ele só se lançar vestido ao mar, ou pisando as ondas com os pés, ou rompendo-as com os braços, para O ir buscar. Só para os perigos só; mas nunca só, senão com todos, e como todos para o bem e interesses de todos.

Todos digo uma e outra e tantas vezes; porque a providência de Pedro sem exceção nem limite no universal, e no particular, sempre se estendeu e abraçou

---

[i] *Mat.*, XVI, 15.
[ii] Ibid., 16.
[iii] *João*, VI, 68.
[iv] Ibid., 69.
[v] *Mat.*, XVII, 4.
[vi] Ibid., XIX, 27.

a todos: aos grandes e aos pequenos; aos naturais e aos estranhos; aos fiéis e aos infiéis; aos presentes e aos ausentes; aos vivos e aos mortos. O primeiro ato da providência de Pedro, tanto que pela morte de Cristo lhe sucedeu no Pontificado, foi confirmar os outros apóstolos na fé da ressurreição. Enquanto o disseram outros, eram delírios: *visa sunt, sicut deliramentum*:[i] tanto que o disse Pedro, foi verdade infalível: *Surrexit Dominus vere, et apparuit Simoni*.[ii] Mandou-lhes Cristo que esperassem pelo Espírito Santo; mas Pedro, com providência antecipada e admirável, não esperou pela vinda do Espírito Santo para refazer a quebra de Judas e inteirar o número do Apostolado. Quando Cristo subiu ao Céu, deixou onze Apóstolos, e quando desceu o Espírito Santo, já achou doze. Com esta diligência conseguiu Pedro que viesse o Espírito Santo antes de vir; porque antes de vir em línguas visíveis, já tinha vindo na língua invisível, com que declarou a Matias: *Cecidit sors super Mathiam*.[iii] Cheios todos os Apóstolos do Espírito Santo, Pedro foi o primeiro que no mesmo dia, na mesma hora e na mesma Jerusalém onde tinha sido crucificado Cristo, pregou publicamente a fé da sua divindade: e com que efeitos? O mesmo Cristo pregando em Judeia três anos, deixou nela só quinhentos cristãos, como consta da primeira Epístola aos Coríntios, e S. Pedro com a graça superabundante do mesmo Cristo, naquele só dia, e naquela só pregação, converteu três mil judeus, e em outro dia, e em outra pregação cinco mil, cumprindo-se em Pedro o que o mesmo Senhor tinha prometido: *Majora faciet, quia ad Patrem vado*.[iv]

Mas como se contentaria com o fruto, que colhia em Jerusalém e Judeia, quem tinha a cargo da sua providência o resto do mundo? De Jerusalém parte Pedro a Antioquia, e ali assentou pela primeira vez a sua Cadeira, não se desprezando, sendo príncipe e pastor do universo, de ser e se chamar bispo de uma cidade. De Antioquia passou a Roma, que como cabeça do Império, o era também da superstição e idolatria; para que assim como tinha pregado em Jerusalém aos Hebreus, e em Antioquia aos Gregos, pregasse também em Roma aos Latinos: e com as três línguas universais, em que foi escrito o título do Crucificado: *Hebraice, graece, et latine*:[v] levantasse o estandarte da mesma Cruz nas três metrópoles mais conhecidas, e nos três castelos mais eminentes do mundo, de que o dominante era Roma. Quando Davi derrubou o gigante, diz o Texto sagrado que pôs a pedra na funda, e dando uma e outra volta, lha

---

[i] *Luc.*, XXIV, 11.
[ii] Ibid. 34.
[iii] *At.*, I, 26.
[iv] *João*, XIV, 12.
[v] *João*, XIX, 20.

pregou na cabeça: *Circumducens percussit philistaeum, et infixus est lapis in fronte ejus.*[i] E que pedra é esta, senão Pedro? Ao redor de Jerusalém deu uma volta à Palestina, e ao redor de Antioquia deu outra volta à Grécia, e com esta dobrada força como pedra de Davi se veio meter e fixar na testa do gigante, que é Roma, cabeça do mundo. Aqui o derrubou e prostrou por terra; mas para daqui o subir da Terra ao Céu. De Roma, melhor que os Césares aos Fábios, Metelos e Cipiões, repartiu S. Pedro os Pancrácios, os Berilos, os Marciais, os Apolinares, os Prodócimos, os Hermágoras, os Maternos, os Torcatos, os Tesifontes, e outros famosos discípulos de sua fé e espírito; os quais ordenados de bispos e sacerdotes, penetrassem a Itália, as Gálias, as Espanhas, a Numídia, a Mauritânia, e as demais províncias da Europa e da África (como já tinha feito na Ásia o mesmo S. Pedro) para que como raios do mesmo Sol iluminassem, e como rios da mesma fonte, regassem e fecundassem aquelas terras.

Porém a verdadeira Providência, que toda é olhos, não se contenta com mandar, senão com ir, nem com ser informada somente, senão com ver. Por isso Pedro ainda que pôs a Cadeira em Roma, não a fez para si sede fixa, senão sede rodante. Lá viu Daniel a Deus sentado no seu trono, e diz que o mesmo trono era fundado sobre rodas: *Thronus ejus flammae ignis: rotae ejus ignis accensus.*[ii] E por que tinha rodas o trono de Deus, sendo aquele que *immotus dat cuncta moveri*?[iii] Para mostrar nesta figura visível que assim como com sua imensidade enche todo o mundo, assim com sua providência o vê, e rodeia, todo. O mesmo fazia Pedro como Vice-Deus na Terra. Nem ele se podia apartar da Sede Pontifical, nem a Sede dele; mas levando-a sempre consigo, como diz S. Lucas, visitava e via por si mesmo a todas: *Dum pertransiret universos.*[iv] Tornou outra vez a Jerusalém, e outra vez a Antioquia; foi em pessoa a Galácia, a Capadócia, a Ásia, a Bitínia, a Corinto, ao Egito, e a outras partes da África; e até à barbaríssima região do Ponto, que naquele tempo era o degredo mais áspero dos Romanos, e o horror, como diz Tertuliano, do mundo, não faltou a providência e presença de Pedro. Em Nápoles e Sicília há ainda hoje memórias suas. E é autor Metafrastes, que também passou à Espanha e pregou na Inglaterra. Assim respondeu o primeiro apóstolo, sendo o príncipe de todos, à sua primeira vocação. Como Cristo o tinha chamado para pescador de homens, não só no Tiberíade, nem só no Mediterrâneo, nem só no Mar Negro; mas também no Oceano Atlântico era bom que fosse lançar as redes, para que pescasse homens em todos os mares.

---

[i] *1.º Livro dos Reis*, XVII, 49.
[ii] *Dan.*, VII, 9.
[iii] Boécio.
[iv] *At.*, IX, 32.

Bem quisera a providência de Pedro, assim como visitava a todos, assistir sempre com todos. Mas o que não podia com a presença e com a voz, fazia com a pena. Ninguém lerá as Epístolas canônicas de S. Pedro, que com admiração e assombro o não veja, não só retratado, mas vivo nelas. Na majestade do estilo, no sólido da doutrina, no profundo das sentenças e no ardente do zelo. Por este meio se multiplicava Pedro em todas as partes, e se fazia presente ao mesmo tempo a todos. Mas o que mais admiro naquelas Sagradas Escrituras é o título: *Petrus Apostolus, electis advenis dispersionis.*[i] Não iam dirigidas estas Letras pontifícias aos reis e monarcas do mundo, senão a uns pobres peregrinos e desterrados por todo ele. Lembrava-se S. Pedro que lhe encomendara Cristo duas vezes os cordeiros, e uma só vez as ovelhas: *Pasce agnos meos, pasce agnos meos: pasce oves meas.*[ii] Nas ovelhas lhe encomendou os grandes, e nos cordeiros os pequenos: e por isso os pequenos duas vezes, e em primeiro lugar, para que tivesse deles maior cuidado. Esta foi a confiança com que Cornélio, sendo ainda gentio, não duvidou em mandar chamar a S. Pedro, e que fosse a sua casa, distante sessenta milhas, como logo foi. Estava então S. Pedro em Jope, e este nome traz à memória o profeta Jonas, o qual no mesmo porto se embarcou, fugindo de Deus, para não ir a Nínive, sentindo e desprezando-se muito de ser mandado pregar a uma gente tão vil e aborrecida, como eram todos os gentios na estimação dos Hebreus. E quando Jonas não quis ir pregar à maior cidade do mundo, onde só os inocentes eram cento e vinte mil, vai o sumo pontífice da Igreja, e a pé, desde Jope a Cesareia só para catequizar um gentio.

VII

Estas foram, Senhores, não todas, mas uma pequena e abreviada parte das obras maravilhosas de S. Pedro, e dos exemplos que deixou à Igreja de sua universal providência. Disse deixou, e disse mal, porque os não deixou. Ainda os continua depois da morte, como insistiu neles em toda a vida. Morreu Pedro, mas a sua providência não acabou; porque foi, é, e será imortal. S. Pedro de Ravena em uma carta que escreveu a Êutiques, que anda junta ao concílio de calcedônia, diz que S. Pedro vive sempre em todos seus sucessores: *Hortamur te, frater, ut his, quae a Beato Papa Romanae civitatis scripta sunt, obedienter attendas; quoniam beatus Petrus, qui in propria Sede et vivit, et praesidet, praestat*

---

[i] *1.ª Ped.*, I, 1.
[ii] *João*, XXI, 16 e 17.

quaerentibus ti dei veritatem. Mas não é isto só o que quero dizer. Digo que no Céu, onde está S. Pedro, vive e permanece imortal a sua mesma providência sobre a Igreja, não apartando jamais os olhos dela, nem faltando ou tardando em lhe acudir todas as vezes que o há mister. Assim o prometeu o mesmo Pedro a todos os fiéis, quando se despediu deles na sua segunda Epístola, por estas palavras: *Certus quod velox est depositio tabernaculi mei, secundum quod et Dominus noster Jesus Christus significavit mihi: dabo autem operam, et frequenter habere vos post obitum meum*.[i] Não promete aos fiéis para depois da sua morte as suas orações, como fazem os outros Santos senão a sua manutenção: *Frequenter habere vos*: Eu vos terei, eu vos manterei, eu vos conservarei. E a palavra que responde a *frequenter*, no original grego, em que o santo apóstolo escreveu, quer dizer: *Semper, quotidie, sigillatim*: sempre, todos os dias, e a todos, não só em comum, senão em particular.

Quão exatamente cumprisse S. Pedro esta sua promessa, não se pode compreender nem contar, por serem ocultas e invisíveis as ordinárias e contínuas assistências da sua providência; mas bastam para superabundante prova as manifestas e visíveis. S. Pedro foi o que pouco depois de sua morte apareceu ao mesmo Nero, que o mandou matar, com um aspecto tão severo e terrível, que, assombrado o tirano (como refere Suetônio, sem saber a causa), os poucos dias que depois viveu, mais parecia já morto que vivo, com que cessou a perseguição da Igreja. S. Pedro foi o que apareceu ao imperador Constantino, e em lugar do banho de sangue dos inocentes, o exortou a que se banhasse no do sangue de Cristo, com que batizado e feito cristão, os pontífices e sacerdotes que viviam nas grutas dos montes puderam aparecer publicamente nas praças de Roma, e colocar as imagens de Cristo nos templos, e pregar sua fé por todo o mundo. S. Pedro foi o que durante a perseguição na Inglaterra, e tendo fugido alguns bispos; para que não fugisse também o metropolitano de Cantuária, como pretendia, o repreendeu e castigou por suas próprias mãos de tal sorte que bastou a vista das chagas, que lhe ficaram em todo o corpo, para que os mesmos tiranos o deixassem viver, e guardar as ovelhas do Pastor, que tão asperamente punira os pensamentos só de as querer deixar. S. Pedro foi finalmente o que no século passado apareceu a Inácio em Pamplona mortalmente ferido de uma bala; e o sarou com sua presença, e lhe infundiu o seu espírito, para que levantasse uma nova e forte companhia em defesa da Igreja militante, contra Lutero e Calvino, e os outros heresiarcas de nossos tempos, como diz a mesma Igreja: *Novo per beatum Ignatium subsidio militantem Ecclesiam roborasti*.

---

[i] *2.ª Ped.*, I, 14 e 15.

Mas, glorioso defensor da fé e autoridade romana, e também da mesma Roma, e desta vossa basílica, oitava maravilha do mundo: agora que as trombetas otomanas quase se ouvem dentro de seus muros, e já as meias-luas turquescas se divisam das torres de Itália, e lhes estão batendo às portas; tempo é de outros socorros e de outras armas. Lembrai-vos, ó Pedro, que não vos disse Cristo que depusésseis a espada, senão que a metêsseis na bainha, para a tirar outra vez, e a empunhar, quando a honra do vosso Mestre já triunfante no Céu, e a vossa providência o pedisse na Terra. Esta foi a espada com que assististes fulminante ao lado de vosso sucessor Leão, e destes tanta eficácia à sua eloquência, e metestes em tanto terror a Átila, que não se atrevendo a dar um passo adiante, voltou as costas e as bandeiras, e confessou aos seus, tremendo ainda, o que vira. Com esta espada, e vestido de armas resplandecentes socorrestes Alexandria, cidade da Igreja Romana, sitiada pelo imperador Frederico, e capitaneando os cercados no assalto, com que debaixo de falsa trégua os invadiu repentinamente, vós com imensa mortandade de todo o seu exército, o obrigastes fugindo a levantar o sítio. E quem assim acudiu por uma cidade da Igreja Romana, que fará pela mesma Roma, e pela mesma Igreja? Mas avizinhemo-nos mais à oficina capital, onde se está fabricando e dispondo o perigo, e entremos na mesma Constantinopla. Imperadores eram daquela sempre hostil e venenosa metrópole, Bardas e Micael, os quais tinham devastado com esquisitas crueldades toda a Cristandade do Oriente; quando vós, aparecendo visível aos afligidos católicos, por um dos ministros de vossa justiça, que vos acompanhavam armados, não só os mandastes matar, mas fazer em postas a ambos: e assim se executou. Também era imperador de Constantinopla Alexandre Impiíssimo, o qual, olhando para as estátuas dos antigos ídolos de Roma, que tinha no seu palácio, disse: *Quandiu istas colebant Romani, potentissimi, et invicti perseverarunt*: Enquanto os Romanos adoraram a estas, foram poderosíssimos, e perseveraram invictos. Mas apenas o bárbaro tinha lançado da boca esta blasfêmia, quando vós, sempre vingador das injúrias de Cristo, vos apresentastes diante, dizendo: *Ego sum Romanorum Princeps Petrus*. E ao trovão desta voz vomitando todo o sangue pela mesma boca sacrílega, caiu morto Alexandre.

Assim venceis, assim triunfais, gloriosíssimo Pedro. E se um *ego sum* da vossa boca em Constantinopla é tão poderoso como outro *ego sum*[i] da boca de vosso Mestre, e Senhor em Getsêmani, quando esta só voz derrubou os esquadrões de seus inimigos; e quando a vossa espada, como então começou, os degolara a todos, se o mesmo Senhor vo-la não mandara meter na bainha,

---

[i] *João*, XVIII, 5.

agora, agora é o tempo de a desembainhar outra vez, ou de tornar a dizer: *ego sum*: para que trema o Turco, para que se acabe Mafoma, para que as suas luas se eclipsem, para que os seus exércitos desmaiem e se confundam: e para que em Constantinopla como em Roma, e no Império do Oriente como no do Ocidente, se conheçam e se venerem só as chaves de Pedro, e com ele, e por ele, e nele o nome de Cristo. *Amen.*

SERMÃO DA RAINHA SANTA ISABEL

Pregado em Roma, na Igreja de Santo Antônio dos Portugueses, no ano de 1674

> *Simile est Regnum Coelorum homini negotiatori quaerenti bonas margaritas: inventa autem una pretiosa, abiit, et vendidit omnia, quae habuit, et emit eam.*[i]

I

A uma rainha duas vezes coroada: coroada na Terra, e coroada no Céu; coroada com uma das coroas, que dá a Fortuna, e coroada com aquela coroa, que é sobre todas as fortunas, se dedica a solenidade deste dia. O mundo a conhece com o nome de Isabel; a nossa pátria, que lhe não sabe outro nome, a venera com a antonomásia de Rainha Santa. Com este título que excede todos os títulos, a canonizou em vida o pregão de suas obras: a este pregão se seguiram as vozes de seus vassalos; a estas vozes a adoração, os altares, os aplausos do mundo. Rainha e Santa. Este será o argumento, e estes os dois polos do meu discurso.

No texto do Evangelho que propus, temos a parábola de um negociante, em que concorreram todas aquelas três qualidades, ou boas partes, que poucas vezes se concordam: cabedal, diligência e ventura. Cabedal: *Omnia quae habuit*: diligência: *Quaerenti bonas margaritas*: ventura: *Inventa una pretiosa*: Rico, diligente, venturoso. E que negociante é este? É todo aquele que com os bens da Terra sabe negociar o Reino do Céu: *Simile est Regnum Coelorum homini negotiatori*.

Este mundo, Senhores, composto de tanta variedade de estados, ofícios, e exercícios públicos e particulares; políticos e econômicos; sagrados e profanos; nenhuma outra coisa é senão uma praça, ou feira universal, instituída e franqueada por Deus a todos os homens, para negociarmos nela o Reino do Céu. Assim o ensinou Cristo na parábola daquele rei, que repartiu diferentes talentos ou cabedais a seus criados para que negociassem com eles até sua

---

[i] *Mat.*, XIII.

vinda: *Negotiamini dum venio.*[i] Para as negociações da Terra a muitos falta o cabedal; outros têm cabedal e falta-lhes a diligência; outros têm cabedal e diligência, mas falta-lhes a ventura. Na negociação do Céu não é assim. A todos dá Deus o cabedal, a todos oferece a ventura, e a todos pede a diligência. O cabedal são os talentos da natureza; a ventura são os auxílios da graça; a diligência é a cooperação das obras. Quando o rei disse: *Negotiamini dum venio*, os criados, a quem entregou a sua fazenda, para que negociassem com ela, eram três: todos três tiveram cabedal; dois tiveram diligência; um não teve ventura. E por que não teve ventura este último? Porque não teve diligência: enterrou o talento. Bem o conhecia o rei, pois fiou dele o menos. E que sucedeu aos outros dois? O que tinha cinco talentos, negociou e granjeou outros cinco. O que tinha dois talentos, negociou e granjeou outros dois. Ambos tiveram igual ventura, porque fizeram igual diligência; mas o que entrou com maior cabedal, saía também com maior ganância.

Ninguém entrou na praça deste mundo com maior cabedal que a nossa Rainha Santa: uma coroa e outra coroa — a de Aragão e a de Portugal. O mercante do Evangelho tratava em pérolas: Santa Isabel em coroas. Grande cabedal! De uma grande rainha de Lacedemônia disse Plínio, no livro *De Summa Felicitate*, este elogio: *Una foeminarum in omni aevo Lacedemonia reperitur, quae Regis filia, regis uxor, regis mater fuit.*[ii] Isabel não só foi filha de rei, mulher de rei e mãe de rei: mas que filha? Que mulher? Que mãe? Filha de um rei, em que estavam unidos os brasões de todos os reis da Europa, Pedro II de Aragão; mulher de um rei que foi árbitro dos reis em todos os pleitos, que tiveram em seu tempo as coroas de Espanha, Dionísio de Portugal; mãe de um rei, Afonso IV, de quem descendem todos os monarcas e príncipes da cristandade, não vivendo hoje nenhum que o melhor sangue que tem nas veias, não seja de Isabel. Grande fortuna de mulher, grande cabedal. Mas parece que não havia de ser mulher, porque o negociar é ofício do homem: *Homini negotiatori*. O reparo é do Evangelho, a solução será da Epístola.

Mulierem fortem quis inveniet?[iii] Quem achará no mundo uma mulher forte, uma mulher varonil, uma mulher como homem? Tudo isso quer dizer o Texto: *Fortem, virilem, viraginem*. Quando eu li as bravezas desta proposta, e pergunta de Salomão, estava esperando ou por uma Judite com a espada na mão direita, e a cabeça de Holofernes na esquerda; ou por uma Jael com o cravo e com o martelo atravessando as fontes a Sisara, ou por uma Débora

---

[i] *Luc.*, XXIV, 13.
[ii] *Plín.*, *Livr. de Sum. Fel.*
[iii] *Prov.*, XXXI, 10, 11, 15 e 18, etc.

prantada na testa de um exército, capitaneando esquadrões e vencendo batalhas. Mas não é isto o que responde Salomão: diz que a mulher forte, a mulher varonil, a mulher mais que mulher, era uma mulher negociante. *Agrum emit: syndonem vendidit: et vidit, quia bona est negotiatio ejus.* E como negociava esta mulher? Como o homem do Evangelho; com o cabedal, com diligência, com ventura: com cabedal: *Dedit praedam domesticis suis;* com diligência: *Non extinguetur in nocte lucerna ejus;* com ventura, e ventura sobre todas: *Multae filiae congregaverunt divitias, tu supergressa es universas.* Já temos uma mulher negociante, como homem. Só nos faltava para Santa Isabel, que nos dissesse Salomão o nascimento, a pátria e o estado desta notável mulher. Também isso disse. Disse que era rainha, e espanhola, e aragonesa. Rainha: *Purpura, et byssus indumentum ejus:* porque naquele tempo só às pessoas reais era lícito vestir púrpura. Espanhola: *Procul, et de ultimis finibus pretium ejus:* porque na antiga cosmografia e na frase da Escritura o fim da Terra é Espanha. Finalmente, aragonesa, e tal aragonesa, que é mais: *Et spoliis non indigebit*; porque os aragoneses entre todas as nações de Espanha foram os primeiros que enobreceram e enriqueceram com despojos a sua coroa, conquistando novas terras, novos mares, e novas gentes. E Santa Isabel, em particular, foi nascida e criada nos braços de el-rei D. Jaime de Aragão, por sobrenome o Conquistador, o qual e seu filho el-rei D. Pedro, pai de Isabel, foram os que conquistaram em Espanha o reino de Valença, em Itália o reino de Sicília, no Mediterrâneo as ilhas de Evisa e Malhorca. E não pararam aqui os despojos. A estes se seguiram sucessivamente, primeiro os reinos de Córsega e Sardenha, depois o florentíssimo e belicosíssimo reino de Nápoles, e ultimamente quê? A mesma Jerusalém, onde Salomão escrevia e onde estava vendo a mulher forte, de quem falava, entre despojos nascida, entre os despojos criada, e de tão gloriosos despojos herdeira: *Et spoliis non indigebit.*

Isto suposto, e suposto que eu não sei dizer senão o que me diz o Evangelho, o tema será o sermão, e o assunto dele, a melhor negociante do reino do Céu: *Simile est regnum Coelorum homini negotiatori.* Negociou Isabel de um reino para outro reino, e de uma coroa para outra coroa; não do reino e coroa de Aragão, para o reino e coroa de Portugal, senão do reino e coroa da Terra, para o reino e coroa do Céu: que vem a ser em menos palavras rainha e santa. Estes dois nomes somente havemos de complicar um com o outro; e veremos a nossa rainha, tão industriosa negociante no manejo destas duas coroas, que com a coroa de rainha negociou ser maior santa, e com a coroa de santa negociou ser maior rainha. Maior rainha, porque santa: e maior santa, porque rainha. A rainha de todos os santos nos alcançará a graça. *Ave Maria.*

II

Simile est regnum Coelorum homini negotiatori. Rainha e santa: e porque santa, maior rainha. Esta é a primeira parte do nosso discurso, e este foi o primeiro lanço da melhor negociante do Reino do Céu.

O maior cabedal que pode dar o mundo é uma coroa. Mas ainda que as coroas são as que dão as leis, não são mercadoria de lei. Ao menos eu não havia de assegurar esta mercadoria, de fogo, mar e corsário; porque as mesmas coroas muitas vezes elas são o roubo, elas o incêndio, elas o naufrágio. Para conquistar reinos da Terra, o melhor cabedal é uma coroa; mas para negociar o Reino do Céu, é gênero que quase não tem valor. Ponde uma coroa na cabeça de Ciro, conquistará os reinos de Baltasar: ponde uma coroa na cabeça de Alexandre, conquistará os reinos de Dario: ponde uma coroa não na cabeça, senão no pensamento de César, e oprimirá a liberdade da pátria; e da mais florente república fará o mais soberbo e violento império. Mas para negociar o Reino do Céu, nem a Baltasar, nem a Dario, nem a Alexandre, nem a César, nem ao mesmo Ciro, a quem Deus chamava o seu rei, e o seu ungido: *Christo meo Cyro*,[i] valeram nada as coroas.

Ora, eu andei buscando no nosso Evangelho alguma coroa, e ainda que Cristo nunca multiplicou tantas semelhanças, e tantos modos de adquirir o Reino do Céu em diversos estados e ofícios, o de rei não se acha ali. Achareis um lavrador, um mercante, um pescador, um letrado; mas rei não. E por quê? Não são personagens os reis que pudessem entrar também em uma parábola e autorizar muito a cena com a pompa e majestade da púrpura? Claro está que sim. E assim o fez Cristo muitas vezes. Mas vede o que dizem as parábolas dos reis: *Regi, qui fecit nuptias filio suo*:[ii] *Intravit rex, ut videret discumbentes*,[iii] *quis rex iturus committere bellum adversus alium regem*:[iv] *abiit in regionem longinquam accipere sibi regnum.*[v] Reis que fazem bodas, que fazem banquetes, que fazem guerras, que mandam exércitos, que conquistam reinos da Terra, isso achareis no Evangelho; mas reis que se empreguem em adquirir o Reino do Céu, parece que não é ocupação de personagens tão grandes. Ao menos Cristo disse, que o Reino do Céu era dos pequenos: *Sinite parvulos ad me venire, talium est enim regnum Coelorum.*[vi] Tais são o lavrador no campo, o mercador na praça, o pesca-

---

[i] *Isaías*, XLV, 1.
[ii] *Mat.*, XXII, 2.
[iii] Ibid., 11.
[iv] *Luc.*, XIV, 31.
[v] *Luc.*, XIX, 12.
[vi] *Marc.*, X, 14.

dor no mar, o letrado na banca, e sobre o livro. Mas nas cortes, nos palácios, nos tronos, e debaixo dos dosséis, que achareis? Bodas, banquetes, festas, comédias; e por cobiça, ou ambição, exércitos, guerras, conquistas. Eis aqui porque as coroas não são boa mercadoria, ao menos muito arriscada para negociar o Reino do Céu. Reis e belicosos, reis e políticos, reis e deliciosos, quantos quiserdes; mas reis e santos, muito poucos. Vede-o nas letras divinas, onde só se pode ver com certeza. De tantos reis quantos houve no povo de Deus, só três achareis santos: Davi, Ezequias, Josias. Houve naquele tempo grande quantidade de santos, grande sucessão de reis; mas reis e santos, santidade e coroa? Três.

E se é coisa tão dificultosa ser rei e santo, muito mais dificultoso é ser rainha e santa. No mesmo exemplo o temos. De todos os reis de Israel e Judá, três santos; de todas as rainhas, nenhuma. Ainda não está ponderado. O número das rainhas naquele tempo era muito maior sem comparação, que o dos reis, porque era permitida e usada a poligamia; e assim como hoje é grandeza e majestade terem os reis muitos criados, e muitos ministros, assim então era parte da mesma majestade, e da mesma grandeza terem muitas rainhas. Das rainhas que teve Davi, além de outras muitas, sabemos o nome a sete: Joroboão teve dezoito, e só Salomão, setecentas: *Fueruntque ei uxores quasi reginae septimgentae*.[i] E sendo tão inumerável o número de rainhas, santa, nenhuma. Finalmente, desde o princípio do mundo até Cristo, em que passaram quando menos quatro mil anos, em todos os reinos, e todas as nações não achareis rainha santa mais que unicamente Ester.

E qual é a razão disto? Por que é mais dificultoso ser rainha santa que rei santo? Porque ainda que no rei e na rainha é igual a fortuna, na mulher é maior a vaidade. Os fumos da coroa não sobem para o Céu, descem para a cabeça. Ponde a mesma coroa na cabeça de Davi, e na cabeça de Micol: na de Micol tantas fumaradas, na de Davi nenhum fumo. E se me disserdes que Davi era humilde e santo, tomemos outras parelhas. O mais vão rei que houve no mundo foi el-rei Assuero, mas a rainha Vasti muito mais fumosa que Assuero. O mais soberbo rei que houve em Israel foi el-rei Acab; mas a rainha Jezabel muito mais fumosa que Acab. Lembrai-vos de Atalia, que foi a segunda Medeia ou a segunda Semíramis do povo hebreu. Era mãe e avó (que é mais) e por muito vã e muito fumosa não duvidou tirar a vida a todos os filhos de seu filho el-rei Ocosias. De nenhum homem se lê semelhante resolução. E buscando a causa os Padres e expositores, não acham outra, nem dão outra, senão o ser mulher: *Quia foemina erat,* diz com todos Abulense. Mulher Atalia, mulher Jezabel,

---

[i] *3º Livro dos Reis*, XI, 3.

mulher Vasti, mulher Micol, mulher Betsabé, mulher, finalmente, Eva. E em todas estas sempre pôde mais a vaidade que a virtude.

III

Perdoai-me, Rainha Santa, este discurso; mas não mo perdoeis, porque todo ele foi ordenado a avaliar o preço, a encarecer a singularidade e a sublimar a grandeza de vossas glórias. Menos santa fora Isabel, se a sua santidade não assentara sobre mulher e coroa. Destes dois metais, um tão frágil, outro tão precioso; deste vidro e deste ouro, se formou e fabricou a peanha que levantou a estátua de Isabel até as estrelas. Mas antes que mais nos empenhemos na ponderação desta verdade, acudamos às vozes do Evangelho, que parece estão bradando contra ela. O modo de negociar o Reino do Céu, e a forma ou contrato desta negociação, diz Cristo, que há de ser, dando, deixando e renunciando o negociante tudo quanto tiver: *Dedit omnia sua, et emit eam*. Se Isabel renunciara a coroa, e deixara de ser rainha, então disséramos justamente que, com a coroa da Terra, comprou e negociou a Coroa do Céu: mas ela viveu rainha, e morreu rainha, e não renunciou a coroa. Eu bem sei que renunciar uma coroa, assim como é a maior coisa do mundo, assim é também a mais dificultosa, mas não por isso impossível. Exemplo temos no nosso século, posto que o não vissem os passados. Roma o viu, e Roma o vê. Uma das maiores coroas da Europa, renunciada com tanto valor, e deixada com tanta glória, só por seguir a fé do Evangelho, e segurar debaixo das chaves de Pedro aquele reino que só elas podem abrir. Pois por que não deixou Isabel este tudo, que verdadeiramente é o tudo do mundo: *Omnia quae habuit?* Porque não renunciou e demitiu de si a coroa, para se conformar com o Evangelho?

Primeiramente digo, que sim deixou Isabel a coroa, mas deixou-a sem a deixar, demitiu-a sem a demitir, e renunciou-a sem a renunciar. Era Isabel rainha, mas que rainha? Uma rainha que debaixo da púrpura, trazia perpetuamente o cilício: uma rainha, que assentada à mesa real, jejuava quase todo o ano a pão e água: uma rainha, que quando se representavam as comédias, os saraus, os festins, ela estava arrebatada no Céu, orando e contemplando: uma rainha, que por dentro da sua coroa lhe estavam atravessando a cabeça e o coração os espinhos da coroa de Cristo: uma rainha, que adorada e servida dos grandes do seu reino, ela servia de joelhos aos pobres, e lhes lavava os pés com suas mãos, e lhes curava e beijava as chagas. Desta maneira usava Isabel da coroa, ajuntando e unindo na pessoa da rainha, dois extremos tão distantes, e dois exercícios tão contrários; e isto digo que foi deixar a coroa sem a deixar. Tenho para prova um texto de S. Paulo, muito vulgar e sabido, mas de tão dificultosa inteligência que, tendo-se empregado variamente nele todos os expositores sagrados, ainda se lhe deseja mais própria e adequada exposição.

Qui cum in forma Dei esset, exinanivit semetipsum, formam servi accipiens.[i] Quer dizer: Sendo o Verbo Eterno por essência e igualdade ao Padre, Deus, quando tomou e uniu a si a natureza humana, despiu-se e despojou-se de tudo quanto era, e quanto tinha. Ainda o diz com maior energia o Apóstolo: *Exinanivit semetipsum*: assim como um vaso quando se emborca, e se esgota, lança de si quanto tem, e fica vazio, assim o fez e ficou Deus, fazendo-se homem. Já estais vendo a dificuldade, não só os teólogos, mas todos. Deus, fazendo-se homem, não perdeu nada do que tinha, nem deixou nada do que era. Era Deus, e ficou Deus: era infinito, e ficou infinito: era eterno e imenso, e ficou eterno e imenso: era impassível e imortal, e ficou imortal e impassível. Pois se Deus não deixou, nem renunciou, nem demitiu de si nada do que era, nem do que tinha; como diz S. Paulo que se despojou, e se esgotou a si mesmo e de si mesmo: *Exinanivit semetipsum?* Assim o disse profundamente o Apóstolo, e também diz o como isto podia ser, e como foi: *Formam servi accipiens, cum in forma Dei esset.* É verdade que Deus, fazendo-se homem, não perdeu nada do que era, nem deixou nada do que tinha; porém tomou, e uniu ao que era tudo o contrário do que era: tomou, e uniu ao que tinha, tudo o contrário do que tinha; e tomar, e unir na mesma pessoa extremos tão contrários e tão distantes, foi despojar-se de tudo o que era sem se despojar. Era Deus, e fez-se homem: era eterno, e nasceu em tempo: era imenso, e determinou-se a lugar: era impassível, e padecia: era imortal, e morreu: era supremo Senhor, e fez-se servo; e servir o Senhor, morrer o imortal, padecer o impassível, limitar-se o imenso e humanar-se o divino, não só foi tomar o que não era, senão deixar o que era. Não deixar, deixando, que isso não podia ser; mas deixar retendo, deixar conservando, deixar sem deixar: *Exinanivit semetipsum formam servi accipiens, cum in forma Dei esset.* Isto é o que fez o Verbo; e isto é o que fez Isabel, conformando-se altissimamente com o Evangelho ao modo do mesmo autor do Evangelho. Rainha com majestade e coroa; mas que coroa, que majestade, que rainha? Coroa sim; mas coroa sem a deixar, deixada, porque deixou toda a pompa e esplendor do mundo, com que se engrandecem as coroas. Majestade sim; mas majestade sem a renunciar, renunciada, porque renunciou toda a ostentação, toda a altiveza e toda a idolatria, com que se adoram as majestades. Rainha, sim; mas rainha não rainha, porque, tirada a soberania do título, nenhuma outra coisa se via em Isabel das que se admiram nas rainhas, sendo por isso mesmo a mais admirável de todas.

---

[i] *Filip.*, II, 7.

Desta maneira deixou a nossa rainha a coroa, e o tudo que pedia o Evangelho: *Omnia quae habuit*. Mas assim como a deixou sem a deixar, por que a não deixou, deixando-a? Por que não abdicou a majestade, por que não deixou de ser rainha, ou não aceitando a coroa, quando se lhe ofereceu, ou renunciando-a depois de aceitada? Respondo, que esta foi a maior indústria de sua negociação: conservar o cabedal de rainha para granjear ser maior santa. O maior bem, ou o único bem, que têm as supremas dignidades do mundo, é serem um degrau sobre o qual se levanta mais a virtude; é serem um cunho real com que sobe a maior valor a santidade. Santo foi Davi, e santo Abraão, e primeiro Abraão que Davi. Contudo S. Mateus, referindo a genealogia de Cristo, antepõe Davi a Abraão: *Filii Davi, filii Abraham.*[i] Pois se Abraão também era santo, e santo da primeira classe como Davi, e precedia na antiguidade, por que se lhe antepõe Davi? Dá a razão S. Tomás angelicamente.[ii] Porque ainda que Abraão era santo, e tão santo como Davi, Davi era santo e rei juntamente, o que não concorria em Abraão. A santidade de Abraão, posto que grande, era santidade sem coroa: a santidade de Davi, era santidade coroada; e santidade assentada sobre coroa, ainda em grau igual, é maior santidade.

E por quê? Porque na majestade, na grandeza, no poder, na adoração, e em todas as outras circunstâncias que acompanham as coroas, concorrem todos os contrários que pode ter a virtude; e a santidade e a virtude conservada entre os seus contrários, é dobrada virtude. Ouvi uma das mais notáveis sentenças de Santo Agostinho: *Audiat omnis aetas, quod nunquam audivit.*[iii] Ouçam todas as idades o que nunca ouviram, diz Agostinho. E que hão de ouvir? Fala do parto virginal, e diz assim: *Virgo partu suo crevit, virginitatem, dum pareret, duplicavit*. Nestas últimas palavras reparo. Diz Santo Agostinho, que Maria Santíssima, concebendo, parindo e ficando virgem, não só conservou, mas dobrou a virgindade: *Virginitatem, dum pareret, duplicavit*. Se falara de outra virtude, não tinha dificuldade esta doutrina. Mas da virgindade, parece que não pode ser, porque a virgindade consiste em ser indivisível. É uma inteireza perfeita, incorrupta, intemerata, que não pode crescer nem minguar, nem admite mais ou menos. Pois se esta virtude soberana e angélica não admite diminuição nem aumento, se quando é, sempre é igual, e sempre a mesma; como diz Santo Agostinho, que cresceu, que se aumentou e que se dobrou, e foi dobrada no parto da Virgem? Porque foi virtude que se conservou inteira entre os seus contrários. A concepção, o parto, o ter filho, o ser mãe, são os

---

[i] *Mat.*, I, 1.
[ii] *D. Tom.*
[iii] *Aug.*

contrários da virgindade; e conservar-se Maria virgem sendo juntamente mãe, foi ser dobrada virgem: *Virginitatem, dum pareret, duplicavit.* Tais foram as virtudes de Isabel. O maior contrário e o maior inimigo da virtude é uma grande fortuna, e quanto maior fortuna, tanto maior inimigo. A humildade, o desprezo do mundo, a moderação, a abstinência, a pobreza voluntária na outra gente, são simples virtudes; mas estas mesmas com uma coroa na cabeça, com um cetro na mão debaixo de um dossel, e assentadas em um trono, são dobradas virtudes, porque são virtudes juntas com os seus contrários. A humildade junta com a majestade, é dobrada humildade; a moderação junta com o supremo poder, é dobrada moderação; o desprezo do mundo junto com o mesmo mundo aos pés, é dobrado desprezo do mundo; a pobreza com a riqueza, a abstinência com a abundância, a mortificação com o regalo, a modéstia com a lisonja, é dobrada pobreza, é dobrada abstinência, é dobrada mortificação, é dobrada modéstia; porque é cada uma delas não uma rosa entre as espinhas, mas uma sarça verde entre as chamas. E porque a nossa negociante do Céu sabia que debaixo do risco está a ganância, por isso teve por maior conveniência não deixar, senão ajuntar a coroa com a virtude; não deixar, senão ajuntar a majestade com a santidade, para que sendo rainha, e juntamente santa, fosse também maior santa, porque rainha.

 E se quereis ver tudo isto com os olhos em uma admirável figura, ponde-os comigo, ou com S. João, no Céu. No capítulo doze do Apocalipse, diz S. João, que apareceu no céu um grande prodígio: *Signum magnum apparuit in coelo*,[i] e declarando logo qual fosse este prodígio, e sua grandeza, diz que era uma mulher que tinha os pés no primeiro céu, que é o céu da Lua: *Luna sub pedibus ejus*; o corpo no quarto céu, que é o céu do Sol: *Amicta sole;* e a cabeça no oitavo céu, que é o céu das estrelas: *Et in capite ejus corona stellarum duodecim.* Grande mulher, grande prodígio, e grande retrato de Isabel! Mulher, que vivendo na Terra já seus merecimentos a tinham canonizado e colocado no Céu: *Signum magnum apparuit in Coelo*: mulher tão desprezadora das grandezas do mundo, que todas as coisas sublunares as pisou, e meteu debaixo dos pés: *Luna sub pedibus ejus;* mulher tão alumiada e ilustrada das luzes da graça, que aos olhos de Deus e dos homens resplandecia como um sol: *amicta sole;* mulher tão adornada de todas as perfeições e dotes sobrenaturais que todo o coro das virtudes, como outras tantas estrelas, lhe teciam e esmaltavam a coroa: *Et in capite ejus corona stellarum duodecim.* Até aqui Isabel santa. E sendo esta prodigiosa mulher tão grande, poderá ser maior? Estando tão alta, poderá subir mais? Estando no Céu, poderá ser mais celeste? Sim; e como? Se ao celeste

---

[i] *Apoc.*, XII, 1.

se ajuntar o real, e às suposições de santa, as circunstâncias de rainha. Assim foi, e assim o viu o mesmo profeta.

Et datae sunt mulieri alae duae aquilae magnae, ut volaret; e a esta mulher, diz S. João, foram-lhe dadas duas asas de águia grande, para que voasse com elas. A águia é a rainha das aves; e mulher com asas de águia, é mulher com prerrogativas reais, é mulher com circunstâncias de rainha. Mas notai que não só diz que se deram à mulher duas asas de águia, senão duas asas de águia grande: *Datae sunt mulieri duae alae aquilae magnae.*[i] Agora pergunto: qual é neste mundo a águia grande, e quais são as duas asas desta águia? A águia grande não há dúvida que é Espanha, a mais dilatada monarquia de todo o Universo: águia real coroada de tantas coroas. As duas asas desta águia também não há dúvida que são o reino de Aragão de uma parte, o reino de Portugal da outra. Não é divisão, ou distinção minha, senão de todos os cosmógrafos, os quais dividem a Espanha em três partes, ou três Espanhas: *Hispania Betica, Hispania Tarraconensis, Hispania Lusitanica.* O corpo e a cabeça desta grande águia é a Espanha Bética, que compreende as duas Castelas. Uma das asas é a Espanha Tarraconense, isto é, Aragão, que de Tarragona se disse Aragona: a outra asa é a Espanha Lusitânica, isto é, Portugal, que de Luso se disse Lusitânia. Ao ponto agora. Tendo o Céu engrandecido tanto a Isabel, tendo-a sublimado a um lugar tão alto de perfeição, tendo depositado nela todo o precioso e lustroso de seus tesouros e graças; que fez Deus? *Datae sunt mulieri duae alae aquilae magnae,* ajuntou e acrescentou a esta prodigiosa mulher as duas asas reais da grande águia de Espanha, por nascimento a de Aragão, e por casamento a de Portugal. E para quê? *Ut volaret;* para que levantada sobre estas duas asas a santidade de Isabel, o grande dela crescesse à maior grandeza, o alto subisse à maior altura, o luminoso à maior luz, o celeste à mais celeste, e à mesma santidade a mais santa. Santa Isabel, por que santa, e maior santa, por que rainha. Santa, por que santa: por isso, colocada no Céu: *Signum magnum apparuit in Coelo;* e maior santa, por que rainha: por isso, depois de colocada no céu, acrescentada com asas de águia, e com circunstâncias reais: *Datae sunt mulieri duae alae aquilae magnae.*

E senão, voemos nós também com as mesmas asas, e subamos do céu estrelado, onde a viu S. João, ao Céu Empíreo, onde a viu Davi: *Astitit regina a dextris tuis in vestitu deaurato circumdata varietate.*[ii] Vi, diz Davi, uma rainha colocada à direita de Deus, a qual estava vestida com duas galas diferentes; por dentro com uma roupa bordada de ouro: *In vestitu deaurato;* por

---

[i] *Apoc.*, XII, 14.
[ii] *Sal.*, XLIV, 10.

fora com outra roupa de cor vária: *circumamicta varietate*. Eis aqui como está a nossa Rainha Santa no Céu, vestida e adornada com duas galas, uma por baixo e por dentro, que é o vestido de rainha que vestiu primeiro, e por isso bordado de ouro: *In vestitu deaurato;* outra por cima, e por fora, que é o hábito de Santa Clara, que vestiu depois, e por isso de cor vária (pardo e branco) *circumamicta varietate*. E qual destas duas galas a faz mais majestosa, e mais gloriosa no Céu: a de dentro, ou a de fora; a de brocado, ou a de burel; a de rainha, ou a de religiosa? Digo que ambas, mas porque uma assentou sobre a outra. Porque o hábito de religiosa assentou sobre o de rainha; porque o burel assentou sobre o brocado; porque o vestido de fora assentou sobre o de dentro: daí é que lhe vem toda a graça, e toda a formosura. O mesmo Davi o disse: *Omnis gloria ejus ab intus in fimbriis aureis circumamicta varietate*;[i] a graça e a formosura do vestido de fora, toda lhe vem do vestido de dentro. O hábito de S. Francisco e de Santa Clara, é uma das mais vistosas e mais bizarras galas que se trajam no Céu. Mas esta mesma gala em Isabel, assentada sobre vestiduras reais, é muito mais vistosa, muito mais bizarra, e muito mais formosa; porque toda a graça e formosura lhe vem das guarnições e bordaduras de ouro, que por debaixo da orla estão reluzindo: *Omnis gloria ejus ab intus, in fimbriis aureis*.

E se perguntarmos mais curiosamente a Davi qual era o labor dessas guarnições, e dessa bordadura da orla, também o disse milagrosamente: *In fimbriis aureis:* lê o hebreu: *In scutulatis*. A guarnição e bordadura, que aparecia na orla do vestido real por baixo do burel, de que a rainha estava revestida, era um lavor e recamo de ouro, formado e enlaçado de escudos: *In scutulatis*. E que escudos são estes? São aqueles dois escudos que vedes pintados ao lado de Isabel: o escudo das armas de Aragão, e o escudo das armas de Portugal. De maneira que a bordadura da orla, que faz sair e sobressair a gala com que Isabel se ostenta gloriosa à direita de Deus, é composta admiravelmente, e tecida destes dois escudos, travados e alternados um com o outro — as barras entre as quinas, e as quinas entre as barras: *In scutulatis*. E nestes escudos reais, cobertos e sobrevestidos de burel áspero e grosseiro, diz Davi, que consiste todo o realce da gala, e toda a formosura e glória da filha do Rei: *Omnis gloria ejus filiae Regis ab intus:* porque se Isabel é gloriosa e exaltada no Céu por santa; muito mais exaltada é por santa sobre rainha: *Astitit regina a dextris tuis in vestitu deaurato circumdata varietate*.

---

[i] Ibid., 14.

IV

Temos visto a Isabel maior santa, por que rainha; segue-se que vejamos agora maior rainha por que santa. Este foi o segundo lanço da melhor negociante do Reino do Céu, e nisso mesmo parecida ao negociante do Evangelho. A fortuna nunca iguala os desejos dos homens; mas se houvesse uma fortuna tão grande, que não só igualasse, mas vencesse, e excedesse os desejos, esta seria a maior fortuna que se pode imaginar. Tal foi a fortuna do negociante do Evangelho. Ele desejava e procurava pérolas boas: *Quaerenti bonas margaritas*; e quando só desejava pérolas boas, e de preço e estimação ordinária, foi tal a sua fortuna, que achou uma pérola tão preciosa, que excedia o valor de quanto buscava, e de quanto tinha. *Inventa una pretiosa margarita, dedit omnia sua, et comparavit eam.* Ainda foi maior fortuna a de Isabel. Isabel não buscava coroas, antes as coroas a buscavam a ela; e por que buscada das coroas, ela buscou a santidade, por isso essa mesma santidade lhe acrescentou a coroa, e a fez muito maior rainha. A dignidade de rainha é tão alta e tão soberana, que parece não admite maioria. Mas Isabel pelos privilégios de santa, foi rainha maior que rainha, porque foi rainha com maior poder, rainha com maior jurisdição, rainha com maior império.

Uma das acusações que se deram contra Cristo, e a que venceu a causa, foi dizerem que se fazia rei, e que tomava a jurisdição de César: *Si hunc dimittis, non es amicus Caesaris: omnis enim qui se regem facit, contradicit Caesari.*[i] Todos os Padres e expositores sagrados impugnam esta calúnia, e a provam com cinco mil testemunhas contestes. Estes foram aqueles cinco mil homens, que depois de Cristo lhes matar a fome no milagroso banquete do deserto, O reconheceram pelo verdadeiro Messias, e O quiseram aclamar por rei, quando o Senhor, para mostrar que não era rei dos que fazem, ou podem fazer os homens, os deixou, e se retirou para o monte. Grande prova de Cristo se não fazer rei, como era acusado. Mas S. Leão Papa, com mais alto pensamento, presenta-se entre os mesmos acusadores diante de Pilatos, e argumenta assim por parte deles: *Ne in totum videatur inanis Judaeorum objectio, discute diligenter Praeses.* Examine Pilatos diligentemente a causa, e achará que não é totalmente falsa a acusação. Em dizerem os Judeus que Cristo se fez rei, falam verdade: em dizerem que se fez rei como César, aqui é que mentiram. Haviam de dizer que se fez rei maior que César, e maior que todos os reis. E por quê? Ouvi a razão do eloquentíssimo pontífice, que é divina: *Caecis visum, surdis auditum, claudis gressum, mutis donavit eloquium: Febres abegit, dolores resolvit, mortuos suscitavit: magnum prorsus regem*

---

[i] *João*, XIX, 12.

ista demonstrant. Este homem acusado de se fazer rei, deu olhos a cegos, ouvidos a surdos, pés a mancos, fala a mudos; sarou febres, resolveu dores, ressuscitou mortos; e em todas estas coisas, ainda que não provou que era rei como César, e como os outros reis, que não têm tal poder, mostrou porém, e demonstrou que era maior rei que todos eles.

O mesmo digo de Isabel. Entrava Isabel nos hospitais, que ela e seus antecessores tinham edificado, concorriam a Isabel os enfermos de todas as enfermidades; e que sucedia? Ia Isabel fazendo o sinal da cruz sobre eles, os cegos viam, os mudos falavam, os surdos ouviam, os mancos e aleijados saltavam, os mortos, ou que estavam para morrer, ressuscitavam. *Magnam prorsus reginam ista demonstrant.* Dizei às outras rainhas e aos outros reis, que façam isto com todo o seu poder. Fazer mancos, fazer aleijados, fazer cegos, fazer estropiados, isso fazem os reis, e isso podem. E senão ide a essas campanhas, a esses exércitos e a essas cortes; uns em muletas, outros arrastando, uns sem pernas, outros sem braços, uns sem olhos, outros sem orelhas, outros pedindo esmola com os dedos, porque não têm língua, outros sem casco na cabeça, meio atontados, outros sem queixadas no rosto, horríveis e disformes. Homens miseráveis, homens que não sois homens, senão parte de homens, quem vos pôs nesse estado? Padre, o serviço de el-rei. Fomos à guerra, dela escapamos desta maneira. Isto é o que podem fazer os reis, e tanto mais, quanto mais poderosos. Não assim Isabel: era rainha, que restituía braços, e pés, e olhos, e ouvidos. Ver a majestade e pompa, com que se diz dos reis, que são senhores da vida! Senhores da vida? Leiam à margem destes títulos a glosa de Cristo: *Nolite timere eos, qui occidunt corpus.*[i] São senhores da vida para a tirar, para a dar não. Se sois delinquente, podem-vos matar por justiça: se sois inocente, podem-vos matar por tirania; se tendes pouco juízo, e pouco coração, podem-vos matar com uma carranca, ou com um voltar de olhos; mas dar vida ou saúde, não é da jurisdição dos reis. Assim o confessou um rei mais verdadeiro que todos: *Nolite confidere in principibus, in quibus non est salus.* Isabel sim, que era senhora da saúde, e da vida; por isso maior rainha que todas as rainhas: *Magnum prorsus reginam ista demonstrant.*

V

Outra demonstração em maiores corpos. Chega Santa Isabel a Santarém, para atravessar o Tejo; estava prevenida uma galé real para a pessoa; gôndolas e bergantins toldados para a corte: mas em aparecendo Isabel na praia, abre-se o

---

[i] *Mat.*, X, 28.

rio de repente, levantam-se dois muros de cristal de uma e outra parte: os peixes como às janelas, em cardumes, e atônitos, pasmando da maravilha; e Isabel caminhando sobre o seu bordão por aquela rua nova, juncada de limos verdes, mas sobre areias de ouro. Não é afetação minha, que já o disse o Espírito Santo em caso semelhante: *Campus germinans de profundo nimio*.[i] Passemos agora de Portugal à Palestina, e do Tejo ao Jordão. Para o rio Jordão à vista da Arca do Testamento (cabeça também coroada: *Faciesque supra coronam auream per circuitum*),[ii] pinta o caso Davi, e exclama: *Quid est tibi mare quod fugisti, et tu Jordanis quia conversus es retrorsum?*[iii] Rio, que paras, mar, que foges, que é o que viste? Bizarra e elegante prosopopeia de Davi, mas em pequeno teatro; maior é o nosso. Que rio e que mar eram aqueles com quem falava Davi? O mar, era o mar Morto, chamado por outro nome, *Vallis Salivarum*, porque era uma saliva do Oceano. Cuspiu o Oceano, e fez aquele mar. O rio, era o Jordão, composto de dois regatos, um o *Jor*, outro o *Dan*, que para terem cabedal com que ir morrer no mar Morto, se ajuntaram, e fizeram companhia um com o outro. Esta era a grandeza do rio, a quem aquele pequeno lago engolia de um bocado, como diz o Profeta: *Et fiduciam habet quod influat Jordanis in os ejus*.[iv]

Comparai-me agora, rio com rio, e mar com mar. Assim como a Arca do Testamento passou por aquela parte, onde as águas do Jordão se misturam com as do mar Morto, assim passou Isabel por aquela parte, onde as águas do Tejo se confundem com as do Oceano. O Oceano é aquele pego vastíssimo e imenso, que ele só é todo o elemento da água; e estendendo infinitos braços, está recebendo, como nas pontas dos dedos, o tributo de todos os rios do Universo. Este foi o mar que se retirou, e fez pé atrás à vista de Isabel: e o rio qual era? Aquele soberbíssimo Tejo, primeiro domador do mesmo Oceano, a quem pagaram párias em pérolas, o Indo e o Ganges, não coroados de juncos e espadanas, como o Padre Tibre, mas com grinaldas de rubis, e capelas de diamantes. Este soberbo mar, este soberbo rio, são os que fizeram praça a Isabel, e lhe descobriram nova terra, para que a pisasse. Davi, respondendo à sua pergunta, disse: *A facie Domini mota est terra, a facie Dei Jacob*.[v] E aqui está o maior excesso da maravilha. Lá o Jordão parado, cá o Tejo parado; lá a Arca coroada, cá Isabel coroada; lá a Arca caminhando a pé enxuto, cá Isabel a pé enxuto; mas lá porque o rio viu a face de Deus, cá porque viu a face de Isabel; lá porque viu a face do Senhor

---

[i] *Sap.*, XIX, 7.
[ii] *Êxod.*, XXV, 11.
[iii] *Sal.*, CXIII, 5.
[iv] *Jó*, XL, 18.
[v] *Sal.*, CXIII, 7.

de Israel, cá porque viu a face da Rainha de Portugal. *A facie Domini, a facie Dei Jacob*. Que Deus visto refreie a corrente dos rios, isso é ser Deus; mas que à presença de Isabel lhe façam os rios a mesma reverência, vede se é ser rainha mais que rainha? E senão perguntai ao mesmo Tejo, quantas vezes passaram por ele as outras rainhas, quais eram as suas cortesias? Passavam as Teresas, passavam as Dulces, passavam as Mafaldas, passavam as Urracas, as Leonoras, as Luísas, as Catarinas; e o Tejo, que fazia? Corria como dantes. Porém a Isabel (falemos em frase de Roma) a Isabel firmava-se o Tejo, às outras não se firmava, porque as outras eram rainhas; Isabel era rainha e santa, e por isso maior rainha.

VI

Eu já quisera acabar, mas está me chamando a nova Primavera, que vemos, a que repare naquelas rosas. Levava Isabel na aba do vestido grande cópia de moedas de ouro e prata, para repartir aos pobres, e era Inverno. Perguntou-lhe el-rei, que levava: e respondeu, que rosas. Rosas neste tempo, como pode ser? diz el-rei. Abriu a Santa, e eram rosas. Há rainha, há rei no mundo, que tenha tais poderes? Gastar muito dinheiro, grandes tesouros em flores, em jardins, e ainda em sombras, que é menos, isto podem fazer, e fazem os reis; mas fazer de um dobrão uma rosa, converter uma substância em outra, ainda que seja um grão de ouro em um grão de areia; nem todos os reis do mundo juntos o podem fazer, é outra jurisdição mais alta. Manda Deus a Moisés sobre o Egito; e o título que lhe deu, foi de Deus de Faraó: *Constitui te Deum Pharaonis*.[i] Parece demasiado título, e não necessário. Faraó era rei de Egito, seja Moisés rei de Faraó, e basta. Pois por que lhe não dá Deus título de rei, senão de Deus? Porque era razão, que o título se conformasse com os poderes. Moisés havia de converter a vara em serpente, o Nilo em sangue, a água em rãs, o pó em mosquitos; e converter umas substâncias em outras, é poder e jurisdição mais alta que a dos reis. Chame-se logo Moisés, não rei de Faraó, senão Deus. Esta foi a descrição do Demônio no formulário das suas tentações. Quando disse a Cristo, que convertesse as pedras em pão, acrescentou: *Si Filius Dei es*.[ii] Quando Lhe ofereceu todos os reinos do mundo, não falou em ser filho de Deus. Pois se lhe chama filho de Deus, quando Lhe diz, que converta as pedras em pão; por que Lhe não chama também filho de Deus, quando Lhe oferece os reinos de todo o mundo? Porque o domínio de um reino, e de muitos reinos, e de todos

---

[i] *Êxod.*, VII, 1.
[ii] *Mat.*, IV, 3.

os reinos cabe na jurisdição de um homem rei; mas converter uma substância em outra, é poder mais que humano, é poder mais que real, é poder divino. Tais foram neste caso os poderes daquela rainha sobre todos os reis e rainhas do mundo. Mas ainda não está ponderado o fino da maravilha.

Não esteve a maravilha em converter as moedas em rosas, senão em quê? Em dizer, são rosas, e serem rosas. Serem rosas, só porque Isabel lhe chamou rosas, é maravilha só da boca de Deus. Ponderação admirável de S. Paulo: *Qui vocat ea, quae non sunt, tanquam ea quae sunt.*[i] Deus chama com tanta verdade as coisas que não são, como aquelas que são. E esta é a maior glória do seu poder, e o maior poder da sua palavra; porque basta que Ele mude os nomes às coisas, para que elas mudem a natureza, e o que era, deixe de ser, e o que não era, seja. Mas quantas vezes fez Deus esta maravilha? Uma só vez, e no maior milagre dos seus milagres, e na maior obra de sua onipotência. Na instituição do Diviníssimo Sacramento quis Cristo que o pão se convertesse e transubstanciasse em seu Corpo, e que fez para isso? Disse que o pão, que tinha nas mãos, era seu Corpo: *Hoc est Corpus meum*;[ii] e bastou que chamasse seu Corpo ao pão, para que o que era pão, deixasse de ser pão, e o que não era seu Corpo, fosse seu Corpo. Na criação do mundo não fez Deus semelhante maravilha: mandou que se fizessem as coisas, e fizeram-se: *Ipse dixit, et facta sunt*;[iii] porém no Diviníssimo Sacramento, para o qual tinha reservado os maiores poderes do seu poder, fez que fosse seu Corpo o que era pão, só com lhe chamar seu Corpo: *Vocat ea, quae non sunt, tanquam ea quae sunt.* O mesmo fez Isabel. Não levantou as mãos, não orou, nem pediu, não mandou: só disse que eram rosas as moedas, e foram rosas. O chamar foi produzir; e o dizer que eram, foi fazer que fossem o que não eram: *Vocat ea, quae non sunt, tanquam ea quae sunt.* Em Cristo foi poder ordinário, em Isabel poder delegado; mas infinitamente maior que todos os poderes reais.

Os reis também arremedam, ou querem arremedar a Deus na soberania deste poder. Cobri-vos, marquês; assentai-vos, duque. Só com o rei vos chamar marquês, sois marquês, só com vos chamar duque, sois duque; mas tudo isso que vem a ser? Um nome, no demais sois o mesmo que dantes éreis. Podem os reis dar nomes, sim, mas dar ser, ou tirar ser, ou mudar ser, não chega lá a sua jurisdição, por mais poderosos que sejam. Depois que Deus criou o mundo e o povoou, e fez a Adão rei e senhor de todo ele, mandou que todos os animais viessem à presença do mesmo Adão, para que ele lhes pusesse os nomes: *Adduxit*

---

[i] *Roman.*, IV, 17.
[ii] *Luc.*, XXII, 10.
[iii] *Sal.*, XXXII, 9.

ea ad Adam, ut videret quid vocaret ea.[i] E por que não pôs Deus os nomes aos animais, e quis que os pusesse Adão? Judiciosamente S. Basílio de Selêucia: *Partiamur hujos fictricis solertiae gratiam: me cognoscant artificem naturae lege; te Dominum intelligant appellatione nominis.* Quis Deus que Adão pusesse os nomes aos animais, para partir com ele o império, e mostrar a diferença que havia de um a outro. Eu Deus, e tu rei do universo: eu Deus, porque dei o ser aos animais; tu rei, porque lhe pusestes os nomes. De maneira que o mais a que pode chegar um rei, ainda que seja rei de todo o mundo, é pôr nomes, e dar nomes: é fazer que vos chameis dali por diante o que ele vos chamou: *Omne quod vocavit Adam animae viventis, ipsum est nomen ejus.* Porém fazer com esse nome, que o que não era, seja, e que esse mesmo chamar seja dar ser, é jurisdição incomparavelmente mais soberana; por natureza só de Deus, por delegação só de Isabel. Enquanto rainha, podia dar nomes, mas nomes que não eram mais que nomes; enquanto santa, deu nomes que davam ser, e mudavam ser, e por isso maior rainha que todas as rainhas.

Por fim dos poderes de Isabel, quero acabar com aquele poder que tudo acaba, e que pode mais que os que tudo podem, a morte. A morte pode mais que todas as rainhas e todos os reis; mas também este poder todo-poderoso foi sujeito à nossa rainha. A morte matou a Isabel, mas Isabel pôde mais, porque matou a morte. E como a matou? Não podendo a morte desfazer o corpo em que vivia aquela alma, o qual há trezentos anos se conserva incorrupto. Ameaçava Cristo pelo profeta Oseias a morte, e dizia-lhe assim: *Ero mors tua, o mors.*[ii] Deixa-te estar morte, que eu te matarei, eu serei a tua morte. Esta era a profecia; mas o sucesso parece que foi o contrário, porque a morte matou a Cristo. Pois se Cristo morreu, e a morte O matou; como diz o mesmo Cristo, que havia de ser morte da morte? Assim foi em dois sentidos. Foi a morte da morte em nós, porque matou a morte da alma, que é o pecado; e foi morte da morte, em si, porque matou a morte do corpo, não podendo a morte corromper, nem desfazer o corpo morto de Cristo. *Quoniam non dabis sanctum tuum videre corruptionem.*[iii] Quando a morte mata, e fica viva depois de matar o homem, desfaz-lhe o corpo; porém quando a morte morre matando, quando a morte mata e fica morta, não pode desfazer o corpo do mesmo a quem matou, e assim não pôde desfazer o de Cristo, mais poderoso que ela. *Tam potentem adversarium nostrum, dum occideres, occidisti,*[iv] disse S. Jerônimo com elegância

---

[i] *Gênes.*, II, 19.
[ii] *Oseias*, XIII, 14.
[iii] *Sal.*, XV, 14.
[iv] *Jerôm.*

de palavras, que não cabe nas nossas. E isto que se viu no corpo de Cristo em três dias, é o mesmo que está vendo o mundo no corpo de Isabel há trezentos anos. Mas donde lhe veio a Isabel a soberania deste privilégio? Não da coroa, senão da santidade; não por rainha, senão por santa: *Non dabis sanctum tuum videre corruptionem.*

VII

Esta imagem, Senhores, de Isabel morta, mas com dotes de imortalidade, é a que eu desejo levemos todos retratada na alma. E para que fique nela mais altamente impressa, ponhamos à vista deste retrato o retrato de outra Isabel, também de Portugal, e também coroada, e também morta. Quando S. Francisco de Borja abriu a arca, em que ia a depositar o corpo da nossa imperatriz Dona Isabel, mulher de Carlos V, vendo a corrupção daquele cadáver e daquele rosto, que pouco antes era um milagre da natureza, ficou tão penetrado e tão atônito daquela vista, que ela bastou para o fazer santo. Se um só destes retratos obrou tais efeitos em um juízo racional e cristão; que farão ambos os retratos juntos, e um defronte do outro? Acolá Isabel, aqui Isabel; acolá uma coroa, aqui outra coroa; acolá um corpo morto e todo corrupção, aqui outro corpo morto, mas incorruptível e como imortal. Oh, que mudança! Oh, que diferença! Oh, que desengano! Assim se morre, Senhores, e assim se pode morrer.

Com razão escreveu Roma sobre aquela imagem e retrato de Isabel: *Et nunc Reges intelligite, erudimini qui judicatis terram.*[i] Até agora parece que tinham alguma desculpa os monarcas da Terra em não entender a diferença que há do aparente ao verdadeiro, do real, ou imperial, ao santo; de uma coroa a outra coroa; e de reinar a reinar. Porém agora, *et nunc,* à vista de um prodígio e testemunho do Céu tão manifesto, e tão constante, à vista do respeito que guardou a morte, ou do poder que não teve sobre os despojos mortais, e já mortos de Isabel; e muito mais se a esta vista ajuntarmos o paralelo tão notável de uma e outra majestade, ambas do mesmo nome, ambas do mesmo sangue, e ambas da mesma dignidade soberana e suprema; que rei haverá, que não acabe de entender o que tão mal se entende; que príncipe que não queira aprender o que tão pouco se estuda? *Intelligite et erudimini.* Não digo (pois nem Deus o manda) que as cabeças ou testas coroadas façam o que fez Carlos, convencido de uma só parte deste exemplo, nem que renunciem e se despojem, como ele se despojou, das coroas: o que só digo, e diz Deus a todos os reis, é que

---

[i] *Sal.*, II, 19.

aprendam a não as perder, e se perder, mas a negociar com elas; e que com o exemplo canonizado de Isabel, rainha e santa, entendam que também podem ser santos sem deixar de ser reis, e que então serão maiores reis, quando forem santos. Não consiste a negociação do reinar em acrescentar o círculo às coroas da Terra, que, maiores ou menores, todas acabam; mas em granjear, e assegurar, e amplificar com elas a que há de durar para sempre. Assim negociou com as suas duas coroas a nossa negociante do Reino do Céu, agora maior, mais poderosa e mais verdadeira rainha: assim está reinando e reinará para sempre: assim goza e gozará sem fim os lucros incomparáveis da sua prudente e venturosa negociação; na Terra, enquanto durar o mundo, sobre os altares, e no Céu, por toda a eternidade em sublime trono de glória.

SERMÃO DE AÇÃO DE GRAÇAS

Pelo nascimento do príncipe D. João, primogênito de
SS. Majestades, que Deus guarde. Pregado na Igreja Catedral
da cidade da Bahia, em 16 de Dezembro, Ano de 1688

Respexit, et vidit.

I

A vossos olhos (todo-poderoso, e todo-misericordioso Senhor) a vossos olhos, posto que debaixo dessa cortina encobertos aos nossos: a vossos olhos vem hoje esta grande e nobilíssima parte de Portugal render as devidas graças pelo fidelíssimo desempenho de vossas promessas. Prometestes que havíeis de olhar, e ver: *Ipse respiciet, et videbit*: e já temos nova certa de que olhastes, e vistes: *Respexit, et vidit.*

Quatro anos, e mais, se contam hoje, em que pregando eu as exéquias da rainha, que está no Céu, fiz dois discursos muito encontrados, um de dor, outro de consolação; um de sentimento, outro de alívio; um triste, outro alegre; um com os olhos no passado, outro com as esperanças no futuro. Aqueles dois varões que o profeta Samuel deu por sinal a el-rei Saul, antes de o ser, que acharia junto ao sepulcro de Raquel, *Invenies duos viros juxta sepulchrum Rachel*,[i] um deles significava o pesar, outro o desengano; porque estes são os dois afetos, que só acompanham depois da morte os que mais seguiu o amor e aplauso na vida. Assim eu (posto que com diferente pensamento) também pus duas estátuas racionais aos lados da sepultura da nossa defunta Raquel. De uma parte a estátua da dor, triste e coberta de luto, que representava, e chorava a perda passada: da outra parte a estátua da consolação, contente e vestida de gala, que da mesma tristeza e da mesma morte presente tirava e prognosticava a felicidade futura. Lembra-me, que levantando os olhos para o túmulo e mausoléu real, agora tomara eu (disse) porque assim há de ser, que em todo este grande teatro se mudasse e voltasse a cena. Que os lutos trocassem as cores; que as caveiras se revestissem de vida; que os ciprestes se reproduzissem em palmas; que os epitáfios

---

[i] *1.º Livro dos Reis*, X, 2.

se convertessem em panegíricos; e que as luzes mortais e funestas daquela pirâmide se acendessem em luminárias de alegria, de parabém, de ação de graças.

E não é isto o que toda a Bahia fez tão estrondosamente alumiada nestas três noites? E não é isto o que agora fazemos todos, vindo dar graças a Deus neste venturoso dia? Assim é. Corramos, pois, as cortinas aos segredos da providência Divina, e vejamos nós agora o que só viam então os olhos de sua misericórdia postos nos nossos reis: *Posuit enim in te, et in semine tuo post te oculos misericordiae suae.* Levou-nos Deus uma rainha, para nos poder dar outra: levou-nos a seseníssima de Saboia, para nos poder dar a augustíssima de Áustria: levou-nos a estéril, para nos poder dar a fecunda: levou-nos a que depois de tantos anos de esperança e desengano, nos obrigou a ir buscar fora da pátria a sujeição e vassalagem de príncipe estrangeiro, para nos poder trazer de mais longe a que dentro do primeiro ano nos restituiu a baronia dos reis naturais: e a que hoje tem alegrado a Portugal em todas as partes do Mundo com a nova do felicíssimo parto, que nesta cabeça da América festejamos, agradecidos eternamente à fidelíssima piedade dos olhos divinos, que finalmente (como tinha prometido) olhou e viu: *Respexit, et vidit.*

II

Para inteligência destas duas palavras, vamos ao texto delas, que é o juramento de el-rei D. Afonso Henriques, e também será o fundamento de quanto dissermos. No mesmo dia em que Cristo Redentor nosso desde o trono de sua cruz criou o reino de Portugal, com aquela mesma voz com que criou o mundo, anunciou ao rei em quem fundava o reino duas coisas notáveis: a primeira, revelando-lhe uma desgraça futura; a segunda, prometendo-lhe o remédio dela, muito maior que a mesma desgraça. A desgraça revelada foi que, na sua décima sexta geração, se atenuaria a prole: *Usque ad decimam sextam generationem, in qua attenuabitur proles*: o remédio e felicidade prometida foi, ou é, que nessa mesma prole atenuada ela olharia e veria: *Et in ipsa attenuata ipse respicet, et videbit.* Vejamos agora quem foi a décima sexta geração de el-rei D. Afonso I, e quem foi, ou é a prole atenuada da mesma geração décima sexta. A décima sexta geração de el-rei D. Afonso I, ninguém duvida que foi el-rei D. João IV de eterna memória: e a prole atenuada de el-rei D. João IV também se não pode duvidar, que foi el-rei D. Pedro nosso senhor, que Deus guarde; porque depois do falecimento de seus irmãos, nele ficou a décima sexta geração em um só filho, e por um só fio. Segue-se logo com evidência, que na pessoa de el-rei D. Pedro se cumpriu a atenuação da prole, e que à mesma pessoa de el-rei

D. Pedro prometeu Deus o olhar e ver de seus olhos: *Et in ipsa attenuata ipse respiciet, et videbit.*

Isto suposto com tanta evidência, resta só saber, que significa e em que consiste o olhar e ver de Deus, principalmente quando se fala de gerações e falta o suplemento delas, como no nosso caso. Já respondi a esta questão, e a declarei no sermão alegado, quando empenhei esta mesma palavra de Deus; e agora é necessário que o repita, quando ela se desempenha. O olhar, e ver de Deus, em linguagem do mesmo Deus, e frase da Escritura Sagrada, é fazer Deus mercê de dar sucessão a quem é servido, e não outra, senão de filho varão. Torne também a prova, porque é a única. Ana, mulher de Elcana, príncipe da tribo real e levítico, vivia muito desconsolada por se ver estéril, e sem filho, e mais à vista de uma companheira, e êmula sua, que tinha muitos, e por isso a desprezava. Com esta dor que sempre a trazia triste, se foi Ana ao Templo, e orou a Deus desta maneira: *Si respiciens videris afflictionem famulae tuae, dederisque servae tuae sexum virilem, dabo cum Domino omnibus diebus vitae ejus:*[i] Se vós, Senhor, olhando virdes a esterilidade de vossa serva, e me derdes um filho varão, eu faço voto de o dedicar a vosso serviço por todos os dias de sua vida. Notai agora o que pediu Ana, e o que disse Deus. O que pediu, foi um filho varão, *Sexum virilem,* o que disse a Deus foi, se olhando virdes minha esterilidade: *Si respiciens videris afflictionem famulae tuae.* E por que propôs o que pedia, e o que esperava de Deus com tão diferente linguagem, como é, se me derdes filho varão, e se olhares, e vires? Porque o olhar, e ver de Deus, é dar filho varão. Assim foi. Olhou Deus e viu a aflição de Ana, e logo sendo estéril teve um filho varão, e tal filho, qual foi Samuel, que sendo um, valia por muitos: *Donec sterilie peperit plurimos.*

E que se segue de toda esta demonstração? Segue-se, que o nosso belíssimo infante, nosso enquanto primogênito de Portugal, e mais nosso enquanto príncipe do Brasil, cujo felicíssimo nascimento hoje celebramos, ele, e unicamente ele, é o inteiro desempenho dos olhos de Deus: ele o esperado e suspirado parto do seu olhar e ver: ele o revelado e prometido ao primeiro rei: e ele o glorioso e fatal reparador de sua descendência. A fé desta estupenda conclusão é evidente. Porque se o efeito do olhar, e ver de Deus é dar filho varão, tendo Deus prometido àquele rei, que na prole atenuada de sua décima sexta geração olharia, e veria: e sendo a prole atenuada da mesma geração décima sexta, manifesta e evidentemente el-rei D. Pedro, nosso senhor; com a mesma evidência se convence, que o filho varão, de que Deus fez mercê este ano a el-rei D. Pedro II é o que tantos anos, e séculos antes revelou, e prometeu o mesmo Deus a el-rei D. Afonso I. Caso sobre toda a admiração admirável, que em tão remotas

---

[i] *1.º Livro dos Reis,* I, 11.

distâncias com o nascimento do reino se juntasse o nascimento deste soberano menino! Caso sobre toda a admiração admirável, que quando Cristo em Pessoa desde sua Cruz lançava a primeira pedra neste novo edifício, como ele mesmo disse: *Ut initia regni tui super firmam petram stabilirem*; juntamente com a pedra fundamental se não lançasse outra estampa, ou outra memória, senão a deste futuro príncipe! Caso outra vez sobre toda a admiração admirável, que havendo na posteridade de D. Afonso tantos reis, tantos príncipes, tantos infantes famosos, passando todos os outros em silêncio, só deste unicamente fizessem menção as promessas divinas! Se Cristo revelasse àquele primeiro rei, que viria tempo em que um descendente seu, qual foi o felicíssimo rei D. Manuel, acrescentando a Portugal tantas partes da África, da Ásia e da América, de reino o levantaria a monarquia; este amplificador dela em todas as partes do Mundo, digno objeto podia parecer de semelhante revelação divina. Mas tudo isto calou Deus, e só lhe revelou e prometeu este único parto de seus olhos, para que vejamos no meio de tantas razões de admiração, quão grandes esperanças deve conceber Portugal deste prodigioso e fatal nascimento, e quantas graças devemos dar a Deus, por em nosso tempo, e nesta idade, nos fazer uma tão inestimável mercê, que em tantos anos e séculos, nossos antepassados só podiam ler e esperar, mas não alcançaram, nem viram.

III

Dando graças a Deus o profeta Isaías, e ensinando-nos o que muito devemos ponderar em semelhantes casos ao nosso, diz assim: *Domine Deus meus es tu*: Vós, Senhor, verdadeiramente sois meu Deus: *Exaltabo te, et confitebor tibi*: Hei-vos de exaltar, hei-vos de louvar, hei-vos de dar muitas graças: e por quê? *Quoniam fecisti mirabilia*: Porque obrastes grandes maravilhas: e que maravilhas? *Cogitationes antiquas fideles*, fazendo que as vossas promessas, sendo tão antigas, fossem fiéis, e se cumprissem. E este seu dito fecha o profeta com uma cláusula extrordinária, acrescentando, *Amen: Cogitationes antiquas fideles, Amen*: como se dissera: Assim o prometestes e dissestes tanto tempo antes, e assim o vemos agora. De maneira, que a circunstância que Isaías tanto pondera e encarece nas promessas antigas de Deus, é que a sua antiguidade não diminuísse, nem enfraquecesse a sua verdade: *Antiquas et fideles*. Mas esta circunstância ou advertência tão ponderada e encarecida, nem parece digna de ponderação, nem de encarecimento, nem ainda de reparo. A verdade infalível das promessas de Deus nenhuma dependência tem do tempo. Tanto importa que sejam antigas, como modernas; porque nem a brevidade lhe assegura a firmeza, nem a dilação lha pode fazer duvidosa. Na última noite de sua vida prometeu Cristo a S. Pedro que o havia de negar três vezes, e na mesma noite o negou: no princípio do mundo prometeu Deus à serpente, que uma mulher lhe havia de quebrar a cabeça e daí a quatro mil anos lha quebrou a bendita entre todas as mulheres. Pois se para a inteireza inviolável da palavra divina tanto importa a brevidade de quatro horas, como a dilação de quatro mil anos; como pondera tanto o maior dos profetas maiores, que a palavra de Deus nas suas promessas antigas seja fiel, e não falte ao cumprimento delas: e que assim como ele antiga e antiquissimamente pronunciou as promessas, assim os efeitos depois lhe responderam com améns: *Cogitationes antiquas fidelles, Amen?*

A razão natural e verdadeiramente admirável desta circunstância, que o não parece, é, porque nos tempos, nos anos, e muito mais nos muitos séculos, como a variedade e mudanças das coisas humanas são tantas como as voltas da roda da Fortuna que nunca para, é força que contra a firmeza e estabilidade dos sucessos futuros ocorram muitos encontros, muitos impedimentos, muitos estorvos, muitas dificuldades, muitos embaraços, e grandíssimas implicações. E quantas vezes Deus desvia esses encontros, desimpede esses impedimentos, estorva esses estorvos, facilita essas dificuldades, desembaraça esses embaraços, e desarma e desfaz essas implicações; tantas são as maravilhas que a Providência, Sabedoria e Onipotência divina obra, para manter a verdade de suas promessas contra a mesma antiguidade delas: *Quoniam fecisti mirabilia, cogitationes antiquas fideles.* E senão, vamos ao nosso caso, e vejamos quanta foi a antiguidade da promessa divina, desde que prometeu pôr os olhos na décima sexta geração dos nossos reis, até que os pôs: *Posuit in te, et in semine tuo post te oculos misericordiae suae, usque ad decimam sextam generationem.* O dia em que Cristo apareceu a el-rei D. Afonso Henriques, e fundou o reino de Portugal, foi aos vinte e quatro de Julho de mil cento e trinta e nove; e o dia em que a décima sexta geração restaurou o mesmo reino, foi ao primeiro de Dezembro de mil seiscentos e quarenta; de sorte que entre o Fundador e o Restaurador, entre el-rei D. Afonso, o I, e el-rei D. João, o IV, entre o tronco da árvore dos reis portugueses, e a décima sexta geração do mesmo tronco, passaram pontualmente quinhentos anos inteiros. E nesta compridíssima antiguidade de quinhentos anos, qual seria o labirinto de impedimentos e dificuldades, que os olhos divinos vigilantissimamente previam, e maravilhosamente venceram e desfizeram, para que o fio da décima sexta geração se não rompesse, ou quebrado se tornasse a atar na mesma sucessão continuada? Só quem não tem lido e compreendido as nossas histórias, não pasmará neste caso. Ponho um só exemplo.

Por morte de el-rei Fernando, aquele, como bem disse o nosso Homero, que todo o reino pôs em grande aperto, viu-se a sucessão e coroa do primeiro

Afonso em um dos maiores perigos e apertos, que se podem imaginar. O legítimo herdeiro, filho de el-rei D. Pedro, preso em Castela; o rei, que o queria ser por força, poderosamente armado; o governo nas mãos de uma mulher, e sobre mulher ofendida; os grandes divididos em parcialidades; as cidades duvidosas; as fortalezas, muitas entregues; a segunda nobreza seguindo a primeira; e só o povo favorável, mas povo. Neste estado, porém, ou nesta confusão temerosa, em que tudo ameaçava a última e total ruína, que fariam os olhos de Deus sempre vigilantes sobre Portugal? Assim como Sansão para derrubar o templo dos Filisteus abraçou duas colunas; assim Deus levantou outras duas, para que o edifício, que ele fundara, se sustentasse, e não caísse. Estas colunas foram o mestre de Avis D. João, o I, e o condestable D. Nuno Álvares, os quais em tantas e tão desiguais batalhas, e com tantas e tão vantajosas vitórias defenderam gloriosamente a Pátria, e tiveram mão na coroa. Mas não parou aqui a perspicácia daqueles olhos, que não só veem como nós o presente, e sempre se adiantam aos futuros. Para fazer imortais na vida aqueles mesmos dois heróis, que já se tinham feito imortais na fama, casa Deus um filho do rei com uma filha do condestable, e funda neles a real Casa e Ducado de Bragança, lançando nesta segunda fundação, segundos e dobrados alicerces ao reino seu, e nosso: e para quê? Para que no caso em que faltassem os reis, os pudessem suprir e substituir os duques.

Ora vede como nesta providência mostrou Deus outra vez, e confirmou ser ele o fundador do reino de Portugal. Um só reino temos de fé que fundou neste mundo, que foi o reino de Judá no povo, que o mesmo Deus àquele tempo chamava seu. Ouçamos agora o que diz por boca de Jacó o Texto Sagrado, falando, ou fadando os sucessos futuros deste reino: *Non auferetur sceptrum de Juda, et dux de femore ejus, donec veniat qui mittendus est.* Note-se muito a palavra *sceptrum*, e a palavra *dux*: a palavra *sceptrum* significava os reis, a, palavra *dux* significava os duques: e diz, que não faltariam os reis e os duques da mesma descendência de Judá: *Sceptrum Juda, et dux de femore ejus*, em fé e profecia certa de que os duques haviam de substituir aos reis em falta deles. Assim foi pontualmente, porque depois da transmigração de Babilônia ao último dos reis, que foi Joaquim, sucederam os duques, de que foi o primeiro Zorobabel, e depois dele os demais até os Macabeus. Nos mesmos Macabeus tem a real Casa e Ducado de Bragança uma admirável confirmação e demonstração do que digo. Vendo alguns da mesma nação, mas não da mesma família, as grandes vitórias dos Macabeus, êmulos da mesma glória, formaram um pé de exército, e saíram contra os inimigos (que naquela ocasião eram os Jamniamitas). Mas ao primeiro encontro, mortos dois mil, que ficaram no campo, os demais o desampararam, fugindo com as mãos na cabeça. E por que foi este sucesso tão diverso dos que logravam os Macabeus? Dá a razão a Escritura com um documento muito notável: *Quia non erat de semine virorum illorum, per quos salus facta est in Israel*: Porque não eram do sangue e descendência daqueles varões que Deus reservou para a salvação de Israel. De sorte que assim como o general não mete todo o poder em batalha, mas deixa sempre em reserva os que nos exércitos romanos se chamavam triários, isto é, os mais escolhidos e valorosos soldados para acudir e socorrer onde a necessidade o pedir; assim Deus quando quer conservar um reino, divide o sangue real dele como em duas linhas, para que na falta de uma se defenda e sustente na outra. E esta segunda não de qualquer geração indiferentemente, posto que da mesma nação; mas escolhida, e de sujeitos sinalados e heroicos, em que fique depositado e como vivo o valor de seus ascendentes. Isto é o que Deus fez na real Casa de Bragança, fundada nos dois famosíssimos heróis, D. João, o I, e D. Nuno Álvares, deixando nela reservado um como seminário, *de semine virorum illorum*, para que na falta dos reis, fossem os restauradores do reino, como verdadeiramente o foram no ano de quarenta, em que o mesmo que entre os duques era D. João, o II, foi entre os reis D. João, o IV.

IV

Mas não debalde ponderava tanto Isaías nas mesmas promessas divinas a circunstância da antiguidade: porque na comprida carreira dos muitos anos se encontram tais tropeços e precipícios, que não só caem neles os estados mais firmes, mas derrubam, e levam consigo as mesmas colunas em que se haviam de sustentar. Este é o segundo e maior perigo em que não só esteve arriscada a décima sexta geração, mas quase de todo perdida. Morreu el-rei D. Sebastião, com licença dos sebastianistas, e sem licença sua morreu também el-rei D. Henrique, ambos sem sucessão. Aqui sucedia natural e legitimamente a Casa de Bragança no direito da senhora D. Catarina: mas como onde há força, se perde o direito, aos reis faltou-lhes a vida, aos duques, que lhe haviam de suceder, faltou-lhes o poder: lá vai o reino a Castela. E que direi eu agora, Senhor, aos vossos olhos? Não são eles os prometidos e não sois vós o que prometestes, que os havíeis de pôr no reino do primeiro Afonso até a décima sexta geração, *Usque ad decimam sextam generationem*? E onde está esta geração? Nos reis não, que morreram: nos duques não, que estão oprimidos e avassalados, e neles mais dificultosa a esperança, do que nos mesmos reis, porque se nos reis está morta, nos duques está sepultada: que diremos logo aos vossos olhos, ou que nos podem eles dizer? Eu o direi.

Andaram tão vigilantes e tão finos os olhos de Deus neste caso ao parecer tão desamparado, que se o direito da senhora D. Catarina se oprimiu na Terra, ele no mesmo tempo o levantou e fixou no Céu, e de lá há de vir a décima sexta geração, que ainda se não conhece, porque ainda não é. Ouvi agora um dos maiores prodígios, que nunca se viu no Mundo. No ano de mil quinhentos e oitenta, em que morreu o último rei D. Henrique, e por força dominou o nosso reino Filipe, que depois se chamou o primeiro de Portugal, apareceu um cometa (que nunca o céu acende debalde) ou fosse outro, ou o mesmo que tinha aparecido e desaparecido dois anos antes, em que também faltou el-rei D. Sebastião. Observou este cometa um astrólogo de tão grande fama chamado Meslino, e imprimiu o juízo, que fez dele, em um tratado particular, no qual disse, que aquele cometa de mil quinhentos e oitenta, apontava com o dedo para o ano de mil seiscentos e quatro, e que neste ano havia de aparecer no céu uma nova maravilha no mesmo lugar, em que o mesmo cometa tinha desaparecido. Riram-se todos os outros matemáticos da audácia deste presságio; senão quando, passados vinte e quatro anos, no mesmo ano sinalado de mil e seiscentos e quatro aparece no dito lugar uma estrela novamente nascida e nunca vista no céu. Quero referir o caso pelas palavras do mesmo Meslino, o qual, triunfando com o seu presságio, e referindo-se ao seu primeiro tratado, de que era testemunha todo o mundo, pede ao mesmo mundo se lembre dele, e escrevendo no mesmo ano de mil seiscentos e quatro, à vista da prognosticada estrela, que brilhando no lugar sinalado, levava após si os olhos e admirações de todos, diz assim: *Rogo autem legas quae in tractatu meo meteorastrologo physico de cometa anni millesimi quingentesimi, et octogesimi, scripserim: invenies (mirabile dictu!) cometam dicti anni digitum intendisse in hanc novam stellam; disparuit enim in hoc loco, quo nunc stella fulget.*

Suposta a verdade prodigiosa deste sucesso, pede agora a razão e a curiosidade que examinemos como podia um matemático dizer, ou predizer o que disse, e qual seja a significação da nova estrela, nascida no mesmo lugar onde morreu o cometa, e não em outro ano, senão no de mil seiscentos e quatro? Kepler, um dos mais famosos matemáticos deste século, e que escreveu um doutíssimo livro sobre a mesma estrela nova, diz que Meslino por nenhuma arte, ciência, ou razão natural podia arguir, e muito menos conhecer o que tanto antes escreveu; mas que foi impulso e instinto divino, que lhe moveu a pena, e que lhe arrebatou a imaginação àquele pensamento. E quanto à significação da estrela, diz, que tanto que foi vista, e reconhecida pelos astrólogos de Alemanha a novidade dela, todos a uma voz diziam: *Stella nova, rex novus*: estrela nova, reino novo: estrela nova, rei novo. E acrescenta o mesmo autor, que foi tal o alvoroço popular, com que esta mesma significação de rei novo se aceitou, quase tumultuosamente, que os magistrados mandaram armar as cidades, para que os povos nelas não levantassem, ou alguém se atrevesse a se chamar rei. Mas a astrologia alemã, acertando no nome e dignidade de rei, se enganou em tudo o mais; porque a mesma estrela estava dizendo e apontando que a província havia de ser Espanha, o reino Portugal, e a pessoa el-rei D. João, o IV. A província Espanha; porque a estrela apareceu no signo de Sagitário, que domina sobre Espanha: o reino Portugal; porque apareceu no Serpentário que é o reino que tem por timbre a serpente: e a pessoa el-rei D. João, o IV, o qual nasceu no mesmo ano de mil seiscentos e quatro, em que nasceu a estrela. E assim como a estrela nasceu no lugar onde morreu o cometa, assim ele nasceu para suceder ao lugar em que morreu D. Henrique. E este foi o pensamento e bem entendida propriedade com que o mesmo rei, tanto que sucedeu no reino, tomou logo por empresa uma fênix coroada, porque das cinzas de D. Henrique ressuscitou como fênix a coroa, que nele morto se tinha sepultado.

Uma das finezas, ou galantarias, de que se preza a liberalidade divina, é dar coroas por cinzas. Lá o disse por boca de Isaías: *Ut darem eis coronam pro cinere.*[i] Assim o fez com el-rei D. João, a quem pelas cinzas, dos dois reis que morreram sem sucessão, deu a sucessão da coroa. Os dois últimos reis que morreram sem sucessão, já dissemos que foi, primeiro, el-rei D. Sebastião, e depois el-rei D. Henrique: e ambos concorreram com as suas cinzas, um para o nascimento, outro para a vida do novo rei. D. Henrique concorreu com as suas cinzas, para o nascimento de el-rei D. João; porque das cinzas de D. Henrique, como fênix, nasceu D. João ressuscitado; e D. Sebastião concorreu com as suas cinzas para a vida do mesmo rei; porque debaixo das cinzas de el-rei D. Sebastião morto, se conservou D. João vivo. Notai uma admirável sutileza da providência e previdência dos olhos divinos para conservar viva a décima sexta geração, em que os tinha postos. Sempre os Portugueses esperaram por um rei que os havia de restaurar. E em que esteve o acerto da sua esperança? Em errarem o esperado. Se esperaram acertadamente por el-rei D. João, ele, e nós éramos perdidos; porque os ciúmes, e temor desta esperança, quando o não tirassem do mundo, o haviam de tirar de Portugal. E que fez a Providência Divina para o conservar a ele, e nele a nós? Fez que os Portugueses dessem em esperar por el-rei D. Sebastião: para quê? Para que a esperança do rei morto, em que não havia que temer, conservasse sem perigo a sucessão do vivo. Assim se continuou este milagre por espaço não menos que de trinta e seis anos, cegando Deus tanto os que deviam esperar, como os que deviam temer; porque desde o ano de seiscentos e quatro, em que el-rei D. João nasceu, até o ano de seiscentos e quarenta, em que nos restaurou

---

[i] *Isaías*, LXI, 3.

debaixo das cinzas do falsamente esperado, se conservou a vida do verdadeiramente prometido. Não se conserva a brasa encoberta e viva debaixo das cinzas que a cobrem e escondem? Pois assim se conservou a décima sexta geração de D. Afonso debaixo das cinzas de D. Sebastião, sem ninguém esperar, nem imaginar tal coisa. Chegou o ano de quarenta, assoprou Deus as cinzas, e apareceu a brasa viva; viva, para ressuscitar o reino e os vassalos; e brasa, para executar nos contrários, ou contraditores o que nós vimos, e eles sentiram.

V

Segura já a décima sexta geração, e a promessa dela, resta só a da prole, e prole atenuada. Aqui têm os olhos divinos mais que desfazer do que fazer. Porque a prole de el-rei D. João, o IV, não foi atenuada, senão multiplicada. Diz Salomão que o fio, ou cordão de três ramais dificultosamente se rompe: *Funiculus triplex difficile rumpitur*; e tal foi a prole de el-rei D. João, multiplicada ou triplicada em três filhos: em D. Teodósio, em D. Afonso, em D. Pedro. Destes três havia de desfazer a Providência Divina dois deles, para que ficasse a prole atenuada em um só. E se Deus consultasse ao reino sobre quais haviam de ser os dois que desfizesse, eram, cada um dos três, tão digno, por suas qualidades verdadeiramente reais, de que nós lhe desejássemos muito larga vida, que o mesmo reino havia de pedir a Deus no-los conservasse todos.

O primeiro era o príncipe D. Teodósio, aquela grande alma, na qual a perfeição das três potências, nem dava, nem admitia vantagem: a memória felicíssima, o entendimento agudíssimo, a vontade humaníssima. Excelente em todas as graças da natureza, e igual em todos os dotes da graça: tão santo como sábio, e tão universal em todas as ciências, que em idade de catorze anos disputava com tal compreensão em todas, que tendo-as adquirido sem mestre, admirava os mestres delas. Na lição e eleição dos livros com tal estudo se aplicava aos sagrados, que nem por isso desestimava os humanos: sempre trazia consigo da parte direita a Bíblia, e da esquerda Homero. Ameníssimo nas virtudes de homem, severo e gravíssimo nas de príncipe. Parece que criou Deus aquele prodígio só para o mostrar ao mundo, e logo o recolher: *Ostendet terris hunc tantum, fata neque ultra esse sinent*. Acabou na flor da idade, e naquela flor se secaram as esperanças de Portugal e as invejas da Europa. Era conforme o seu nome dado por Deus, que isso quer dizer Teodósio: Deus o deu, e Deus o levou: *Dominus dedit, Dominus abstulit*.

Aqui ficou a prole da décima sexta geração já começada a se atenuar, mas ainda em dois fios. Foi o segundo o infante D. Afonso, depois rei, o sexto do nome. Raro príncipe se achará nos anais da fortuna, que em toda a sua vida a experimentasse tão vária; mas também se não achará outro que mais a sujeitasse no seu reinado, e a lograsse mais próspera, e mais constante. Em seu tempo se armaram com todo o poder as maiores forças contrárias: em seu tempo se guerrearam nas nossas campanhas as maiores batalhas: e em seu tempo, sem exceção, triunfou sempre Portugal com as maiores vitórias. Era manco de um pé, era aleijado de um braço, e naquela parte da cabeça padecia o mesmo defeito, porque a força do mal, de que escapou quase milagrosamente, como diziam os médicos, o partiu pelo meio: mas assim partido pelo meio, o vimos sempre vitorioso; que parece quis mostrar Deus a todas as nações, que bastava a metade de um rei de Portugal, para resistir e vencer a maior monarquia do mundo. Morreu enfim o felicíssimo Afonso, acompanhando no mesmo dia, e na mesma hora, o seu enterro e a sua fortuna, por terra o seu povo com lágrimas, por mar as suas frotas sem bandeiras.[i]

Assim cortou a Providência Divina aquelas duas vidas, dignas de viverem imortalmente, para que em um só e único filho ficasse atenuada a prole, em que Deus tinha prometido de olhar, e ver: *Et in ipsa attenuata ipse respiciet, et videbit*. Assim ficou el-rei D. Pedro nosso senhor, desde o dia em que passou desta vida el-rei D. Afonso. Mas sendo ele a prole atenuada, tão longe esteve Deus então de olhar e ver, que antes parece que cerrou totalmente os olhos: o olhar, e ver de Deus, como vimos, consistia em dar à prole atenuada filho varão, e naquele estado, posto que a prole já estivesse atenuada, nem Deus lhe deu filho varão, nem lho podia dar; por quê? Porque el-rei naquele estado achava-se com filha, e com mulher, e nem a filha era filho, nem da mulher o podia ter. E porque da mulher não podia ter filho, e da filha podia ter neto, este foi o desengano, e o engano com que a prudência humana, sem atender à fé da promessa divina, tratou de que o filho, que a rainha não podia dar ao reino, ao menos lho desse o seu apelido, e assim o fomos buscar a Saboia.

Contratado o casamento com um tão grande príncipe, posto que estrangeiro, fez-se em Lisboa, onde eu me achava, uma soleníssima procissão em ação de graças, e como ao entrar do Rossio tropeçasse o cavalo de S. Jorge, e caísse o Santo, caso nunca até então sucedido, lembra-me que ouvi dizer a um sujeito bem conhecido na corte: só S. Jorge caiu no que isto é: aquela procissão não é procissão, é um enterramento mal conhecido, em que Portugal, com festas e danças, vai sepultar a baronia dos seus reis naturais: mas não havia Deus de permitir tal coisa, porque tinha prometido o contrário. E quando a armada partiu para Saboia, tão alcatroada de ouro por fora, e tão carregada de diamantes

---

[i] Quando foi a enterrar a Belém, entrava a frota do Brasil.

e joias por dentro, disse o mesmo autor: posto que a nossa armada sai tão rica pela barra de Lisboa, ainda há de tornar mais rica. E perguntado por quê? Porque não há de trazer o que vai buscar. Assim conhece os futuros, quem penetra as profecias, e se fia nas promessas de Deus. Que disse Deus? Que na prole atenuada da décima sexta geração de el-rei D. Afonso, o I, ele olharia, e veria. E quem foi a décima sexta geração de D. Afonso, o I? El-rei D. João, o IV: e quem é a prole atenuada de el-rei D. João, o IV? El-rei D. Pedro, nosso senhor. Logo, ainda que a infanta, que Deus guarde, tivesse filho, e el-rei de sua filha tivesse neto varão, de nenhum modo se cumpria nele a promessa divina. Por quê? Porque el-rei é geração décima sétima, a senhora infanta é geração décima oitava, e a prole atenuada, a quem Deus prometeu dar o filho varão, não havia de ser prole da geração décima oitava, nem da geração décima sétima, senão da geração décima sexta: *Usque ad decimam sextam generationem, in qua attenuabitur proles, et in ipsa attenuata ipse respiciet, et videbit.*

Que remédio logo para que os olhos divinos pudessem olhar e ver? O que eu há tantos anos ponderei, e diante destas mesmas testemunhas prometi a Portugal. O remédio era, que o matrimônio de que a prole atenuada não podia ter filho, o desfizesse a morte, para que tirado aquele impedimento, pudesse a mesma prole atenuada contrair segundas e mais felizes bodas: e assim foi. Com a rainha que Deus tem, levou a morte a esterilidade ao túmulo; com a rainha, que Deus nos deu e ele guarde muitos anos, introduziu o mesmo Deus a fecundidade ao tálamo. E no mesmo ponto se abriram os olhos divinos, que parece estavam cerrados; porque dentro do mesmo ano a prole atenuada, que estava em um só fio, se viu fortalecida com outro fio, ou com outro fiador. E este filho varão, com cujo felicíssimo nascimento nos alegramos, é o fruto, é o efeito e é o desempenho prometido do olhar e ver de Deus: *Ipse respexit, et vidit.*

VI

E porque não é justo que nesta grande mercê, de que damos graças a Deus, nos esqueçamos de S. Francisco Xavier, ouça também a Bahia a grande parte que nela teve o seu Santo Padroeiro. El-rei D. João, o III foi o que chamou de Roma a S. Francisco Xavier antes de o conhecer e depois de conhecidas em Lisboa suas admiráveis virtudes, o mesmo rei foi o que não só encomendou a seu zelo a conversão das gentilidades da Índia, senão também a reforma dos Portugueses, e ainda as mesmas fortalezas e conquistas, e quanto a sua coroa dominava no Oriente. Que muito logo, que um Santo de tão nobre condição agradecesse as obrigações, que devia a D. João, o III, em D. João, o IV, décima sexta geração e pai da prole atenuada? Mas vamos ao nosso texto. Quando Cristo apareceu a el-rei D. Afonso, diz ele no seu juramento, que a primeira coisa que viu, antes de ver ao mesmo Senhor, foi um raio de luz, que diante dele vinha e saía da parte do oriente: *Vidi subito a parte dextra orientem versus micantem radium*. E quem é o raio da luz do oriente senão Xavier? Este raio foi o que vinha diante de Cristo como seu precursor, quando o mesmo Senhor em Pessoa veio anunciar ao primeiro rei as felicidades de sua descendência.

Mais diz o mesmo texto, e o mesmo Cristo nele em duas partes. Na primeira, que ele como fundador dos reinos, fundava o de Portugal, para que o seu nome fosse levado a nações e gentes estranhas: *Ut deferatur nomem meum in exteras gentes*. Na segunda, que para uma grande messe, que havia de colher em terras muito remotas, tinha escolhido por seus segadores os Portugueses: *Elegi eos in messores meos in terris longinquis*. De maneira, que na primeira revelação falou Cristo dos pregadores e na segunda dos segadores: os segadores vão armados de ferro; os pregadores só levam por armas o nome de Deus e a sua palavra: e estes são os dois instrumentos com que os reis de Portugal conquistaram o Oriente, para Deus e para si: para Deus com a pregação do Evangelho; para si com as armas de seus soldados e capitães, entre os quais o mais insigne de todos nossos conquistadores, foi o mesmo Xavier em ambas as milícias; na do Céu com a pregação, convertendo tantos reis, tantos reinos, tantas nações de gentios; na da Terra com a oração, tendo tanta parte, como lemos em sua vida, nas mais dificultosas batalhas e famosas vitórias dos Portugueses. Este foi o presságio com que Xavier nasceu no mesmo ano em que Vasco da Gama se partiu a descobrir a Índia: este foi o mistério com que sonhava que trazia aos ombros um índio agigantado, cujo peso o fazia suar e gemer: esta foi a evidência com que Deus revelou à soror Madalena de Jasso, sua irmã, quando ele estudava em Paris, que havia de ser um apóstolo da Índia. Mas isto mesmo já muitos séculos antes estava revelado; porque assim como em S. Paulo se cumpriram as palavras de Cristo ditas a Ananias: *Vas electionis est mihi iste, ut portet nomen meum coram gentibus*; assim em Xavier se cumpriram as palavras do mesmo Cristo ditas a el-rei D. Afonso: *Ut deferatur nomen meum in exteras gentes*.

Só tem este ponto uma dúvida, e é que tudo o que Cristo revelou a el-rei D. Afonso a respeito da conversão das gentes e terras de muito longe, *In terris longinquis*, o mesmo Senhor disse, que havia de ser por meio dos Portugueses, *Per illos enim paravi mihi messem multam*: e o S. Xavier não era português, senão navarro. A isto se pode responder, que Santo Inácio e el-rei D. João, o III o naturalizaram em português; Santo Inácio mandando-o a Portugal, e el-rei D. João à Índia. Mas não foi o santo patriarca, nem el-rei os que fizeram a Xavier português, senão Deus. O que Santo Inácio tinha escolhido e nomeado para aquela missão, em outro de seus nove companheiros, chamado Nicolás de Bovadilha, e a Xavier, que só estava então em Roma, tinha-o destinado para o ter sempre consigo. E que fez Deus? À véspera da partida deu uma tão forte enfermidade ao Bovadilha, que ficou totalmente impedido para a jornada; e arrancando Deus dos braços de Santo Inácio a Xavier, lhe fez conhecer como por força, que ele era o que sua providência tinha escolhido para esta grande empresa. Assim foi Xavier substituído para ir a Portugal e à Índia, e Deus o que fez português. Mas de que modo? Altíssimo. Pelo mesmo modo com que Deus fez homem a seu Filho. Uma das coisas mais notáveis que escreveu o Apóstolo Sant'Iago, é, que enxertou Deus o Verbo Eterno no homem, para poder salvar as nossas almas. Este é o sentido definido pelo concílio vienense daquelas palavras: *Suscipite insitum verbum, quod potest salvare animas vestras.* De sorte, que das três pessoas, ou dos três garfos da Santíssima Trindade separou Deus o segundo, que é o Verbo, e o enxertou no homem, para que desta maneira unidas em um suposto duas naturezas, uma do Céu e divina, outra da Terra e humana, pudesse o mesmo Verbo pregar, padecer, morrer e salvar o mundo. Ao mesmo modo Xavier. Sendo Xavier navarro, enxertou-o Deus em português, unindo no mesmo sujeito duas naturezas, uma com que era natural de Navarra, e outra com que ficasse natural de Portugal; para que desta sorte pudesse pregar, trabalhar e morrer na conversão do novo mundo, e salvar aquelas almas, para cuja salvação tinha Deus escolhido particularmente aos Portugueses: *Elegi eos in messores meos in terris longinquis.*

Em suma, que S. Francisco Xavier foi um navarro enxertado em português. E quais foram os frutos deste enxerto? Dois, e muito grandes. O primeiro, o reino para o avô; o segundo, o nascimento para o neto. El-rei D. João, o IV, avô do nosso príncipe, quando foi aclamado, e quando reconhecido rei? Aclamado em Lisboa na véspera de S. Francisco Xavier, e reconhecido em Vila Viçosa no dia do mesmo Santo. Cantava-se na capela do palácio de Vila Viçosa a missa de S. Francisco Xavier, a que assistiam os duques, quando lá chegou pela posta Pedro de Mendoça, que em nome do reino beijou a mão de joelhos ao duque já rei, falando-lhe por Majestade; e com a mesma cerimônia como se presentasse à duquesa; que diria aquela grande princesa, como tão pia e tão discreta? O que disse foram estas palavras: Muitas graças sejam dadas a S. Francisco Xavier, que comecei a ouvir a sua missa duquesa com Excelência, e acabá-la-ei rainha com Majestade. Nesta forma concorreu Xavier na sua véspera e no seu dia para o reino do avô. E para o nascimento do neto de que modo e quando? Ou na mesma véspera, ou no mesmo dia, se lançarmos bem as contas.

VII

Sabida coisa é, ainda tão longe de Lisboa como nós estamos, que a rainha, que Deus guarde, nossa senhora, todas as sextas-feiras ia a S. Roque pedir a S. Francisco Xavier este tão desejado filho, e depois que reconheceu tê-lo alcançado por sua intercessão, não desistiu em continuar a pedir ao mesmo Santo lhe felicitasse o parto. Mas se este mesmo filho, e não outro, era o que mais de quinhentos anos antes estava prometido por Deus, parece que estas orações eram supérfluas, e ainda encontradas com a fé da mesma promessa? Não eram senão muito necessárias, e muito bem entendidas. Por quê? Porque quando Deus promete sem lhe pedirem, para conceder o mesmo que prometeu, quer que lho peçam de novo: e se o prometido é filho, que lho peçam os mesmos pais. Notai agora todas estas circunstâncias em uma só prova. Também havia quinhentos e tantos anos pontualmente, que Deus tinha prometido o nascimento do Batista pelo profeta Malaquias: *Ecce ego mitto angelum meum, qui praeparabit viam tuam ante te.*[i] Não é o expositor deste texto menos que o mesmo Cristo. Depois de todo este tempo, fazendo sacrifícios, e orando Zacarias no Templo, apareceu-lhe um anjo, o qual lhe disse que Deus tinha ouvido sua oração: *Exaudita est oratio tua;*[ii] e que Isabel sua mulher lhe pariria um filho: *Et uxor tua Elisabeth pariet tibi filium.* Vede outra vez se pode haver retrato do nosso caso mais parecido. A promessa do filho feita quinhentos e tantos anos antes; o filho prometido, concedido nomeadamente pelas orações do pai; e a mãe do filho não outra, ou de outro nome senão Isabel: *Elisabeth pariet tibi filium.* Pois se o filho estava prometido tantos anos, e tantos séculos antes; por que não diz o anjo a Zacarias que cumprirá Deus a sua promessa, senão que ouvira a sua oração: *Exaudita est oratio tua?* Porque os filhos que Deus promete aos pais quando lhos não pediram, nem podiam pedir, não lhos concede efetivamente depois, senão por meio das orações, com que então lhos pedem. E assim foi em um e outro caso, em um e outro filho, e em um e outro nascimento.

E se alguém notar que no nascimento, que nós celebramos, houve alguma disparidade, porque para ser igual e semelhante em tudo havia-se de atribuir o filho às orações de Isabel, e não às de Zacarias, digo que não foi disparidade ou diferença, senão muito maior propriedade; porque ainda que a rainha Isabel nossa senhora foi a que fazia as romarias, e as orações a S. Francisco Xavier, o mesmo Xavier foi o Zacarias, a cuja oração e intercessão confessou sempre Sua Majestade que devia aquele filho. Assim o tive eu por duas cartas, em que de

---

[i] *Malaqu.*, III, 1.
[ii] *Luc.*, I, 13.

boca de seu confessor, reconhecendo-se já mãe Sua Majestade, prometia que ao filho (que não duvidava ser filho) havia de pôr por sobrenome Xavier, porque S. Francisco Xavier lho dera. E para que o provemos com efeito, lancemos as contas, que eu dizia. Pelos dias do parto e do nascimento se inferem naturalmente os da concepção: e quando nasceu o nosso príncipe? Aos trinta de Agosto. Logo bem se infere que foi concebido ou na véspera ou no dia de S. Francisco Xavier, que são o primeiro e o segundo de Dezembro: contemos agora: Dezembro, Janeiro, Fevereiro, Março, Abril, Maio, Junho, Julho, Agosto: eis aqui pontualmente os nove meses. Digamos logo todos, dando as graças a S. Francisco Xavier: *Exaudita est oratio tua:* e dando o parabém a el-rei nosso senhor: *Uxor tua Elisabeth pariet tibi filium.*

Reparando porém nesta última palavra, filho; ainda que este fruto de bênção, ou a bênção deste fruto seja sempre efeito dos olhos de Deus, *Ipse respiciet, et videbit,* parece que havia de ser filha, e não filho o que Deus nos desse, pois sendo filha de tais pais, não podia deixar de ser também a menina dos olhos divinos, que este é o termo mais encarecido do amor, do cuidado e da proteção divina, como Davi dizia a Deus: *Custodi me ut pupilam oculi;*[i] e Deus aos que mais ama, *Qui nos tangit, tangit pupillam oculi mei.*[ii] Que melhor desempenho logo podia desejar a geração atenuada, ou que maior favor podia esperar do olhar e ver de Deus, que dar-lhe Deus uma menina de seus olhos? Bem pudera ser assim, mas uma vez que S. Francisco Xavier foi o intercessor, não havia de ser filha, senão filho.

Dificultoso assunto, se o mesmo Santo de antemão me não tivera dado a prova. Na costa de Comorim pediu um índio a S. Francisco Xavier, que lhe desse um filho. Passados não muitos dias, reconheceu a mulher que o Santo tinha ouvido a oração do marido, mas com efeito ainda duvidoso, e oculto. Enfim, saiu a seu tempo o parto à luz e o que nasceu era uma menina. Desconsolado o pai levou a criaturinha à igreja, pô-la sobre o altar do Santo, dizendo: aqui vos trago, Santo meu, o que me destes, mas não é isto o que vos eu pedi: já que é filha, seja vossa; se me derdes um filho, então o terei por meu. Considero neste passo ao grande obrador dos milagres, como o oficial a quem enjeitam a obra. E que faria Xavier? Resolveu-se o índio não a criar a menina como filha, mas a mandá-la sustentar como enjeitada: senão quando indo a tirá-la outra vez do altar, viu subitamente que se tinha transformado em menino. Menino! Correm todos os que estavam na igreja a ser testemunhas do milagre, dão em gritos as graças e louvores ao Santo, e não o parabém ao índio; que se o índio tinha sido

---

[i] *Sal.*, XVI, 8.
[ii] *Zac.*, II, 8.

pai da menina, o Santo o foi do menino. Razão tenho eu logo para dizer, que se o felicíssimo parto que celebramos, por ser dos olhos de Deus, não houvera de ser filho, senão filha, bastava que fosse alcançado por intercessão de S. Francisco Xavier, para ser filho; filho por ser ele o que o pediu; e muito mais filho, por serem os olhos de Deus os que o deram; porque o efeito infalível do olhar e ver de Deus, é dar filho varão: *Si respiciens videris, et dederis mihi sexum virilem.* Assim o tinha prometido o mesmo Deus à prole atenuada: *In ipsa attenuata ipse respiciet, et videbit*; e assim o vemos cumprido na mesma prole: *Ipse respexit, et vidit.*

VIII

Até aqui tenho falado sobre o que temos por novas do nosso príncipe, de quem nem o nome sabemos. Mas se não lhe sabemos o nome da pessoa, eu lhe darei o nome da dignidade, levantando agora figura ao seu nascimento. Digo que este príncipe fatal, tantos séculos antes profetizado, e em nossos dias nascido, não só há de ser rei, senão imperador. Dirá alguém, que rei pela geração real de seu pai, e imperador pelo sangue imperial de sua mãe. Mas não são estas as casas dos planetas em que se funda a minha figura. Tornemos ao nosso texto, do qual me não hei de apartar, nem em uma vírgula. Quando Cristo Senhor nosso apareceu ao rei, ou ao príncipe D. Afonso Henriques, antes de ser rei, disse-lhe assim: *Ego aedificator, et dissipator imperiorum, et regnorum sum*: Eu sou o edificador e o dissipador; o que levanto e o que abato; o que faço e o que desfaço os reinos e os impérios. Nesta palavra, impérios, reparo muito. O fim deste milagroso aparecimento, como declarou o mesmo Cristo, foi para lançar a primeira pedra na fundação do reino de Portugal: *Ut initia regni tui supra firmam petram stabilirem*: foi mais para que o mesmo príncipe não duvidasse aceitar o título real, quando o seu exército o aclamasse por rei antes da batalha: *Gentem tuam invenies petentem, ut sub regis nomine in hac pugna ingrediaris, nec dubites.* Pois se a fundação era somente de reino, e o título somente de rei, parece que bastava dizer o Senhor, que ele era o fundador e edificador dos reinos: porque disse logo e acrescentou, que não só era edificador dos reinos, senão dos reinos e dos impérios? Porque se de presente queria fundar um reino e fazer um rei, de futuro tratava de fundar um império, e fazer um imperador. Vamos ao texto: *Posuit enim super te, et super semen tuum post te oculos misericordiae suae*: Pôs Deus os olhos de sua misericórdia sobre ti, e sobre a tua descendência depois de ti. Note-se muito aquele *super te*, e aquele *post te*. De maneira, que no mesmo tempo tinha Deus posto os olhos em Afonso para então, e na sua descendência para depois; em Afonso para o reino, e na sua descendência para o império: em

Afonso para o fazer rei, e em algum descendente seu para o fazer imperador. E quem era este descendente? Manifestamente é o príncipe profetizado, que hoje temos nascido; porque dele e só dele, continua falando o mesmo texto: *Posuit super te, et super semen tuum post te oculos misericordiae suae.* E até quando? *Usque ad decimam sextam generationem, in qua attenuabitur proles, et in ipsa attenuata ipse respiciet, et videbit.* E como o objeto do olhar e ver de Deus era o filho varão prometido à prole atenuada, e Deus então só tinha diante dos olhos a Afonso, e a este seu descendente, e só deles falava: assim como ao rei pertencia de presente a fundação do reino, assim a este seu descendente de futuro a fundação do império: *Ego enim aedificator sum regnorum, et imperiorum.*

Tudo o que daqui por diante hei de dizer, confirma este mesmo pensamento. E para que o entendamos melhor, e façamos dele o conceito, e estimação, que merece, saibamos que império é este de que há de ser imperador aquele fatal menino, que hoje se está embalando no berço. Agora ouvireis muito mais do que tenho dito. Digo que este império não será o de Alemanha, nem outro algum dos que até agora adquiriu o valor, ou repartiu a fortuna; mas um império novo, maior que todos os passados, não de uma só nação ou parte do Mundo, mas universal o de todo ele. Que haja de haver este império, é certo, e consta de muitas Escrituras Sagradas. Nabucodonosor, aquele grande monarca, pôs-se uma noite a considerar, se o seu império seria perpétuo, ou se depois dele sucederiam outros no mundo; e adormecendo com estes pensamentos, viu aquela famosa estátua tantas vezes pregada nos púlpitos cuja cabeça era de ouro, o peito de prata, o ventre de bronze, e daí até os pés de ferro. Viu mais que uma pedra caída do alto, dando nos pés da estátua, a derrubava e fazia em pó, e a mesma pedra crescendo se aumentava e dilatava em um monte de tanta grandeza que enchia toda a Terra. Este foi o sonho de que Nabucodonosor totalmente se esqueceu, até que o profeta Daniel lho trouxe outra vez à memória, e lhe declarou a significação dele. A cabeça de ouro (diz Daniel) significa o primeiro império, que é o dos Assírios, a que hão de suceder os Persas: o peito de prata significa o segundo império, que é o dos Persas, a que hão de suceder os Gregos; o ventre de bronze significa o terceiro império, que é o dos Gregos, a que hão de suceder os Romanos: o demais de ferro até os pés, significa o quarto império, que é o dos Romanos, a que há de suceder o da pedra, que derrubou a estátua: e a mesma pedra significa o quinto império, a que nenhum outro há de suceder, porque ele é o último: e assim como a pedra se levantou à altura, e se estendeu à grandeza de um monte que encheu todo o Mundo, assim este império dominará o mesmo Mundo, e será reconhecido e obedecido de todo ele. Não vos parece que será grande monarca, e muito superior a todos, e mais famoso e glorioso de quantos tem havido, o que for senhor e imperador deste novo e quinto império? Pois este é o que a Providência Divina tem destinado para o empenho do olhar e ver de seus olhos, que é aquele grande, menino, de quem podemos dizer: *Puer datus est nobis, et filius datus est nobis, cujus imperium super humerum ejus.*

Mas vejo que me estão replicando tantos doutos quantos me ouvem, que assim como estas últimas palavras se disseram literalmente de Cristo, assim o novo e quinto império também é o de Cristo: logo não é, nem pode ser o do nosso príncipe. Nego a consequência. E posto que o argumento parece forte, tão fora está de fazer objeção ao que tenho dito, que antes o confirma mais. Torne o nosso texto. Que disse Cristo por sua sagrada boca a el-rei D. Afonso? *Volo in te, et in semine tuo imperium mihi stabilire*: Quero em ti e na tua descendência fundar e estabelecer um império para mim. Primeiramente já não fala de reino, senão de império, *imperium*; e esse império em quem, e para quem? Em ti, e para mim, *in te, mihi*. Venham agora todos os doutores do mundo e todos os intérpretes, mais sábios, mais agudos, e mais escrupulosos, e casem-me este *te*, com este *mihi*, e este *mihi* com este *te*. Hei de fundar um império, diz Cristo, em ti, *in te*; mas para mim, *mihi*: e que quer dizer em ti, e para mim? Quer dizer, que será império de Cristo e do rei de Portugal juntamente. Porque é fundado para mim, *mihi*, é meu; porque é fundado em ti, *in te*, é teu: logo se o mesmo império é meu e teu, é de ambos; e estes ambos, ou estes dois, quais são? Cristo que disse, e o rei de Portugal a quem o disse.

E por que razão depois de dizer o mesmo Senhor *in te*, em ti, acrescentou, *et in semine tuo post te*, e na tua descendência depois de ti? Porque era império em promessa e em profecia: em promessa para o rei presente, em profecia para o descendente futuro: fundado agora em ti, e depois levantado nele. Mas em ti e na tua descendência sempre império para mim, *in te, et in semine tuo imperium mihi*; porque assim como o piloto governa o leme, e o Sol governa o piloto e ambos governam a nau, assim eu desde o Céu dominarei e governarei o império como meu, e tu neste mundo o dominarás e governarás como teu. Melhor exemplo ainda. Assim como o mesmo Cristo fundou a sua igreja, em S. Pedro, e seus sucessores; assim fundou o seu império em D. Afonso e sua descendência. Que disse Cristo a S. Pedro? *Tu es Petrus, et super hanc petram aedificabo ecclesiam meam.* Do mesmo modo, pois, em lugar de *ecclesiam*, ponde *imperium*: em lugar de *meam*; ponde *mihi*: em lugar de *tu es Petrus, et super hanc petram*, ponde *in te, et in semine tuo*: e assim como a igreja universal, por ser de Cristo, não deixa de ser de Pedro, e por ser de Pedro, não deixa de ser de Cristo, assim o império universal, sem deixar de ser de Cristo, por ser de Portugal, e sem deixar de ser de Portugal, por ser de Cristo, será império de Cristo, e império do rei de Portugal juntamente.

Bem vejo que todos aprovam a semelhança, que não pode ser maior. E porque a ninguém fique o escrúpulo de ser, ou parecer minha, ouçamo-la de boca do profeta Zacarias na mesma igreja e no mesmo império. Mostrou Deus a Zacarias quatro carroças, pelas quais tiravam outros tantos cavalos, todos diversos nas cores, e que corriam para partes também diversas. Os da primeira carroça eram castanhos, os da segunda pombos, os da terceira murzelos, os da quarta remendados: e acrescenta o Texto, que fortes, *equi varii, et fortes*. Estas quatro carroças significavam os quatro impérios, que sucessivamente precederam ao quinto: simbolizando nas rodas sua perpétua revolução e inconstância; e nos cavalos não serem governados de homens e por razão, mas sem uso dela, levados e arrebatados por brutos. Tal era a brutal ambição e soberba dos que as dominavam, cada um segundo a ideia das próprias paixões, que também se retratavam na diversidade das cores. A primeira carroça era o império dos Assírios, a segunda o dos Persas, a terceira o dos Gregos, a quarta o dos Romanos. Restava somente o quinto e último império e este declarou Deus ao profeta, ou mandou que o representasse na forma seguinte: *Sumes aurum, et argentum, et facies coronas, et pones in capite Jesu filii Josedech*: Tomarás, Zacarias, ouro e prata, e destes dois reis dos metais farás duas coroas, as quais porás na cabeça de Jesus, filho de Josedech. Jesus, filho de Josedech, era figura de Jesus Cristo, Senhor e Redentor nosso, Filho do Eterno Padre: e as duas coroas figuravam também os dois poderes soberanos, que competem ao mesmo Senhor como Filho de tal Pai: a de ouro e mais preciosa, o poder espiritual, com que é pontífice sumo e universal da Igreja; a de prata e de segundo e menor preço, o poder temporal, com que é imperador supremo e universal do Mundo.

Até aqui não há controvérsia, nem dúvida entre os expositores sagrados. Nas palavras que se seguem, e muito notáveis, só parece que a pode haver. *Et sedebit*, diz Deus, *et dominabitur super solio suo, et erit sacerdos super solio suo, et consilium pacis erit super illos duos*: Assentar-se-á e dominará sobre o seu sólio, e o sacerdote também se assentará sobre o seu, e haverá grande paz e concórdia entre estes dois. De maneira que diz Deus ao profeta, que há de haver dois sólios, e que nos dois sólios se hão de assentar dois, que neles presidam; e que entre estes dois há de haver grande união e concórdia. Pois se Jesus, filho de Josedech, era um só, e Jesus, Filho de Deus, a quem ele representava, é também um só, como sendo um se há de assentar em dois sólios, e depois de se assentar em dois sólios, ele também há de ser dois, *et consilium pacis erit inter illos duos*? Não se pudera dizer, nem mais admiravelmente, nem com maior propriedade. Assim como Cristo, sendo um só, tem duas coroas, assim há de vir tempo em que tenha dois vigários que o representem na Terra:

um coroado com a coroa de ouro, que é o poder e jurisdição espiritual, outro coroado com a coroa de prata, que é o poder e jurisdição temporal. O coroado com a coroa espiritual é o Sumo Pontífice, que tem o poder e jurisdição universal sobre toda a Igreja: o coroado com a coroa temporal, há de ser o novo imperador, que terá o poder e jurisdição universal sobre todo o Mundo. Este é o sentido mais próprio e literal deste grande texto. E quanto ao império temporal e universal do Mundo, que pode parecer novidade, tenho mais de trinta autores que falam expressamente dele, uns antigos, outros modernos; uns por conhecido espírito de profecia, outros por inteligência das Sagradas Escrituras, outros por discurso historial e político. Por sinal, que boa parte dos mesmos autores, põem a cabeça deste império em Portugal, sinalando os lugares ou metrópoles dos dois sólios e dizendo, que assim como o sólio e trono pontifical está em Roma, assim o sólio e trono imperial há de estar em Lisboa. (Vede se terão melhor preço então os vossos açúcares?)

IX

E se alguém me fizer a pergunta que os Discípulos fizeram a Cristo: *Dic nobis quando haec crunt?* Eu não direi com certeza o ano, mas não deixarei de dizer outra circunstância certa e infalível, donde o tempo se pode conhecer claramente. E que circunstância é esta? Que quando Deus extinguir o império do Turco, que tão precipitadamente vai caminhando à sua ruína, e que tantas terras domina nas três partes do Mundo, então há de levantar este império universal, que domine em todas as quatro. Ouvi um famoso texto tão antigo como o profeta Daniel e a inteligência dele, que sei decerto não a ouvistes. Torna Deus a revelar terceira vez os quatro impérios do Mundo, para declarar mais o quinto e último, e mostrou a Daniel não já quatro metais, nem quatro carroças, senão quatro bestas-feras: *Et quattuor bestiae grandes ascendebant de mari*. A primeira era semelhante a uma leoa com asas de águia: *Prima quasi leaena, et alas habebat aquilae*: e esta significava o império dos Assírios. A segunda era semelhante a um urso com três ordens de dentes: *Et ecce bestia alia similis urso: et tres ordines erant in ore ejus, et in dentibus ejus*: e esta significava o império dos Persas. A terceira era semelhante a leopardo, com quatro asas de ave e quatro cabeças: *Et ecce alia quasi pardus: et alas habebat quasi avis, quattuor super se, et quattuor capita*: e esta significava o império dos Gregos. A quarta era tão extraordinária e tão terrível que não se lhe achou, semelhança entre todas as feras, e só diz dela o profeta, que tinha os dentes de ferro muito grandes, com que tudo comia, e o que lhe sobejava pisava com os pés: e na testa tinha dez pontas: *Bestia quarta terribilis, atque mirabilis, et fortis nimis: dentes ferreos habebat magnos, etc. et cornua decem*; e esta era o império dos Romanos.

Pelas pontas, que são as armas dos animais ferozes e bravos, se significam as forças e potência romana; e pelo número de dez, que é universal, se entende a multidão dos reinos e províncias, em que a mesma potência armada e defendida das suas legiões estava dividida na Europa, na África e na Ásia. Diz pois o profeta, que do meio destas dez pontas se levantou uma muito pequena (que ele chama *cornu parvulum*) a qual cresceu a tanto poder, e se fez tão forte, que arrancou três das outras, e as sujeitou e juntou ao seu domínio. E que assim poderoso e soberbo se atreveu a pronunciar injúrias e blasfêmias contra Deus, e que perseguiu e fez grandes estragos nos que professavam a sua fé, e que entrou em pensamento de dar novas leis e novos tempos ao mundo. Tudo isto se refere no mesmo capítulo de Daniel (que é o sétimo) com grande pompa de palavras, que eu por brevidade resumi a estas poucas. O que suposto, é grave questão entre os expositores, quem seja, ou haja de ser este tirano, que o profeta chama *cornu parvulum*. Os expositores antigos (exceto Santo Agostinho, que em parte o duvida) todos concordam que havia de ser o Anticristo. Mas depois que veio ao mundo Mafoma e a sua seita, que os antigos Padres não conheceram; porque teve seu princípio seiscentos anos depois da vinda de Cristo; e muito menos conheceram o império otomano, que o teve no ano de mil trezentos; o mais comum sentimento de gravíssimos e eruditíssimos intérpretes é, que aquele *cornu parvulum*, significa a Mafoma, e a sua infame seita. Esta, como todos sabem, começou de baixíssimos e vilíssimos princípios: ela na África, na Ásia e na Europa conquistou e dominou três partes tão consideráveis do que pertencia ao Império Romano: ela pronuncia, e ensina tantos erros e blasfêmias contra a divindade de Cristo: ela tem perseguido, e persegue tão cruelmente os que professam a sua lei, que é toda a Cristandade: ela, finalmente, trazendo por empresa na meia-lua das suas bandeiras, *donec totum impleat orbem*, presume que senhoreando todo o mundo, há de mudar nele as leis e os tempos. As leis, extinguindo todas as outras, e introduzindo por força só a maometana: e os tempos, porque medindo-os todas as outras nações pelo curso do Sol, só eles os distinguem e contam pelo número das luas.

Esta é a primeira parte da visão de Daniel, e os autores, que com tanta propriedade a entendem de Mafoma e do Império Otomano, são, Vatablo, Clitoveu, João Aennio, Fevardêncio, Cantipratense, Heitor Pinto, Sá, Hilarato, Salazar Beneditino e muitos outros, aos quais, e sobre todos eles, se ajunta a mesma narração do texto maravilhosamente proporcionada com a experiência das coisas, que é o melhor intérprete das profecias.

A segunda parte ainda é mais admirável. Diz o profeta, que viu formar no Céu um tribunal de Juízo, em que presidia o Eterno Padre cercado de infinita multidão de ministros, que o assistiam. O trono, em que estava assentado, era de fogo, e da boca lhe saía um rio arrebatado também de fogo. Vieram, e abriram-se os livros, leram-se as culpas, e o *cornu parvulum*, que era Mafoma e o Império Otomano, e a parte mais poderosa, que restava do romano, pelo que dele tinha usurpado, em pena de suas blasfêmias, e por todas as outras maldades que tinha cometido, foi condenado a que morresse queimado, e que ele e toda sua potência se extinguisse para sempre. Assim o diz o texto da visão: *Aspiciebam propter vocem sermonum grandium, quos cornu illud loquebatur, et vidi quoniam interfecta esset bestia, et perisset corpus ejus, et traditum esset ad comburendum igni.* E o anjo que falava com Daniel, explicando a mesma visão, declarou o mesmo: *Sermones contra Excelsum loquetur, et Sanctos Altissimi conteret, et putabit quod possit mutare tempora, et leges: et judicium sedebit, ut auferatut potentia, et conteratur, et dispereat usque in finem.* Sentenciado assim Mafoma, e executada a sentença, e extinto para sempre o Império Otomano, ainda se não acabou o juízo. E que se seguiu? Diz o profeta, que no mesmo ponto apareceu diante do supremo Juiz o Filho do homem, e que o Eterno Padre lhe deu o supremo poder, a suprema honra e o supremo reino do mundo, com tal soberania, que todas as nações e todas as línguas e gentes do universo lhe obedeçam e o sirvam: *Ecce in nubibus Coeli quasi Filius hominis veniebat, et usque ad antiquum dierum pervenit: et dedit ei potestatem, et honorem, et regnum, et omnes populi, tribus, et linguae ipsi servient.* E porque este reino há de ser todo cristão e do cristianismo, assim o declarou também o anjo com maior expressão, ainda da grandeza do novo império: *Regnum autem, et potestas, et magnitudo regni, quod est subter omne Coelum, detur populo sanctorum Altissimi.* De maneira, que o tempo que Deus tem destinado para levantar o império universal do mundo, e o sinal certo por onde se pode conhecer este segredo da sua providência, é quando se acabar e extinguir o império do Turco, e a potência maometana.

Mas aqui se oferece uma grande dúvida, em que antes quisera ouvir a resposta, que dá-la. Este império que sucedeu aos quatro primeiros, é o quinto e último, e por consequência o império de Cristo, como consta de todas as outras visões, e desta mesma em que o poder universal sobre todas as nações e reinos do Mundo foi dado ao Filho do homem, que é o mesmo Cristo. Cristo, desde o instante de sua concepção, teve todo o domínio supremo espiritual e temporal do mundo, enquanto Filho de Deus: e enquanto Filho do homem teve o mesmo domínio, ao menos depois da ressurreição, como ele mesmo disse: *Data est mihi omnis potestas in Coelo, et in Terra.* Pois se o Filho do homem teve todo este poder seiscentos anos antes de Mafoma, e mil e trezentos antes do Império Otomano, e a mesma seita de Mafoma, e o mesmo Império Otomano dura ainda hoje, mais de mil e seiscentos anos depois de Cristo; como não deu, ou não há de dar o Eterno Padre este império universal ao Filho do homem, senão depois da extinção do império do Turco?

Grande dúvida verdadeiramente. Mas a razão clara desta diferença de tempos consiste na diferença do mesmo império universal do Mundo, o qual, posto que sempre foi de Cristo, quanto à jurisdição e domínio do Senhor; nem foi, nem é ainda universalmente do mesmo Cristo, quanto à sujeição e obediência dos vassalos. Isto significam expressamente aquelas palavras: *Et omnes populi, et tribus, et linguae ipsi servient.* Já todos são seus, mas ainda o não servem. Porém depois da extinção e total ruína do turco, será tal a fama, tal o terror, e tais os efeitos daquela vitória dos cristãos, que não só todos os que na Europa, na África e na Ásia seguem a lei de Mafoma, mas todos os outros sectários e infiéis de todas as quatro partes do Mundo se sujeitarão a Cristo, e receberão a fé católica. Isto querem dizer as outras palavras: *Regnum autem, et potestas, et magnitudo regni, quod est subter omne coelum, detur populo sanctorum*; que o reino, poder e grandeza de tudo o que está debaixo do céu, se dará ao povo dos santos. E qual é o povo dos santos? É o povo cristão e dos cristãos, os quais em frase da Escritura, e da primitiva Igreja, todos se chamavam santos, como se vê nas *Epístolas de S. Paulo*, e nos *Atos dos Apóstolos*. E esta é a primeira razão, ou a primeira parte desta diferença.

A segunda é, porque todo este Texto de Daniel não se entende da pessoa propriamente de Cristo, senão da pessoa do seu segundo Vigário no império temporal: o qual império se levantará depois de vencida a potência do Turco, com nome, com dignidade, com majestade e com reconhecimento de imperador universal do Mundo. A prova no mesmo Texto é milagrosa: *Ecce quasi Filius hominis veniebat, et ad antiquum dierum pervenit, et dedit ei potestatem et honorem.* E veio (diz) o quase Filho do homem, e se presentou diante do Eterno Padre, o qual lhe deu o reino, a honra e o império universal sobre todas as gentes. Note-se muito, muito o *quasi Filius hominis*. Quem é o *Filius hominis*, e quem é o *quasi Filius hominis?* O Filho do homem é Cristo: o quase Filho do homem é o quase Cristo, ou Vice-Cristo. De sorte que assim como o primeiro Vigário de Cristo, que é o Sumo Pontífice, pela jurisdição universal que tem sobre toda a Igreja, se chama Vice-Cristo no império espiritual, assim o segundo Vigário pelo mesmo Cristo, pelo domínio universal que terá sobre todo o Mundo, se chamará também no império temporal Vice-Cristo: *Quasi Filius hominis*. E este é o império quinto e último, que se há de levantar depois da extinção do Turco, não na Pessoa de Cristo imediatamente, senão na de um príncipe seu Vigário.

X

Resta agora saber, que príncipe é, ou será este. E posto que pareça coisa dificultosa, e ainda impossível de averiguar; a mesma Ana, que nos deu a matéria a todo discurso, nos dará também a cláusula dele. Em ação de graças pelo nascimento de Samuel compôs Ana, sua mãe, um cântico a Deus, o qual contém duas partes, uma gratulatória, outra profética, e no fim da profética conclui assim: *Dominus judicabit fines Terrae, et dabit imperium regi suo*: O Senhor julgará os fins da Terra, e dará o império ao seu rei. Alguns autores cuidaram que falava aqui Ana do juízo final; mas assim neste lugar, como em outros, é pouca inteligência das Escrituras. Todas as vezes que Deus muda reinos e impérios e o quer manifestar, representa-se na Escritura fazendo juízo. Assim o viu o profeta Miqueias, quando Deus quis tirar a vida e o reino a el-rei Acab: *Vidi Dominum sedentem super solium suum, et omnem exercitum Coeli assistentem ei*. E assim o viu o profeta Daniel no nosso próprio caso, como acabamos de ponderar, quando condenou a fogo o *cornu parvulum*, e deu o império universal ao quase Filho do homem: *Aspiciebam donec throni positi sunt, et judicium sedit, et libri aperti sunt*. Profetizando pois isto mesmo Ana mais de quinhentos anos antes de Daniel, diz, que fará Deus um juízo, em que julgará todo o mundo: *Dominus judicabit fines Terrae*; e que então dará o império ao seu rei, *Et dabit imperium regi suo*. E quem é o seu rei? Pergunto eu agora. Claro está, que é o rei de Portugal e nenhum outro. Todos os reis são de Deus, mas os outros reis são de Deus feitos pelos homens: o rei de Portugal é de Deus, e feito por Deus, e por isso mais propriamente seu. E como Deus depois de dizer, que ele é o edificador dos reinos e dos impérios, *Aedificator regnorum, imperiorum sum*, fez rei ao primeiro rei de Portugal e então lhe prometeu que nele e na sua descendência havia de estabelecer o seu império: *Volo in te, et in semine tuo imperium mihi stabilire*; evidentemente se segue, que o rei seu, a quem diz Ana que havia de dar o império, *Dabit imperium regi suo*, é o rei de Portugal. Mas qual rei de Portugal, que podem ser muitos, e este é o nosso ponto? Digo que é, e não pode ser outro, senão o que agora nasceu. Por quê? Porque além dessa promessa universal, fez Deus outra particular ao mesmo rei, em que lhe prometeu, que na prole da sua décima sexta geração atenuada poria os olhos de sua misericórdia, olhando e vendo: *Usque ad decimam sextam generationem, in qua attenuabitur proles, et in ipsa attenuata ipse respiciet, et videbit*. E como o efeito do olhar, e ver de Deus é dar filho varão, e o filho varão da prole atenuada é evidentemente o príncipe que agora nasceu; com a mesma evidência se conclui ser ele o desempenho da palavra de Deus, e o rei seu, a quem há de dar o império, *Dabit imperium regi suo*.

Mas como o mesmo Deus, posto que não pode faltar à sua divina palavra, quer que nós lhe peçamos o mesmo que nos tem prometido; acabemos esta ação de graças com a petição, que já antigamente lhe fez Davi, como tão interessado no mesmo império: *Da imperium tuum puero tuo, et salvum fac filium ancillae tuae.*[i] Dai, Senhor, o vosso império ao vosso menino, (vosso, e de vossos olhos) e guardai o filho da vossa serva, *et salvum fac filium ancillae tuae*: filho da vossa serva, diz com grande propriedade, e particular energia; porque a rainha nossa senhora, como tão grande serva de Deus, é a que com suas orações alcançou o mesmo filho, para el-rei, para si, para nós, e para o mesmo Deus; porque no seu império, que é o de Cristo, ficará sublimada a potência do mesmo Cristo, como diz a última cláusula do mesmo texto: *Et sublimabit cornu Christi sui.*[ii] Onde se deve notar muito, que esta é a primeira vez, que na Escritura se nomeia o nome de Cristo, como se até o cumprimento desta profecia o não fora: porque até agora consistiu o seu império universal só na extensão do domínio, e então o será cabalmente na inteira sujeição e obediência dos súditos. E este é o perfeito, perpétuo, e firme estabelecimento do seu império: *Volo in te, et in semine tuo imperium mihi stabilire.*

---

[i] *Sal.*, LXXXV, 16.
[ii] *1.º Livro dos Reis*, II, 10.

BIBLIOGRAFIA

AGOSTINHO, Santo. *A Cidade de Deus*. 3. vols. São Paulo: Editora das Américas S. A., 1964.

AZEVEDO, João Lúcio de. *História de Antônio Vieira*. 2 vols. Lisboa: Livraria Clássica, 1918.

BARROS, P. André de. *Vida do Apostólico Padre Antônio Vieira, da Companhia de Jesus, chamado por antonomásia o Grande...* Lisboa: Na nova Oficina Silviana, MDCCXLVI.

BIBLIA SACRA iuxta Vulgatam Clementinam. Alberto Colunga, O. P. et Laurentio Turrado. Octava editio. Matriti: Biblioteca de Autores Cristianos, MCMLXXXV.

LISBOA, João Francisco. *Vida do Padre Antônio Vieira*. Pref. Peregrino Júnior. Rio de Janeiro/São Paulo/Porto Alegre: W. M. Jackson Inc. Editores, 1956.

OCEANOS, Vieira. Números 30/31. Lisboa: Comissão Nacional para as Comemorações dos Descobrimentos Portugueses, Abril/Setembro, 1997.

PAIVA, José Pedro. *Padre António Viera, 1608-1697, bibliografia*. Coordenação científica. Lisboa: Biblioteca Nacional, 1999.

PÉCORA, Alcir. *Vieira, vida e palavra*. São Paulo: Edições Loyola, 2008.

SAMPAIO, Albino Forjaz de. *História da literatura portuguesa ilustrada*. 3 vols. Paris e Lisboa: Aillaud e Bertrand, 1929-1932.

SARAIVA, António José e LOPES, Óscar. *História da literatura portuguesa*. 7.ª ed., corrigida e atualizada. Santos: Livraria Martins Fontes, 1973.

VIEIRA, Antônio. *História do Futuro*. Lisboa, na Oficina de Domingos Rodrigues, MDCCLV.

_____. *Cartas seletas do Padre Antônio Vieira*. Ordenadas e corretas por J. J. Roquete. Paris: Na Livraria Portuguesa de J. P. Aillaud, 1838.

_____. *Sermões*. Prefaciado e revisto pelo Rev. Padre Gonçalo Alves. 5 vols. Porto: Lello & Irmão - Editores, 1959.

_____. *Cartas*. Org. e notas João Lúcio de Azevedo. Pref. Alcir Pécora. 3 vols. São Paulo: Editora Globo, 2008.

_____. *Obra completa*. Org. José Eduardo Franco e Pedro Calafate. 30 vols. São Paulo: Edições Loyola, 2016.

Direção editorial
Daniele Cajueiro

Editor responsável
Hugo Langone

Produção editorial
Adriana Torres
Laiane Flores

Revisão
Claudia Moreira
Thais Entriel
Vanessa Dias

Projeto gráfico
Weslley Jhonatha

Diagramação
DTPhoenix Editorial

Este livro foi impresso em 2021
para a Petra